W9-DEW-627

CREADORES DE HITS

DEREK THOMPSON

CREADORES DE HITS

La ciencia de la popularidad
en la era de la distracción

OCEANO

CREADORES DE HITS
La ciencia de la popularidad en la era de la distracción

Título original: HIT MAKERS. The Science of Popularity
    in an Age of Distraction

© 2017, Derek Thompson

Publicado según acuerdo con Penguin Press, un sello de Penguin Publishing Group,
una división de Penguin Random House LLC

Traducción: Edgar Krauss Ceballos

Diseño de portada: Darren Haggar
Imagen de portada: Artishock / Shutterstock
Fotografía del autor: Emersson Barillas

D. R. © 2018, Editorial Océano de México, S.A. de C.V.
Eugenio Sue 55, Col. Polanco Chapultepec
C.P. 11560, Miguel Hidalgo, Ciudad de México
Tel. (55) 9178 5100 • info@oceano.com.mx

Primera edición: 2018

ISBN: 978-607-527-499-7

Impreso en México / Printed in Mexico

A mis padres:
Schlaf nun selig und süß,
schau im Traum's Paradies

ÍNDICE

LA MELODÍA QUE CONQUISTÓ EL MUNDO

Marco Polo describe un puente, piedra por piedra.

"Pero ¿cuál es la piedra que sostiene al puente?", pregunta Kublai Khan.

"No es una u otra piedra la que lo sostiene", responde Marco Polo, "sino la línea del arco que forman."

ITALO CALVINO, Las ciudades invisibles

[...] los Colegios de Cartógrafos levantaron un Mapa del Imperio, que tenía el tamaño del Imperio y coincidía puntualmente con él. Menos Adictas al Estudio de la Cartografía, las Generaciones Siguientes entendieron que ese dilatado Mapa era Inútil y no sin Impiedad lo entregaron a las Inclemencias del Sol y de los Inviernos. En los desiertos del Oeste perduran despedazadas Ruinas del Mapa, habitadas por Animales y por Mendigos. [...]

JORGE LUIS BORGES, "Del rigor en la ciencia"

La primera canción que amé era de mi madre. Cada noche, ella se sentaba del lado izquierdo de mi cama y cantaba la misma canción de cuna. Su voz era dulce y tenue, y estaba moldeada para caber en una habitación. Durante los viajes a la casa de mis abuelos maternos en Detroit, mi mamá cantaba la misma melodía en un registro inferior, en sordina, y con la letra en alemán. Yo desconocía el significado de las palabras, pero las amaba por su misterio antiguo en la vieja casona: *Guten Abend, gute Nacht...*

Yo creía que la canción era herencia de familia. Pero cuando cursaba el primer grado, en una de las primeras visitas nocturnas a la casa de un compañero en mi pueblo de Virginia, mi amigo giró la llave de la cajita de música que tenía junto a su cama y entonces unas campanitas hicieron repicar la tonada.

La melodía de mi madre no era un secreto familiar. Era asombrosamente común. Existe una fuerte posibilidad de que la hayas escuchado docenas de veces, quizá miles. Es la canción de cuna "Wiegenlied", de Johannes Brahms: "Guten Abend, gut' Nacht, / mit Rosen bedacht..." ["A dormir, a dormir, / a dormir angelitos"].

Millones de familias de todo el mundo han cantado alguna versión de la canción de cuna de Brahms a sus hijos, todas las noches, durante más de un siglo. Es una de las melodías más comunes del hemisferio occidental. Considerando que una canción de cuna se canta cada noche durante cientos de días al año durante varios años en la vida de un niño, existe una posibilidad real de que *La canción de cuna* de Brahms sea una de las canciones más escuchadas del hemisferio occidental, si no es que del mundo.

"Wiegenlied" es innegablemente hermosa, simple y repetitiva, todos ellos elementos que debe tener cualquier canción que salga de las gargantas de padres cansados para sus bebés. Pero una melodía tan universal resulta igualmente un misterio. ¿Cómo fue posible que una canción alemana del siglo XIX se haya convertido en una de las más populares del mundo?

Johannes Brahms, nacido en 1833 en Hamburgo, fue uno de los compositores más conocidos de su tiempo. "Wiegenlied" fue su mayor éxito. Publicada en la cima de su popularidad en 1868, la melodía fue escrita como canción de cuna para que una antigua amiga suya se la cantara a su recién nacido. Pero la balada rápidamente se volvió un éxito por todo el continente, y por el mundo.

Uno de los trucos de Brahms para resurtir su vasto acervo de melodías bellas era mezclar géneros. Fue un estudioso de la música local y un sutil ladrón de coros pegajosos. Cuando viajaba por Europa, a menudo visitaba la biblioteca de la ciudad para explorar colecciones de canciones folklóricas con el fin de estudiar resmas de partituras y transcribir sus fragmentos predilectos. Como un hábil compositor moderno que introduce tonadas de otro artista en su propia música, o como un ingenioso diseñador que roba desarrollos de otros productos, Brahms incorporaba sonidos populares en sus composiciones artísticas.

Varios años antes de que escribiera su famosa canción de cuna, Brahms se había enamorado en Hamburgo de una soprano adolescente llamada Bertha. Ella le cantó numerosas piezas, como la canción popular austriaca de Alexander Baumann llamada "S'is anderscht". Algunos años más tarde, Bertha se casó con otro hombre, y nombraron a su hijo Johannes, como el compositor. Brahms quería demostrarle su gratitud —y quizá también su invariable afecto. Le escribió al matrimonio un par de canciones de cuna basadas en esa antigua canción popular que Bertha le había cantado. Para la letra, Brahms tomó un verso de una famosa colección de poemas alemanes llamada *Des Knaben Wunderhorn* [El cuerno mágico del muchacho]:

> Buenas tardes, buenas noches,
> ataviado con rosas,
> adornado con capullos de alelí,
> deslízate bajo las sábanas.
> Por la mañana, si Dios quiere,
> despertarás otra vez.

En el verano de 1868, Brahms remitió a la familia la partitura de la canción de cuna con una nota: "Bertha descubrirá que escribí el 'Wiegenlied' para su pequeño. Hallará… que mientras ella le canta a Hans para que duerma, una canción de amor le es cantada a ella".[1] La primera gran interpretación de la canción se llevó a cabo un año más tarde, el 22 de diciembre de 1869, en Viena. Fue un éxito comercial inmenso. El editor de Brahms se apresuró a hacer catorce arreglos de la canción —los más numerosos, por mucho, para cualquier pieza del compositor—, entre otros, para coro masculino a cuatro voces, para piano a tres partes, para arpa y para cítara.

"Muchas de las melodías de Brahms son hermosas, pero 'Wiegenlied' se ajusta de manera única a esa estructura estándar que los oyentes de música moderna reconocen como 'ganchos'", afirma Daniel Beller-McKenna, especialista en Brahms e integrante de la junta directiva de la American

Brahms Society. "Tiene los elementos clave de la repetición seguida de una ligera sorpresa", prosigue, tarareando la melodía intermitentemente mientras charlamos. "'Wiegenlied' fue una obra original. Pero asimismo fue sorprendentemente familiar, un ensamble de alusiones a canciones folklóricas y evocaciones de Hamburgo. Un historiador de la música dijo que la pieza se parecía tanto a la melodía original de Baumann, que resultaba una 'parodia velada pero identificable.'"[2]

Pero esta historia aún no responde la pregunta más importante sobre la canción de cuna: *¿cómo fue que se esparció por todo el mundo?* Durante el siglo xx, la mayoría de las canciones pop se volvieron populares porque sonaban en la radio o en otros medios de comunicación una y otra vez. Las canciones se abren su propio camino en los oídos de la audiencia por medio de las bocinas del auto, los televisores y las salas de cine. Para que te gustara una canción, primero tenías que encontrarla o, visto desde otra perspectiva, la canción tenía que encontrarte a ti.

En el siglo xix, sin embargo, las canciones de los compositores famosos podrían haber saltado por las salas de conciertos, pero no había ninguna tecnología adecuada para hacer circular una canción alrededor del mundo rápidamente. Para apreciar el lento paso en que la cultura viajaba en los días de Brahms, consideremos el parsimonioso viaje transatlántico de la *Novena sinfonía* de Beethoven.[3] Debutó en el teatro de la Kärntnertor, en Viena, en 1824, cuando se dice que Beethoven estaba tan sordo que no pudo escuchar el estruendoso aplauso. Pero su estreno en Estados Unidos no fue sino veintidós años después, en la ciudad de Nueva York, en 1846. Tomó nueve años más para la primera ejecución de la sinfonía en Boston.

Imaginemos si cada obra artística maestra tomara treinta y un años para cruzar el océano el día de hoy. El álbum de Michael Jackson *Thriller* debutó en 1982, lo que significa que Jackson llevaría cuatro años muerto en el momento en que los londinenses pudiesen escuchar la canción "Billie Jean" en 2013. *Please Please Me*, el primer álbum de los Beatles, fue lanzado en marzo de 1963 en el Reino Unido, por lo que los estadunidenses no habrían conocido a los Beatles hasta mediados de la administración Clinton. En el año 2021, los europeos estarían esperando la primera temporada de *Seinfeld*.

Las señales de radio no circulaban a finales de la década de 1870. Pero sí las familias alemanas. Mientras que Brahms se hallaba en su apogeo creativo,

Europa Central era un hervidero de caos, guerra y hambrunas. En los veinte años posteriores a que "Wiegenlied" debutara en Viena en 1869, se disparó la migración alemana a Estados Unidos, que alcanzó su punto más
alto en la década de 1880.[4] La Unión Americana tuvo más inmigrantes alemanes entre 1870 y 1890 que durante todo el siglo XX. Una popular canción de cuna fue bendecida con el hecho fortuito de haber sido exportada
por toda Europa y la nación americana, particularmente por la franja norte
del país donde se asentaron la mayoría de los alemanes, desde el noreste y
Pensilvania, pasando por Ohio y Michigan hasta Wisconsin.

Un éxodo histórico de familias germanoparlantes logró lo que ni la radio ni cualquier otra tecnología podría haber hecho en 1870. Una migración transatlántica sin precedentes distribuyó la canción de cuna por el
territorio de Estados Unidos.

En torno al cenit de la migración alemana, en 1879, un rabino de medio
tiempo llamado Joseph Kahn vivía en la pequeña ciudad de Echternach, al
este de Luxemburgo. Joseph y su esposa, Rosalie, se embarcaron hacia Estados Unidos junto con sus cinco hijos para buscar una mejor vida. Como
tantos inmigrantes judíos de lengua alemana, finalmente se establecieron
en el medio oeste superior, en Michigan.

El nieto de Joseph y Rosalie fue un hombre guapo y prematuramente
calvo, llamado William. Le decían Bill, y le encantaba organizar fiestas en la
piscina de su casa de Franklin, un frondoso suburbio de Detroit. Una tarde
de 1948, en el verde campo cercano a su casa cubierta de hiedra, conoció
a una chica llamada Ellen, cuya familia también abandonó Alemania, para
escapar de los nazis. Se enamoraron y se casaron ocho meses después. El
octubre siguiente, Bill y Ellen tuvieron una bebé. Ella escucharía la canción
de cuna de Brahms en su versión original alemana miles de veces a lo largo de su vida.

Yo también conocí a esa chica. Era mi mamá.

Éste es un libro sobre *hits*, los pocos productos e ideas que alcanzan extraordinaria popularidad y éxito comercial en la cultura pop y los medios
de comunicación. La tesis de este libro es que, aunque haya muchos números uno en canciones, programas de televisión, películas taquilleras, memes de internet y apps ubicuas que parecen provenir de la nada, este caos

cultural está gobernado por ciertas reglas: la psicología de por qué a la gente le gusta lo que le gusta, las redes sociales a través de las cuales se difunden ideas, así como la economía de los mercados culturales. Existe una manera de que la gente diseñe hits a la medida; igualmente importante, existe una manera de que otras personas sepan cuándo está siendo diseñada esta popularidad.

En esencia, el libro responde dos preguntas:

1. ¿Cuál es el secreto para crear productos que le gusten a la gente —música, películas, televisión, libros, juegos, apps y más allá— en el vasto panorama de la cultura?
2. ¿Por qué algunos productos fracasan en estos mercados mientras otros con ideas similares se vuelven populares y se convierten en éxitos masivos?

Estas dos preguntas están relacionadas, pero no son iguales, y la respuesta a la primera ha cambiado menos en el tiempo que la respuesta a la segunda. Los productos cambian y las modas ascienden y colapsan. Pero la arquitectura de la mente humana es antigua, y la mayoría de las necesidades humanas más básicas —pertenecer, escapar, aspirar, comprender, ser comprendido— son eternas. Ésta es una razón por la que los casos de éxito armonizan a lo largo de la historia y, como veremos, los creadores y el público siempre reproducen las angustias y alegrías de las culturas previas.

Se pueden hallar respuestas a estas dos preguntas centrales en la historia del "Wiegenlied" de Brahms. ¿Por qué el público ama de inmediato su canción de cuna? Quizá sea porque muchos de los oyentes ya habían escuchado la melodía, o alguna parecida. Brahms tomó prestada una canción popular austriaca y la adornó con la grandeza de una sala de conciertos. Su canción se convirtió en un éxito inmediato no porque fuera incomparablemente original, sino porque ofreció una melodía familiar en un entorno original.

Algunos productos e ideas novedosos encajan en los huecos ya muy establecidos de las expectativas populares. Durante quince de los últimos dieciséis años, la película más taquillera en Estados Unidos ha sido la secuela de un filme previamente exitoso (*La Guerra de las Galaxias*) o la adaptación de un libro previamente exitoso (*El Grinch*).[5] El poder de la familiaridad bien disfrazada va mucho más allá del cine. Está en un ensayo político que expresa, con claridad nueva y emocionante, una idea que los lectores ya pensaban pero que nunca han verbalizado. En un programa de televisión que presenta un mundo extraño, pero con personajes tan reconocibles que los espectadores sienten como si los llevaran en la piel. En una obra de arte que deslumbra con una nueva forma y sin embargo ofrece una sacudida de significado. En la psicología de la estética, hay un nombre para el momento entre la ansiedad de enfrentar algo nuevo y el satisfactorio momento de entenderlo. Se llama una revelación estética.

Ésa es la primera tesis del libro. La mayoría de los consumidores es simultáneamente *neofílica* (curiosa por descubrir cosas nuevas) y profundamente *neofóbica* (temerosa de lo demasiado nuevo). Los más grandes creadores de hits tienen el don de elaborar momentos significativos al unir lo nuevo con lo viejo, la ansiedad con la comprensión. Son arquitectos de sorpresas familiares.

"Wiegenlied" fue una sorpresa familiar para el público alemán. Pero no sólo eso la volvió una de las canciones más populares de toda la civilización occidental. Sin las guerras que sacudieron Europa central entre 1870 y 1880, millones de alemanes no hubiesen emigrado y tal vez millones de niños que conocimos la canción de memoria nunca la habríamos oído. El genio musical de Brahms le dio a la canción su atractivo. Pero la migración alemana contribuyó a darle difusión a la melodía.

La manera en que se difunden las ideas, tanto a grupos de personas como dentro de esos grupos, es profundamente importante y generalmente incomprendida. La mayor parte de la gente no dedica demasiado tiempo a pensar en todas esas canciones, libros y productos que nunca ha visto. Un brillante artículo en un oscuro diario se quedará sin leerse; una canción pegajosa que no se toca en la radio se marchitará en la sombra, y un documental conmovedor sin un contrato de distribución puede estar condenado al olvido, no importa cuán brillante sea. Así que la primera pregunta para quien tiene un nuevo producto es: *¿cómo transmito mi idea a mi audiencia?*

"Wiegenlied" fue interpretada en vivo únicamente para algunos miles de espectadores. Sin embargo, millones de personas conocen actualmente la melodía. La canción se difundió mucho más allá del espectro que cubre la tradición operística de Viena, a través de familiares, amistades y una variedad de redes sociales alrededor del mundo. Así que la pregunta más profunda para las personas que tienen un nuevo producto o una idea novedosa es: *¿cómo puedo crear algo que la gente vaya a compartir con los suyos, con el público de mi público?* Aquí no hay fórmula alguna. Pero sí existen algunas verdades básicas en torno a lo que une a las personas y a lo que impulsa a hablar a la gente, como por qué vender una app para citas requiere una estrategia opuesta a la venta de una línea de moda *hipster*, y por qué la gente comparte las malas noticias con sus amigos y las buenas noticias en Facebook. Es fundamental hacer cosas bellas. Pero entender estas redes humanas es igualmente esencial para los creadores de hits.

Algunas personas desdeñan la distribución y el marketing por considerarlos inútiles, aburridos, burdos o las tres cosas. Pero son las raíces subterráneas que empujan las cosas hermosas hacia la superficie, donde el público pueda verlas. No es suficiente estudiar los productos por sí mismos para comprender su atractivo inherente, porque con frecuencia las cosas más populares son difícilmente lo que cualquiera consideraría lo "mejor". Son las más populares en todas partes porque, simplemente, están por todas partes. El contenido podrá ser el rey, pero la distribución es el reino.

Es interesante comparar la historia de "Wiegenlied", un éxito del viejo mundo, con la historia de un hit paradigmático del nuevo mundo: la aplicación Instagram para compartir fotos. Esto nos permitirá buscar temas en común en torno a la familiaridad y el poder de las redes.

Si el mercado de la música para piano del siglo XIX estaba saturado, el emporio para compartir fotos en los últimos años es un caos. En 1999, el mundo tomó ochenta mil millones de fotos y compró setenta millones de cámaras, según el informe anual de Kodak para el año 2000.[6] Hoy en día, el mundo comparte más de ochenta mil millones de fotos cada mes, en varios miles de millones de teléfonos, tabletas, computadoras y cámaras.[7]

Como varias otras apps, Instagram permite a los usuarios tomar fotos y agregarles filtros retrocinemáticos. El diseño es casi perfecto para su propósito: simple y hermoso, con formas intuitivas para editar y compartir imágenes de la vida de las personas. Pero ya había muchas aplicaciones simples y hermosas en el horizonte, e Instagram no inventó la idea de los filtros.[8] ¿Qué es entonces lo que hace tan especial a Instagram?

El éxito de la app se debe en partes iguales a su arte y su difusión. Antes de que Instagram debutara, sus fundadores entregaron versiones preliminares a magnates de la tecnología de San Francisco como el empresario Kevin Rose, el periodista M. G. Siegler, el evangelista de la tecnología Robert Scoble y el cofundador de Twitter, Jack Dorsey.[9] Estas celebridades tecnológicas publicaron varias fotos de Instagram en Twitter, donde colectivamente tenían millones de seguidores. Aprovechando las enormes redes que ya existían, Instagram impactó a miles de personas incluso antes de ser lanzada.

El día que Instagram debutó, el 6 de octubre de 2010, veinticinco mil personas la descargaron y se colocó de inmediato en la cima de la App Store.[10] Muchos usuarios de iPhone que habían visto las fotos de Instagram que Dorsey publicó en su Twitter, descargaron la app vorazmente cuando se hizo pública. Los comentaristas de Silicon Valley dijeron que nunca habían visto que un lanzamiento consiguiera tanta promoción y atención en los blogs de tecnología antes de su debut. El éxito de Instagram radicó en ser un producto limpio, divertido y sencillo. Pero también en la red que lo lanzó.

Sea el vector un viaje transatlántico o una cuenta de Twitter en San Francisco, la historia de la distribución de un producto es tan importante como la descripción de sus características. Rara vez es suficiente diseñar un producto perfecto; hay que diseñar igualmente un plan bien pensado para alcanzar a las personas adecuadas.

En la época de Brahms, si querías que la gente escuchara tu sinfonía, necesitabas músicos y una sala de conciertos. La música comercial era escasa, y el negocio le pertenecía a la gente que controlaba los salones y las imprentas.

Pero hoy en día está sucediendo algo interesante. La escasez ha cedido paso a la abundancia. La sala de conciertos es el internet, los instrumentos son baratos y cualquiera puede escribir su propia sinfonía. El futuro de los hits será democrático, caótico y desigual. Millones competirán por la atención, muy pocos afortunados se volverán grandes y una minoría microscópica se hará fantásticamente rica.

La revolución en los medios de comunicación es más clara en los últimos sesenta años de imágenes en movimiento y video. Cuando la película *Ben-Hur* se estrenó el 18 de noviembre de 1959, ante un público de más de

1,800 celebridades en la sala de cine Loew de Nueva York, la industria cinematográfica era la tercera en Estados Unidos, después de las tiendas de abarrotes y los autos.[11] Aquella película de Hollywood batió los récords de presupuesto de producción y de la campaña de marketing más costosa, y se convirtió en la segunda cinta más taquillera hasta entonces, sólo superada por *Lo que el viento se llevó*.

El centelleo de flashes de las cámaras en aquel estreno pudo haber cegado a algunos ejecutivos del cine ante el hecho de que se estaba terminando la relación monógama de los estadunidenses con la pantalla de plata. La televisión demostró una capacidad seductora irresistible. En 1965, más de noventa por ciento de los hogares tenían un televisor frente al que pasaban más de cinco horas todos los días.[12] El sofá de la sala reemplazó al asiento de la sala de cine y el número de boletos comprados por adulto cayó de unos veinticinco al año en 1950 a cuatro en 2015.[13]

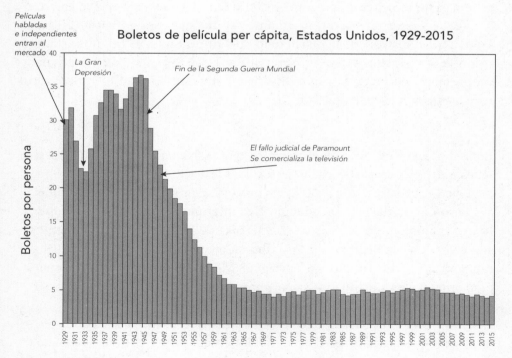

Boletos de película per cápita, Estados Unidos, 1929-2015

Películas habladas e independientes entran al mercado

La Gran Depresión

Fin de la Segunda Guerra Mundial

El fallo judicial de Paramount
Se comercializa la televisión

Boletos por persona

* *Fuente:* Barak Orbach (2016).

La televisión reemplazó a las películas como el medio más popular de narración visual, junto con un desplazamiento masivo de atención y dólares: de las entradas semanales al cine, a la factura del cable, cuyos pagos mensuales han consolidado un vasto ecosistema de deportes, dramas rutilantes y un sinfín de *reality shows.* Durante años, las empresas cinematográficas más famosas en el mundo, como The Walt Disney Company y Time Warner, han obtenido más ganancias de los canales de cable como ESPN y TBS que de sus divisiones fílmicas.[14] A principios del siglo XXI, cada compañía cinematográfica ya participa no tan secretamente en el negocio de televisión.

Pero hoy en día la televisión es simplemente la pantalla más grande en un brillante mundo de vidrio. En 2012, por primera vez, los estadunidenses pasaron más tiempo interactuando con dispositivos digitales como computadoras portátiles y teléfonos celulares que con la televisión.[15] En 2013, el mundo produjo casi cuatro mil millones de pies cuadrados de pantallas de LCD, o aproximadamente ochenta pulgadas cuadradas por cada ser humano.[16] En las regiones en desarrollo —como China, Indonesia y el África subsahariana—, la audiencia se brincó la era de las computadoras de escritorio y portátiles simultáneamente y comenzó con las computadoras de bolsillo.

En el cuadro general, la atención del mundo está desplazándose de un contenido *infrecuente, grande* y *transmitido* (es decir, millones de personas que van al cine una vez por semana) a contenidos *frecuentes, breves* y *en red* (es decir, miles de millones de personas que buscan contenidos en las redes sociales, en sus pantallas personales de vidrio y pixeles, cada pocos minutos).

A finales de 2000, el paisaje de los medios de comunicación estaba dominado por millones de producciones uno a uno, en pantallas de cine, televisión y radios de auto. Pero el nuestro es un mundo móvil, donde éxitos como *Angry Birds* e imperios como Facebook florecen en pequeñas placas cristalinas. En 2015, la analista de tecnología Mary Meeker informó que una cuarta parte de la atención hacia los medios en Estados Unidos estaba ahora dedicada a los dispositivos móviles, que no existían una década antes.[17] La televisión no está muriendo, sino que está polinizando mil millones de transmisiones de videos en una variedad de pantallas, que la mayoría de las personas puede llevar en sus manos. La televisión liberó alguna vez a las "imágenes en movimiento" de las garras de las salas cinematográficas; como secuela histórica, la tecnología móvil ahora está emancipando al video de la estancia de la casa.

Como el axioma predijo, el medio cambiante está cambiando el mensaje. La cadena tradicional de televisión transmitía en directo, financiada por la publicidad, una vez por semana. Esto la convirtió en el hogar perfecto para melodramas e historias judiciales que dependían de varios momentos culminantes por episodio (para mantener la atención de la audiencia más allá de los anuncios) y finales cerrados. Pero la televisión de paga, que a menudo está libre de comerciales, recompensa a la audiencia que mira de corrido varias horas cada vez. La gente no tiene que dejar de ver después de cada episodio de *House of Cards* en Netflix o *Downton Abbey* en Amazon Video; puede ver tanto como desee. Al fundir la estética del cine, la naturaleza episódica de la televisión tradicional y el potencial de "embriaguez" de una novela u ópera wagneriana, el futuro de la televisión no está constreñido por la camisa de fuerza de los bloques de una hora. El futuro es la *forma alargada* o, quizá, *cualquier forma*.

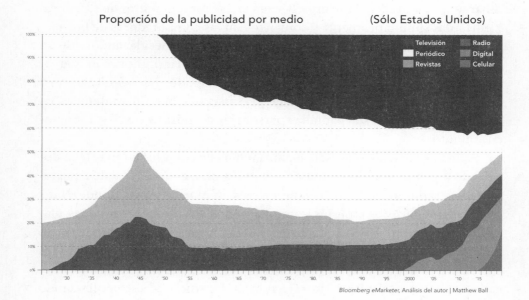

Proporción de la publicidad por medio   (Sólo Estados Unidos)

Bloomberg eMarketer, Análisis del autor | Matthew Ball

Entretanto, un contenido de menor formato está erosionando la televisión desde el fondo. En abril de 2013, Robby Ayala, un estudiante de la Universidad Atlántica de Florida, publicó varios videos en los que se burlaba de la abundancia de mapaches en el campus, en Vine, una red social de seis segundos que, para millones de jóvenes, produce mejor televisión que la televisión. Cuando amasó más de un millón de seguidores a los pocos meses, abandonó la Facultad de Derecho y comenzó a trabajar para una red de Twitter dedicada a las estrellas de Vine. Hoy tiene 3.4 millones de seguidores y mil millones de vistas totales a sus videos, mientras se gana la vida realizando publicaciones en Vine patrocinadas por empresas como HP. Los actores solían ir a Los Ángeles o Nueva York porque esas ciudades tenían a los guardianes de la distribución de los medios de comunicación. Pero ahora cualquier persona con un teléfono o una computadora podría ser la sensación viral de la próxima semana. En este momento de atención global fácil, cualquiera puede ser un creador de hits.

La tecnología siempre ha moldeado el entretenimiento y nuestras expectativas sobre qué tipo de contenido es "bueno". En el siglo XVIII, el público que asistía a conciertos sinfónicos pagaba por una función para una larga velada. En el siglo XX, la industria de la música se trasladó al negocio de la radio y el vinilo. Los primeros discos de vinilo de diez pulgadas podían contener cómodamente unos tres minutos de música, lo que ayudó a diseñar las expectativas de una forma tal que un sencillo de pop moderno no podría durar más de 240 segundos. Hoy en día, un Vine es de tan sólo seis segundos.

¿Es ridículamente breve el entretenimiento en seis segundos? Lo es, si fuiste educado con Schubert, Brahms y las salas de conciertos. Pero no lo es si fuiste criado con Robby Ayala, Twitter y la pantalla de 3.5 pulgadas de un teléfono inteligente. Para bien o para mal, nos gusta lo que es familiar, y la tecnología moldea esta familiaridad.

Las pantallas son cada vez más pequeñas e inteligentes. Antes las utilizábamos simplemente para consumir contenido. Ahora el contenido nos consume también: nuestras identidades, nuestros comportamientos y nuestros rituales. Antes de la década de 1990, la industria musical no tenía información diaria sobre las canciones que se escuchaban en la casa y en la radio. Hoy en día, cada vez que pones una canción en el teléfono, la industria de la música te escucha también y usa tu información para orientar el siguiente éxito. Facebook, Twitter y los editores digitales tienen herramientas que les indican no sólo el artículo sobre el que hiciste clic, sino también qué tanto lees y dónde haces el siguiente clic. Solíamos reproducir los éxitos; ahora los éxitos nos reproducen a nosotros.

Estos dispositivos inteligentes han inyectado una cierta cantidad de ciencia al trabajo de construir hits y ayudar a las empresas a penetrar el código final de consumidores y audiencias: ¿a qué prestamos atención y por qué?

Un libro que trate de explicar los gustos de miles de millones de personas y el éxito o fracaso de millones de productos, tendrá que formular algunas hipótesis que, si bien son defendibles en su conjunto, podrán tener algunas excepciones. He tratado de evitar afirmaciones generales que no estén sustentadas en un significativo cuerpo de evidencia. Pero tener extremo cuidado para evitar la equivocación no es lo mismo que estar siempre en lo correcto.

Unos meses antes de que empezara a escribir este libro, me encontré dos citas que me gustaron. Las copié en una nota en mi computadora para poder verlas siempre. Son los epígrafes al comienzo de esta introducción.

La primera cita viene del libro de Italo Calvino *Las ciudades invisibles*. Es una oda a la complejidad. Kublai Khan pregunta si existe una sola piedra que sostenga un puente. Marco Polo responde que un puente está sostenido, no por una piedra solitaria, sino por un arco dibujado por muchas piedras.

El género de no ficción ha visto en las últimas décadas un auge de libritos acerca de la vida que suelen recibir una crítica similar: trivializan la forma de la mente humana, la cual, como el puente de Marco Polo, no se puede explicar por una sola piedra u otra, sino por la interacción de un incontable número de elementos de apoyo. Este libro también formula algunas preguntas difíciles de abordar: *¿por qué algunas ideas y productos se vuelven populares? ¿Qué factores trazan la línea que divide los éxitos de los fracasos?* El esfuerzo por encontrar respuestas satisfactorias a estas preguntas requerirá naturalmente alguna generalización. Pero durante todo el proceso, he intentado recordar que los gustos de las personas no están gobernados por un solo concepto o ley biológica. Por el contrario, la forma de las preferencias de un individuo es un arco sostenido por muchas piedras.

La mera cita de Calvino podría ser un buen argumento contra un libro como éste, que busca grandes teorías sobre cómo funciona el mundo. Pero aquí es donde entra la segunda cita.

Borges describe un imperio con un gremio tan avanzado de cartógrafos que diseñan un mapa de tamaño natural. Sin embargo, el pueblo rechaza este logro de la exactitud y las ruinas del mapa sirven finalmente para vestir mendigos en el desierto. En la simplicidad hay virtud. Un mapa de papel que es el tamaño exacto del Imperio se describe como *inútil*, porque un mapa es de ayuda sólo si es lo suficientemente pequeño como para que alguien lo sostenga y lea. El mundo es complejo. Pero todo significado proviene de una sabia simplificación.

Uno de los temas de este libro es que el público tiene hambre de significados, y sus preferencias están guiadas por una interacción entre lo complejo y lo simple, entre la estimulación de las cosas nuevas y el profundo confort de lo familiar. En lugar de encontrar atajos que trivialicen las razones sobre del éxito de algunos productos culturales, mi objetivo es contar una historia compleja de una manera sencilla. La columna vertebral de este libro es demasiado pequeña para sostener el puente de Marco Polo. En el mejor de los casos, espero encontrar buenas piedras para dibujar un buen mapa.

LA POPULARIDAD Y LA MENTE

EL PODER DE LA EXPOSICIÓN

LA FAMA Y LA FAMILIARIDAD EN EL ARTE,
LA MÚSICA Y LA POLÍTICA

Una lluviosa mañana de otoño, caminaba solo por la exposición impresionista de la Galería Nacional de Arte en Washington, D.C. Parado ante una pared de cuadros reconocidos, me llamó la atención una pregunta que supongo que muchas personas se hacen silenciosamente en un museo, aunque resulte grosero decirla en voz alta en presencia de extraños: *¿por qué es tan famosa esta cosa?*

Era *El puente japonés* de Claude Monet, con ese puente azul arqueándose por encima de un estanque verde esmeralda que está dorado con manchas de amarillo, rosa y verde, y los emblemáticos lirios de agua. Era imposible no reconocerlo. De niño, uno de mis libros preferidos de pinturas incluía algunos nenúfares de Monet. También fue imposible de ignorar, por causa de varios chicos que peleaban por conseguir una apreciación más cercana a través de la multitud geriátrica. "¡Sí!", dijo una adolescente, sosteniendo su teléfono frente a su cara para tomar una fotografía. "¡Oh!", exclamó el chico más alto de pelo rizado detrás de ella. "¡Es el famoso!" Otros estudiantes de secundaria escucharon sus gritos, y en segundos ya se habían agrupado alrededor del Monet.

Algunas salas más allá, la galería realizó una exhibición especial para otro pintor impresionista, Gustave Caillebotte. Esto era un asunto más silencioso, más tranquilo. Allí no había estudiantes ni exclamaciones extáticas de reconocimiento, tan sólo un montón de murmullos y solemnes movimientos de cabeza. Caillebotte no es mundialmente famoso como Monet, Manet o Cézanne. El letrero afuera de su exposición en la Galería Nacional lo llamó "quizás el menos conocido de los impresionistas franceses".[1]

Pero las pinturas de Caillebotte son exquisitas. Su estilo es impresionista pero exigente, como si hubieran sido capturadas con la lente de una cámara una poco más enfocada. Con frecuencia, desde la vista de una ventana, representó la colorida geometría urbana del París del siglo XIX —bloques romboidales y amarillos, aceras blancas pálidas y el gris iridiscente de los bulevares pulidos por la lluvia. Sus contemporáneos lo consideraban un prodigio a la par de Monet y Renoir. Émile Zola, el gran escritor francés que destacó las "delicadas manchas de color" del impresionismo, señaló a Caillebotte como "uno de los más atrevidos del grupo". Ciento cuarenta años después, Monet es uno de los pintores más famosos en la historia, mientras que Caillebotte es relativamente desconocido.

Un misterio: dos pintores rebeldes expusieron su obra en la misma exposición impresionista en 1876. Son considerados de similar nivel de talento y promesa. Pero los nenúfares de un pintor se convirtieron en un éxito cultural global, consagrado en libros, estudiado por los historiadores del arte, admirado por los estudiantes de secundaria y destacado en cada recorrido por la Galería Nacional de Arte, mientras que el otro pintor es poco conocido entre los aficionados informales del arte. ¿Por qué?

Durante muchos siglos, filósofos, artistas y psicólogos han estudiado el arte moderno para conocer la verdad sobre la belleza y la popularidad. Por razones comprensibles, muchos se enfocaron en las pinturas mismas. Pero estudiar los manchones de Monet y las pinceladas de Caillebotte no nos dirá por qué uno es famoso y el otro no. Tienes que mirar más profundo en la historia. Las pinturas famosas, hits de radio y éxitos de taquilla que parecen flotar sin esfuerzo en la conciencia cultural tienen una génesis oculta. Incluso los nenúfares tienen raíces.

Cuando un equipo de investigadores de la Universidad de Cornell estudió la historia del canon impresionista, descubrieron que algo sorprendente distinguió a los pintores más famosos.[2] No fueron sus conexiones sociales o su renombre en el siglo XIX. Era una historia más sutil. Y todo comenzó con Caillebotte.

Gustave Caillebotte nació en una familia adinerada parisina en 1848. De joven, pasó del Derecho a la Ingeniería y al ejército francés durante la guerra franco-prusiana. Pero a sus veinte años, descubrió una pasión y un inmenso talento para la pintura.

En 1875 presentó *Los acuchilladores de parqué* a la Academia de Bellas Artes de París. En la pintura, una luz blanca entra por una ventana e ilumina la desnuda espalda blanca de varios hombres que trabajan sobre sus rodillas, raspando el suelo marrón oscuro de una habitación vacía, mientras los rizos de la madera pelada forman espirales al lado de sus piernas. Pero la pintura fue rechazada. Más tarde, un crítico resumió la desdeñosa respuesta al decir: "Haz desnudos, sí; pero haz desnudos hermosos o no los hagas en absoluto".

Los impresionistas (o, como Caillebotte también los llamaba, *los intransigentes*) no estuvieron de acuerdo. Varios de ellos, como Auguste Renoir, gustaron de su enfoque cotidiano en *Los acuchilladores de parqué* y pidieron a Caillebotte exponer junto a sus compañeros rebeldes. El pintor trabó amistad con algunos de los artistas jóvenes más polémicos de la época, como Monet y Degas, y compró docenas de sus obras en un tiempo en que pocos europeos ricos gustaban de ellas.

Los autorretratos de Caillebotte lo muestran en la mediana edad con el pelo corto y el rostro como una punta de flecha, angular y afilado, con una barba gris austera. Un semblante de aspecto grave reflejaba su vida interior. Convencido de que moriría joven, Caillebotte escribió un testamento instruyendo al Estado francés a aceptar su colección de arte y colgar sus casi setenta pinturas impresionistas en un museo nacional.[3]

Sus temores eran premonitorios. Caillebotte murió de un derrame cerebral en 1894, a la edad de cuarenta y cinco años. Su legado incluye por lo menos dieciséis lienzos de Monet, ocho de Renoir, ocho de Degas, cinco de Cézanne y cuatro de Manet, junto con dieciocho de Pissarro y nueve de Sisley.[4] No es inconcebible que sus paredes fuesen valoradas en varios millones de dólares en una subasta de Christie's en el siglo XXI.

Pero en su tiempo, su colección fue mucho menos codiciada. En su testamento, Caillebotte había estipulado que las pinturas colgaran en el Museo de Luxemburgo en París. Pero incluso con Renoir como ejecutor, el gobierno francés inicialmente se negó a aceptar las obras de arte.

La élite francesa, que incluía a los críticos conservadores e incluso a políticos prominentes, consideró presuntuoso el legado, si no es que francamente ridículo. ¿Quién era este sinvergüenza para pensar que después de su muerte podría forzar al gobierno francés a colgar decenas de manchas atroces en sus propias paredes? Varios profesores de arte amenazaron con dimitir de la Escuela de Bellas Artes si el Estado aceptaba las pinturas impresionistas. Jean-Léon Gérôme, uno de los más famosos artistas académicos de su tiempo, criticó así la donación: "Para que el gobierno acepte tal inmundicia, tendría que haber un gran relajamiento de la moral".

Pero ¿qué es la historia del arte, sino un gran relajamiento tras otro? Después de luchar durante años contra el Estado francés y contra la propia familia de Caillebotte para que honrara el legado, Renoir persuadió al gobierno para que aceptara casi la mitad de la colección. De acuerdo con un registro, las pinturas aceptadas incluyen ocho obras de Monet, siete de Degas, siete de Pissarro, seis de Renoir, seis de Sisley, dos de Manet y dos de Cézanne.

Cuando las obras fueron finalmente colocadas en 1897, en una nueva ala en el Museo de Luxemburgo, conformaron la primera exposición nacional de arte impresionista en Francia o en cualquier país europeo.[5] El público inundó el museo para ver arte que previamente había atacado o simplemente ignorado. La larga batalla en torno a la herencia de Caillebotte (la prensa lo llamó el affaire Caillebotte) tuvo el efecto que él habría deseado: atrajo una atención sin precedentes y hasta un poco de respeto hacia sus amigos los intransigentes.

Un siglo después de la exposición de los Siete de Caillebotte, James Cutting, psicólogo de la Universidad de Cornell, enumeró más de quince mil ejemplos de pinturas impresionistas en cientos de libros en la biblioteca de la Universidad. "De manera inequívoca" concluyó que había siete ("y sólo siete") pintores impresionistas principales, cuyos nombres y obras aparecían mucho más a menudo que los de sus pares. Este núcleo consistió en Monet, Renoir, Degas, Cézanne, Manet, Pissarro y Sisley. Sin duda, éste era el canon impresionista.

¿Qué distingue a estos siete pintores? No comparten un estilo común. No recibieron un elogio unificado de los críticos contemporáneos, ni sufrieron la censura por igual. No existe registro de que este grupo haya socializado exclusivamente, coleccionara exclusivamente obras del grupo o expusiera de manera exclusiva. De hecho, los pintores impresionistas más famosos compartieron una sola cualidad de manera exclusiva.

Los siete pintores impresionistas principales fueron los únicos siete impresionistas en el testamento de Gustave Caillebotte.

Exactamente cien años después de la muerte de Caillebotte, en 1994, James Cutting se colocó frente a uno de los cuadros más famosos en el Museo de Orsay en París y tuvo un pensamiento familiar: *¿por qué es tan famosa esta cosa?*

La pintura en cuestión fue *Baile en el Moulin de la Galette*, de Renoir. Con sus 1.31 por 1.75 metros, la obra de arte muestra decenas de parisinos bien vestidos agrupados en un salón de baile al aire libre, bailando el vals, bebiendo y amontonándose alrededor de las mesas en la luz moteada de una tarde de domingo en el barrio de Montmartre, en París.

Cutting reconoció instantáneamente la obra. Pero se preguntaba qué hay tan intrínsecamente especial en esa pintura, detrás del hecho de que él pudiera reconocerla. Sí, el *Baile en el Moulin* es absorbente, reconoció, pero la obra de arte no era obviamente mejor que sus pares menos célebres en las salas contiguas.

"Realmente tuve una revelación", me dijo Cutting. "Me di cuenta de que Caillebotte poseyó no sólo el *Baile en el Moulin*, sino también muchas otras pinturas en el Museo que se habían vuelto extremadamente famosas."

Entonces regresó al campus de Ithaca, Nueva York, a procesar su Eureka. Cutting y su asistente de investigación recorrieron unos mil libros de arte impresionista en la biblioteca de Cornell para hacer una lista de los artistas más comúnmente reproducidos. Llegó a la conclusión de que el canon impresionista está centrado en un estrecho puñado de siete pintores centrales: Manet, Monet, Cézanne, Degas, Renoir, Pissarro y Sisley, los Siete de Caillebotte.

Cutting tenía una teoría: la muerte de Gustave Caillebotte ayudó a crear el canon impresionista. Su legado al Estado francés creó el marco a través del cual los fanáticos del arte de entonces y de ahora han mirado el impresionismo. Los historiadores del arte se centraron en los Siete de Caillebotte, lo que proporcionó prestigio a sus obras en detrimento de otras. Las pinturas de los Siete de Caillebotte han sido colgadas en las áreas más prominentes de las galerías de arte, se han vendido por mayores sumas de dinero a coleccionistas privados, han sido las más valoradas por los conocedores, se han impreso en más antologías y han sido analizadas por más estudiantes de Historia del Arte, que se convirtieron en los gurús de la siguiente generación, deseosos de transmitir la fama heredada de los Siete de Caillebotte.*

Cutting tenía otra teoría: el hecho de que el legado de Caillebotte haya moldeado el canon impresionista habla de algo profundo y universal sobre los medios de comunicación, el entretenimiento y la popularidad. La gente prefiere pinturas que ha visto antes. Al público le gustan las obras de arte que le proporcionan el escalofrío de significado que a menudo llega con un atisbo de reconocimiento.

De vuelta en Cornell, Cutting probó su teoría. Reunió a 166 personas de su clase de psicología y les presentó pares de obras de arte impresionista. En cada par, uno de los cuadros era significativamente más "famoso", es decir, tenía más probabilidades de aparecer en uno de los libros de texto de la Universidad de Cornell. En seis de cada diez ocasiones, los estudiantes dijeron preferir el cuadro más famoso.

Esto podría significar que los cuadros famosos son los mejores. Por otra parte, podría significar que los estudiantes de Cornell prefirieron las obras de arte canónicas porque estaban familiarizados con las pinturas. Para demostrar esto último, Cutting tuvo que diseñar un entorno donde los estudiantes fueran expuestos involuntaria pero repetidamente a las pinturas menos famosas, al igual que público de arte está involuntariamente pero repetidamente expuesto al canon impresionista desde una edad temprana.

Lo siguiente fue bastante inteligente: en una clase de psicología independiente, Cutting bombardeó a los estudiantes con oscuras obras de arte de finales del siglo XIX.[6] Los alumnos de esta segunda clase vieron una pintura impresionista no famosa *cuatro veces* por cada ocasión que percibieran una obra de arte famosa. Esto fue un intento de Cutting de reconstruir un universo paralelo de la historia del arte, en el que Caillebotte nunca murió prematuramente, donde su legendario legado nunca creó un ala impresionista y donde los Siete de Caillebotte nunca se beneficiaron de un accidente histórico azaroso que elevara su exposición y popularidad.

---

* En el regalo final al Estado francés, Renoir agregó dos pinturas de Caillebotte. Pero fueron ignoradas por gran parte de los historiadores del arte más influyentes, quizá debido a su inclusión de último minuto. La monumental *Historia del impresionismo* de John Rewald, publicada en 1946, reconoce a Caillebotte por su legado, pero enumera a los siete famosos como los amos indiscutibles del impresionismo y apenas menciona el talento artístico del propio Caillebotte.

Al final del segundo curso, Cutting pidió a los 151 estudiantes que eligieran sus pinturas favoritas entre 51 pares. Los resultados del concurso de popularidad fueron lo contrario del canon. En 41 de 51 pares de obras, la preferencia estudiantil por las pinturas impresionistas más famosas desapareció. El magnetismo esmeralda de los jardines de Monet, la policromía eléctrica de Renoir y el genio de Manet fueron casi anulados por algo más: el poder de la exposición repetida.

Resulta extraordinario que el legado de Caillebotte ayudara a definir el canon del impresionismo dado que compró intencionalmente a sus amigos sus pinturas menos populares. El fundamento de Caillebotte fue comprar "especialmente aquellas obras que parecieran particularmente invendibles", según escribe el historiador del arte John Rewald en su historia del impresionismo. Por ejemplo, Caillebotte figuró como última opción de compra cuando adquirió el *Baile en el Moulin de la Galette* de Renoir. Hoy en día, la pintura que Caillebotte rescató del olvido e inspiró el famoso estudio famoso de Cutting de psicología del arte se considera una obra maestra. Vendida en subasta por 78 millones de dólares en 1990, fue la segunda obra más cara que se hubiera comprado hasta entonces. Uno puede hallar la pintura de Renoir intrínsecamente hermosa —es mi caso—, pero su fama canónica es inseparable de su absurda buena suerte de haber formado parte de la colección de Caillebotte.

Mary Morton, la curadora de pintura francesa en la Galería Nacional de Arte, organizó la exhibición de Caillebotte en 2015. Me dijo que la falta de exposición pudiera explicar el anonimato de Caillebotte por otra razón: el coleccionista más importante de impresionismo nunca trató de vender su propio arte.

Una de las figuras detrás de escena más importantes en la historia del impresionismo es Paul Durand-Ruel, un coleccionista francés y corredor de arte que fungió como agente de intercambio de pinturas impresionistas antes de que se volvieran famosas. Sus esfuerzos exhaustivos por vender obras de Monet y otros crearon y sostuvieron el movimiento en los tiempos en que los salones franceses y la aristocracia europea consideraban su estilo emplastado como una atroz afrenta al romanticismo francés. Durand-Ruel cosechó mayor éxito entre los coleccionistas estadunidenses. "Al auge de la revolución industrial correspondió un crecimiento sustancial del ingreso, y los nuevos ricos estrenaban grandes apartamentos en

París y Nueva York", expresó Morton. "Necesitaban decoración asequible, hermosa y ampliamente disponible, y la pintura impresionista tenía las tres características." La nueva riqueza creó el espacio para nuevos gustos. El impresionismo llenó ese vacío.

Pero Caillebotte no encaja en esta historia de popularidad del impresionismo entre los nuevos ricos. Fue millonario, heredero de una gran fortuna en la industria textil, y no tenía necesidad de ganar dinero con su afición a la pintura. Existen más de 2,500 pinturas, dibujos y pasteles atribuidos a Monet. A pesar de su severa artritis, Renoir produjo la sorprendente cantidad de 4,000 obras. Caillebotte produjo cerca de 400 pinturas e hizo poco esfuerzo por distribuirlas entre coleccionistas o museos. Se desvaneció en la oscuridad a principios del siglo XX al mismo tiempo que sus compañeros pendían en concurridas galerías y colecciones privadas, a medida que el poderoso regalo de Caillebotte se desplegaba por la historia.

Cuando los actuales estudiantes de secundaria reconocen los nenúfares de Monet, están contemplando más de un siglo de exposición y fama. Caillebotte es el menos conocido de los impresionistas franceses, pero no porque sea el peor. Es porque ofreció a sus amigos un regalo del que se estaba privando a sí mismo: el regalo de la exposición.

Durante siglos, filósofos y científicos han tratado de reducir la vasta complejidad de la belleza a teorías cuantitativas.

Algunos argumentan partiendo de formas y fórmulas. Si nos remontamos a la Grecia antigua, los filósofos propusieron que la belleza es cuantificable, oculta en el tejido del universo observable. Otros se inclinan a explicaciones místicas que proponen que un número preciso —1.61803398875...—, conocido también como "la proporción áurea"— podría explicar la perfección visual de objetos tales como las flores griegas, los templos romanos y los modernos dispositivos de Apple. Ellos conjeturan que el mundo se ha configurado con secretos y ecuaciones de esa índole. Platón propuso que el mundo físico era una réplica imperfecta de un reino ideal. Incluso el arte más ingenioso o la más deslumbrante puesta del sol se esfuerzan por alcanzar la inasible forma perfecta de la belleza en sí misma. En la década de 1930, el matemático George David Birkhoff llegó al extremo de proponer una fórmula para escribir poesía: $O = aa + 2r + 2m - 2ae - 2ce$.* (Parece improbable que alguna persona haya utilizado alguna vez esta fórmula para escribir un poema digno de ser leído.)

¿Existe realmente una ecuación que escudriñe en el cálculo del universo, que explique por qué nos gusta lo que nos gusta? Muchos no estuvieron tan seguros. Hubo escépticos que argumentaron que la belleza siempre es subjetiva, que reside en los individuos y no en las matemáticas. El filósofo David Hume dijo que "buscar la verdadera belleza, o la verdadera deformidad, es una empresa tan infructuosa como pretender determinar lo realmente dulce o lo realmente amargo". El filósofo Immanuel Kant convino en que la belleza es subjetiva, pero hizo hincapié en que las personas poseen "juicio estético". Imagina escuchar una hermosa canción o detenerte ante una pintura exquisita. Extraviarse uno mismo para comprender es lo contrario de ser un descerebrado. El placer es un tipo de pensamiento.

Al largo debate entre los cazadores de la fórmula y los escépticos le faltaba una voz importante: los científicos. Los datos duros no entraron a esta discusión hasta que llegó un casi invidente físico alemán llamado Gustav Theodor Fechner, quien vivió a mediados del siglo xix y, en su proceso de investigación del gusto artístico, ayudó a inventar la psicología moderna.

En la década de 1860, Fechner estaba decidido a descubrir las leyes de la belleza por sí mismo. Sus métodos eran únicos, porque pocos habían pensado hacer la cosa más sencilla en su aproximación a las preferencias de la gente: preguntarles simplemente qué les gusta. Su experimento más famoso involucraba formas. Pedía a sujetos de varias edades y antecedentes señalar qué rectángulos consideraban más bellos (eran los comienzos de la ciencia). Notó un patrón: las personas disfrutaron de los rectángulos que tenían exactamente las correspondencias de la proporción áurea, cuyos lados largos medían 1.61803... más veces que los lados cortos.

Sería encantador informar que el primer estudio en la historia de la psicología fue un triunfo. Desafortunadamente, la ciencia es un viaje lleno de equivocaciones, y la conclusión de Fechner salió fabulosamente mal.

---

* En esta fórmula para la poesía, *aa* se refiere a la aliteración y la asonancia, *r* es la rima, *m* es la musicalidad, *ae* es el exceso de aliteraciones y *ce* es el exceso de sonidos consonantes. Antes de usarlo como modelo para escribir tu propio soneto, ten en cuenta que éste es el tipo de ecuación que pondría al Dr. Seuss por encima de Walt Whitman y "Martinillo" sobre la mayoría de los poemas de e.e. cummings.

Científicos posteriores fallaron repetidamente al replicarlo. No todos los padres fundadores tienen ideas venerables.

Los descubrimientos de Fechner fueron un fiasco, pero su primer instinto fue brillante: los científicos deben estudiar a las personas preguntándoles acerca de sus vidas e ideas. Con el tiempo, este principio produjo todo tipo de conclusiones fructíferas. En la década de 1960, el psicólogo Robert Zajonc realizó una serie de experimentos donde mostró a algunos sujetos palabras absurdas, formas al azar y caracteres tipo chino y les pidió que señalaran sus preferidos. En un estudio tras otro, la gente eligió confiadamente aquellas palabras y formas divertidas que había visto más veces. No es que algunos rectángulos fueran perfectamente rectangulares. No es que algunos caracteres de tipo chino parecieran perfectamente chinos. A la gente simplemente le gustaba cualquier forma o palabra que hubiera visto en más ocasiones. Su preferencia fue dictada por la familiaridad.

Este descubrimiento es conocido como el "efecto de mera exposición" o simplemente el "efecto de exposición", y es uno de los hallazgos más robustos de la psicología moderna. No sólo preferimos a los amigos antes que a los extraños o los aromas familiares a los desconocidos. A través de cientos de estudios y metaestudios, sujetos de todo el mundo prefieren formas, paisajes, bienes de consumo, canciones y voces humanas que les resultan conocidas. Las personas son incluso parciales a la versión más familiar de lo que deberían conocer mejor en el mundo: su propia cara. El rostro humano es ligeramente asimétrico, lo que significa que una fotografía capta una cara un poco diferente que el espejo. A veces, las personas hacen una mueca de dolor cuando ven fotografías de sí mismos, y en los estudios prefieren la cara que atisban en el reflejo. ¿Una superficie vidriosa revela tu rostro en su versión más objetivamente hermosa? Probablemente no. Es sólo la cara que te gusta, porque estás acostumbrado a verla de esa manera. La preferencia por la familiaridad es tan universal que algunos piensan que se debe haber inscrito en nuestro código genético desde que nuestros ancestros recorrían la sabana. La explicación evolutiva para el efecto de la exposición es simple: si reconoces a un animal o planta, es que no te ha matado aún.

El filósofo Martin Heidegger dijo una vez: "Todo hombre nace como muchos hombres y muere como uno solo". Hay un puñado de preferencias compartidas por casi todos los niños; por ejemplo, por los alimentos dulces y las armonías sin disonancia.[7] Pero en adultos los gustos son diversos, en gran parte a causa de que están conformados por la experiencia de la vida, y cada persona disfruta y sufre la vida de una manera diferente. Las personas nacen como el promedio y mueren únicas.

No había nada más importante para la preservación entre los grupos de cazadores-recolectores que tener relaciones sexuales y moverse de un lugar a otro con seguridad.[8] Así que tengamos en cuenta estos dos pilares de su psicología —¿qué hace bonita una cara? y ¿qué hace deseable un paisaje?— para hallar los posibles orígenes de una orientación hacia lo conocido.

Comúnmente se dice que las personas prefieren las caras simétricas. Pero la equivalencia horizontal no es el mejor predictor de la belleza. Pensemos en esto: ¿podríamos decir lo atractivo que es alguien mirando solamente un lado de su cara? Además, al volver perfectamente simétrico un rostro poco atractivo no se crea repentinamente una supermodelo. La explicación más científicamente rigurosa de la belleza es que las personas se ven atraídas por las caras que se parecen a muchas otras caras.

Cuando se trata del aspecto físico, el promedio es lo verdaderamente hermoso. Varios estudios que utilizan simulaciones por computadora han demostrado que mezclar muchas caras del mismo género crea un semblante más atractivo que sus individuos. Si se mezcla un montón de gente extremadamente atractiva, el compuesto es aún más fascinante.[9] ¿Qué resulta tan hermoso en una cara promedio? Los científicos no están muy seguros. Tal vez sea una cuestión evolutiva, y una cara hecha de muchas caras sugiere diversidad genética. En cualquier caso, el gusto es universal y tal vez incluso innato. En estudios en adultos y niños, realizados en China y en toda Europa y Estados Unidos, las caras promedio se consideran las más atractivas.*

Más allá del promedio, sin embargo, los gustos divergen violentamente. No hay ninguna atracción universal por las perforaciones en los labios, el lápiz labial o el flequillo, aunque puedes encontrar miles de personas alrededor del mundo a las que pueden parecerles seductores. Muchas personas piensan que los anteojos son sexys, a pesar de que resultan bastante

---

* Podrías escribirle una carta a tu amor en San Valentín diciendo: "Tu rostro es perfectamente promedio en todos los sentidos". Pero en aquellos preciosos segundos antes de que te abandone para siempre, por favor no le digas que sacaste la idea de este libro.

regresivos en términos de la evolución. Requerir tecnología de cristales finamente calibrada podría ser una señal de tener *malos* genes para ver. Los antiguos cazadores y recolectores probablemente no se habrían colocado cables sostenidos en la nariz y orejas para equilibrar unos lentes delante de sus ojos, pero esto no disminuye la popularidad de la fantasía de bibliotecaria sexy. Si existen preferencias biológicas por las caras, éstas son arcilla suave que la cultura puede moldear en innumerables formas.

Otro lugar para advertir las ramificaciones de las preferencias adultas con un origen común es el paisaje. Un estudio global sobre cuadros con paisajes, como selvas, sabanas y desiertos, reveló que niños de todo el mundo parecen preferir la misma topografía. Tiene el aspecto de una sabana con superficie arbolada, que se parece al paisaje de África Oriental donde la especie *Homo sapiens* pudo haberse originado. Parece que los seres humanos nacen con lo que el profesor de filosofía del arte Denis Dutton llama un "penetrante gusto por el Pleistoceno en el horizonte".[10]

En cambio, los gustos adultos por los paisajes no son tan universales ni se quedan en el Pleistoceno. Están diversificados. Algunas personas prefieren el afilado colmillo del monte Matterhorn, otros idolatran un estanque de Maine que la puesta del sol pinta de rosa, y unos más se inclinan por las dunas de color naranja tostado que hay en Marruecos. Algunos detalles del paisaje parecen ser atractivos universalmente. Por ejemplo, gente de todo el mundo se siente atraída por la presencia de agua con aspecto cristalino, una necesidad vital antigua y eterna. Personas de todo el orbe se sienten asimismo cautivadas al ver montañas separadas por ríos que serpentean entre ellas y bosques divididos por senderos que se escabullen hacia un punto de fuga.[11] Estos detalles significan algo que los antepasados humanos habrían querido ver: una ruta navegable a través del caos de la naturaleza. Pero como de adultos tenemos vistas, calendarios, revistas, fotografías y películas diferentes, la percepción en torno a un paisaje "perfecto" se ramifica en un millón de direcciones.

En definitiva, la belleza no reside en formas o proporciones cósmicas, ni tampoco en la configuración estándar de los cerebros, corazones y tripas humanas. Reside en la interacción entre el mundo y la gente, es decir, en la vida misma. Las personas se adaptan a su familiaridad. Parafraseando a Tennyson, son la suma de todos aquellos que han conocido. Nacemos como el promedio y morimos únicos.

Antes de que se difundieran contenidos en las redes sociales, antes de que
hubiera redes de cableado o estaciones de televisión e incluso antes de los
diarios nacionales modernos, existieron los museos públicos. Sin contar
el anfiteatro, podría decirse que el museo público fue la primera tecnología para distribuir obras artísticas —lo que ahora se conoce comúnmente
como "contenido"— a un público masivo.[12] Es extraño, tal vez, pensar en el
museo como una innovación moderna, puesto que para muchos trae a su
mente escenas de la antigüedad, bolas de naftalina y niños avisando que
tienen que hacer pipí. Pero como tantas otras tecnologías, desde los moto-
res de vapor a los teléfonos inteligentes, el museo público democratizó un
mercado —el de obras de arte y otros artefactos— para poner a disposición
de las masas algo que fue previamente accesible sólo para ricos.

Aunque las multitudes se hayan pasmado ante las exhibiciones públicas de arte durante milenios, la mayoría de las colecciones a lo largo de la
historia han sido privadas y fuertemente custodiadas por la realeza. El moderno museo público fue una invención de la ilustración y su noción radical de que las multitudes merecen una educación. El primer museo público
nacional fue el Museo Británico, inaugurado en 1759 como un "gabinete de
curiosidades" que incluía objetos del antiguo Egipto y la flora de Jamaica. Los
museos nacionales florecerían por toda Europa y a través del Atlántico en las
próximas décadas. El erudito estadunidense Charles Willson Peale fundó
el primer museo público moderno de su país en Filadelfia,[13] en 1786, con
miles de especies de plantas y pinturas de animales de su colección privada.* El Louvre abrió en París en 1793, y el Museo del Prado, en Madrid, más
adelante, en 1819. El legado de Caillebotte adornó las paredes del Museo
de Luxemburgo, en el punto más alto de este nuevo furor por los museos

---

* La vida de Peale no tiene nada que ver con este libro, pero sin duda merece su propia exposición de museo y mucho más. Su carrera, que comenzó en la pobreza en Maryland, fue una
larga cadena de innovaciones. Abrió el primer museo americano moderno, pintó el primer
retrato de George Washington en 1772, organizó la primera expedición científica de Estados Unidos en 1801 para desenterrar fósiles en Nueva York, mostró el primer esqueleto de
mastodonte en cualquier museo en el mundo y fue propietario de la patente americana a
la primera versión de la máquina copiadora, cuando se llamaba polígrafo (que no debe ser
confundido con el moderno detector de mentiras). También llamó a casi todos sus hijos con
nombres de pintores y científicos, lo que tendrá considerable importancia en el capítulo 6.

públicos en Europa. En la segunda mitad del siglo XIX, cien museos abrieron tan sólo en Gran Bretaña.

Si los museos públicos han sido, durante cientos de años, las propiedades inmobiliarias más importantes en el arte, entonces la radio ha sido el museo público de la música pop, la gran sala de exposición masiva. La radiodifusión se volvió tan fundamental para construir la popularidad de la nueva música de mediados del siglo XX, que las disqueras desarrollaron esquemas elaborados, de "payola", para pagar directamente a las estaciones de radio por tocar sus canciones. Incluso en este siglo, la omnipresencia de una canción al aire sigue siendo fundamental para crear un hit. "Cada avance de la investigación que hemos hecho sobre los gustos del público demuestra una constante: la radio es el conductor número uno de ventas y el mayor predictor del éxito de la canción", dice Dave Bakula, vicepresidente ejecutivo de estadística en Nielsen, que rastrea las ventas de música y su presencia al aire. "Casi siempre escuchas las canciones más exitosas primero en la radio y luego despegan [en otras plataformas]." La exposición pública en la radio puede ser aún más potente que la "mera" exposición, ya que la presencia de una canción en los Top 40 de una emisora ofrece indicios sobre su calidad, como el sentido que los creadores del gusto y otros oyentes ya la escucharon y apoyaron.

En los albores del negocio de la música estadunidense, para hacer que una canción se volviera un éxito, incluso una melodía inolvidable era menos importante que una ingeniosa campaña de marketing. "En el circuito de los productores musicales neoyorquinos, lo que entendieron sus ejecutivos es que no importa lo inteligente, pegajosa u oportuna que sea una canción, su [éxito] dependía de su sistema de distribución", escribe el historiador de la música David Suisman en *Selling Sounds: The Commercial Revolution in American Music*.[14] En la ciudad de Nueva York a finales del siglo XIX, los escritores y editores cercanos a Union Square conocidos con el nombre colectivo de "Tin Pan Alley" desarrollaron un elaborado proceso para promover la nueva música. Distribuyeron partituras de canciones entre los músicos locales, que las ejecutaban por la ciudad para luego informar cuáles tenían éxito. Los éxitos perennes que derivaron de este periodo, como "The Band Played On", "Take Me Out to the Ball Game" y "God Bless America", fueron producto de una elaborada estrategia de pruebas y distribución que fue lanzada en partituras y sobre las calles.

Los promotores de Tin Pan Alley dieron paso a la radio, y ahora la radio está dando paso a nuevas formas de distribución más abiertas, equitativas e impredecibles. Los hits de hoy despuntan en anuncios de televisión, publicaciones en Facebook y videos en línea. Se atribuye a una lista de reproducción de Spotify del cofundador de Napster Sean Parker el lanzamiento de "The Royals", el sorpresivo éxito de Lorde en 2013.[15] Dos años antes, una cantante y compositora canadiense, Carly Rae Jepsen, lanzó una canción llena de vida, "Call Me Maybe", que debutó en el lugar 97 de la lista de cien primeros lugares de éxito de su país. Hacia finales de año todavía no llegaba ni al Top 20. Pero otro cantante de pop canadiense, Justin Bieber, escuchó la canción en la radio y luego la elogió en Twitter. A principios de 2012, Bieber hizo un video para YouTube donde aparecían él y varios amigos con bigotes falsos, incluyendo la estrella pop Selena Gomez, bailándola. Ese video tiene ahora más de setenta millones de vistas, y ayudó a "Call Me Maybe" (que por sí misma tiene ya más de ochocientos millones de vistas) a convertirse en una de las canciones pop más grandes de la década.

La música —y, de hecho, toda la cultura— está enlazada a esos momentos, y ahora un momento similar puede provenir de cualquier parte. La radio todavía tiene un gran poder de distribución —después de todo, fue ahí donde Bieber escuchó por primera vez "Call Me Maybe" —, pero ya no tiene el monopolio sobre la exposición. Cada cuenta de redes sociales, cada bloguero, cada sitio de internet y cada video que compartimos promiscuamente es esencialmente una estación de radio.

Sería agradable pensar que, en un mercado cultural como la música, la calidad lo es todo, y cada éxito número uno es también el mejor en su clase. Además, me parece terriblemente difícil demostrar lo contrario. ¿Cómo se demuestra que una canción de la que nadie ha oído hablar es "mejor" que la canción más popular en el país? Se necesitaría algo delirante: un universo paralelo comparativo en el que miles de personas que hayan escuchado las mismas canciones lleguen a distintas conclusiones sin el poder del marketing.

De hecho, existe ese universo paralelo. Las disqueras lo consultan todo el tiempo. Es el universo de HitPredictor y SoundOut, compañías para probar música en línea que piden a miles de personas evaluar lo pegajoso de las nuevas canciones antes de que la población general se forme una opinión sobre ellas.

Como su nombre indica, HitPredictor (que pertenece a iHeartMedia, la mayor propietaria de estaciones de radio AM y FM en Estados Unidos) "predice" futuros hits tocando tres veces el "gancho" de una nueva canción a su público en línea sin decirle mucho más sobre ella. Se trata de capturar lo "pegajoso" de la canción en el vacío. El público da a la canción una calificación numérica: una puntuación de hit potencial o "puntuación H". Una canción puede obtener más de cien puntos, pero cualquier puntuación por encima de 65.00 se considera elegible para tener un éxito resonante. Sesenta y cinco es el umbral: por encima de ese nivel, una pista tiene el atractivo intrínseco para ser una de las canciones más exitosas del país.

Aquí están las calificaciones de HitPredictor para las canciones que entraron en el Top 5 de Billboard Hot 100 en noviembre de 2015:

"Hotline Bling", Drake: 70.25
"The Hills", The Weeknd: 71.39
"Stitches", Shawn Mendes: 71.55
"Sorry", Justin Bieber: 77.14
"What Do You Mean?", Justin Bieber: 79.12
"Hello", Adele: 105.00

Estudia esos números por un segundo. ¿Notas algo raro? Una canción puede teóricamente posicionarse en los primeros cien, pero la mayoría de estos éxitos masivos —y todos lo fueron— están apenas por encima de 65.00. No hay nadie arriba de 80.00 o más, excepto por el increíble caso aislado de "Hello". Mantén ese misterio en la cabeza durante unos pocos párrafos, porque hay algo engañosamente poderoso en el hecho de que todos estos éxitos obtengan una puntuación "sólo" por arriba del 70.00.

SoundOut es una empresa similar en el Reino Unido, que prueba 10 mil pistas en línea al mes. Cada nueva canción es transmitida al azar en vivo a más de cien personas, que la califican después de escuchar al menos noventa segundos. En SoundOut, el número mágico es 80, y cualquier canción que logre una puntuación por encima de ese umbral —alrededor de cinco por ciento de la música probada— se considera lo suficientemente pegajosa para ser un hit. La mejor grabación en la historia de SoundOut fue el segundo álbum de Adele, *21*, que incluyó tres éxitos número uno mundiales y ganó el premio Grammy 2012 al mejor álbum del año. "Cada canción en

el álbum *21* anotó por encima de un 80", me dijo a finales de 2015 el fundador y CEO de SoundOut, David Courtier-Dutton. "Nunca habíamos visto
eso antes, y no lo hemos vuelto a ver desde entonces."

Tanto HitPredictor como SoundOut encontraron que, sí, existe algo
como la calidad o lo pegajoso. Las melodías que fallan en alcanzar sus números mágicos tienden a fallar igualmente en el mundo real.

Pero miremos hacia atrás, a los súper éxitos del invierno de 2015: las
canciones que obtuvieron puntuaciones de 70 y poco más vencieron una y
otra vez a docenas, si no es que cientos, de canciones que alcanzaron más
de 80 y 90. Por encima de cierto nivel, lo pegajoso no convierte a una canción en un éxito brutal. Es la exposición.

"Por cada tema que triunfa en las listas y tiene meses de transmisión al
aire, existen otras cien canciones que son tan buenas, si no es que mejores,
y que, si fueran cantadas por el artista adecuado con el marketing adecuado, serían un gran éxito", afirma Courtier-Dutton, de SoundOut. "Es abso-
luta, categóricamente cierto que hay miles de canciones por ahí que nunca
verán la luz del día porque nunca van a obtener la distribución que necesitan para pegar en el mercado, aunque anoten por encima de 80."

¿Qué es lo que obstaculiza el éxito de miles de canciones lo suficientemente pegajosas? A veces simplemente carecen de la fuerza mercadológica
de una disquera, o la suerte de un video viral en línea, o el apoyo de una celebridad como Justin Bieber. A veces a los DJ no les agrada el artista o la
canción no encaja en su lista de reproducción. Tal vez la banda es recalci-
trante y una jaqueca para su departamento de marketing. Tal vez son varias
de estas cosas a la vez. En todo caso, cada año cientos de canciones no se
convierten en hits, y esto tendrá muy poco que ver con el hecho de que no
sean "suficientemente pegajosas".

Es, otra vez, el efecto Caillebotte: salen dos canciones pop. Los estudios independientes determinan que son igualmente pegajosas. Pero una
canción se convierte en un éxito masivo, omnipresente en las cafeterías,
elogiada por los principales sitios de música, adorada por los estudiantes
de secundaria y parodiada incluso en YouTube, mientras que la segunda
canción, en última instancia, es ampliamente ignorada y olvidada, porque,
por alguna razón, nunca pasó por ese momento crucial de la consagración
pública. Simplemente, hay demasiadas canciones "lo suficientemente buenas" como para que cada "gancho" digno de ese nombre se convierta en un

auténtico hit. La calidad, al parecer, es un atributo necesario, pero no suficiente para el éxito.

Quizá la crítica y el público prefieran suponer que los mercados son
perfectamente meritocráticos y los productos e ideas más populares son por
sí mismos los mejores. Pero los universos de HitPredictor y SoundOut demuestran que por cada canción que hayas escuchado existen cientos de
melodías igualmente pegajosas, pero relativamente anónimas, que no has
oído. Más allá de un cierto nivel de genialidad en la composición, cuántas
veces el público haya escuchado una melodía tiene más injerencia en su
popularidad que cuán sustancialmente pegajosa sea.

En un mundo con escasos medios de comunicación —con un solo museo
francés público o apenas tres estaciones de radio locales—, la popularidad
es más vertical. Los éxitos son más fáciles de controlar y de predecir. Pero
hoy existen más de ochenta museos tan sólo en la ciudad de Nueva York.
En sitios de internet como Pandora, Spotify y Apple Music hay millones de
estaciones de radio pública y personalizada. El poder de la prensa pertenece a cualquiera con un teléfono inteligente. En este mundo de abajo hacia
arriba, donde la autoridad cultural está fragmentada en un millón de canales de exposición, los hits son más difíciles de prever y la autoridad es más
difícil de proteger.

Consideremos el escenario más solemne de la nación en lo que a concursos de popularidad se refiere: las elecciones políticas. "La política como
espectáculo" es una frase común en la prensa, pero la verdad es que, para
bien o para mal, la política *es* entretenimiento.

Cada campaña política es una organización de medios de comunicación.
Las campañas políticas gastan la mitad de su dinero en publicidad.[16] Los
representantes electos dedican setenta por ciento de su tiempo a lo que
cualquier persona sana reconocería como telemarketing, pidiendo dinero
directamente, pidiendo a otras personas que pidan dinero en su nombre o
construyendo relaciones con la gente adinerada, que es una forma cortés-
mente indirecta de lograr el mismo objetivo.[17]

Incluso la gobernanza es espectáculo: un tercio del personal de la Casa
Blanca trabaja en algún aspecto de las relaciones públicas para promover al presidente y sus políticas, de acuerdo con los politólogos Matthew

Baum y Samuel Kernell.[18] La Casa Blanca es un estudio, y el presidente es su estrella.

Pero el poder de la presidencia ha disminuido en las últimas décadas al mismo tiempo que han aumentado los canales de exposición.

El camino más acertado que puede seguir un presidente para moldear la opinión pública es hablarles directamente a los votantes.[19] Contar con la atención del público solía ser una tarea más simple. En los años sesenta y setenta, las cadenas CBS, NBC y ABC representaron más de noventa por ciento de la audiencia televisiva. Era el auge del púlpito avasallador: tan sólo en 1970, el presidente Richard Nixon se dirigió en nueve ocasiones a la nación en horario estelar.[20] El discurso promedio de Nixon y su sucesor, Gerald Ford, llegó a la mitad de los hogares que contaban con televisión.[21]

A medida que los canales de televisión crecieron, sin embargo, el presidente estadunidense se volvió más fácil de ignorar. Ronald Reagan, cuyas habilidades telegénicas eran legendarias, alcanzó en promedio menos de cuarenta por ciento de los hogares, y el encanto locuaz de Clinton llegó

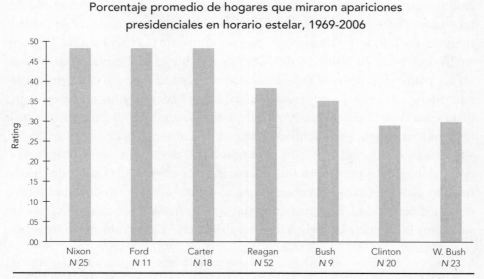

Porcentaje promedio de hogares que miraron apariciones presidenciales en horario estelar, 1969-2006

Fuente: Nielsen Media Research.

Nota: "Rating" es una variable comúnmente reportada que Nielsen define como el porcentaje, de entre los hogares que cuentan con televisor, que sintoniza durante un minuto promedio un determinado programa televisivo.

únicamente a treinta por ciento. Mientras tanto, las frases presidenciales en las noticias se redujeron de cuarenta segundos en 1968 a menos de siete segundos en la década de 1990. El cable creó la edad de oro de la televisión, pero terminó con la edad de oro de la comunicación presidencial.

El presidente se está reduciendo, al igual que el partido político. Para el último medio siglo, el mejor predictor del éxito electoral de un candidato político fueron las llamadas "elecciones primarias invisibles", integradas por las menciones de políticos, líderes de los partidos y donantes. Según la teoría de que "el partido decide", son las élites demócratas y republicanas, no los votantes, quienes se deciden por sus candidatos favoritos, y estas figuras de autoridad envían señales a través de los medios de comunicación a la tropa obediente. Es como el viejo flujo de información de la industria musical: las figuras de autoridad (disqueras y DJ) lanzan sus productos recomendados (canciones) a través de escasos y poderosos canales de exposición (la radio) y los consumidores normalmente obedecen (compran los álbumes).

Pero en las elecciones primarias de 2016, el aparente poder de la publicidad pareció desvanecerse por completo. Los candidatos del Partido Republicano que contaban con mayor apoyo de las élites, Jeb Bush y Marco Rubio, gastaron aproximadamente 140 millones de dólares en anuncios de televisión hasta comienzos de 2016, pero salieron derrotados.[22] El candidato del Partido Republicano con menos apoyo de la élite, Donald Trump, gastó menos de 20 millones de dólares en publicidad. Pero aun así arrasó en las primarias, porque sus declaraciones escandalosas y su improbable candidatura fueron pasto irresistible para las cadenas y los editores urgidos de público. Durante el verano de 2016, Trump había ganado tres mil millones de dólares en "publicidad gratuita", que fue más que el resto de sus rivales combinados.[23] Con el surgimiento de medios alternativos, las élites del partido perdieron su capacidad para controlar el flujo de información política hacia los votantes, y una figura sin precedentes de monotemática celebridad, bravatas autoritarias y grandilocuencias nativistas se salió con la suya en las primarias republicanas.* El Partido no lo decidió.

---

* El origen de la popularidad de Donald Trump es un misterio multifacético cuya explicación completa tendría que incluir: las ansiedades económicas y culturales de los estadunidenses blancos de clase media (especialmente los varones); el racismo latente de muchos votantes; la frustración generalizada con la política de Washington, y la singular habilidad de Trump

Más bien, al igual que el conjunto de los medios políticos, pareció desvanecerse.

En la política, como en cualquier industria, hay un producto, una estrategia de marketing y una oportunidad de compra: en este caso, un político, una campaña y una votación. En la política y los negocios, la investigación demuestra que la publicidad es más poderosa cuando los consumidores están despistados. La publicidad política, por ejemplo, es más potente cuando los votantes son más ignorantes respecto de la política en general o de las opciones en una elección particular (ésa es una de las razones por las que la influencia del dinero tiende a ser mayor en las elecciones locales, que los votantes no siguen tan de cerca).

Del mismo modo, las marcas corporativas son más poderosas en los mercados donde los consumidores tienen poca información, según Itamar Simonson, profesor de marketing en Stanford, y Emanuel Rosen, exejecutivo de software. Podría ser porque el producto es un poco técnico (por ejemplo, la pasta de dientes, ya que la mayoría de los consumidores no sabe realmente cuál gel es el mejor para su esmalte) o porque el producto es refinado (por ejemplo, el vino, donde los estudios han revelado que los consumidores prefieren cualquier cosecha que piensen que es costosa).

Pero, así como el cable y el internet han deslavado el poder de las autoridades políticas, desafiando la teoría de que el partido decide, el desbordamiento de la información en internet también diluye el poder de las marcas de varios productos de consumo.[24] Consideremos el mercado de televisores de pantalla plana: hay pocos detalles relevantes sobre una gran pantalla que proyecte imágenes, como su ancho y resolución. Cualquiera puede encontrar los detalles en línea, así que ¿quién necesita consultar el nombre del plástico en la parte inferior de la pantalla? No es de extrañar, entonces, que el negocio de la venta de televisores de pantalla plana haya sido un

para monopolizar un medio fragmentado que cubrió desproporcionadamente su campaña, porque era noticia, impactante y buena para el rating. En lo personal creo que la exposición masiva de Trump era una espada de doble filo: maximizaba su apoyo (que era sorprendentemente grande) a la vez que inflaba sus números desfavorables, más altos que los de cualquier otro candidato registrado para la elección general. Es difícil sostener a Trump como un simple ejemplo del efecto de exposición, en parte porque muchos estadunidenses estuvieron ampliamente expuestos tanto al propio candidato como a millones de argumentos sobre los peligros de su candidatura.

desastre: el precio de las televisiones disminuyó noventa y cinco por ciento entre 1994 y 2014. En ese mismo periodo, la división de televisores de
Sony perdió dinero cada año.

Cuando los consumidores no conocen el verdadero valor de los productos que están buscando, confían en la iconografía corporativa para guiar-
se.[25] Pero cuando logran averiguar el valor absoluto de un producto por
cuenta propia, ignoran anuncios y marcas. Por ello Simonson y Rosen han
denominado su propuesta como teoría del "valor absoluto". Internet, dicen,
será una tecnología que asesine marcas, inundando el mundo con información y ahogando la señal de la publicidad para muchos productos.

En la década de 1890, un solo museo tenía el poder de establecer un canon artístico. En la de 1950, un puñado de canales de televisión tenía el poder de iluminar cada sala de estar con una imagen del presidente.

Se acabó. La televisión por cable ahogó al gran púlpito. Las redes sociales están erosionando a los partidos. Internet ahoga las marcas corporativas. En todo tipo de mercados —música, cine, arte y política—, el futuro
de la popularidad será más difícil de predecir a medida que el poder de difusión de la radio y la televisión se democratice y los canales de exposición
crezcan. Hoy en día hay tantas plataformas que nadie —ni el presidente,
ni el Partido Republicano ni Coca-Cola— tienen la esperanza de poseerlas
todas a la vez. Los cancerberos tuvieron su momento. Ahora hay simplemente demasiadas puertas que cuidar.

El poder de la exposición es penetrante —desde las artes plásticas y la música a la política y las marcas—, pero su origen es elusivo. ¿Cómo se transfor-
mó la familiaridad en placer, de modo que "esto me recuerda a esto otro"
pasa a ser a simplemente "esto me gusta"?

En su tratado de 1790 *Crítica del juicio*, Immanuel Kant propuso que el
placer puede surgir de un "libre juego" de la mente.[26] Cuando una persona
descubre una idea o una historia atractivas, se desencadena un diálogo entre imaginación y entendimiento, cada uno fomentando al otro. Según este
libre juego, el arte, la música y las ideas que consideramos bellos ofrecen
una especie de tentación cognitiva: establecen la promesa de la comprensión, pero nunca proporcionan la plena satisfacción de *entender*.

El libre juego es una idea encantadora: qué bello pensar que nuestros pensamientos y sentimientos tienen compañeros de baile. Y quizá esto sea algo más que poesía filosófica.

Dos siglos después del tratado de Kant, los psicólogos desarrollaron la idea de "metacognición".[27] Proponen que hay un nivel de pensamiento sobre el pensamiento. Las personas tienen pensamientos sobre sus pensamientos y sentimientos acerca de sus sentimientos.

¿Has escuchado alguna vez a alguien decir: "Me duele el cerebro"? A menudo es una broma, pero también responde a algo muy real. En cierto modo, podemos sentir nuestros pensamientos. Algunos de ellos se sienten como algo fácil: por ejemplo, imaginar palabras que rimen con *sombrero*, escuchar música repetitiva simple u oír un argumento elocuente en pro de una postura política con la que ya estamos de acuerdo. Pero a veces el pensamiento se siente como trabajo: por ejemplo, imaginar palabras que rimen con *estrategia*, escuchar música electrónica vanguardista sin un compás o procesar un argumento complejo en pro de una postura política que consideramos aborrecible.

Hay un término psicológico para los pensamientos que se sienten fáciles, y afortunadamente también es fácil de recordar: *fluidez*. Las ideas y productos fluidos se procesan más rápido y nos hacen sentir mejor, no sólo sobre las ideas y productos a los que nos enfrentamos, sino también sobre nosotros mismos. Por lo general, la mayoría de la gente prefiere ideas con las que ya está previamente de acuerdo, imágenes fáciles de distinguir, historias con las que es fácil identificarse y rompecabezas sencillos de resolver.[*]

Una de las fuentes más importantes de fluidez es la familiaridad. Una idea familiar es más sencilla de procesar y colocar en el mapa mental. Cuando la gente ve una obra de arte que le recuerda algo que le han dicho que es famoso, siente la emoción del reconocimiento y atribuye la emoción a la pintura misma. Cuando lee un argumento político que refleja sus prejuicios, encaja perfectamente en su propia versión sobre cómo funciona el mundo. Por lo tanto, la familiaridad, la fluidez y los hechos están unidos inextricablemente. "Esa idea me suena familiar", "Esa idea se siente bien", y "Esa idea es buena y verdadera" son tres afirmaciones que se derraman unas sobre otras en una sola papilla mental.

---

[*] ¿Leíste esta frase y dijiste: "¡Un momento, a mí sí me gustan los rompecabezas difíciles!"? Espera, ahora voy contigo, te lo prometo.

Pero no todo el pensamiento se siente tan fácil. Algunas ideas, imágenes y símbolos son más difíciles de procesar, y el término para el pensamiento difícil se llama "disfluencia". Así como la papilla mental identifica la fluidez con buenas ideas, las personas tienden a interpretar la disfluencia como una señal de que algo está mal. Hay un juego casero que ayuda a comprender este efecto. Sigue estos cuatro pasos:

1. Piensa en la última película, obra de teatro o programa de televisión que viste: susúrratelo a ti mismo.
2. Imagina cómo podrías valorarlo entre 1 (horrible) y 10 (perfecto).
3. Ahora piensa en *siete cosas específicas* que te gustaron de la película o espectáculo. Cuéntalas con los dedos y no pares hasta llegar a siete.
4. Califica el espectáculo.

Este tipo de juego es famoso porque a menudo sucede algo curioso: entre los pasos 2 y 4, la calificación por lo general va *hacia abajo*.

¿Por qué tu opinión personal sobre un espectáculo declina a medida que piensas en más razones para que te guste? Después de unos cuantos ejemplos que vienen de manera fácil a la mente, el esfuerzo por buscar más ejemplos se vuelve notoriamente más difícil. Las personas experimentan disfluencia. Y a veces, se atribuye erróneamente la sensación de disfluencia a la calidad del espectáculo mismo.

Esto es el efecto de "menos es más" o de "menos es mejor". Significa que entre menos pensemos en algo, más nos gustará.[28] Un divertido experimento en el Reino Unido encontró que la opinión de los estudiantes británicos sobre el exprimer ministro Tony Blair se desplomaba a medida que enumeraban más y más de sus cualidades positivas. Los cónyuges ofrecen valoraciones superiores sobre sus compañeros cuando se les pide que nombren una cantidad menor de sus buenas cualidades. Cuando algo resulta difícil de pensar, la gente tiende a transferir el malestar del pensamiento al objeto pensado.[29]

Casi cada programa o emisión de los medios de comunicación que consume la gente, cada compra que hace, cada diseño al que se enfrenta, se sitúa en un continuo entre la fluidez y la disfluencia, entre la facilidad y la dificultad de pensamiento. La mayoría de las personas llevan una vida de tranquila fluidez. Escuchan música que suena como la música que ya habían escuchado. Buscan películas con personajes, actores y tramas que reconocen. No prestan atención a las ideas políticas que les son opuestas, particularmente si estas ideas parecen muy complicadas. Como veremos en el siguiente capítulo, esto es una lástima, porque las mayores alegrías provienen a menudo de descubrir la fluidez en lugares inesperados.

La atracción de la fluidez es evidente. Pero existe una verdad más discreta: las personas necesitan un poco de lo contrario. Quieren ser desafiadas, conmocionadas, escandalizadas, forzadas a pensar, aunque sea sólo un poco. Disfrutan de lo que Kant llama libre juego, no sólo un monólogo de fluidez, sino un diálogo entre "lo comprendo", "no lo logro" y "quiero saber más". La gente es complicada: curiosa *y* conservadora, hambrienta de nuevas cosas *y* sesgada hacia lo familiar. La familiaridad no es el final. Es sólo el comienzo.

Ésta puede ser la pregunta más importante para cada creador y fabricante en el mundo: ¿cómo hacer algo nuevo, si a la mayoría de las personas solamente les gusta lo que ya conoce? ¿Es posible, pues, *sorprender* con familiaridad?

2

LA REGLA DE MAYA

MOMENTOS REVELADORES EN LA TELEVISIÓN,
LA TECNOLOGÍA Y EL DISEÑO

Décadas antes de que fuera conocido como uno de los grandes creadores de éxitos del siglo XX, Raymond Loewy fue un huérfano francés a bordo del *SS France* en 1919,[1] con un uniforme del ejército confeccionado a la medida y cuarenta dólares en el bolsillo. Sus padres habían muerto durante la pandemia de influenza. La Primera Guerra Mundial había terminado. A la edad de veinticinco años, Loewy estaba buscando comenzar de nuevo en Nueva York, tal vez como ingeniero eléctrico.

Mientras cruzaba el océano Atlántico, el suave empujón de un extraño redireccionó su carrera. Varios pasajeros subastaban algunas de sus posesiones para obtener dinero fácil. Sin ser dueño de nada de valor, Loewy contribuyó con un dibujo a pluma y tinta de una pasajera paseando por la cubierta. El dibujo se vendió por 150 francos al cónsul británico en Nueva York, quien dio al joven Loewy un contacto en la gran ciudad: el señor Condé Nast, un prestigioso editor de revistas. Mientras más pensaba Loewy sobre la invitación, más intrigado se sentía con la idea de perseguir el arte como forma de vida.[2]

Cuando Loewy llegó a Manhattan, Maximilian, su hermano mayor, lo llevó a Broadway 120. Una de las estructuras más grandes de Nueva York a principios de 1900, el edificio de Equitable es un rascacielos de estilo neoclásico con dos torres conectadas que ascienden desde una base compartida como un diapasón gigante. Loewy subió cuarenta pisos por el ascensor hasta la plataforma del observatorio y dio su primer vistazo hacia las fauces abiertas de la ciudad de Nueva York y su horizonte dentado.

El ingeniero en Loewy quedó asombrado por lo que vio. Nueva York estaba llena de *cosas* nuevas: torres, carruajes, automóviles y barcos. Se podía escuchar los trasbordadores silbar desde el río Hudson. Pero cuando el artista miró de cerca, se quedó cabizbajo. Nueva York era un desagradable producto de la era de las máquinas: grasosa, cruel y descomunal. Él la había imaginado de una manera distinta a bordo del *SS France*: simple, ligera, incluso femenina.

El mundo de abajo pronto reflejaría la visión soñadora de Loewy. Dentro de las décadas posteriores a su llegada, él sería conocido ampliamente como el padre del diseño moderno.[3] Ayudaría a renovar el auto deportivo, el tren moderno y el autobús Greyhound; diseñaría el surtidor de Coca-Cola y el icónico paquete de los cigarrillos Lucky Strike. Su firma colocó su sello en productos tan prosaicos como el sacapuntas y tan etéreos como el primer taller espacial de la NASA. En 1950, la revista *Cosmopolitan* escribió sobre él: "Loewy probablemente impactó la vida cotidiana de los estadunidenses más que cualquier hombre de su tiempo".[4] Hoy en día, es difícil caminar por algunas ciudades, oficinas o casas sin ver un producto diseñado por Apple. En la década de 1950, era igualmente imposible moverse a través de Estados Unidos sin toparse con algo diseñado por Loewy y su firma.

En un momento en que los gustos estadunidenses se encontraban en flujo violento, Loewy tuvo lo que puede ser interpretado como sentido inefable para captar lo que le gustaba a la gente. También tenía una gran teoría sobre eso. La llamó MAYA. La gente gravita en torno a productos que son audaces, pero inmediatamente comprensibles: "lo Más Avanzado Y Aceptable" ("Most Advanced, Yet Acceptable", en inglés).

Sin que lo llegara a saber el ahora fallecido Loewy, esta revelación fue luego validada por un batallón de estudios en los últimos cien años. Ha sido utilizada para explicar "el gusanito en la oreja" en la música pop, los éxitos de taquilla en las salas de cine e incluso la popularidad de los memes en las redes sociales. No es simplemente la sensación de algo familiar: es un paso más allá de eso. Es algo nuevo, desafiante o sorprendente que abre una puerta a una sensación de comodidad, significado o familiaridad. Se le llama una revelación estética.

Raymond Loewy llegó a Manhattan en un momento clave de la colisión entre economía y arte. Artesanos y diseñadores del siglo XIX se esforzaban por elaborar los suficientes productos para satisfacer la creciente demanda de los consumidores.[5] Pero las fábricas modernas —con su electricidad, líneas de ensamble y flujo de trabajo científicamente calibrado— arrojaron una oferta sin precedentes de productos baratos hechos en serie por la década de 1920. Era una época de producción en masa, que llevó a una abundancia de productos idénticos. El modelo T de Henry Ford era un símbolo de su era, y entre 1914 y 1925 estaba disponible solamente en negro.[6] Las empresas aún no rendían culto en los altares del estilo, la variedad y el diseño. Los capitalistas de la época eran monoteístas: la eficiencia era su único y verdadero dios.

Pero en la década de 1920, el arte hizo una reaparición, aunque por razones comerciales. Era evidente que las fábricas podrían hacer más de lo que los consumidores podrían comprar. Los estadunidenses todavía eran *neofóbicos* (tenían miedo a lo nuevo) y resistentes al cambio. Los capitalistas necesitan compradores *neofílicos* (atraídos por lo nuevo) y muy hambrientos por la próxima gran adquisición en que gastarse su salario mensual. Fue un periodo en que los industriales estadunidenses estaban aprendiendo que, para vender más productos, no bastaba con que fueran prácticos. Tenían que hacerlos hermosos, incluso *cool*.

Ejecutivos como Alfred Sloan, director ejecutivo de General Motors, reconocieron que, al cambiar el estilo y el color de un auto cada año, los consumidores podrían ser condicionados para desear las nuevas versiones del mismo producto. Esta visión —casar la ciencia de la eficacia en la fabricación con la ciencia del marketing— inspiró la idea de la "obsolescencia programada".[7] Esto significa fabricar intencionalmente productos que estarán de moda o serán funcionales por un tiempo limitado con el fin de promover las compras repetidas. En todos los estratos de la economía, las empresas se dieron cuenta de que podrían multiplicar el volumen de sus ventas cambiando frecuentemente los colores, formas y estilos de sus bienes. La tecnología articuló opciones y las nuevas opciones crearon la *moda*, ese perpetuo ciclo de sobreexplotación donde los diseños, colores y comportamientos parecen súbitamente frescos y luego, de repente, anacrónicos.

Fue una época de cosas nuevas, el nacimiento de la neofilia estadunidense. Los artistas, que alguna vez fueran silenciados por el zumbido de las cadenas de ensamblado que arrojaban productos idénticos, tuvieron ahora un papel protagónico en la nueva economía de la producción en masa. Los diseñadores se convirtieron en los artistas de la prestidigitación del sueño consumista estadunidense.

Para muchas personas de hoy, anhelar el próximo éxito de Nike, Apple o Disney se siente tan natural como esperar el regreso de las hojas en primavera. Pero esto no es una vieja comezón darwiniana. Durante milenios, los antepasados de la moda actual llevaron la misma ropa, y a los hijos de cada generación no parecía importarles vestir las túnicas de sus bisabuelos. La moda, tal como la conocemos, no está inscrita en el ADN humano. Es una invención reciente de la producción en masa y de la comercialización moderna. Las personas tuvieron que ser enseñadas a anhelar constantemente cosas nuevas, y Loewy fue uno de los primeros grandes maestros de la neofilia.

Paul Hekkert, profesor de diseño industrial y psicología, recibió hace varios años una beca para desarrollar una gran teoría de por qué a la gente le gusta lo que le gusta, una Teoría Estética Unificada. La gran teoría de Hekkert comienza con dos fuerzas evolutivas que compiten.[8] Por un lado, todos los seres humanos buscan la familiaridad, porque los hace sentir seguros. Por otro lado, las personas anhelan la emoción de los desafíos, alimentada por una voracidad pionera. Nuestros antepasados no sólo salieron de África; también caminaron por el Cercano Oriente y los Balcanes, y salieron de Asia y de Norteamérica. Los seres humanos han escalado la cima del Monte Everest y descendido hasta el nadir de la Fosa de las Marianas. Tienen una curiosidad radical mezclada con una mentalidad conservadora. Esta contienda entre el descubrimiento y la familiaridad nos afecta "en todos los niveles", dice Hekkert: no sólo en nuestras preferencias por determinadas fotos y canciones, sino también en lo que se refiere a las ideas e incluso las personas.

En diversos estudios, Hekkert y su equipo pidieron a los encuestados que evaluaran distintos productos, como automóviles, teléfonos y teteras, por su "tipicidad, novedad y predilección estética", es decir, por familiaridad, sorpresa y gusto.[9] Los investigadores encontraron que, por sí solas, las mediciones de la tipicidad o la novedad no tenían mucho que ver con la preferencia de la mayoría de las personas; sólo tomadas en su conjunto predijeron de manera consistente los diseños que los sujetos dijeron que les gustaban. "Cuando comenzamos el estudio, ni siquiera sabíamos sobre la teoría de Raymond Loewy", me contó Hekkert. "Fue sólo más adelante que alguien nos dijo que nuestras conclusiones ya habían sido obtenidas por un famoso diseñador industrial, en algo llamado MAYA."

Raymond Loewy soñaba con el movimiento, siempre hacia delante. De niño llenaba sus cuadernos con garabatos de autos y trenes. Incluso en las trincheras de la guerra, los rincones más oscuros de la vida recibieron su toque de luz. Como un veinteañero en la Primera Guerra Mundial, Loewy había adornado su refugio subterráneo con "papel tapiz y cortinas floreadas", según la revista *Time*. Cuando los pantalones estandarizados de los militares estadunidenses no le gustaron, se cosió un nuevo par de pantalones porque, según sus palabras, "disfrutaba entrando en combate bien vestido".

Pero ya en Estados Unidos, al comienzo Loewy se sentía atascado.[10] A principios de los veinte, trabajó como ilustrador de moda para Condé Nast, el editor de revistas, y Wanamaker, la tienda departamental. Durante varios años, estaba solo y con exceso de trabajo: "nunca tengo una cita, ni una diversión", escribió. Pasó largas horas dibujando en su apartamento en la calle Cincuenta y Siete Oeste, a menudo hasta el amanecer, cuando el familiar trote de los caballos del lechero le servía como recordatorio para poner sus lápices a dormir.

Loewy se había consagrado al dibujo, pero sentía cómo retornaba su atención a la ingeniería, al anhelo de pulir la mugrienta ciudad que se extendía más allá delante suyo en su primera tarde en Nueva York. Estaba concentrado en el diseño atroz de un mundo producido en serie, sus coches cuadrados, sus polvorientos refrigeradores. "¿Por qué producimos fealdad por toneladas y atascamos el mundo con tanta basura?", escribió.

Finalmente, en 1929, recibió su primera solicitud de diseño de Sigmund Gestetner, un fabricante británico de impresoras primitivas conocidas como mimeógrafos. Gestetner preguntó a Loewy si tendría ideas para modificar el aspecto de la máquina. Naturalmente, Loewy tuvo mucho más que un par de sugerencias. Su reacción inicial a la duplicadora fue la repugnancia visceral:

Desenvuelta y desnuda frente a mí, parecía una máquina muy infeliz y tímida. Era una cosa negra y sucia, y tenía un cuerpecito más bien regordete encaramado sobre cuatro delgadas patas que repentinamente se separaban, como en pánico, al acercarse al suelo... Lo que aparentaban ser unos 400 mil aparatos, bobinas, resortes, palancas, engranajes, casquillos, tornillos, tuercas y pernos, estaban cubiertos por un misterioso vello azulado que parecía el moho sobre un gorgonzola avejentado.

Con sólo tres días para operar, Loewy puso manos a la obra. Rediseñó la manija y la bandeja, cortó las cuatro patas delgadas y cubrió tanto como fue posible la máquina con una cáscara removible hecha de arcilla plástica. Loewy nunca había utilizado una copiadora antes de que lo pusieran a reparar décadas de mala ingeniería en tan sólo setenta y dos horas. Pero cuando Gestetner vio el modelo de arcilla, inmediatamente lo envió a las oficinas de la empresa en el Reino Unido. La compañía no sólo aceptó el diseño de Loewy; lo conservó en su nómina durante el resto de su carrera.

El enfoque de Loewy se adscribió a una filosofía emergente llamada "diseño industrial", el cual tenía el doble mandato de fabricar productos en masa más eficientes y más atractivos. Un gran ingeniero industrial servía a la vez como consultor de ingeniería y psicólogo del consumidor; era un profesional igualmente consciente de las rutinas de ensamblado y los hábitos de compra. Pero el concepto mismo de diseño industrial obligó a un cierto proceso de familiarización en las empresas de la era de las máquinas. Loewy pasó gran parte de la década de 1930 viajando a Toledo, Cleveland y Chicago para rogar a las pequeñas fábricas del Medio Oeste que miraran sus dibujos. En sus viajes de negocios cargados de aspirina, Loewy presentaría sus ideas ante decenas de fabricantes, la mayoría de los cuales lo ignoró. Su lema personal era que el éxito consiste "en 25 por ciento de inspiración y 75 por ciento de transporte".[11]

La primera oportunidad de Loewy fue en la duplicación, pero su primer gran triunfo fue en la refrigeración. En 1934, Sears, Roebuck and Company le pidió rediseñar su refrigerador modelo Coldspot. Loewy aceptó una miserable cuota de 2,500 dólares y gastó tres veces esa cantidad quitando el motor e instalando los primeros estantes de aluminio inoxidable. El nuevo diseño fue una sensación: en dos años, las ventas anuales de Sears se cuadruplicaron, de 60 mil refrigeradores a 275 mil.

Su siguiente éxito fue en las locomotoras. El presidente de Pennsylvania Railroad se acercó al joven diseñador con un trato: si Loewy podía idear una mejor manera para que los pasajeros desecharan sus desperdicios en la gran terminal de la ciudad de Nueva York, Pennsylvania Station, recibiría la oportunidad para diseñar los trenes mismos. Loewy aceptó con entusiasmo. El joven que se preocupaba por el papel tapiz en tiempos de guerra estaba más que preparado para embellecer los botes de basura en la estación del tren. Se pasó tres días inmerso en la antropología de aficionado en la Penn Station, estudiando los hábitos de eliminación de basura que mostraba una violenta corriente de pasajeros y personal. Pennsylvania Railroad dio la bienvenida con entusiasmo a sus sugerencias y le concedió la oportunidad de rediseñar la locomotora más popular de la compañía. Loewy sugirió reemplazar los miles de remaches por una única y suave piel cromática soldada a la máquina entera. Sus diseños de tren son ahora icónicos, con la cabeza redondeada y el cuerpo delgado, la forma de una bala disparada a través del agua.

Su talento se extendió hasta el diseño de logotipos. En los primeros meses de 1940, George Washington Hill, presidente de la American Tobacco Company, apostó 50 mil dólares a que Loewy no podría mejorar el icónico paquete de cigarrillos verde y rojo de la empresa. Loewy dibujó una alternativa que conservó la fuente tipográfica, el círculo rojo y el slogan "Está tostado". Luego sustituyó el fondo verde por uno blanco y copió el logotipo en el reverso del paquete de cigarrillos para que el sello de la empresa siempre se mostrara hacia arriba, con lo que se duplicaba el impacto de la marca. Ese abril, Loewy invitó a Hill a su oficina y le mostró los nuevos diseños. Ganó la apuesta de inmediato, y el diseño blanco de Lucky Strike perduró el resto del siglo. En las próximas décadas, la firma de Loewy diseñaría algunos de los logotipos más famosos en el país, incluyendo los de Exxon, Shell y el Servicio Postal de Estados Unidos.

Estos éxitos con Gestetner, Sears, Pennsylvania Railroad y Lucky Strike abrieron las puertas de su empresa a todas las variedades de proyectos de diseño: transbordadores, muebles, envoltorios de palillos de dientes, puentes, tazas de café, diseños de menús y tiendas de interiores. Loewy era adicto a todo tipo de ondulaciones, pero la curva que gustó más a los ejecutivos fue la curva de ventas, que se extendió hacia arriba y a la derecha.[12]

Los diseños más memorables de Loewy fueron las carrocerías de sus coches. En los inicios de su carrera, Loewy había patentado el boceto de un sedán. El estilo de automóvil que prevalecía en la década de 1920 era vertical y cuadrado: una diligencia con motor. Pero la silueta de los primeros vehículos bocetados por Loewy anticipó el futuro del automóvil. Los caracterizaba una ligera *inclinación* hacia delante, como si el vertical modelo T fuese cambiado a itálicas. Incluso cuando estaba detenido, decía Loewy, un coche debía tener "un movimiento intrínseco hacia delante".[13] En la década de 1950 su trabajo para el fabricante de automóviles Studebaker produjo tal vez la obra más famosa que se le atribuye. El Starliner Coupé —apodado el "Loewy Coupé"— es uno de los diseños automotrices más famosos del siglo XX. El cuerpo del coche, largo y angular, se levanta para presentar dos ojos bien abiertos como faros. Exactamente como el joven Loewy se había imaginado que los autos serían un día: siempre en marcha, incluso cuando están detenidos.

En marzo de 1962 fue testigo del aterrizaje del avión presidencial de John F. Kennedy en el aeropuerto cercano a su casa en Palm Springs. Esa noche le dijo a un amigo y asesor de la Casa Blanca que el avión le parecía "terrible" y "estridente". Alguien recogió la sugerencia y Loewy fue invitado a la Casa Blanca. Presentó al presidente unos bocetos del avión más famoso de Estados Unidos.[14] Kennedy inspeccionó los diseños y seleccionó una variedad de rojo y oro, con una solicitud especial: pidió que se plasmara en su color favorito, azul. Loewy llevó a cabo la sugerencia del presidente. La versión azul de la librea que mostró al presidente Kennedy adorna el *Air Force One* hasta el presente día.

A mediados de siglo, Loewy era el diseñador laureado de su país. Él y su firma pisaron cada estación del ciclo de vida de los apetitos estadunidenses: diseñaron los tractores para International Harvester que cultivaron las grandes llanuras, los estantes de mercancía para la empresa de supermercados *Lucky Stores* que exhibían los productos agrícolas, los gabinetes de cocina para hogares suburbanos en los que se guardaba la comida, los hornos Frigidaire que cocinaron los alimentos y las aspiradoras Singer que ingerían las migajas de la cena. Al trabajar para empresas soviéticas en lo más álgido de la Guerra Fría, sus instintos de diseñador trascendieron ideologías y hemisferios.

Al final de su carrera, no estuvo limitado ni siquiera por la atmósfera. La NASA solicitó que la firma de Loewy ayudara a diseñar el hábitat de su primera estación espacial, *Skylab*. La empresa realizó extensos estudios de habitabilidad y concluyó que los astronautas en órbita agradecerían un recordatorio de lo más familiar que hay en la tierra: la Tierra misma. Fue Loewy quien insistió en que se incluyera un ojo de buey de observación en las compuertas, para que los astronautas pudieran lanzar un vistazo furtivo a su hogar de color azul pálido.

De esa manera, la carrera del gran diseñador terminó como empezó: mirando hacia abajo desde una gran altura e imaginando algo más bello. Al final, la contribución de Loewy al diseño fue, literalmente, una nueva forma de ver el mundo.

El taller de Raymond Loewy fue, al igual que cualquier disquera o estudio de Hollywood de la época moderna, una fábrica de hits de su tiempo. Las fotografías de mediados de la década de 1950 muestran un mundo forrado en un cromado liso. Loewy quería revestir las afiladas protuberancias hechas por el hombre en la era de las máquinas con las suaves cáscaras de la naturaleza. Tanto el Studebaker Coupé como el sacapuntas y las locomotoras de la época mantienen el mismo estilo ovoide.

Esto fue intencional. Loewy creía que el huevo era, por mucho, el pináculo de diseño y funcionalidad de la naturaleza, una estructura de curvatura tan precisa, que una concha de menos de un centésimo de pulgada de grosor podía resistir veinte libras de presión.[15] Una vez que conoces la estrella polar de Loewy, es imposible dejar de ver huevos —o curvas ovoides— a lo largo de todos los diseños de la firma.

La amplitud del éxito de Loewy plantea una pregunta: ¿cómo pudo un hombre —o, para ser más precisos, la empresa de un hombre— desarrollar una filosofía sobre lo que querían millones de estadunidenses en todos los ámbitos, desde palillos de dientes hasta estaciones espaciales?

Loewy ofrece dos respuestas: una táctica y antropológica, y otra psicológica. El estilo personal de Loewy era decadente —sus trajes y autos eran diseñados por él mismo—, pero su filosofía de negocios era pura y dura. Creía en la etnografía como un punto de entrada para el diseño: en primer lugar, debes comprender cómo se comportan las personas; en segundo lugar, construir productos que coincidan con sus hábitos.

Cuando la empresa de carnes y embutidos Armour & Co. lo contrató para rehacer sus ochocientos distintos productos, Loewy envió a sus empleados a una gira de seis meses para que hablaran con cientos de amas de casa sobre las carnes frías y enlatadas Armour (su conclusión: los empaques venían en demasiados colores). Para rediseñar las locomotoras de la Pennsylvania Railroad, Loewy abordó sus trenes a lo largo de miles de kilómetros, hablando con los pasajeros y la tripulación para descubrir las deficiencias más sutiles de las máquinas. Aunque se hizo más célebre por colocar una capa cromada sobre la locomotora, sus horas de viaje también revelaron agudos errores de diseño, como la ausencia de sanitarios para la tripulación. Así que también los instaló.

Loewy fue un excelente maestro sobre las preferencias de los consumidores, en parte porque fue un obsesivo estudiante de los hábitos de consumo. Trabajaba basándose en el estudio del comportamiento de la gente, en lugar de diseñar productos que obligasen a la gente a cambiar sus hábitos.

Pero Loewy sentía que su sensibilidad para los usos familiares de sus consumidores estaba conectada a una capa más profunda de la psicología. Su teoría de MAYA (Most Advanced Yet Acceptable, lo Más Avanzado Y Aceptable) tenía que ver con la tensión entre el interés de la gente por ser sorprendida y su necesidad de sentirse reconfortada. "El consumidor es influido en su elección de estilo por dos factores opuestos: (*a*) la atracción por lo nuevo y (*b*) la resistencia a lo desconocido", escribió. "Cuando la resistencia a lo desconocido alcanza un umbral de choque y la resistencia a comprar aparece, el diseño en cuestión ha alcanzado su etapa MAYA: lo Más Avanzado Y Aceptable."[16]

Loewy entendió que la atención no actúa en una sola dirección. En cambio, es un estira y afloja entre las fuerzas opuestas de la neofilia y la neofobia, el amor a lo nuevo frente a la preferencia por lo viejo; la necesidad de la gente de ser estimulada frente a su preferencia por lo que le resulta comprensible. Un hit es vino nuevo en un odre viejo, o un extraño que por alguna razón sentimos como si fuera un amigo: una sorpresa familiar.

El capítulo anterior explica cómo una de las más poderosas fuerzas en la popularidad es el poder de la exposición. La exposición engendra familiaridad, la familiaridad genera fluidez y la fluidez suele engendrar el gusto.

Pero también existe la *demasiada* familiaridad. En realidad, está por todas partes. La experimentamos al escuchar una canción pegajosa por décima vez al hilo, al ver una película que resulta sumamente predecible y nada creativa o al escuchar a un talentoso orador abusar de los lugares comunes. En los estudios sobre fluidez, el poder de la familiaridad se da por descontado cuando la gente se da cuenta de que el moderador está tratando de machacar con los mismos estímulos una y otra vez. Ésta es una razón por la cual tanta publicidad no funciona: las personas tienen una resistencia intrínseca al marketing que se siente como que está tratando de seducirlos.

Por el contrario, las experiencias y productos más especiales implican un poco de sorpresa, imprevisibilidad y disfluencia. Imagina entrar en una habitación llena de extraños. Miras alrededor para buscar conocidos, pero no logras hallar un solo rostro reconocible. Y de repente se abre una brecha en la sala, y a través de la multitud encuentras a tu mejor amiga. Un cálido sentimiento de alivio y reconocimiento estalla entre las nubes de la confusión. Es el éxtasis de la fluidez repentina, un momento de eureka.

La cultura pop es un desfile de estos "momentos de eureka", grandes y pequeños. Los crucigramas están diseñados para producir una confusión seguida de coherencia ("¡ajá!"). Los grandes narradores sobresalen en la creación de tensión dramática seguida de una catártica liberación ("¡ajá!"). En 2013, varios investigadores pidieron a un grupo de gente que evaluara pinturas de los cubistas, en particular de Pablo Picasso, Georges Braque y Fernand Léger.[17] Los investigadores primero grabaron las reacciones de la gente a las pinturas solas; no fueron muy halagadoras. Pero luego los científicos les dieron claves sobre el significado de las pinturas, o les contaron breves anécdotas sobre los pintores mismos. Con estos indicios, la respuesta de la audiencia mejoró drásticamente; de repente, las pinturas abstractas no eran como inescrutables espaldas de personas extrañas, sino más bien como un nuevo amigo que llegara a estrecharles la mano. "La creación de significado en sí misma resulta gratificante", me dijo la investigadora Claudia Muth. "Una obra de arte no tiene que ser 'fácil' para atraer a su público." A la gente le gusta un desafío si piensa que puede resolverlo. Ella llama a este momento, donde la disfluencia cede ante la fluidez, un "¡ajá!" estético, o una revelación estética.

El público aprecia esos momentos de revelación a tal grado que también disfruta de simplemente estar *esperándolos*, aunque nunca llegue el momento. Cualquiera puede disfrutar de un voluminoso libro o programa de televisión que no ofrece ninguna respuesta durante horas y horas si el género mismo promete una resolución. Cuando la popular y mística serie de televisión *Lost* terminó, muchos aficionados estallaron de indignación porque los productores dejaron sin resolver numerosos enigmas. Esto privó a los esmerados espectadores de un final revelador que pensaron que se les había prometido. Algunas personas seguramente sintieron que habían desperdiciado semanas, incluso meses de sus vidas esperando respuestas. Pero su decepción final no alteró retroactivamente la emoción sincera que sintieron durante toda la serie. *Lost* fue un enorme hit durante muchos años porque los espectadores disfrutaron de la experiencia de anticipar estas respuestas, a pesar de que los escritores sólo fueron almacenando enigmas sin resolverlos. Muchas personas se permiten pasar por momentos de angustia disfluente si esperan una resolución fluida al final.

Los juegos de video también son a menudo rompecabezas cuya interactividad ofrece el maravilloso momento de reconocimiento o el estremecimiento de la realización. El videojuego más popular de todos los tiempos es *Tetris*.[18] Alexey Pajitnov era un informático de veintiocho años que trabajaba en un centro de investigación y desarrollo soviético en Moscú, cuando, después de comprar un juego de fichas de dominó con formas extrañas, tuvo una idea para un videojuego. El 6 de junio de 1984 publicó una primera versión, cuyo nombre era la combinación de "tetra", por los cuatro bloques cuadrados de cada pieza del juego, y "tenis", su deporte favorito. En poco tiempo, el juego se difundió en Moscú, saltó después a Hungría, casi fue robado por un desarrollador británico y se convirtió en el videojuego más vendido de la historia, con 400 millones de copias distribuidas. El juego es una danza de anticipación y terminación. Muchas novelas y relatos de misterio pueden ser *análogos* a la acción de hacer encajar las piezas del rompecabezas justo en su lugar, pero Tetris es explícitamente eso mismo.

El segundo juego más vendido de todos los tiempos es *Minecraft*,[19] donde los usuarios construyen formas y mundos virtuales de ladrillos digitales.[20] *Minecraft* es una especie de heredero cultural de Lego, que era en sí mismo un "heredero de la tradición de jugar con bloques", como lo escribió el periodista tecnológico Clive Thompson. Pero mientras que los juegos de Lego con frecuencia vienen acompañados de un conjunto de instrucciones precisas, Minecraft es más abierto. Los juegos más populares para los teléfonos inteligentes, donde el nivel de juego debe ser lo suficientemente simple como para ejecutarse con un movimiento del pulgar, a menudo son rompecabezas también, entre ellos *2048* y *Candy Crush*. El objetivo de estos juegos no es hacer que los jugadores se arranquen los pelos ni regalar el secreto con tanta facilidad, sino algo diseñado para lo que la neuróloga Judy Willis llama un "reto alcanzable":[21] lo Más Avanzado Y Aceptable, maya.

Esos pequeños momentos de "¡ajá!" o de eureka —de los que simplemente hacen que sonrías en lugar de salir corriendo desnudo por el barrio— están por todos lados. Hay un popular video en línea llamado "4 acordes",[22] con más de treinta millones de vistas, en el que un grupo de comedia musical, Axis of Awesome (El eje de lo asombroso), ejecuta docenas de canciones con los mismos cuatro acordes: I — V — vi — IV.* Esta progresión de acordes es la columna vertebral de decenas de obras clásicas, incluyendo viejos hits ("Let It Be", de Los Beatles), pop de karaoke ("Don't Stop Believin'", de Journey), country ("Take me Home, Country Roads", de John Denver), rock de estadio ("With or Without You", de U2), musicales en dibujos animados ("Can You Feel the Love Tonight", de *El Rey León*), pop acústico ("I'm Yours", de Mraz), reggae ("No Woman, No Cry", de Bob Marley) y dance pop moderno ("Paparazzi", de Lady Gaga). En 2012, investigadores españoles publicaron un estudio que analizaba 464,411 grabaciones populares de todo el mundo realizadas entre 1955 y 2010 y encontraron que la diferencia entre los nuevos éxitos y los viejos no estribaba en la presencia de estructuras de acordes complejas. Por el contrario, eran cambios en la instrumentación lo que proporcionaba un sonido fresco a las "progresiones armónicas comunes".[23]

Varios críticos musicales utilizan videos como "4 acordes" para argumentar que la música pop es simplemente poco original. Pero es al revés. Primero, si el propósito de la música es mover a la gente, y la gente se mueve por lo sigilosamente familiar, entonces la gente creativa *debería* aspirar a una mezcla de originalidad y repetición. En segundo lugar, es simplemente incorrecto decir que todas las canciones en I-V-vi-IV suenan igual. "Don't Stop Believin'", "No, Woman, No Cry" y "Paparazzi" no suenan para nada semejantes. Estos compositores no volvieron sobre los pasos de sus predecesores. Son más como cartógrafos inteligentes que planean nuevas rutas a casa a partir del enorme mapa que recibieron.

---

* En la tonalidad de Do mayor, esta progresión es Do-Sol-La menor-Fa.

El efecto de eureka no está limitado al arte y la cultura. Es también una fuerza poderosa en el mundo académico.

Los científicos y filósofos son exquisitamente sensibles a la ventaja de las ideas que gozan ya de amplio reconocimiento. La historia de la ciencia es una larga sucesión de buenas ideas que enfrentaron rechazo tras rechazo, hasta que suficientes científicos se familiarizaron con sus conceptos, momento en el cual se convirtieron en ley. Max Planck, el físico teórico que ayudó a sentar las bases de la teoría cuántica, dijo: "Una nueva verdad científica no triunfa porque convenza a sus opositores y los haga ver la luz, sino porque sus opositores mueren eventualmente, y se erige una nueva generación que está familiarizada con ella".

En 2014, un equipo de investigadores de Harvard y de Northeastern University quería saber exactamente qué tipo de propuestas eran más propensas a ganar financiamiento de instituciones prestigiosas, como los Institutos Nacionales de Salud: ¿las propuestas familiares y seguras o las extremadamente creativas?[24] Prepararon unas 150 propuestas de investigación y a cada una le dieron una calificación de acuerdo con su novedad. Entonces reclutaron a 142 científicos de clase mundial para evaluar cada proyecto.

Las propuestas más novedosas obtuvieron las peores calificaciones.[25]

"No a todo el mundo le gusta la novedad", me explicó Karim Lakhani, el autor principal, "y los expertos tienden a ser extremadamente críticos con las propuestas de sus dominios". A las propuestas muy familiares les fue un poco mejor, pero también recibieron puntuaciones bajas. Los puntajes más altos de evaluación fueron para las presentaciones que se consideraban *ligeramente nuevas.* Hay un grado de "novedad óptima" para las ideas, afirma Lakhani: avanzada pero aceptable: MAYA. La gráfica de la novedad óptima luce como se muestra en la siguiente página.

Esta hambre de "novedad óptima" funciona en todo el universo de la creación de hits. Los productores de películas, como los científicos de los Institutos Nacionales de Salud, deben evaluar cientos de proyectos al año, pero pueden aceptar sólo un pequeño porcentaje. Para capturar su atención, los escritores con frecuencia ofrecen ideas originales presentadas como una fresca combinación de dos éxitos familiares en lo que se llama en inglés un "high concept pitch": "¡Romeo y Julieta en un barco que se hunde!" (*Titanic*) o "¡*Toy Story* con animales que hablan!" (*La vida secreta de*

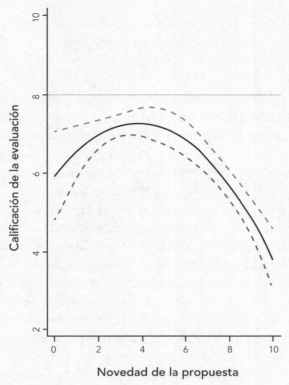

Fuente: Karim R. Lakhani.

las mascotas). En Silicon Valley, donde los inversionistas de riesgo también tienen que filtrar a partir de un exceso de propuestas, la práctica es tan común que termina pareciendo una broma. La empresa de alquiler de casas Airbnb alguna vez se llamó "eBay para los hogares". Las empresas de servicios de transporte particular bajo demanda Uber y Lyft eran considerados como "Airbnb para los autos". Cuando Uber salió al público, los nuevos lanzamientos se presentaron como "Uber para" cualquier cosa.

La gente creativa a menudo se crispa ante la sugerencia de que tiene que "vender" sus ideas o vestirlas en trajes familiares. Es agradable pensar que la brillantez de la idea es evidente y no requiere del teatro del marketing. Pero ya seas académico, guionista o empresario, la diferencia entre una brillante idea con mal marketing y una idea mediocre con excelente marketing puede ser la diferencia entre la quiebra y el éxito. El truco es aprender a enmarcar las nuevas ideas como versiones ajustadas de viejas ideas, mezclar un poco de fluidez con un poco de disfluencia, para que el público descubra la familiaridad detrás de la sorpresa.

Durante al menos la última década, la marca más valiosa en los medios de comunicación ha sido ESPN. Por muchos años, la red de deportes ha representado la mitad de las utilidades anuales de Disney, más que su división entera de películas.[26]

Una buena parte de las ganancias de ESPN proviene de la peculiar economía de los deportes y del moderno negocio de la televisión. La audiencia televisiva "tradicional", con un control remoto, un decodificador de señal por cable y un menú de espectáculos en vivo, ha recibido un gancho al hígado durante la última década. Entre 2010 y 2015, la cantidad de tiempo que la gente de dieciocho a treinta y cuatro años de edad pasó viendo televisión tradicional por cable ha disminuido un treinta por ciento.[27] Para hacer que la gente se siente frente a un show en vivo (y se quede a ver la publicidad en vivo), los ejecutivos han duplicado la cantidad de entretenimiento que debe ser visto *ahora*. Esto incluye musicales en vivo, espectáculos de variedades en vivo, programas de concurso en vivo, espectáculos de canto en vivo y, lo más importante, deportes en vivo. Los deportes son la piedra angular de la televisión por cable. Sin ellos, todo se derrumba.

Cada mes, tu compañía de cable envía cerca de la mitad de tu factura directamente a las cadenas de televisión que se pueden ver en el menú. Estas tarifas oscilan desde un centavo a unos pocos dólares.[28] ESPN obtiene alrededor de seis o siete dólares por cada cliente de televisión de paga al mes, independientemente de si en esa casa se ven cero minutos o cien horas de ESPN. Esto equivale a diez millones de hogares comprando cada año seis entradas de cine para la misma película, aunque no la vean.

Pero el ascenso financiero de la cadena en la última década fue más que una astuta carambola a partir de la economía de los paquetes de televisión de paga. También tiene que ver con la ingeniería de lo familiar.

En 2014 visité la sede de la cadena, en la calle Sesenta y Seis Oeste de la ciudad de Nueva York, para sentarme junto a Artie Bulgrin, director de investigación de ESPN, en una sala de conferencias con paneles de madera mientras él hacía correr las diapositivas de la presentación anual masiva que había preparado para la compañía desde 1998.[29] Se detuvo en lo que llamó "la tabla del dinero". Mostraba los resultados de una encuesta que preguntaba a los hombres por sus canales de cable favoritos.

"Los hombres nos han nombrado su canal favorito durante catorce años seguidos", dijo. "Otras redes necesitan crear hits. Nosotros no. La gente sintoniza ESPN sin saber lo que se está transmitiendo."

Pero el líder mundial en deportes no siempre disfrutó tal dominio. En el cambio de siglo, la cadena estaba en crisis. A finales de los años noventa, ESPN languidecía tras una década de crecimiento descontrolado. "A medida que fuimos creciendo, intentamos ser todo para todos", dice el vicepresidente comercial y de marketing de ESPN, Sean Bratches, sentado a la derecha de Bulgrin en la sala de la calle Sesenta y Seis. "Teníamos pesca de fondo, porristas, baile de salsa, dramas y espectáculos cómicos", dijo. "Tratábamos de promover cada una de estas cosas en lugar de enfocarnos sólo en un par de ellas."

Para dirigir el cambio, ESPN recurrió a un improbable nuevo líder. John Skipper, un editor de revistas sin experiencia en televisión, llegó a Disney después de trabajar como presidente de la revista musical *Spin*. En sus quince años en ESPN antes de convertirse en presidente en el 2012, supervisó revistas y libros de la marca Disney, lanzó ESPN *The Magazine* y dirigió el sitio de internet ESPN.com. ESPN había perdido el sentido de su misión central, les dijo Skipper a los líderes de la compañía en una de las primeras reuniones ejecutivas. En lugar de ser los mejores en servir un solo producto perfecto, como lo hace un restaurante de carnes, se había convertido en un canal que sirve demasiada comida mediocre, como un comedor barato.

Skipper inició el giro concentrándose en *SportsCenter*, el indispensable collage de noticias diarias de ESPN. En lugar de servir a muchas audiencias de todo el espectro de deportes, desde el squash colegial hasta el cricket indio, dijo que *SportsCenter* debería dedicar más horas a cubrir sobre todo las historias más populares. ¿Por qué? Para maximizar las probabilidades de que cada vez que un fan sintonizara el canal, pudiera esperar ver a un equipo, jugador o controversia que reconociera, como los Patriotas de Nueva Inglaterra, LeBron James o los escándalos sobre dopaje olímpico. Decidió que *SportsCenter* se convertiría en un restaurante de carnes de entretenimiento, que sirviera nuevas perspectivas en torno al mismo núcleo de deportes, estrellas y escándalos, una vez y otra y otra. Después de eso, dijo Bulgrin, las cosas "empezaron a cambiar drásticamente". *SportsCenter* se había convertido en aquello que secretamente anhela todo fanático de los deportes: una máquina de noticias que ofrece nuevos enfoques sobre historias conocidas. Los ratings se dispararon y ESPN ha sido desde entonces la cadena favorita de los hombres estadunidenses cada año consecutivo.

En los últimos años, CNN ha adoptado el mismo enfoque, dedicando más tiempo a menos historias, como los ataques terroristas y los aviones desaparecidos. Esto hace de la televisión algo sumamente repetitivo, si la observamos todo el día. Pero ¿quién quiere ver CNN todo el día? El espectador típico de noticias por televisión observa alrededor de cinco minutos de noticias en televisión por cable al día. CNN está haciendo algo inteligente: maximizando las expectativas de los espectadores que ven una historia y la reconocen, no importa cuándo la sintonicen.

Durante las elecciones de 2016, la atención de CNN enfocó sus reflectores en Donald Trump, quien, según se dice, se refería al presidente de la cadena, Jeff Zucker, como su "contratador personal de tiempo al aire".[30] Los críticos de los medios de comunicación se exasperaron ante la singular obsesión de CNN, pero fue una estrategia pagada, al menos en el sentido más literal. En 2015, CNN tuvo su audiencia más alta en siete años y disfrutó de una mayor tasa de crecimiento de publicidad que cualquier otra cadena de noticias por cable.[31] Los periodistas se burlaban del culto trumpista del canal, a menudo con razón, pero la economía de la televisión no es una obra teatral moralista. La relación de Trump con Zucker demostró ser increíblemente rentable.

ESPN y CNN descubrieron entonces lo que las estaciones de éxitos de la radio sabían desde varias décadas atrás: la mayoría de la gente sintoniza una emisión para escuchar más de algo que ya conoce. Las audiencias de radio no pueden anticipar cuál será la siguiente canción. Pero como te dirán cualquier conductor de auto y ejecutivo de la radio, la mayoría de la gente sólo quiere oír canciones que reconoce. Durante décadas, los DJ de las estaciones de radio de música pop han considerado los temas desconocidos como "momentos para dejar de escuchar", porque las audiencias tienden a desdeñar la música nueva. Estos oyentes quieren ser sorprendidos —por eso sintonizan la radio en lugar de poner un CD o lista de reproducción—, pero quieren ser sorprendidos por la sensación de familiaridad.

La era de la vieja escuela de la televisión, con una pantalla dominante y una transmisión en vivo, está dando paso a una era de redes sociales de videos con miles de millones de pantallas y billones de contenidos personalizados. Entre 2010 y 2015, la audiencia media de *SportsCenter* cayó casi cuarenta por ciento entre gente de dieciocho a treinta y cuatro años de edad.[32] Actualmente, la pieza de cristal más valiosa para ESPN podría ser la pantalla del teléfono inteligente. En una semana promedio, ESPN envía más de setecientos millones de alertas a decenas de millones de teléfonos.[33] Cuando algo grande sucede en el mundo del deporte, más de siete millones de personas reciben una notificación de ESPN en sus bolsillos; es más de diez veces el público promedio de *SportsCenter*. Un millón y medio de personas —una audiencia considerable para un programa de televisión— se han suscrito para recibir alertas de noticias tan sólo sobre un equipo de baloncesto, los Golden State Warriors. Cuando el equipo del área de la Bahía hace algo interesante, ESPN vibra en la pantalla de inicio de más personas que las poblaciones combinadas de las ciudades de San Francisco y Oakland.

La tecnología está cambiando rápidamente la manera de dar noticias, pero no necesariamente la filosofía de lo que la gente espera de ellas. Consideremos un ecosistema de noticias bastante opuesto a ESPN y las noticias por cable: Reddit, un sitio de noticias comunitarias creado enteramente por usuarios anónimos.

En Reddit, cada pieza de contenido tiene dos partes: un titular y un enlace al artículo. Los usuarios pueden promover estos enlaces con "*likes*" o expresar su insatisfacción con "votos negativos". Hace varios años, un equipo de investigadores de ciencias computacionales de la Universidad de Stanford envió y reenvió miles de imágenes de Reddit con diferentes titulares clasificados y registró sus efectos en la red para ver si la comunidad de Reddit tenía una clara preferencia por ciertos encabezados.[34] Querían entender una pregunta en la que me pongo a pensar todo el tiempo: *¿qué es lo que hace un gran titular?*

Durante mi tiempo en *The Atlantic*, he desarrollado, refinado, descartado y revivido incontables teorías predilectas acerca de lo que hace que un titular sea perfecto. Cuando era más joven, solía decir que un gran titular debía ser "definitivo o encantador". Es decir, debía tratar de presentar una declaración clara y superlativa ("Una gráfica explica por qué Estados Unidos es el mejor lugar en el mundo para iniciar una empresa") o ser obviamente gracioso o lindo ("No puedo dejar de mirar este tigrillo jugando con un estambre").

Hace varios años, internet estaba inundado de una especie exótica de titular basado en una cosa llamada la "brecha de la curiosidad".[35] Esto significa que el escritor le dice al lector lo suficiente para despertar interés y luego, como un mago barato, dice: "No vas a creer lo que sucederá a continuación". Estos encabezados conquistaron el mundo (bueno, *mi* mundo) durante varios meses; luego se desplomaron por la misma razón que hace que la gente se fastidie con cada truco de marketing: cuando eres capaz de identificar la fuente de fluidez, tiendes a calificar el estímulo como aburrido o manipulador. Cuando la audiencia conoce la fórmula, un truco deja de ser mágico; es sólo un truco. Después del año de la brecha de curiosidad, sin embargo, *The Atlantic* siguió teniendo un gran éxito con historias acerca de "la mente y el cuerpo" —esencialmente, psicología y salud—, y mi encabezado ideal cambió de nuevo a: "El tema favorito de un lector es el lector mismo".

Mientras tanto, estos científicos informáticos de Stanford estaban poniendo carne empírica sobre los huesos desnudos de mis teorías sobre la escritura de titulares. Concluyeron que los encabezados más acertados en Reddit presentaron nuevas imágenes o historias "[en conformidad] con las normas lingüísticas de la comunidad a la que se presentan". Un buen titular, dijeron, no es algo extremadamente familiar, sino algo *suficientemente familiar*; una agradable sorpresa expresada en la lengua vernácula de su público objetivo; una promesa para avanzar en la comprensión sobre un tema ampliamente aceptable. En breve: MAYA.[*]

Si la televisión es un mueble, un dispositivo móvil es un apéndice, no sólo familiar, sino incluso íntimo y personal. Un mundo de una sola pantalla tiene como objetivo una sola corriente principal. Pero ahora la gente obtiene música, noticias y todo lo demás a través de la pieza de cristal que trae en sus bolsillos. Este mundo de millones de pantallas, no acotado por los límites de la programación lineal, está diseñado para los usuarios. Y aunque todo el mundo tiene apetito por lo familiar, este apetito puede variar.

---

[*] Por favor, no confundas esta reflexión sobre las estrategias del éxito cuantitativo de un encabezado con el éxito cualitativo del periodismo. El mejor periodismo puede ser bastante indiferente a la aceptabilidad, porque busca, por encima de todo, la verdad. La búsqueda de contenido cuantitativamente exitoso ha alejado de la verdad a muchos escritores y medios.

Con más de 81 millones de oyentes y 21 mil millones de horas de música reproducida cada año, Pandora es la aplicación de radio digital más popular en el mundo.[36] Menciona el nombre de las bandas que te gustan, y Pandora creará una estación de radio en torno a su sonido. Si digo que me gustan los Beatles, Pandora reproducirá a los Kinks, los Rolling Stones y las bandas nuevas que suenan como los Beatles. Los usuarios pueden mejorar la estación señalando las canciones que les gustan y saltándose las que no.

Estas interacciones dan a los científicos de Pandora una visión global del funcionamiento del gusto. No es exacto pensar que el algoritmo de Pandora se base en una sola fórmula. Se parece más a una orquesta de decenas y decenas de fórmulas que son dirigidas por una metafórmula. Y uno de los instrumentos más importantes en esta sinfonía algorítmica es la familiaridad.

"La queja más común sobre Pandora es que hay demasiada repetición de bandas y canciones", afirma Eric Bieschke, el primer científico de datos en Pandora. "Las preferencias de familiaridad son mucho más individuales de lo que yo habría pensado. Puedes tocar exactamente las mismas canciones a dos personas con los mismos gustos musicales. Una considerará la estación perfectamente familiar y para la otra será horriblemente repetitiva."

Hay dos implicaciones fascinantes aquí. La primera es que la neofobia, o la preferencia por lo familiar, no es una constante humana universal. Por el contrario, hay un amplio espectro entre quienes gustan de las cosas que son muy familiares y quienes gustan de sorprenderse: un fan de los Beatles que sólo quiere escuchar a los Beatles frente a un fan de los Beatles que quiere escuchar sólo canciones nuevas con inflexiones de John Lennon; una familia que gusta de vacacionar en el mismo lugar frente a otra que nunca va dos veces al mismo sitio. El grupo neofílico más importante en la economía de consumo es probablemente el de los adolescentes. Los jóvenes son "mucho más receptivos a los diseños avanzados", escribió Loewy, porque tienen la participación más pequeña en el statu quo. "El sueño del diseñador industrial sería diseñar para adolescentes. Ya sea que caigan o no periódicamente en alguna moda tonta que no daña a nadie, su gusto básico se mantiene fundamentalmente correcto."

La segunda implicación del análisis de Pandora es que ese gusto dictado por la familiaridad puede variar por género. Algunas personas son hípsteres en la música (les encanta saltar entre grupos desconocidos) pero tienen una sola fuente de información (solamente leen un blog liberal local). Otros son lo contrario, musicalmente conservadores pero aventureros que buscan leer columnas políticas de autores con los que no están de acuerdo. Como entendió Loewy, la neofilia y la neofobia no son estados aislados, sino estados combatientes, que libran constantemente batallas en la mente de cada comprador y dentro del conjunto de la economía de los compradores.

Recientemente visité Spotify, la gran empresa de transmisión de música en línea, para hablar con Matt Ogle, el ingeniero líder de un nuevo producto exitoso llamado Discover Weekly, una lista personalizada de treinta canciones que se entrega todos los lunes a decenas de millones de usuarios.

Durante casi una década, Ogle había trabajado con varias compañías musicales para diseñar el motor perfecto de recomendación de música. Su filosofía de la música fue que la mayoría de la gente disfruta de nuevas canciones, pero no disfruta el esfuerzo que le toma encontrarlas. Quiere obtener, sin esfuerzo, dóciles revelaciones musicales, una serie de retos alcanzables. En el diseño de Discover Weekly, "cada decisión que tomamos fue moldeada por la idea de que esto debe sentirse como un amigo que te entrega una cinta con canciones, una *mix tape*". Así que la lista de reproducción es semanal y sólo incluye treinta canciones.

Funciona de la siguiente manera. Cada semana, los bots de Spotify cazan por miles de millones de listas de reproducción de usuarios alrededor del mundo, para ver qué canciones suelen estar agrupadas. Imaginemos que la Canción A, la Canción B y la Canción C suelen aparecer juntas en la misma lista de reproducción. Si a menudo escuchas las Canciones A y C, Spotify adivina que probablemente te gustará la Canción B, aunque nunca hayas escuchado a la banda que la toca. Esta manera de predecir los gustos agregando las preferencias de millones de personas se conoce como "filtración colaborativa". Es *colaborativa*, ya que toma en cuenta la opinión de muchos usuarios, y *filtración*, porque utiliza los datos para limitar lo que se quiere oír. Es conceptualmente similar a los algoritmos con que operan las secciones de "artículos relacionados" de Amazon y otros sitios de compras: si mucha gente compra una cierta silla con una cierta mesa, se ofrecerá a los compradores de esa mesa la posibilidad de comprar también la silla.

Al final de nuestra entrevista, Ogle y yo conversamos acerca de cómo la mayoría de los melómanos (pero no todos) son fundamentalmente conservadores. Les gusta lo que les gusta, y no quieren ser demasiado desafiados por lo que oyen. "El discurso de los psicólogos es que, si lo has visto antes, no te ha matado todavía", bromeé.

Se iluminó el rostro de Ogle. "Tengo algo que contarte", dijo. La versión original de Discover Weekly debía incluir solamente las canciones que los usuarios nunca habían oído antes. Pero en su primera prueba interna en Spotify, hubo un error en el algoritmo que los condujo por canciones que los usuarios ya conocían. "Cada uno de ellos lo reportó como un error, y lo arreglamos para que cada canción fuera totalmente nueva", dijo.

Pero después de que su equipo hubiera corregido el error, algo insólito sucedió: la recepción de cada nueva lista de reproducción *se cayó*. "Resulta que, al tener un poco de familiaridad, se creó confianza, especialmente para los usuarios de primera vez. Si hacemos una nueva lista de reproducción para ti y no hay una sola cosa que te enganche o reconozcas, una sola cosa que te haga decir: '¡Oh, sí, buena elección!', el asunto es completamente intimidante y la gente no participa".

El error original fue realmente una característica esencial. Discover Weekly resultó un producto más atractivo cuando tenía aunque fuera una banda o canción familiar. "Creo que los usuarios deseaban confiar en esta opción, pero estaban esperando ver alguna señal de que también ellos estaban siendo reconocidos", dice Ogle. Los usuarios de Spotify querían un sabor fresco. Pero también querían asegurarse de que no acabara con ellos.

Por la década de 1950, Raymond Loewy podía razonablemente afirmar que el auto más emblemático, la locomotora más utilizada y el aeroplano más famoso de mediados de siglo en Estados Unidos habían surgido de la punta afilada de uno de sus lápices. Así que, ¿qué puede él enseñarles a los artistas de hoy sobre cómo crear un éxito? La regla de MAYA ofrece tres claras lecciones.

En primer lugar: *el público no lo sabe todo, pero sabe más que los creadores.* Los artistas y empresarios más exitosos tienden a ser genios. Pero la paradoja es que son, a la vez, más inteligentes que su consumidor promedio y más tontos que todos los consumidores juntos, porque no saben cómo viven éstos, lo que hacen cada día, lo que les molesta o los motiva. Si la familiaridad es la clave en el gusto, entonces la familiaridad de la gente

—las ideas, historias, comportamientos y hábitos que les son fluidos— es la clave para llegar a su corazón. Loewy tuvo sus propias teorías de la belleza, sus cáscaras de huevo y sus acabados cromados. Pero sabía que diseñar para extraños, al principio, era como ir buscando a tientas a través de un túnel oscuro hacia un puntito de luz. Estaba obsesionado con entender a la gente para la cual diseñaba.

Segundo: *para vender algo familiar, hazlo sorprendente; para vender algo sorprendente, hazlo familiar.*[*] En los confines del pensamiento radical, es fundamental para los artistas y emprendedores con ideas novísimas prestar atención a la atracción de la familiaridad y recordar la advertencia de Max Planck: incluso los más brillantes descubrimientos científicos enfrentan un escepticismo inicial cuando están demasiado lejos del pensamiento dominante. El gran arte y los productos se encuentran con el público ahí donde están.

Pero el hecho de que las personas graviten hacia la fluidez en el arte y el diseño no es excusa para caer en simplificaciones bobas. La idea central de MAYA es que en realidad la gente prefiere la complejidad, hasta el punto en que deja de entender algo. Muchos de los visitantes actuales de los museos no sólo van a ver los lirios de agua. Disfrutan el arte extraño y abstracto que les da una sensación o estremecimiento de significado. Los televidentes no sólo ven las retransmisiones: gustan de misterios complejos con rompecabezas narrativos que tienen un final satisfactorio. A los espectadores de teatro les encantan los rescates de obras familiares, pero los éxitos más influyentes de Broadway son aquellos, como *Hamilton*, que cuentan una historia familiar de un modo nuevo e ingenioso. El poder de la fluidez, después de todo, es mayor cuando emerge de su opuesto, un desafiante periodo de disfluencia, para crear un momento revelador.

Tercero: *las personas a veces no saben lo que quieren hasta que ya lo aman.* Loewy y su tropa fomentaban constantemente el gusto frente a un público estadunidense de mediados de siglo que no sabía que quería algo nuevo. En las páginas finales de su libro de memorias,[37] Loewy hace hincapié en un viejo chiste en el que un boy scout y su líder de patrulla discuten la buena obra del día.

---

[*] David Foster Wallace dijo una vez que las novelas realistas pueden servir a dos propósitos: "hacer familiar lo extraño [y] volver lo familiar extraño de nuevo".

— ¿Y qué has hecho hoy, Ray?

— Walter, Henry y yo ayudamos a una señora a cruzar la calle.

— Muy bien. Pero ¿por qué tuvieron que hacerlo entre los tres?

— La anciana no quería cruzar.

Si Loewy hubiera sido un boy scout, sería como su homónimo Ray: algo insistente, pero siempre respetuoso de ciertas reglas. Había enseñado a los consumidores somnolientos de la era de las máquinas a ser neofílicos de primer orden. Alimentó un apetito por la sorpresa que acompañara su gusto por lo familiar. El joven que miró a Nueva York en 1919 desde la parte superior del edificio de Equitable en Broadway 120 vio al otro lado de una calle y ayudó al país entero a cruzarla. Y no le pidió permiso.

3

LA MÚSICA DEL SONIDO

EL PODER DE LA REPETICIÓN,
EN LA CANCIÓN Y EL HABLA

Savan Kotecha conoce la cantidad de memoria: *ciento sesenta*. Es el número de cartas de rechazo que guarda en una carpeta en casa de sus padres en Austin, Texas. Las firmas incluyen los nombres de algunas de las disqueras y editoras de música más famosas del país. Cada una llegó a la misma conclusión: las canciones de Kotecha simplemente no eran lo suficientemente buenas.

Actualmente, la reputación de Kotecha se sostiene en números más grandes. Doscientos millones, por ejemplo, es el número de copias de las canciones de Kotecha que se han vendido en todo el mundo.[1] Como escritor y productor de estrellas del pop tales como Ariana Grande, Justin Bieber, Usher, Maroon 5, Carrie Underwood y One Direction, Kotecha se ha convertido en uno de los más prolíficos escritores de música pop juvenil en Estados Unidos y colaborador en más de una docena de canciones del Top 10 en ese país y en el Reino Unido, incluyendo varios éxitos número uno como "Can't Feel My Face" de The Weeknd y "What Makes You Beautiful" de One Direction.

Cuando era niño, el padre de Kotecha trabajó para IBM, lo que llevó a la familia a mudarse por todo el país. En Austin, donde aterrizaron finalmente, él dormía en el sofá de la sala en el pequeño apartamento de sus padres. Un día durmió en la habitación de su hermana y descubrió un teclado. Se sentó a jugar con él. Algo se iluminó dentro de él. Desde ese día, dice, estaba obsesionado con cada dimensión de la escritura e interpretación musical. Él mismo se enseñó a tocar el piano mientras estudiaba teoría musical. Cantó en el coro de la escuela y en una banda juvenil. Devoraba libros sobre la historia de la música pop y guías explicativas sobre sellos discográficos y editores de música.

Mientras Kotecha soñaba con una vida escribiendo canciones que inundaran las ondas de radio, sus estudios prácticos se vieron afectados. Pudo haberse metido en más problemas por saltarse las clases, pero su maestro de coro reconoció el talento del chico como algo potencialmente extraordinario. Cuando la madre de Kotecha telefoneaba a la escuela, este instructor de música a menudo tomaba la llamada y lo cubría con una excusa ante sus ausencias. "Mis padres se estaban volviendo locos", me dijo Kotecha sobre su temprano hábito por la música, ofreciendo rápidamente una explicación: "eran unos padres indios muy tradicionales".

Envió cientos de cintas de prueba y recibió más de un centenar de cartas despectivas, que guardó deliberadamente, como trofeos de rechazo. Cuando se graduó e insistió en que su futuro se encontraba todavía en una industria que constantemente le había ofrecido sólo desdén, el papá de Kotecha dio a su hijo un ultimátum. "Me dijo que tenía dos años para ser un perdedor y luego tendría que ir a la Universidad", recordó con una sonrisa.

Kotecha logró infiltrarse en el mundo de los festivales de música. Durante el South by Southwest, el festival de música-y-todo-lo-demás de Austin, Texas, manejaría su auto por el centro de la ciudad a hoteles como el DoubleTree, donde se escabulliría por el vestíbulo para repartir cintas con demos a cada cazador de talentos que cruzara aquellas puertas. En varias ocasiones lo echaron del DoubleTree. Kotecha aprendió a llevar consigo múltiples disfraces. Cuando la dirección del hotel le mostraba la puerta, él volvería algunos minutos más tarde con una nueva camisa, sólo para ser expulsado otra vez (y volver, otra vez, con otro atuendo y con más cintas).

Finalmente, en 1999, Kotecha logró su oportunidad. Un ejecutivo de música de Nueva York con conexiones profundas en Estocolmo le dio una instrucción que cambiaría su vida: "Vaya a Suecia".

Si la música pop fuera una tecnología global, Suecia sería su Silicon Valley.[2] Suecia y los suecos expatriados son una fuente inagotable de melodías pegajosas. Bajo la batuta de Max Martin,[3] el legendario superproductor responsable de docenas de éxitos número uno cantados por los Backstreet

Boys, Katy Perry y Taylor Swift, el pequeño país escandinavo ha exportado música contagiosa al mundo entero desde que ABBA debutó en la década de 1970.

¿Por qué Suecia? La respuesta combina la política pública, la historia y el efecto magnético del talento. En primer lugar, el gobierno sueco promueve activamente la educación musical, a diferencia de muchos otros países ("Le debo todo a la educación musical pública", dijo Martin en el año 2001).[4] En segundo, Suecia tiene una cultura musical que promueve más las melodías en tonalidades mayores que las letras mismas, lo que vuelve sus canciones altamente exportables a las audiencias que no hablan sueco.[5]

En tercer lugar, desde el apogeo de ABBA en la década de 1970, Suecia ha desarrollado una industria nacional dedicada a la escritura, producción y venta de música pop,[6] lo que atrae a algunos de los mejores talentos del pop en el mundo, como aquel talentoso adolescente indoestadunidense de Austin, Texas. Los economistas a veces llaman a este efecto magnético "aglomeración", y a él se debe que las empresas similares tienen una tendencia a congregarse en las mismas ciudades.[*] Cuando los geógrafos en la Universidad de Uppsala estudiaron la industria musical sueca, dijeron que seguía un modelo que el economista Michael Porter llama "conglomerado industrial".[7] Al igual que los empresarios talentosos van a San Francisco para situarse en torno a personas como ellos en la industria del software, los compositores gravitan a los centros de poder sueco.

"En Suecia, me encontré con RedOne, el compositor de Lady Gaga, y su equipo entero", recuerda Kotecha. "A través de otro contacto conocí a Simon Cowell y me involucré con *The X Factor*, lo que me llevó a ser el principal entrenador vocal y compositor de One Direction. Unos años más tarde, conocí a Max Martin. Y entonces todo explotó de verdad."

Kotecha es muy entusiasta cuando habla de Martin, quien, durante varias décadas, ha sido el núcleo de este grupo de compositores suecos. En una entrevista con el *Hollywood Reporter*, comparó a Martin con el Michael Jordan de la música pop.[8]

---

[*] *Aglomeración* comparte raíz con *conglomerado*, del latín *glomus*, "masa en forma de bola". Así que puedes pensar en el efecto de aglomeración como el acto de enrollar una pelota de hilo. A medida que el hilo perdido vuelve al centro, la bola se hace más grande, más fuerte y apretada. Ése es el efecto de agrupamiento: el poder de la proximidad.

La comparación me fascinó. Puedo ver claramente lo que hace a Michael Jordan un gran tirador y defensor. Me preguntaba si el autor de la analogía podría aplicarle un poco de rigor al inefable arte de escribir canciones. Así que le pregunté a Kotecha: "Si Michael Jordan es Michael Jordan porque puede anotar eficientemente, ¿qué hace a Max Martin el Michael Jordan de su industria?".

Kotecha no dudó en responder. "Eso es fácil. Tiene el mejor oído para las melodías pegajosas, tal vez el mejor en la historia del pop. Puede escribir grandes melodías, entiende lo que está mal con las melodías de otras personas, es un genio para editar canciones, un arreglista impresionante y es increíble cuando se trata de dar el toque final a una pieza."

"¿Qué te enseñó Max Martin?", pregunté. "Que la buena música pop es muy, muy estructurada", respondió Kotecha. "La construcción de una canción pop es algo casi matemático. Max me enseñó que cada parte tiene que hablar con las otras. Si la estrofa comienza en uno [esto es, en el primer tiempo del compás], el precoro debe comenzar también en uno. Las melodías necesitan conectar rápidamente el gancho y luego repetirlo. Es lo que las vuelve pegajosas."

¿Qué es esa *cosa*, lo pegajoso? ¿Qué tiene una línea melódica que hace que un gancho sea irresistible? Incluso los mejores compositores a veces no pueden explicar la anatomía de un gran gancho. Como muchos artistas cuando se les interroga sobre la mecánica específica de su proceso, reaccionan como lo haría cualquier persona ordinaria a quien se le pida que explique los detalles más finos de la respiración. La habilidad es tan intrínseca que la mecánica se vuelve invisible.

Para comprender los elementos básicos de lo pegajoso —por qué nos gusta lo que nos gusta de una canción o discurso— vale la pena comenzar desde el comienzo.

¿Cómo un sonido se vuelve canción?

Una mañana de la primavera de 2009, Walter Boyer, un profesor de música de quinto grado en la escuela de Atwater en Shorewood, Wisconsin, pidió a sus dieciocho alumnos que escucharan la grabación de una mujer hablando. Mientras se sentaban, una voz cadenciosa se deslizó por el aire.

Los sonidos, así como se te presentan, no sólo son distintos de aquellos que se encuentran realmente presentes, sino que a veces se comportan tan extrañamente que parecen imposibles.

Se trataba de un enunciado enredado para un grupo de desprevenidos estudiantes de quinto grado. Algunos arrugaron la cara, como si las palabras fueran dichas en alemán antiguo. Sin embargo, se mantuvieron escuchando. Mientras la grabación continuaba, algunas palabras se pronunciaron otra vez.

...a veces se comportan tan extrañamente (*sometimes behave so strangely*)...

Y otra vez.

...*sometimes behave so strangely.*

Otra vez.

...*sometimes behave so strangely.*

Mientras estas cuatro palabras formaban un bucle una y otra vez, sucedió algo muy extraño. A través de la repetición, las palabras parecían desarrollar un ritmo, e incluso una melodía. Una sonrisa cruzó por los rostros de los niños.

"Inténtenlo", sugirió el profesor Boyer, y de repente, como si leyeran partituras, los estudiantes irrumpieron en canto, al unísono perfecto. "A veces se comportan tan extraño", cantaron juntos. Muchos se rieron ante la sorpresa de que unas pocas palabras ordinarias se transformaran, como por arte de magia, en música. Algunos de ellos incluso bailaron en sus asientos.

Boyer paró la grabación. "¿Escucharon la melodía?", preguntó a la clase.

"Síiii", respondieron en el tono perezoso que adoptan los niños cuando los obligas a responder a una pregunta obvia.

"¿Creen que ella estaba realmente cantando?"

"Noooo", dijeron.

"Entonces, ¿por qué creen que sucedió?"

La clase quedó en silencio.

Varias semanas más tarde, Diana Deutsch, psicóloga de la Universidad de California, campus San Diego, recibió un video de la clase de quinto grado del profesor Boyer. Deutsch celebraba una cena en su casa en La Jolla. Casi lloró cuando vio a dieciocho niños cantando con una voz, *su* voz, mientras se transformaba de habla en música, por mera repetición.

Deutsch es una detective de ilusiones musicales. Su descubrimiento más famoso es el fenómeno observado en la clase de música de Boyer. Es la "ilusión que hace del habla un canto".[9] Si tomas una frase hablada y la repites en un intervalo común, las palabras habladas pueden llegar a sonar como música. Cuando Deutsch reproduce la frase "sometimes behave so strangely" a sus propios sujetos de investigación, éstos siempre terminan cantando una melodía tan precisa que tiene tonalidad, compás, síncopa y ritmo. Si puedes leer música, suena como esto:[10]

Fuente: cortesía de Diana Deutsch.

"Cuando alguien está hablando, hay un ejecutivo central en el cerebro que toma las decisiones acerca de si una frase es hablada o cantada", me explica Deutsch. "La repetición es un indicio. Le dice al cerebro que escuche música."

Más que un truco ilusorio, la repetición es la partícula de Dios de la música. Las ballenas jorobadas, los gibones de manos blancas y más de cuatrocientas especies estadunidenses de aves se consideran cantantes,[11] y los investigadores sobre animales se reservan el término "cantar" para sonidos específicos que se repiten a intervalos comunes.

El poder de la repetición en la música humana es fractal, aparece en todos los niveles.[12] La repetición del ritmo es necesaria para construir un gancho musical. La repetición de ganchos es necesaria para los coros. Los coros se repiten varias veces en cada canción, y las personas a menudo homenajean sus canciones favoritas al repetirlas una y otra vez. Como pueden atestiguar todos los padres, a los niños les encanta escuchar las mismas canciones una y otra vez. Pero los adultos no son tan diferentes. Noventa por ciento de las veces que la gente oye música, escucha una canción que ya ha oído antes.[13]

De vez en cuando la gente escuchará música en ciclos repetidos incluso cuando no quiera, por ejemplo, cuando una canción se queda atascada en la cabeza. Este fenómeno se llama un "gusanito en la oreja", y es un antiguo flagelo mundial. El término inglés *earworm* proviene del alemán *Ohrwurm* (literalmente "gusano de la oreja"), mientras que los franceses lo llaman *musique entêtante* o "música obstinada". Thomas Edison inventó el fonógrafo en 1877, un año después de que Mark Twain publicara un texto en *The Atlantic Monthly* sobre jóvenes atormentados por un villancico irresistible.[14] Se trata de una aflicción cultural que los críticos no pueden achacar a la tecnología. La culpa la tienen nuestros cerebros.

En esto reside el verdadero misterio. Los gusanos en la oreja son más extraños de lo que parecen. Si muestras a una amiga una cuarta parte de una pintura de Claude Monet, no dedicará los próximos 45 minutos quejándose de que no puede dejar de ver los otros tres cuartos. (Si lo hace, llévala directamente a un centro de investigación médica.) ¿Por qué la gente adquiere los gusanos en la oreja, pero no, perdón por las imágenes, gusanos del ojo, o de la nariz o de la lengua?

Los gusanos en la oreja son como un ojo en la cerradura que nos permite observar cómo la música manipula el pasado y el futuro. El cerebro infestado de gusanos en la oreja está atrapado en un ciclo de repetición (*quiero recordar cómo va*) y anticipación (*quiero saber cómo termina*). Este mismo enredo —la fuerza de la repetición contra la fuerza de la anticipación— es lo que define a los temas pegajosos.

Pienso en mis ganchos preferidos y en cómo a menudo parece que se rompen a la mitad, en una caída y una subida, una pregunta y su respuesta. Van para abajo en "bye, bye" y vuelven para arriba en "Miss American Pie"; abajo en "With the lights out" y arriba en "it's less dangerous"; arriba en "She loves you" y abajo "yeah, yeah, yeah"; un paso abajo en "Hey, I just met you" y otro arriba en "and this is crazy".*

Un gran gancho musical es una gran pregunta con una respuesta que le pide repetir la pregunta. "A la gente le gustan las melodías nuevas y sorpren-

---

* Canciones: "American Pie", de Don McLean; "Smells Like Teen Spirit", de Nirvana; "She Loves You", de los Beatles; "Call Me Maybe", de Carly Rae Jepsen.

dentes", afirma Elizabeth Margulis, musicóloga del laboratorio de cognición de la música de la Universidad de Arkansas, "pero cuando sentimos que podemos hacer pequeñas predicciones correctas acerca de cómo va a seguir una canción, eso se siente realmente bien." No se necesita ningún esfuerzo para recordar una melodía pegajosa; la melodía se recuerda a sí misma.

Cuando una canción se te queda en la cabeza, puede enloquecerte. Pero puesto que la aflicción es universal, atemporal y te la infliges a ti mismo, algo debe decir sobre nuestros circuitos internos. Un gusano en la oreja es una pelea cognitiva. La mente automática anhela la repetición que el cerebro consciente encuentra molesta. Como vimos en capítulos anteriores, tal vez el inconsciente quiere más repeticiones (más de lo viejo, más de lo familiar) que lo que el yo consciente piensa que es "bueno".

Ésta no es sólo una teoría sobre los molestos jingles publicitarios que no te puedes sacar de la cabeza. El encanto subestimado de la repetición es una base fundamental de la economía entera de la música pop.

La lista de Billboard Hot 100 es el registro estándar de la popularidad en la música estadunidense.[15] Ha enlistado las canciones principales de ese país cada semana desde 1958. Pero la lista de Billboard se ha construido sobre mentiras, medias mentiras y estadísticas inventadas. Durante décadas, no había manera de medir con precisión qué canciones sonaban más en la radio, y tampoco había una manera confiable de saber qué discos se vendían más cada semana en las tiendas de discos. Billboard se basaba en la honestidad de las estaciones de radio y los dueños de las tiendas, y ninguna de las partes tenía muchas razones para ser honesta. Los sellos discográficos han promovido o directamente sobornado a los DJ de la radio para promover ciertas canciones. Las tiendas de discos no querían promover los álbumes que ya se hubieran agotado. La industria ha sido inducida hacia la renovación. Todo mundo quiere canciones y álbumes que entren y salgan rápidamente de las listas, para poder seguir vendiendo nuevos éxitos.*

En 1991, Billboard abandonó este irregular sistema basado en la palabra

---

* Podría decirse que la industria de la música del siglo XX se destacó en la obsolescencia planificada. Al igual que Alfred Sloan demostró que se puede hacer que la gente desee más coches GM cambiando constantemente su color y modelo, la industria de la música manipuló el promedio de vida de los éxitos número uno para alentar a la gente a comprar nuevos discos.

de las estaciones y las tiendas y comenzó a recoger datos de las cajas registradoras del punto de venta. "Esto fue revolucionario", explica Silvio Pietroluongo, director de la lista Billboard. "Pudimos ver finalmente cuáles discos se estaban vendiendo de verdad." Al mismo tiempo, la empresa comenzó a monitorear la radiodifusión a través de Nielsen. Los 100 éxitos se volvieron mucho más honestos en el lapso de unos meses.

Esto tuvo dos consecuencias importantes. Primero, el hip-hop se disparó en el ranking al mismo tiempo que el rock a la antigua poco a poco comenzó a desaparecer. (Tal vez una industria dominada por hombres blancos no había puesto suficiente atención a los intereses musicales de las minorías.)[*] El 22 de junio de 1991, la semana después de que la lista Billboard actualizara su metodología, *Niggaz4life* de N.W.A. venció a *Out of Time* de R.E.M., marcando la primera vez que un grupo de rap tenía el álbum más popular en el país.[16] Un estudio reciente de los últimos cincuenta años en la música pop de Estados Unidos llamó la ascensión del rap en 1991 "el acontecimiento más importante que ha modelado la estructura musical de las listas de popularidad estadunidenses".[17] En los mercados donde importa la popularidad, la información *es* marketing. Cuando los escuchas se enteraron de cuán popular era en realidad el hip-hop, esto lo volvió aún más popular.[**]

Algo más sucedió con las preferencias musicales estadunidenses: se volvieron mucho más repetitivas. Sin los sellos discográficos que manipularan las listas, la lista de Billboard fue un espejo más perfecto de los gustos

[*] Lo cual es irónico, ya que los cancerberos de la música pop en la década de 1950 inicialmente consideraron al rock and roll "música de la selva"; para 1980, los hombres blancos poderosos protegían un género que la generación anterior de blancos poderosos había considerado una amenaza.

[**] Lo mismo ha sucedido quizás en las noticias estadunidenses con el movimiento #BlackLivesMatter. Facebook y Twitter han dirigido un enorme número de lectores a artículos sobre el racismo y la violencia que sufren las comunidades afroamericanas en Estados Unidos. Los hechos subyacentes no han cambiado mucho; los negros han enfrentado la opresión y han sufrido la brutalidad policial durante años. Pero el interés de los periodistas por cubrir estas notas *sí* ha cambiado. Las redes sociales hicieron inevitablemente evidente que estos actos violentos están sucediendo y que millones de personas quieren saber más sobre esto. Contar historias que antes no tenían tanta cobertura es probablemente una cosa buena, en general. Pero una implicación desalentadora es que los medios de comunicación —que han permanecido desproporcionadamente en manos de blancos— en realidad han ocultado estas historias durante décadas, de modo similar a como las disqueras (también dominadas por hombres blancos) ignoraron el ascenso del hip-hop.

estadunidenses, y el reflejo en el espejo dijo: ¡*toquemos éxitos!* Las diez canciones que han pasado más tiempo en los 100 éxitos fueron lanzadas después de 1991. Puesto que las canciones más populares ahora permanecen
en las listas durante meses, se ha disparado el valor relativo de cada hit.
Sólo uno por ciento de las bandas y solistas ganan ahora ochenta por ciento de todos los ingresos de la música grabada. Y a pesar de que ha aumentado la cifra de ventas de la música digital, los diez temas más vendidos
dominan ochenta y dos por ciento más del mercado de lo que hacían hace
una década.[18]

Como lo resumió Pietroluongo: "Resulta que nos apetece escuchar las
mismas canciones una y otra vez". Es parte de la fuerza fractal de la repetición: la gente quiere escuchar los mismos ritmos repetidos en ganchos repetidos dentro de estribillos repetidos dentro de canciones; y nosotros, por
nuestra cuenta, ponemos esas canciones en modo repetición.

Pero nadie quiere escuchar la misma cosa una y otra vez para siempre.
Demasiada repetición provoca monotonía. La pregunta es, ¿cómo saben
los compositores y demás equilibrar la repetición y la variedad?

David Huron es un destacado musicólogo en la Universidad Estatal de
Ohio, y si le preguntas sobre música pop, te hablará de ratones.[19]

Toma un ratón y toca frente a él un fuerte ruido; llamémoslo B. El ratón se congela. Tal vez dé vuelta a esa pequeña cara blanca puntiaguda con
mirada de total sorpresa. Toca B otra vez, y de nuevo la adorable criatura
se asustará. Pero eventualmente el ratón dejará de reaccionar. El ruido ya
no le interesará. Finalmente, se "habituará".

La habituación es común en la música. La repetición podrá ser la partícula de Dios, pero está lejos de ser la única partícula. Probablemente no
quieras escuchar "Tres ratones ciegos" ahora mismo, y ciertamente no que-
rrás escucharla siete veces, una tras otra. Te gustó la canción alguna vez
—¿quizá cuando tenías cinco años?—, pero ahora no tiene ningún efecto en
ti. Esto es la habituación, y pasa con cada canción y casi cualquier estímulo. Es la manera que tiene tu cerebro de decirte: "Ya estuve ahí, ya hice eso".

En muchos aspectos de la vida, habituarse es normal y bueno. Si no
puedes concentrarte en el trabajo debido al ruido de una construcción,
pero pronto olvidas que está allí, serás más productivo. Pero en el entre-

tenimiento, la habituación es la muerte. Es un "ya vi suficientes películas de cómic oscuras y sombrías: no, gracias". Es un "este nuevo disco de rap es intercambiable con los dos últimos álbumes de tal artista, así que no lo quiero". Si es cierto que al público le gusta la repetición, y también que puede aburrirse si hay demasiada repetición, *¿cómo mantienes enganchada a la gente sin que se habitúe?*

Regresemos a nuestro pobre ratón. En lugar de tocar al pequeñín sin cesar sólo notas B, los científicos pueden tocar varias notas de B seguidas y, justo cuando está por habituarse al patrón, darle un nuevo sonido: ¡C!

La nota nueva también sobresalta al ratón. Pero de manera más importante, la introducción de una nueva nota hace al ratón olvidarse un poco de B. Esto se llama "deshabituación". La sola ejecución de C conserva la potencia del estímulo B. Finalmente, el ratón se habituará a la B y la C. Pero no hay problema. Los científicos pueden retardar todavía más el proceso de habituación al introducir una tercera nota: ¡D!*

Para asustar a un ratón durante un periodo más largo de tiempo con el menor número posible de sonidos, los científicos han tenido éxito con variaciones de esta secuencia:

BBBBC-BBBC-BBC-BC-D

La investigación de Huron ha encontrado que esta secuencia de repetición y variación refleja los patrones globales de música: desde las sonatas europeas a los cantos guturales inuit o el rock estadunidense. "En todo el mundo, la música es coherente con los principios de repetición", sostiene. "La idea es ser repetitivo hasta el punto donde la gente pueda arrancarse los pelos y entonces cambiar las cosas sutilmente. Desde la perspectiva de un compositor, para lograr algo simple y hermoso, podrías pensar: '¿Cuál es la cantidad mínima de material que puedo componer para entretener a mi público por el periodo más largo de tiempo?'"

---

* Según Huron, hay dos formas de evitar la habituación. La primera es la variedad o deshabituación. La segunda es el tiempo. Digamos que escuchas "I Will Survive" veinte veces seguidas. Al día siguiente prefieres oír unas uñas sobre un pizarrón que a Gloria Gaynor. Pero algunas semanas más tarde la canción suena en la radio y te das cuenta de que quieres oírla de nuevo. Huron llama a esto "recuperación espontánea": crees que ya tuviste suficiente de Gloria Gaynor, pero después de algún tiempo quieres escuchar otra vez "I Will Survive".

Me atrae particularmente el fragmento final de la secuencia:

BBC-BC-D

Esta estructura no podría parecer obviamente familiar. Pero llamemos a B una estrofa, a C un coro y a D una estrofa alternativa o puente. Reemplacemos las notas con sus palabras correspondientes y se obtiene la siguiente estructura de canción. Creo que la reconocerás, porque podría ser el patrón más común de los últimos cincuenta años de música pop.

*Estrofa-estrofa-coro — estrofa-coro — puente**

La respuesta a la pregunta *¿cómo sorprender a un ratón con la menor cantidad de notas por el periodo de tiempo más largo posible?* resulta ser un patrón específico que anticipa la manera en que se escriben tantas canciones pop modernas. La primera repetición prepara para el coro (C). Los pasajes de estrofa y coro se pasan el relevo entre sí. Para evitar aburrir al público, el artista introduce un puente (D) para deshabituar al oyente de la estrofa y el coro y configurar así la secuencia musical final.

¿Es una canción pop tan sólo un estudio elaborado de deshabituación para ratones? Los críticos del pop moderno podrían celebrar semejante simplificación, pero la conclusión más sabia aquí es más complicada y menos incendiaria.

Cuando uno se detiene a pensar en cuán repetitivas son las canciones pop favoritas de la gente, cómo alternan predeciblemente estrofas, coros, estrofas, coros, puentes y coros ampliados, es innegable que la música ofrece anticipación dentro de ciertas líneas específicas de expectativas. "Las personas encuentran las cosas más placenteras cuantas más veces se repiten, a menos que tomen conciencia de que estás siendo repetitivo", dice

---

* Huron señaló que sólo porque muchas canciones pop estadunidenses modernas compartan la misma estructura de estrofa-coro, eso no significa que ésta sea la estructura biológicamente ideal para una canción. Es simplemente la manera más familiar de equilibrar la repetición y la variedad para las audiencias occidentales modernas. Es verdad que hay muchas canciones icónicas que no tienen coros, como "Thunder Road" de Bruce Springsteen y "Bohemian Rhapsody" de Queen. Pero también es cierto que estas canciones tienen varias melodías que se repiten con variaciones.

Huron. "La gente prefiere pensar: '¡A mí no me seduce la repetición, me gustan las cosas nuevas!' Pero la repetición disfrazada es confiablemente placentera, porque conduce a la fluidez, y la fluidez nos hace sentir bien."

Huron está desentrañando la psicología de la habituación, no ofreciendo un kit casero para escribir la próxima gran canción pop. La repetición y la variación no engrandecen cualquier pieza de música por cuenta propia. En cambio, establecen reglas claras con las que trabajan los grandes compositores. Escribir poesía sin rima es "como jugar al tenis sin red", dijo el poeta Robert Frost. En la música, la repetición es la red.

La música puede ser más elemental que la lengua. La canción precede al discurso, tanto en la vida de un ser humano como en la historia humana. Los niños pueden canturrear melodías con texto absurdo antes de que puedan explicar exactamente por qué merecen más caramelos. En el comienzo del lenguaje humano, habla y música eran casi lo mismo:[20] repetición de sonidos simples proferidos por grupos.

Antes de la escritura cuneiforme o la alfabetización más generalizada, la memoria fue la biblioteca de la civilización. No es de extrañar, entonces, que muchos de los clásicos literarios más antiguos —incluyendo *Beowulf*, la *Ilíada* y la *Odisea* de Homero, las *Metamorfosis* de Ovidio y la *Eneida* de Virgilio— sean poemas épicos. Cada uno se vale de la repetición, el ritmo, la rima y la aliteración para encerrarse en el banco de la memoria del próximo narrador. En cierto modo, la repetición *es* memoria; "memoria prostética", para tomar prestada la maravillosa frase de Alison Landsberg.[21] Una canción "recuerda" su gancho, para beneficio de quien la escucha, al repetirlo. Los sonetos de Shakespeare "recuerdan" sus sonidos al repetirlos en forma de rimas.

Para muchas personas, es más fácil recordar palabras cuando están sujetas a ritmos y melodías. Las víctimas de un accidente cerebrovascular y otros enfermos de trastornos afásicos del lenguaje que apenas pueden hablar, con frecuencia pueden todavía cantar. Gabby Giffords, la congresista de Arizona a quien dispararon en la cabeza en un intento de asesinato, ha luchado por recuperar su capacidad verbal. Pero en febrero de 2015, ella protagonizó un emotivo video en línea ampliamente compartido en el que profería a la perfección cada palabra de un pasaje de "Maybe", una canción del musical *Annie*.[22] La afasia con frecuencia proviene del daño a las partes

del cerebro izquierdo que controlan el lenguaje, pero los estudios de reso-
nancia magnética han demostrado que la musicoterapia activa la inteligencia melódica del hemisferio derecho.[23]

Esto sugiere que la repetición es poderosa, no sólo para la música, sino
para todas las formas de comunicación. La música es como el caramelo de
la memoria. El lenguaje musical ayuda a la gente a recordar palabras e indica a las personas que algunas palabras son dignas de recordar. Durante
miles de años, los escritores y oradores han convencido al público con sus
propios efectos que "hacen del habla un canto", cubriendo sus palabras habladas con el dulce jarabe de la repetición.

Y lo siguen haciendo.

El 27 de julio de 2004, el escritor de discursos Jon Favreau se presentó ante
Barack Obama pidiendo al futuro presidente que dejara de hablar. Favreau
era un graduado de veintitrés años del College of the Holy Cross en Massachusetts, y entonces trabajaba para la campaña presidencial del senador
John Kerry. Obama, un senador estatal de Illinois, estaba ensayando el discurso que daría en la Convención Nacional Demócrata en el FleetCenter
de Boston más tarde esa noche. Favreau interrumpió el ensayo y preguntó
al senador si podría cambiar un chiste acerca de los estados rojos y azules
(o sea: republicanos y demócratas).[24] Era demasiado similar a una de las líneas más aplaudidas de los discursos de Kerry. Se dice que Obama se puso
furioso, pues era una de sus partes favoritas de su discurso. La cambió de
todos modos.

Es difícil determinar quién fue el mayor impostor en el FleetCenter en
el verano de 2004. El orador principal, Obama, nunca había tenido un car-
go federal. El joven Favreau tuvo la suerte de convertirse en redactor de
discursos sólo porque la campaña de Kerry había sido un desastre tal antes
de la primaria de Iowa que asesores más experimentados lo habían abandonado.[25] "No pudieron encontrar a nadie que quisiera venir cuando es-
tábamos a punto de perder ante [el exgobernador de Vermont Howard]
Dean", le contó Favreau a *Newsweek*. "Me convertí en el segundo redactor
de discursos, aunque no tenía experiencia previa alguna."

Tres meses más tarde, Kerry perdió las elecciones presidenciales y
Obama se había convertido en una celebridad política nacional necesitada

de un redactor de discursos. En enero de 2005, Favreau se reunió con Obama en la cafetería del Senado,[26] en el edificio Dirksen de Capitol Hill. El senador le preguntó: "¿Cuál es tu teoría de la redacción de discursos?".[27]

"Es interesante", me dijo Favreau diez años después de esa reunión, "porque lo que me atrajo de Obama al principio no fue su elevada retórica, sino su autenticidad. Como redactor de discursos, pienso mucho en la empatía. Siempre trato de imaginar al público: ¿de dónde vienen? ¿De qué conocimientos parten? ¿Cómo nos conectaremos con ellos en donde estén para levantarlos un poco?". Favreau consiguió el trabajo. Cuando Obama anunció que se postularía para presidente, Favreau se convirtió en uno de los jefes de redacción de discursos más jóvenes en la historia del país.[28]

Tres años más tarde, a principios de 2008, la campaña presidencial de Obama parecía bendita cuando irrumpió en New Hampshire con una ventaja de dos dígitos después de ganar en Iowa. Pero perdió esta elección primaria ante Hillary Clinton por tres puntos porcentuales. El 8 de enero de 2008, subió al escenario en la Nashua High School South, agradeció a sus seguidores y les entregó, como por descuido, quizás el discurso más citado de su carrera. Estructuró su arenga alrededor de una frase tan simple que incluso él mismo la había rechazado una vez por cursi:[29] *"Yes, We Can"* (Sí, podemos).*

> Cuando nos hemos enfrentado a probabilidades imposibles, cuando nos han dicho que no estamos listos o que no deberíamos intentarlo o que no podemos, generaciones de estadunidenses han respondido con un simple credo que resume el espíritu de un pueblo: sí, podemos. Sí, podemos. Sí, podemos.
>
> Fue un credo escrito en los documentos fundacionales que declararon el destino de una nación: sí, podemos.
>
> Fue susurrado por esclavos y abolicionistas como una llama ardiente en un sendero hacia la libertad a través de las noches más oscuras: sí, podemos.
>
> Fue cantado por los inmigrantes mientras llegaban de lejanas costas y por los pioneros que se arrojaron hacia el oeste contra un desierto implacable: sí, podemos.

---

* Obama pensó que la frase era "demasiado cursi" cuando su consejero David Axelrod la propuso durante su primera competencia por el Senado de Estados Unidos, de acuerdo con lo que Axelrod contó a *The New York Times*. Ambos terminaron por hacer caso a Michelle, quien determinó que "no era cursi".

Fue la llamada de los trabajadores que se organizaron, de las mujeres que obtuvieron una boleta electoral, de un presidente que eligió la luna como nuestra nueva frontera y de un rey [King, esto es: Martin Luther King] que nos llevó a la cima de la montaña y señaló el camino hacia la tierra prometida: sí, podemos...

"Es la frase más simple que se puede imaginar", dice Favreau, "tres monosílabos que las personas se repiten una a la otra cada día." Pero el discurso se inscribió en la tradición retórica. Inspiró videos musicales y memes y toda la gama de reacciones que cualquier éxito de taquilla recibe en línea hoy en día, desde la alabanza hasta el humor fuera de contexto pasando por toda clase de burlas.

El estribillo "Yes, We Can" de Obama es un ejemplo de un recurso retórico conocido como epístrofe o conversión, esto es, la repetición de palabras al final de una oración. Es una de muchas figuras retóricas famosas, la mayoría con nombres griegos, basadas en alguna forma de repetición.

Está la anáfora, que es la repetición al principio de una oración (Winston Churchill: "Lucharemos en las playas, lucharemos en las pistas de aterrizaje, lucharemos en los campos"). Está el tricolon o tríada, que es repetición por triplicado de una frase breve (Abraham Lincoln: "Gobierno del pueblo por el pueblo y para el pueblo"). Está la epizeuxis, que es la misma palabra repetida una y otra vez (Nancy Pelosi: "Recuerden estas cuatro palabras que resumen lo que significa esta legislación: empleos, empleos, empleos y empleos"). Está la diácope, que es la repetición de una palabra o frase tras una breve interrupción (Franklin D. Roosevelt: "A lo único que debemos tener miedo es al miedo mismo") o, más simplemente, una estructura A-B-A (Sarah Palin: "Taladra, nene, taladra"). Está la antítesis, que es la repetición de cláusulas en estructuras similares cuyas ideas son contrastantes (Charles Dickens: "Fue el mejor de todos los tiempos, en el peor de todos los tiempos"). Está el paralelismo, que es repetición de la estructura de la oración (el párrafo que acabas de leer).

Finalmente, está la reina de todos los trucos modernos del discurso, la antimetábola, que es la inversión retórica: "No es el tamaño del perro en la lucha; sino el tamaño de la lucha en el perro".

Esta figura retórica es popular por varias razones. En primer lugar, es apenas lo suficientemente compleja para disfrazar el hecho de ser una mera fórmula. En segundo lugar, es útil para destacar un argumento mediante la elaboración de un claro contraste. En tercer lugar, es absolutamente hechizante; es pop, en el sentido de la composición sueca, pues construyen un gancho alrededor de dos elementos, A y B, y los invierte para dar satisfacción y significado inmediatos a sus oyentes. La estructura clásica de la antimetábola es *AB, BA*, que es fácil de recordar ya que deletrea el nombre de cierta banda sueca.* Ejemplos famosos de ABBA en la política incluyen:

"El hombre no es el producto de las circunstancias. Las circunstancias son producto de los hombres."

—Benjamin Disraeli

"Oriente y Occidente no desconfían uno de otro porque estemos armados; estamos armados porque tenemos desconfianza unos de otros."

—Ronald Reagan

"El mundo enfrenta a una Rusia muy diferente que en 1991. Como todos los países, Rusia también enfrenta un mundo muy diferente."

—Bill Clinton

"Ya sea que traigamos a nuestros enemigos frente a la justicia o que traigamos a la justicia frente a nuestros enemigos, se hará justicia."

—George W. Bush

"Los derechos humanos son los derechos de las mujeres y los derechos de las mujeres son derechos humanos."

—Hillary Clinton

En particular, el presidente John F. Kennedy hizo famoso a ABBA (y ABBA hizo famoso a Kennedy). "La humanidad debe poner fin a la guerra, o la guerra pondrá fin a la humanidad", dijo, y también "cada aumento de la tensión ha producido un incremento de armas; cada incremento de armas ha

---

* Dudo mucho que pretendieran que su nombre tuviera algo que ver con las figuras retóricas griegas, pero el nombre del grupo ABBA es un recurso de memoria conveniente.

producido un aumento de la tensión", y el más famoso, "no preguntes lo que tu país puede hacer por ti; pregúntate lo que tú puedes hacer por tu país".

La antimetábola es como la progresión de acordes Do–Sol–La menor–Fa en la música pop occidental:[30] cuando la aprendes en alguna parte, la escuchas por todas partes.* Las ideas difíciles e incluso polémicas se transforman, por medio de ABBA, en algo así como ganchos musicales.

Obama y Favreau no se inclinaban de más hacia alguna u otra figura retórica, pero hicieron un equipo poderoso en parte porque pensaban en los discursos como Savan Kotecha y otros compositores piensan en canciones: que requieren ganchos, coros y estructuras claras.

A menudo recurrieron a los discursos de Martin Luther King en busca de inspiración; eran discursos bíblicos, rítmicos, impulsados por una musicalidad explícita en la tradición afroamericana del sermón. En *The Hum: Call and Respónse in African American Preaching* (El zumbido: llamada y respuesta en el sermón afroamericano), el teólogo Evans Crawford compara los sermones con los riffs del blues, "caracterizados por ritmos libres improvisados y un contrapunto idiomático".[31] El sermón perfecto debería "comenzar bajo, ir lento, subir más alto y terminar en una llamarada".[32]

Favreau, un pianista autodidacta que estudió música clásica en la Universidad, se deleita en la comparación de su trabajo con la escritura de canciones. "Una buena línea de un discurso es como un buen trozo de música", dice. "Si tomas una pequeña parte y la repites a lo largo del discurso, como un estribillo de una canción, se vuelve memorable. La gente no recuerda canciones por sus estrofas. Las recuerda por el coro. Si quieres que algo sea memorable, tienes que repetirlo."

Cuando trabajaban juntos en los discursos más importantes, Obama y Favreau se preguntaban: "¿Cuál es la 'columna vertebral' de este discurso?".

---

* "Cuando lo aprendes en alguna parte, lo oyes por todas partes" es un ejemplo de otra figura retórica griega, el quiasmo, que es similar a la antimetábola pero juega con reglas más holgadas. Sigue siendo estructuralmente simétrica, pero no es necesario invertir exactamente las mismas palabras. El discurso inaugural de Kennedy comienza con una orgía de quiasmos: "Observamos hoy no una victoria del partido, sino una celebración de la libertad: que simboliza tanto un fin como un comienzo; que significa renovación, así como cambio". Si quitaras todos los quiasmos y antimetábolas del discurso más famoso de Kennedy, te quedarías con una lista de conjunciones.

La columna era el gancho, el tema o el estribillo retórico que estructura-
ba un discurso.

En 2008, cuatro años después de su primera reunión, el antiguo senador por el estado de Illinois y el anterior redactor de discursos del dipu-
tado Kerry fueron a la Convención Nacional Demócrata, esta vez como el
candidato histórico y su célebre director de discursos. Días antes, el futuro
presidente había dicho a Favreau que su discurso no era muy bueno. Necesita una columna vertebral.

"Me dijo: 'Vamos a pensar en algo que pueda conducir el discurso'", recuerda Favreau. "Terminamos utilizando el concepto de la 'promesa estadunidense' como hilo conductor. Fue lo que amarró todo el discurso." En
la transcripción oficial del discurso, Obama repite la palabra "promesa"
treinta y dos veces.

La retórica política de Estados Unidos podría estarse volviendo más
musical con el tiempo. En la década de 1850, la mayoría de los discursos
presidenciales fueron leídos con una retórica de nivel universitario al juz-
garse por la prueba de legibilidad de Flesch-Kincaid, un método desarrollado para la Armada de Estados Unidos en los años setenta para asegurar
la simplicidad de los manuales de instrucciones militares. Pero desde la década de 1940, los discursos presidenciales han estado más al nivel de cualquier estudiante de sexto grado.[33]

Es tentador ver esta tendencia como una simplificación de la audiencia
estadunidense. Pero el país está considerablemente mejor educado ahora de
lo que estuvo en la década de 1800. La mayor simplicidad de la retórica política en realidad es una señal de que los discursos políticos pretenden llegar
a un público más amplio, así que están emulando otras formas populistas
de entretenimiento masivo, como la música. En la joven república, cuando
sólo los hombres blancos podían votar, "los presidentes podrían asumir
que estaban hablando a un público compuesto en su mayoría de hombres
como ellos: terratenientes educados con conciencia cívica", afirma Jeff She-
sol, historiador y exredactor de discursos de Bill Clinton.

Pero a medida que se amplió el derecho al voto, la audiencia presidencial lo hizo también. El gran paso hacia la simplificación de los discursos
presidenciales ocurrió alrededor de 1920, y coincide con al menos cuatro hechos positivos:[34] la decimoséptima enmienda, que permite la elección directa de senadores, en 1913; la decimonovena enmienda, que da a

las mujeres el derecho al voto, en 1920; el movimiento para hacer obligatoria la educación pública, en la década de 1920, y la propagación de la radio, que superó el cincuenta por ciento de penetración entre los hogares de Estados Unidos para la década de 1930 (la televisión la obtendría veinte años más tarde).[35] La retórica política simple no socavó la democracia estadunidense. El crecimiento de la democracia estadunidense simplificó la retórica política.

El lenguaje musical es mercenario. Se preocupa por ganar la guerra de la atención, y la verdad puede quedar herida en ese campo de batalla. La gente confía en las palabras hermosas, incluso cuando estén equivocadas.

Un primo de la "ilusión que hace del habla un canto" es el efecto de la "rima como razón". Así como la repetición de palabras puede crear la ilusión de canto, el lenguaje musical puede crear la ilusión de racionalidad.[36] Estudios demuestran que la gente considera las frases célebres rimadas o ritmadas (rimadas como "dando y dando, pajarito volando"; ritmadas como "ojos que no ven, corazón que no siente") más precisas que sus versiones no rítmicas ("de tanto dar lo vas a perder todo" o "lo que no ves no te hace daño"). La repetición y el ritmo son como potenciadores de sabor para el lenguaje: pueden hacer que las malas ideas parezcan extraordinariamente inteligentes, porque los oyentes no piensan demasiado cuando oyen palabras bonitas. A menudo simplemente asumen que son ciertas.

Un buen indicio de que el lenguaje musical es un indicador pobre, e incluso negativo, de la verdad, es que a menudo lo usamos para decir cosas que no son literalmente verdaderas. Hay varios aforismos famosos, como "la suerte de la fea, la bonita la desea", que están equivocados pero son ampliamente aceptados, porque parecen buenos al decirse, mientras que otros enunciados, como la infame defensa que Johnnie Cochran hizo de O. J. Simpson, "si no puede meterlo, debe absolverlo" ("if it doesn't fit, you must acquit"), son memorables pero engañosos. Pero es precisamente por su musicalidad que aceptamos estas afirmaciones, ampliamente construidas, como verdades. Las personas procesan la rima y luego buscan la razón.

Para bien o para mal, este libro pertenece en parte a un género de la no ficción que algún crítico podría nombrar como el "Evangelio del éxito". La mayoría de estos libros revenden sentido común. El autor toma un pedazo de sabiduría que el lector ya se intuía y lo reempaca con historias nuevas. Es un poco como "regalar de nuevo la intuición que ya nos regalaron": *ya has escuchado esto, pero aquí te lo contamos con una nueva envoltura*. En el best seller de 1936 de Dale Carnegie *Cómo ganar amigos e influir sobre las personas*, muchas de las líneas más comunes son musicales, y juegan particularmente con la antítesis y el quiasmo (he puesto en negrita la repetición y en cursiva las alteraciones, para acentuar el efecto repetitivo).[37]

- "No tengas **miedo** de los *enemigos que te atacan*. Ten **miedo** de los *amigos que te adulan*".
- "La felicidad no **depende** de **las condiciones** *externas*. **Depende** de **las condiciones** *internas*."
- Sobre ganar discusiones: "si **pierdes**, **pierdes**; y si *ganas*, **pierdes**."
- "Para *ser interesante, muéstrate interesado*".

Parecería que la clave de la escritura pegajosa es simple. Sólo tienes que escribir en pares. O para honrar el legado de Carnegie: "Para ser recordado, sé repetitivo". O si no es pegajoso, invocar el efecto de rima como motivación: "Para escribir ideas que se comparten, debes dividirlas en dos partes".

Hay algo bueno y malo en todo esto. Al convertir argumentos en música hablada —y hacer poesía a partir de la política—, la antimetábola y sus primos pueden hacer que ideas importantes y complicadas sean fáciles de digerir. Pero también pueden ondear una varita mágica sobre ideas frívolas y dudosas, y convertir algo cuestionable en algo pegajoso.

¿Cómo funciona exactamente la repetición que convierte a un sonido en música? Yo tenía una teoría, así que llamé a Diana Deutsch. Tal vez, propuse, la música sea una ilusión que la repetición conjuró a partir de la cacofonía del sonido. Así como el efecto de rima como razón puede crear significado de bobadas sin sentido, tal vez la repetición haga que los oyentes escuchen algo que no está allí.

Para mi sorpresa, Deutsch insiste en que es todo lo contrario. En sus estudios sobre la ahora famosa frase "sometimes behave so strangely", las personas que escucharon mayor número de repeticiones también fueron las mejores en imitar su sonido real. Ellos no cantaban una canción que

apareciera de la nada. En cambio, la repetición les ayudó a escuchar el ritmo y el tono de la frase hablada más claramente. Deutsch no estaba tratando de cantar, y no obstante su voz produjo esta frase musical.

Fuente: cortesía de Diana Deutsch.

Cuando Deutsch me hablaba, yo trataba de escuchar música furtiva en sus
oraciones. Pero no lo logré. A los oyentes les cuesta prestar atención explícita a los tonos y ritmos de sus interlocutores. Dedican más de su atención
al resto de la "corriente del discurso": el significado de las oraciones y la in-
tención del hablante.

La repetición redirige la atención al sonido del discurso en sí mismo:
el tono de la voz, el ritmo de las pausas, las melodías secretas de la conversación. El efecto que convierte el habla en canto se considera una ilusión;
pero si en realidad hay una melodía escondida en todo el lenguaje, entonces quizá la cacofonía sea la ilusión. La extraña verdad es que toda habla se
compone de melodías microscópicas y canciones aún sin descubrir. Sólo
se necesita un poco de repetición para oír la música.

ESCALOFRÍOS

Corriendo a lo largo de tus brazos, justo bajo la superficie de la piel, en medio de las venas, glándulas, arterias, vasos y nervios, se halla un fino músculo suave que sujeta la parte inferior de cada pelo. Se llama músculo erector del pelo, y es activado por el sistema nervioso simpático.[1] Esto significa que no puedes controlarlo, o flexionarlo o presionarlo en el momento exacto, como un bíceps.

En cambio, algo fuera del cuerpo debe convocar la atención del músculo erector del pelo. Por ejemplo, si un animal peludo siente el aire frío, los músculos dan un tirón hacia atrás y hacen que miles de pelos surjan todos a la vez en una ovación de pie folicular.[2] Estos pelos verticales atraparán el aire caliente cerca de la superficie de la piel para crear una atmósfera fina alrededor del cuerpo. Una fuerte emoción, como el terror, puede desencadenar el mismo reflejo de calentamiento.

Los primeros homínidos eran peludos. Ahora la mayoría de nuestro pelaje se ha ido. Pero conservamos los músculos, y también sus reflejos. Cuando sentimos frío, fiebre o emociones profundas, nuestros pelos se arrugan hacia arriba y crean una textura cruda y bultos en la piel, como un ave recién desplumada. Gente de todo el mundo ha nombrado este efecto en imitación al nombre de varias aves. En chino le dicen "bultos en la piel del pollo". En hebreo se dice "piel de pato". En inglés, "bultitos de ganso". En español, "piel de gallina".

Unos años atrás, en una reunión de exalumnos, caminaba por el tramo sur del campus en un día de otoño dorado en Evanston, Illinois, y de repente sentí unas ganas de escuchar canciones de Jeff Buckley. No había oído a Buckley durante muchos años, quizá desde la graduación. Famoso por su encantador y ampliamente imitado cover de "Hallelujah", grabó sólo un álbum importante antes de morir ahogado en un accidente. Tuve este disco tocándose en repetición durante todo el verano de 2004, en mi curso propedéutico de septiembre y durante el primer mes de la universidad.

Reproducir su música nueve años más tarde fue como abrir una cápsula del tiempo y ver a sus tesoros reaccionar al oxígeno fresco. Dentro de esas canciones vivían los recuerdos de mi primer enamoramiento colegial, la ansiedad de mi primera clase de periodismo y mi primer debate político hasta las 4 de la mañana en la sala de estudio con sofás de fieltro azul, el aroma de las palomitas de microondas con mantequilla artificial y los pisos escandalosamente pegajosos. Pero cada canción también traía consigo los resultados de estas inquietudes: el reconocimiento de un romance fallido, un trabajo en una revista que me encantó y el hecho de que mi amigo de madrugada estaba a punto de casarse.

Paseando por el campus y escuchando la música que se reproducía en los recuerdos, o los recuerdos que se reproducían en la música, la canción provocó una respuesta como de homínidos primitivos. Me dieron escalofríos. Una sensación se deslizó debajo de la piel y dio un tirón a mil músculos pequeños, y ahí estaba yo, caminando por mis viejos terrenos, cubierto en piel de gallina.

"El arte no es, como dicen los metafísicos, la manifestación de alguna Idea misteriosa de la belleza o de Dios", escribió León Tolstói en un libro pequeño (para ser de Tolstói) de 1897, *¿Qué es el arte?*[3] Continuó:

> No es, como los fisiólogos estéticos afirman, un juego en el que el hombre libera el exceso de energía almacenada; no es la expresión de las emociones humanas ante los signos externos; no es la producción de objetos agradables; y, sobre todo, no es placer; es un medio de unión entre los hombres, que los reúne en los mismos sentimientos y es indispensable para la vida y el progreso hacia el bienestar de los individuos y de la humanidad.

Para Tolstói, el arte es sentimiento; la transmisión de sentimientos; un protocolo de comunicaciones escrito en el lenguaje de los sentimientos. Todo el mundo sabe que las letras son sólo formas, que los remates tipográficos de los caracteres no dicen nada y que los espacios entre palabras son mero vacío. Pero los libros todavía producen lágrimas y adrenalina. Cuando las personas leen, oyen voces y ven imágenes en su cabeza. Esta producción es una sinestesia total y algo parecido a la locura. Un gran libro es una película de IMAX alucinada para uso individual. El autor tenía una sensación, que se convirtió en palabras, y el lector obtiene una sensación de esas palabras: tal vez el mismo sentimiento, tal vez no. Como escribió Peter Mendelsund en *What We See When We Read* (Lo que vemos cuando leemos), un libro es una coproducción.[4] Un lector actúa el libro a la vez que asiste a la función. Es director de orquesta, orquesta y público. Un libro, sea ficción o no ficción, es una "invitación a soñar despierto".*[5]

Cuando comencé a soñar despierto este libro, pasé mucho tiempo hablando con psicólogos sobre la fluidez, la facilidad de pensamiento. Pero a medida que reflexionaba sobre mis libros, canciones y películas favoritas, me di cuenta de que lo que más me gusta no son las cosas fáciles, sino más bien la recompensa de que algo difícil se vuelva comprensible.

Estos momentos de eureka no son sólo la sensación de pensar fácil. Son el éxtasis que proviene de la labor de averiguar algo. Las obras de Shakespeare me han encantado aun desde que era demasiado joven para entender las palabras. *Hamlet* es uno de los pocos libros que tengo en mi escritorio; un cliché insoportable para cualquier visitante, pero ahí está. Mi devoción por Shakespeare es tal que nunca incluiría una observación acerca de los hits que en primer lugar no se aplicara a él: el origen de su material es familiar, pero su estilo fue innovador, una mezcla de poesía aforística y humor simple que es, como Ben Jonson escribió, "no de una era, sino de todos los tiempos". Shakespeare tuvo pocas ideas originales. Era, como George Lucas en el capítulo siguiente, un maestro ensamblador de alusiones antiguas. Incluso Hamlet es un personaje a la vez singular y poco original; está basado en un mito nórdico del siglo XIII, Amleth.[6] La obra es confusa y desesperantemente ambigua, pero las pocas respuestas que da son, para mí, de la mejor clase. Ofrecen una versión más elevada de la lengua que la que uso para pensar sobre el mundo. Mis pensamientos se mueven a través de

---

* Algunas personas no pueden ver imágenes en sus cabezas cuando leen o escuchan palabras, porque les cuesta trabajo evocar imágenes mentales. Esto es afantasía, la incapacidad de imaginar visualmente y, ya sea adecuada o irónicamente, yo mismo no puedo imaginar qué sería tenerla.

la obra como se mueven los sonidos a través de un megáfono: comienzan de tamaño natural y terminan con mayor volumen. "Podría estar confinado en la cáscara de una nuez y considerarme un rey del espacio infinito", dice el príncipe. A veces me he sentido de esta manera sobre la obra: sería bueno si la literatura se limitara exclusivamente a *Hamlet*. Es lo suficientemente infinita.

Todos mis libros favoritos realizan este truco. Inicialmente, parece que me sumergiera en otra vida, pero finalmente me sumerjo en mí mismo; estoy mirando por la ventana al interior de una casa ajena, pero es mi rostro lo que veo en el reflejo. Imagino, pero nunca puedo estar seguro, que todo el mundo siente lo mismo acerca de los mismos libros. Tolstói lo hacía. El arte es la ventana universal, dijo, una visión colectiva de "la unidad de las alegrías y penas de la vida".

En el otro extremo del espectro de *Hamlet*, está *Dumb and Dumber* (Una pareja de tontos), una comedia cuyo título no deja duda alguna sobre su profundidad intelectual. He visto *Dumb and Dumber* tal vez un centenar de veces, pero nunca es redundante. Cada que la vuelvo a ver, me puedo enfocar en detalles más y más pequeños, un sombrero de nieve, una pausa acentuada o una de las expresiones como de goma elástica de Jim Carrey. Volver a los mismos libros y películas por segunda, tercera o trigésima ocasión es una práctica común. Tengo amigos que no pueden contar el número de veces que han releído *Harry Potter* o han visto *The Shawshank Redemption* (Sueño de fuga).

"¿Por qué las personas hacen lo mismo una y otra vez?" es una pregunta científica muy común. Los antropólogos estudian rituales y los psicólogos estudian patrones de comportamiento. Pero en el entretenimiento y los medios de comunicación, donde hay tanta presión para estar al tanto de lo nuevo, hay algo especial sobre el pasado que es más que mero hábito. La gente disfruta de repetir experiencias culturales, no sólo porque quieren recordar el arte, sino también porque quieren recordarse a sí mismos y porque hay alegría en el acto de recordar. "Los vínculos dinámicos entre nuestras experiencias pasadas, presentes y futuras que establecemos al volver a consumir un producto permiten una comprensión existencial", escribieron Cristel Antonia Russell y Sidney J. Levy en su estudio sobre la cultura y la nostalgia. "Reencontrarse con el mismo objeto, incluso solamente una vez, permite una reelaboración de experiencias a medida que los consumidores consideran sus propios goces particulares y comprenden las decisiones que han tomado".

Sería absurdo reclutar a Kant, Loewy o la metacognición para reforzar el argumento de que *Dumb and Dumber* es una buena película. Podría no serlo, y francamente, ya no es sólo una película para mí. La he citado tantas veces con mis amigos que el hecho de que sea una película es algo secundario. Sobre todo, se ha convertido en un lenguaje para la memoria, en un glosario de viejas amistades.

Esto me sigue ocurriendo a mí. Hago sinestesia con mis espectáculos y canciones favoritos, los combino con momentos, les doy dimensiones que no tienen. Mis libros preferidos también son sueños. Mis canciones favoritas son también lugares. Mis películas favoritas son también amigos.

Cuando Bertha Faber cantaba las canciones de cuna de Johannes Brahms a su hijo en los inviernos de la Austria decimonónica, ocupaba dos mundos: puso a dormir al hijo de su marido con la música de un viejo romance. Los psicólogos han descubierto un vínculo entre pensar el pasado y sentirse bien, incluso sentir calor.[7] Las personas que escuchan canciones y letras de sus días más jóvenes tienen más probabilidades de decir que se sienten amados, o de decir que "la vida es digna de ser vivida". La nostalgia y la piel de gallina tienen eso en común: se desencadenan por efecto del frío y están allí para calentarnos.

Algunos libros, canciones, espectáculos y obras de arte tienen una cierta fuerza. Contagian y profundizan. A las personas les dan escalofríos. Una explicación completa de este fenómeno está fuera de mi alcance. Pero eso está bien. No es esencial para entender cada instante de piel de gallina. Es un secreto, después de todo, un susurro neuronal compartido entre el sistema nervioso simpático y esos músculos invisibles; un sentimiento que se desliza bajo la piel y, sin permiso, tira desde tu interior.

4

LA MENTE CREADORA DE MITOS I:
LA FUERZA DE LAS HISTORIAS

LA SUMA DE UN MILLAR DE MITOS

George Lucas escribía sobre un escritorio hecho a base de tres puertas.[1] Es raro que las puertas se unan en forma de escritorio, pero evidentemente este ensamblaje le sirvió bien. En la superficie de la mesa, Lucas escribió gran parte de las primeras seis películas de *La Guerra de las Galaxias*, cuyo imperio financiero —incluyendo la taquilla global, las retransmisiones por televisión, videojuegos, juguetes, libros y otros productos— ha acumulado más de cuarenta mil millones de dólares en las últimas cuatro décadas.[2]

Para completar el guion, Lucas se sentaba en su escritorio hecho de puertas durante ocho horas al día, incluso si la sesión no producía nada útil. Su objetivo eran cinco páginas antes del anochecer.[3] A menudo, la primera página venía con insoportable lentitud y las últimas cuatro volaban en una prisa de pánico; para él era importante terminar a tiempo para sintonizar el noticiario CBS *Evening News* con Walter Cronkite. "Me fue terrible en los cursos de guionismo", dijo Lucas, en 1981, acerca de su trabajo universitario. "Odiaba las historias y odiaba la trama, yo quería hacer películas visuales."[4]

Lucas partió a conquistar esos temores a través de un fastidioso ritual. Los bosquejos de sus tres primeras películas, *THX 1138, American Graffiti* y la primera película de *La Guerra de las Galaxias*, fueron escritos a mano con lápices del número 2 en un papel rayado de líneas azules y verdes.[5] Para enfrentar sus frustraciones, que eran constantes, solía cortar mechones de su cabello con un par de tijeras. Su secretaria reportó una vez haber visto "toneladas de pelo" en la basura, como si Chewbacca hubiera mudado pelo dentro de la papelera de su creador. Los imitadores demasiado literales podrían ser perdonados si supusieran que el secreto de la creación de la franquicia más emblemática del siglo XX es la peluquería obsesiva compulsiva.

Lucas creció en Modesto, California, en el punto de inflexión entre dos formas de entretenimiento visual: la película serial y el programa de televisión. El año que nació, 1944, la televisión, como pieza de hardware, no había despegado aún. Mientras tanto, algo muy parecido a un programa moderno de televisión —episódico, de veinte minutos, con personajes conocidos enfrentados a nuevos desafíos —era popular entre los jóvenes y niños. Se trataba de las películas "seriales".*

En la era de las matinés de fin de semana, la entrada de una tarde para ver varios dibujos animados, un corto, un largometraje y un serial costaba diez centavos.[6] Los seriales terminaban en suspenso, con el héroe luchando por sobrevivir, a menudo en el borde de un precipicio peligroso. Estas conclusiones rutinariamente ansiosas inspiraron una nueva palabra inglesa para el público en la década de 1930: "cliffhanger", literalmente, "colgado de un precipicio".

El modelo de este nuevo género fue *Flash Gordon*. Como adaptación de la popular tira cómica de Alex Raymond, Flash era un rubio héroe espadachín en el espacio. La serie tuvo tanto éxito que inició el primer furor por un superhéroe en la historia cinematográfica (la segunda ha abarcado todo lo que va del siglo XXI). En respuesta, los estudios ofrecían historias como *Las aventuras del Capitán Marvel, Batman, Superman, Dick Tracy, La Sombra, El Avispón Verde* y *El Llanero Solitario* por episodios semanales.[7]

En la década de 1950, *Flash* apareció en los televisores de Modesto cada tarde a las 18:15, y su influencia en Lucas es inconfundible.[8] Como en *La Guerra de las Galaxias*, la serie *Flash Gordon conquista el universo*

---

* Así fue como las series salieron de la radio, se trasladaron al cine, se establecieron en la pantalla chica y se desplazaron de nuevo a la radio en la forma del *podcast*, incluyendo uno que literalmente se llamaba *Serial*. La cultura no es nada si no es autorreferencial o repetitiva.

incluye un preámbulo que se desliza hacia arriba hasta llegar a la orilla superior de la pantalla y termina en puntos suspensivos; hay barridos horizontales en las transiciones entre escenas;[9] y la historia gira en torno a un héroe masculino que dirige una gran rebelión contra un malvado emperador luchando con "espadas láser, pistolas de rayos, capas y trajes medievales, hechiceros, naves a propulsión y batallas espaciales", escribió Michael Kaminski, autor de *The Secret History of Star Wars*.

Si *Flash Gordon* se parece un poco a la película de Lucas, es porque se trata justamente de la película que Lucas quería hacer.

En 1971, intentó comprar los derechos cinematográficos de la franquicia de *Flash Gordon* a King Features Syndicate.[10] Ellos lo rechazaron en beneficio de un director más establecido, el italiano Federico Fellini (quien nunca filmaría la película). Tras su fallido intento, un desinflado Lucas se reunió con su amigo Francis Ford Coppola en el restaurante The Palm en Manhattan. Durante la cena decidió que si no lograba adquirir su fantasía espacial favorita, él mismo inventaría una en su lugar. Y *Flash Gordon* fue así doblemente responsable por *La Guerra de las Galaxias*: no sólo logró inspirar a Lucas para dirigir su fantasía espacial, sino que la imposibilidad de obtenerla lo forzó también a escribir la propia.

Esto dio inicio a un periodo de considerable angustia y cortes de pelo. También inspiró a Lucas a sumergirse en sus hábitos de la infancia. Se rodeó de libros de ciencia ficción, películas de guerra, westerns y mitologías de cuentos de hadas. En la serie de cómics *Los nuevos dioses*, descubrió a un héroe que canaliza un poder llamado "la Fuente" y a un villano (que resulta ser el padre del héroe) vestido con armadura negra y llamado Darkseid. Leyó a Joseph Campbell, el famoso mitólogo del siglo XX, que afirmaba que las historias más famosas del mundo comparten el mismo arco narrativo básico: un "monomito" donde pueden figurar Moisés, Jesús, Buda y Beowulf (por no mencionar casi todos los héroes de cómic).[*]

Los westerns, las películas de la guerra y la política internacional condimentan el guiso de *La Guerra de las Galaxias*. En una de sus primeras entrevistas, Lucas describió su película como "un western ambientado en el espacio exterior" y citó la influencia de John Wayne. Los dramas de la

---

[*] Como veremos en nuestro próximo capítulo, el proverbial "él" resulta históricamente apropiado para el monomito de Campbell, pero también es profundamente desafortunado.

Segunda Guerra Mundial como *Operación Chastise* (1955) y *Escuadrón 633* (1964) incluyen feroces combates aéreos que inspiraron, casi cuadro por cuadro, la secuencia final de la batalla culminante en la primera película de *La Guerra de las Galaxias*, donde un solo disparo heroico destruye el cuartel entero del enemigo.[11] Como escribe Michael Kaminski en su extraordinaria historia de la serie, las escenas de estas películas de guerra "fueron utilizadas por Lucas como marcadores de posición para los efectos especiales que estaban aún incompletos al editar el primer corte".[12] Incluso la guerra de Vietnam provocó que Lucas imaginara en su película a un imperio tecnológico que se enfrenta contra un pequeño grupo de combatientes de la libertad. Lucas, quien inicialmente estaba programado para dirigir el desgarrador clásico de Coppola *Apocalipsis ahora* —uno de los momentos más grandes de la historia del cine—, convirtió su planeada épica de un imperio luchando contra rebeldes en una fantasía espacial.

Tanto Lucas como quienes han estudiado más de cerca su obra han descrito *La Guerra de las Galaxias* como un western en el espacio, una ópera espacial, una mezcla de *Lawrence de Arabia* y James Bond, una película de Errol Flynn filmada en el éter, una adaptación de la película japonesa *La fortaleza escondida*, una ensalada de ciencia ficción y referencias de cómics, un examen místico de la religión oriental, una expresión dramática de una vieja fórmula mítica milenaria y, más sistemáticamente, como un homenaje a *Flash Gordon*, aquella serie televisiva por entregas de los años cincuenta que embelesó a un joven George desde la sala de su casa en Modesto. El producto final fue una compilación original. "Todas esas cosas se vuelven grandiosas cuando están reunidas", dijo Lucas. "No es como un helado de un solo sabor, sino más bien como un sundae muy grande."

Y el mundo lamió el recipiente hasta dejarlo limpio. La recepción que tuvo *La Guerra de las Galaxias* no tiene precedentes modernos. *Tiburón* (exhibida dos años antes, en 1975) puede ser considerada como el primer éxito taquillero moderno, pero *La Guerra de las Galaxias* rompió sus récords nacionales y mundiales. Las llamadas a las estaciones de radio informaron de gente que pasaba días enteros en el cine para verla una y otra vez, como niños con sus bolsas de caramelos de dos centavos en una matiné sabatina de los años treinta. Dentro del primer mes del lanzamiento de la película, el precio de las acciones para su distribuidora, 20th Century Fox, casi se duplicó. En dólares ajustados a la inflación, la película ha recaudado más de 2,500 millones por medio de sus reestrenos: 500 millones de dólares más que cualquier otra franquicia fílmica en la historia.[13]

El coctel de fantasía, western espacial y cómic que preparó Lucas era irremediablemente único. Nunca nadie había hecho nada igual. Pero también estaba lleno de alusiones a los temas narrativos más comunes de principios del siglo XX y de miles de años antes. ¿*La Guerra de las Galaxias* fue el éxito del siglo porque nunca se había hecho antes nada parecido? ¿O se hizo popular porque, en su corazón, es la suma de mil historias?

Vincent Bruzzese es un científico de la narración. Como analista veterano de guiones de Hollywood, su trabajo consiste en revisar libretos y determinar cuáles contienen los elementos de un hit. Cuando niño, en Long Island, estaba obsesionado con la ciencia ficción. Le encantaba especialmente la trilogía *Fundación* de Isaac Asimov, al grado que imaginó una nueva disciplina llamada "psicohistoria"[14] que permitiría que los más grandes matemáticos predijeran con asombrosa claridad el auge y la caída de civilizaciones miles de años en el futuro.

Bruzzese nació en el extremo opuesto del país de donde creció George Lucas, y pudo haber nacido incluso en otro sistema estelar. Cuando tenía cinco años, vivía en un coche. Su familia era tan pobre que su regalo usual de cumpleaños era un boleto de cine. "Durante dos horas cada año, no estaba quebrado ni indigente", me dijo en su oficina de Los Ángeles, vestido con una camiseta de los Sex Pistols y un saco negro. Entre oraciones, enterraba la mano en un enorme Tupperware de gusanos de gomita, en su escritorio. "Estaba en una sala de cine, transportado a otro lugar."

Varias décadas y grados universitarios más adelante, Bruzzese se hizo camino hasta convertirse en un profesor de sociología y estadística en la Universidad Stony Brook de Nueva York. Su formación fue como matemático, pero sus intereses se inclinaron hacia Hollywood. Su sueño era construir una gran máquina de predicción para mejorar la forma en que los estudios de cine pronostican sus éxitos y fracasos.

Por lo general, hay dos formas clásicas para tomar la medida a las audiencias. En primer lugar, las proyecciones. La gente ve una película o escenas de una película y dice lo que piensa sobre los personajes, las relaciones y la trama. Su retroalimentación se envía a los productores para que mejoren la película (si desean hacerlo). En segundo lugar, está el seguimiento. Una empresa de investigación entra en contacto con miles de personas y les lee una lista de películas. Las personas responden si han escuchado hablar de ellas, si quieren verlas o incluso si consideran que "son imperdibles". Este método se utiliza para predecir los ingresos en taquilla (o, cada vez más, para equivocarse en las predicciones).

Bruzzese sentía que podría mejorar el proceso con información más precisa y matemáticas más sofisticadas. Se mudó a Hollywood y supervisó más de una década de investigación de audiencias con varias empresas utilizando sus propios algoritmos para mejorar las predicciones de taquilla. También se hizo amigo de los productores, que le enviaban guiones para pedir su consejo. Una tarde en 2010, leyendo el borrador de guion de un amigo, se dio cuenta de que quizá Hollywood había estado haciendo sus predicciones de la manera equivocada. La investigación de audiencias se utilizaba típicamente para evaluar escenas filmadas. Pero ¿no sería aún más valioso, pensó, construir un motor de predicción para evaluar los guiones —las *historias* mismas en crudo—, antes de que los estudios gastaran decenas de millones de dólares filmando la película?

Bruzzese armó un equipo para analizar millones de datos sobre la audiencia de cientos de películas que él había probado durante más de una década de investigación. Estaba buscando patrones. ¿Qué fue lo que realmente dijeron las personas sobre los tipos de historias y de personajes que les habían gustado y no? ¿Y podría Bruzzese recoger sus sugerencias para construir un motor de predicción que pudiera detectar películas exitosas con sólo mirar las historias?

Varios enlaces conectan a Bruzzese y George Lucas. El primero es la ciencia ficción. Una copia encuadernada en piel de la trilogía *Fundación* de Asimov descansa sobre el mueble negro detrás de Bruzzese en su oficina. Su personaje favorito es Hari Seldon, el "psicohistoriador" que puede predecir el futuro de la galaxia. Seldon no puede prever lo que harán los individuos, pero sí explicar el comportamiento acumulado de las civilizaciones en la galaxia hasta cientos de años en el futuro. A Asimov se le ocurrió la idea de la psicohistoria en una clase de química. "Las moléculas individuales de un gas se mueven muy erráticamente y al azar, [y] nadie puede predecir la dirección del movimiento de una sola molécula en cualquier momento", explicó Asimov.[15] Pero "uno sí puede predecir el comportamiento total del gas en una forma muy precisa, utilizando las leyes de los gases". Por ejemplo, cuando el volumen disminuye, la presión se eleva. Eso no es una apuesta 50-50 sobre el futuro de las moléculas; es un hecho científico. Asimov soñaba despierto con la capacidad de un matemático para observar civilizaciones enteras, como en un vaso de precipitados, regidas por leyes desconocidas de la naturaleza social. Un científico no podría predecir el futuro de cada vida individual, pero sí podría prever la caída de los imperios con la misma confianza que un estudiante de química puede predecir una reacción.

"Me obsesionó desde la infancia la idea de poder predecir el comportamiento humano", dice Bruzzese. Su primer amor, como con Asimov, fue la física, que ofrece una versión cósmica de la profecía. "Pero poco a poco me fui interesando en la física de la sociedad, como Seldon." Predecir perfectamente el comportamiento de la audiencia puede estar aún en el ámbito de la ciencia ficción, pero "si puedes anticipar cómo se comportará la gente en una etapa lo suficientemente temprana, podrás cambiar su comportamiento". En la pared de su oficina está colgado un reportaje de 2013 de *The New York Times* donde Bruzzese es ungido como el pionero del análisis estadístico de los guiones y "el científico loco que reina en Hollywood".

El segundo enlace es Joseph Campbell, cuyo libro de 1949 *El héroe de las mil caras* es quizá lo más cercano que cualquier teórico haya llegado a establecer una fórmula universal para escribir una narración.[16] Campbell se remontó miles de años atrás para demostrar que, desde antes de que los seres humanos escribiéramos, nos hemos estado contando la misma historia heroica una y otra vez, cambiando principalmente los nombres y locaciones. En este mito universal, un hombre aparentemente ordinario emprende un viaje, cruzando desde el mundo conocido a lo desconocido. Con ayuda, sobrevive a varias pruebas cruciales, sólo para enfrentar un último desafío. Con esta última victoria, regresa al mundo conocido como el héroe, el profeta, el hijo. Es la historia de Harry Potter y Luke Skywalker, Moisés y Mahoma, de Neo en *The Matrix* y Frodo en *El Señor de los anillos*[17] y, por supuesto, Jesucristo.[*]

---

[*] La principal objeción al monomito de Campbell es que resulta demasiado amplio, como decir que la clave de cada gran historia de amor es una atracción compartida entre los protagonistas. Creo que esta crítica a Campbell es excesivamente escéptica, y que su obra ofrece, si no respuestas, sí una buena pregunta: ¿por qué contamos las historias que contamos de la manera en que lo hacemos? Pero no soy mitólogo, y es importante reconocer que la teoría de un relato universal no es universalmente reconocida.

Los puntos específicos del arco narrativo de Campbell no son tan importantes como sus tres ingredientes principales: inspiración, empatía y suspenso. En primer lugar, un héroe debe inspirar, lo que significa que la historia debe comenzar con un personaje imperfecto cuyo recorrido conduce a la victoria (Frodo Baggins y Samsagaz Gamyi logran ver el anillo destruido...) y la salvación (... Frodo encuentra su valor, y la lealtad de Sam salva repetidamente sus vidas). En segundo lugar, debe favorecer la empatía, puesto que el espectador quiere imaginarse a sí mismo como héroe. Eso significa que los héroes no pueden ser invencibles o estar muy ansiosos por conseguir la invencibilidad. Tienen que luchar con su destino (uno no entra simplemente a Mordor, después de todo)[18] antes de aceptar su carga. En tercer lugar, la fórmula de Campbell viene con suspenso preestablecido. El camino a la gloria está salpicado con pequeñas derrotas que mantienen al público ansioso y alerta.

En definitiva, lo que proporciona el viaje del héroe es la amenaza del suspenso caótico anclada en la empatía. Un personaje familiar que no se enfrenta a obstáculos es aburrido, y un personaje incomprensible es confuso, sin importar cuáles sean los desafíos que enfrenta. Pero un personaje arrancado del mundo natural para ir en una aventura sobrenatural que lo lleva a luchar hasta llegar a la trascendencia abre una puerta sólo lo suficientemente grande como para que la audiencia se adentre y sienta la gloria del héroe como suya propia.

El héroe de las mil caras ha sido adaptado tantas veces que el propio Campbell se ha convertido en algo así como un monomito.* Sus ideas formaron la base de la demostración del programa de televisión de 1988 *El poder del mito*, que se convirtió en una de las series de televisión pública más vistas de todos los tiempos.[19]

Su fórmula ha recibido varias veces el tratamiento hollywoodense, sobre todo en un memorándum de 1985 del consultor de argumentos de Disney Christopher Vogler,[20] que se convirtió en el libro de texto de guionismo *El viaje de un escritor*. Su más reciente reencarnación es *Salva al gato*,[21] la moderna Biblia del guion, que al parecer cada persona que tiene un guion

* Por lo tanto, es razonable preguntarse si la influencia de Campbell se ha convertido en una profecía autocumplida, ya que se ha enseñado a las audiencias a esperar historias de héroes contadas por narradores que se han convencido de que existe una metahistoria heroica.

en su computadora portátil ha leído, o afirma haberlo leído, o deliberadamente (y a menudo ficticiamente) afirma *no* haberlo leído para parecer rebelde.

"*Blanca Nieves y los siete enanos, Sunset Boulevard, El discurso del rey, Guardianes de la Galaxia* y *Saw*, todos ellos siguen los lineamientos de *Salva al gato*", dice B. J. Markel, editor del libro y asesor en el taller de guion cinematográfico que inspiró. "No se trata de que Walt Disney y su equipo de redacción se sentaran a pensar: 'Bueno, normalmente en una película como ésta, los malos vienen ahora'. El punto es que los buenos narradores entienden intuitivamente que el público se identifica con historias estructuradas de manera clásica."

El viaje del héroe no es una camisa de fuerza blanca, uniforme y apretada. Es más como traje a la medida: incluso si el corte es relativamente estándar, deja amplia libertad para personalizarlo, rara vez luce desordenado y luce elegante cuando está bien hecho. Las tramas más rígidas y predecibles tienden a ser las de películas de animación, que a menudo son aclamados éxitos. En *Zootopia*, el éxito animado de Disney de 2016, una conejita pueblerina se convierte en agente de policía metropolitana en una ciudad donde los animales viven como los seres humanos modernos. Después de varios tropiezos, la impaciente cría demuestra su valía, sufre una crisis de confianza que la envía de vuelta con su familia y regresa a la ciudad para identificar y vencer al delincuente mayor. Es una ingeniosa cadena de bromas sobre diversas especies animales que realizan labores humanas —los elefantes palean helado con sus narices; los perezosos dirigen la oficina de licencias de conducir— con lecciones sorprendentemente profundas acerca de cómo los grupos marginados son atrapados por las expectativas culturales acerca de su comportamiento. Pero el andamiaje fundamental de la historia es el simple viaje de un héroe.

Joseph Campbell no era, estrictamente hablando, un científico. Era un mitólogo que propuso una receta para las fábulas y dedujo de ella sus ingredientes. Su filosofía de los cuentos es básicamente deductiva: de arriba a abajo.

Pero Vincent Bruzzese sí es un científico, y su teoría de las historias es inductiva: de abajo hacia arriba. Bruzzese estudió millones de respuestas de encuestas hechas a miles de personas que vieron miles de películas. Y resultó que Campbell tenía razón. Existen reglas para contar historias exitosas

en las películas populares. El espectador típico no podría decirte explícitamente cuáles son esas reglas, pero colectivamente las audiencias se lo han
estado diciendo a los cineastas durante décadas.

La gran teoría de Bruzzese parecerá familiar a los lectores de los primeros tres capítulos de este libro: la mayoría de la gente adora los relatos
originales, siempre y cuando el arco narrativo trace las historias que conocemos y las historias que nos queremos contar a nosotros mismos.

Si Bruzzese es un científico cultural, también es un taxonomista cinematográfico. Dentro del monomito épico de Campbell, descubrió cientos de
lo que podríamos llamar minimitos, especies dentro de cada género. Por
ejemplo, en las películas de héroes, algunos de ellos nacen con poderes
(Superman) y otros los adquieren (Spider-Man); algunos héroes son trági-
cos (Batman) y otros son jactanciosos (Iron Man). Cada uno de estos sub-
géneros tiene patrones narrativos únicos específicos, afirma Bruzzese, y
las audiencias los han revelado sutilmente a través de décadas de pruebas.

El primer avance significativo de Bruzzese fue en el género de suspenso. Bruzzese vio que las audiencias responden a películas de terror con una
previsibilidad que complacería a Hari Seldon. "El horror podría ser el género más fácil de analizar", me dijo. "Las películas de horror son sobre un
embrujo o sobre un asesino. Una película de embrujo tiene un fantasma o
un demonio. El demonio elige a sus víctimas al azar entre los actores principales, o es invocado por los protagonistas."

Estas sutiles distinciones pueden tener un gran efecto en las reacciones
de la audiencia. "Uno de los principales factores con una película de horror
es que el público quiere colocarse en la situación, interiorizar los miedos
de los personajes", dice. "Pero si los actores principales invocan a un demonio, muchas audiencias dicen no asustarse tanto, ya que personalmente
nunca intentarían invocar a un demonio." Estas distinciones tienen también consecuencias predecibles para la taquilla. Un ambiente de terror al
azar corresponde a una película de horror. Pero cuando el asesino tiene un
motivo conocido, tiende a ser visto como un thriller, que es menos atractivo para los adolescentes.

La empatía es clave para el horror, pero no es su único elemento. Otro
es el poder. Afirma Bruzzese: "En una película donde un demonio se dirige

contra las personas, como Jason en *Viernes 13* o Freddy Krueger en *Pesa-dilla en la calle del infierno*, la historia se construye alrededor de una pre-gunta simple: ¿acaso nadie puede detenerlo? Por eso los tráilers de esas películas a menudo incluyen una imagen del asesino triunfante. Aunque las personas no se den cuenta, el asesino es el héroe."

Otro género que cede a la clasificación simple es el apocalipsis. Existen dos especies de películas apocalípticas, dice Bruzzese: detener el apocalip-sis y sobrevivir al apocalipsis. En las películas donde se intenta detener el apocalipsis, como *Armageddon* e *Impacto profundo*, un variopinto equipo de expertos asume la amenaza y un sacrificio suicida termina salvando al mundo.

Incluso los espectadores más casuales reconocen que *Armageddon* e *Impacto profundo* son extrañamente la misma película. Las películas de sobrevivir al apocalipsis son más diversas, pero también están cortadas con la misma tela. En *2012*, *El día después de mañana* y *Terremoto: la falla de San Andrés*, el desastre llega en forma de profecía maya, calentamiento global y un terremoto, respectivamente. Pero a pesar de las variedades po-sibles de la calamidad, el drama central en estas películas es el mismo. Un padre lucha para reencontrarse con su familia; mientras tanto, los egoístas perecen, sobreviven los generosos y el papá compensa sus errores del pasa-do con actos de heroísmo. En el fondo, estas películas sobre el apocalipsis son todas dramas familiares sobre los desafíos de la paternidad.

Algunos críticos opinan que la versión de Bruzzese de la "psicohisto-ria" anima a los cineastas a imitar lo que ha venido antes que ellos, lo cual parece justo. De hecho, la primera vez que hablé con Bruzzese, llegué a sentir que mis películas favoritas no eran tanto obras de arte como haza-ñas de la ingeniería escalable, como casas similares en un callejón sin sali-da de barrio basadas en los planos del mismo arquitecto.

Pero Bruzzese insiste en que no está dibujando planos ni pintando ar-bitrariamente una línea entre las narraciones buenas y malas. En cambio, muestra a los cineastas las sutiles líneas que las audiencias han estado di-bujando por sí mismas. Si los escritores y productores entienden los lími-tes de las expectativas del público, dice, habrá más historias satisfactorias en Hollywood. Los espectadores no son meramente nostálgicos que anhelan el regreso de los viejos sentimientos y de lo familiar. Se podría decir que también son *prostálgicos*,[22] obsesionados con predecir el futuro de todo y que quedan satisfechos cuando sus expectativas se cumplen de la manera correcta.

"La gente tiene ciertas expectativas sobre el pastel", dice Bruzzese, en una de las varias metáforas que emplea para explicar su trabajo. "Existen diferentes tipos de pastel que un panadero hábil puede hacer, pero también hay reglas. Por ejemplo, nadie quiere una tonelada de sal en un pastel. Ésa es una buena regla. Pero puedes encontrar una excepción útil. Se llama pastel de caramelo salado. Un gran panadero puede encontrar las excepciones *porque entiende las reglas*."

Las reglas se extienden incluso a los personajes. Aunque la mayoría del público no puede ver inicialmente las similitudes, hay un cruce sustancial entre el trío del capitán Kirk, el señor Spock y Leonard "Huesos" McCoy en *Star Trek*; el trío de Harry Potter, Hermione Granger y Ron Weasley en *Harry Potter*, y el grupo de *La Guerra de las Galaxias* de Luke, Yoda, Han Solo y Leia. En la superficie, estos personajes no son iguales y desde luego no viven en el mismo mundo ficticio. Pero en todos los casos, un héroe es la síntesis de sus amigos. El racional Spock y el sensible McCoy son las dos mitades del capitán Kirk. La brillante Hermione y el sensible Ron se equilibran en Harry Potter. Luke Skywalker combina el valor de Han y la conciencia de Leia. En todas las historias, el héroe es el promedio de sus amigos, y el viaje del héroe es un desafío para unir estos ingredientes en una victoria, poderosa y justa.

Salí de la oficina de Bruzzese para almorzar con un productor de Hollywood. Le conté sobre la teoría de Bruzzese, la sorprendente rigidez de las expectativas de la audiencia y los prejuicios inconscientes que dan forma a la narración de historias. Sonrió. "¿Quieres saber lo que opino sobre cuál es el secreto de todo esto?", dijo. Naturalmente, le dije que sí.

"Toma veinticinco elementos de cualquier género de éxito e invierte *uno* de ellos", dijo. "Al invertir demasiados sólo obtendrás la confusión en el género. Es un lío, y nadie sabe cómo clasificarlo. Invierte todos los elementos y obtendrás una parodia". Pero ¿sólo una inversión estratégica? Ahora has obtenido algo perfectamente nuevo, como un western clásico, pero ambientado en el espacio.

Cada pocos años se desprende una teoría de alguna parte nebulosa de internet que afirma que *La Guerra de las Galaxias* fue meticulosa e integralmente planeada desde el principio, como si hubiera sido dictada a Lucas en el Monte Ararat (o como si hubiera sido dictada por el mismo Lucas). Pero Lucas fue un estudiante de la escuela de éxitos de Johannes Brahms. Ni padre ni ladrón, fue sobre todo un ensamblador, un maestro mezclador.[23]

Además de *Flash Gordon*, una de las inspiraciones tempranas más famosas de *La Guerra de las Galaxias* fue *La fortaleza escondida*, una película japonesa de aventuras dirigida en 1958 por Akira Kurosawa, en la que unos campesinos escoltan a una princesa y a un general por una serie de acciones violentas hasta la seguridad. Pero ninguna de las inspiraciones de Lucas fue perfectamente original: los antepasados de *La Guerra de las Galaxias* también son descendientes de otras obras.

Flash es una adaptación del personaje de novelas populares de 1912 John Carter, creado por Edgar Rice Burroughs (quien también creó *Tarzán*).[24] El personaje de Carter era un veterano de la Guerra Civil que luchaba contra malvados extraterrestres en Marte. En la década de 1930, el King Features Syndicate, que poseía varios cómics, intentó comprar los derechos de John Carter, pero Burroughs rechazó la propuesta.[25] De modo que King Features inventó su propio guerrero extraterrestre: Flash Gordon. Varias décadas más tarde, cuando George Lucas trató de comprar *Flash Gordon*, King Features le dijo que no y Lucas creó *La Guerra de las Galaxias*. Curiosamente, ambas negativas inspiraron una franquicia espacial aún más popular.*

La descendencia cinematográfica de John Carter es materia de leyenda. Inspiró directamente a *Flash Gordon*, inspiró lejanamente *La Guerra de las Galaxias* y se dice que también a la taquillera película de James Cameron *Avatar*, de 2009, un éxito de miles de millones de dólares. Pero la película de 2012 *John Carter* fue un fracaso histórico para Disney y una de las peores catástrofes cinematográficas de todos los tiempos.[26] Al parecer, John Carter en el cine es como un ganso no comestible, pero que no puede dejar de poner huevos de oro.

* De los anales de "si me vences ahora...": el magnate de los periódicos y la televisión Rupert Murdoch estuvo alguna vez interesado en la adquisición de la red de noticias CNN. Cuando su dueño Ted Turner lo rechazó, Murdoch creó su propio canal de noticias. Esa invención, Fox News, pronto eclipsó a CNN como la red de noticias políticas más vista en Estados Unidos.

La fortaleza escondida de Kurosawa también es un eco de epopeyas.[27] Fue basada libremente en otra película de Kurosawa, *Los hombres que caminan sobre la cola del tigre*, que se deriva a su vez de una famosa obra japonesa del siglo XIX, *Kanjincho*. Esto no termina aquí: *Kanjincho* es la versión kabuki de un drama más viejo de estilo noh, *Ataka*, cuyos personajes fueron adaptados de cuentos sobre un samurái medieval llamado Minamoto Yoshitsune. Seguramente se me pierden algunos enlaces en esta cadena de varios milenios de influencias, pero, al menos, puede decirse razonablemente que si *La Guerra de las Galaxias* es un hijo de Kurosawa, es también un chozno de la mitología japonesa.

¿Es deprimente que las historias más famosas de hoy en día tiendan a ser la reencarnación más reciente de mitos de las generaciones pasadas? Quizá no. La anticipación es un gran placer en el cine y la televisión, "pero no es el único, y francamente, probablemente sea el más barato", escribió el crítico y autor Adam Sternbergh en la revista *New York*. "En mi experiencia, la segunda vez que miras la película es siempre más satisfactoria que la primera", dice, "porque observas todas las cosas que te perdiste mientras estabas ocupado esperando un giro."[28] No todos los spoilers son iguales: *Sexto sentido* y *Los sospechosos comunes* son trampas cuidadosamente diseñadas para la sorpresa final. Pero el *Ciudadano Kane* no se arruina cuando nos enteramos de que su protagonista muere, y sigue siendo fácil apreciar el genio de la película aun después de saber que su palabra agonizante, "Rosebud", es una alusión a (spoiler) su trineo de la infancia.

Uno podría retorcerse ante la afirmación de que los spoilers realmente no estropean tantas historias, pero Sternbergh tiene una buena intuición. En el estudio de 2011 "Story Spoilers Don't Spoil Stories" (Los spoilers de historias no estropean las historias),[29] un grupo de científicos pidió a ochocientos estudiantes de la Universidad de California, campus San Diego, que leyeran misterios y otros cuentos de escritores como John Updike, Roald Dahl, Agatha Christie y Raymond Carver. Cada estudiante tenía tres historias, algunas con "párrafos de spoiler" que revelaban el giro y algunas sin spoiler alguno. Clasificaron sus historias en una escala de diez puntos.

Los investigadores concluyeron que los lectores "prefirieron significativamente" las historias con spoilers por encima de las que no los tenían. "Una novela que puede ser verdaderamente 'arruinada' por el resumen de su argumento es una novela que ya fue estropeada por la trama misma", escribió el crítico de libros del *New Yorker* James Wood.[30] Por esta ocasión, los científicos sociales y los críticos de arte están en sintonía.

Toda gran historia es algo más que su trama. Es un universo vital auto-contenido o, como escribió Tolstói, un vehículo para transmitir toda clase de emociones, desde la desesperación hasta el éxtasis. Pero si estos vehículos están impulsados por el drama de no saber lo que ocurre después, ¿por qué algunas personas preferirían una historia cuando pueden adivinar el final? Una explicación plausible va directo al corazón de la obra de Bruzzese y de Campbell. El público necesita un elemento seguro de previsibilidad para que las emociones le peguen con todo su peso. Las historias irresistibles, como dice un cliché, son "montañas rusas emocionales". Pero la alegría de una montaña rusa no es la amenaza inminente de muerte. Es la tensión en-tre "esta cosa me hace pensar que moriré" y "sé exactamente donde me ba-jaré a salvo".

Hay varias formas de contar la historia de cómo *La Guerra de las Galaxias* estuvo a punto de no ser concebida, comprada o filmada. Pero la contin-gencia más seria fue que Lucas mismo apenas sobrevivió a las calles de Modesto. Llegó a sus veinte años por la gracia de un cinturón de seguri-dad defectuoso.

Cuando era adolescente, el padre de Lucas le compró un Bianchina. Se trataba de un audaz miniauto italiano de cuerpo corto y techo alto, como un bebé tortuga sobre ruedas. Lucas le adaptó el cinturón de seguridad de un avión de la fuerza aérea y lo conducía a gran velocidad por las esqui-nas apretadas de su ciudad natal.

El primer accidente volcó el auto y dañó su carrocería tan gravemen-te que Lucas pudo arrancar el techo. Fue el preludio de un accidente más violento meses más tarde. Lucas chocó contra un Chevy y su automóvil se estrelló contra un nogal. La fuerza del accidente rasgó su cinturón impro-visado y lo arrojó a través del techo abierto. Años más tarde, Lucas se da-ría cuenta de que su suerte había sido casi cinematográfica. Si no hubiera sustituido el cinturón de seguridad, el árbol lo habría matado al instante. Si hubiera sustituido el cinturón de seguridad sin rasgar el techo, podría haberse roto el cuello en el coche. En cambio, dejó el hospital de Modesto después de dos semanas.[31]

El accidente cambió su vida. "Me dio esta perspectiva sobre la vida que te dice que estás viviendo horas extras", le dijo a Oprah Winfrey en 2012. "Lo que conseguí fue material extra."

La Guerra de las Galaxias también existe sólo por una confluencia de casualidades imposibles. Varios estudios se negaron a tomar la película. Si King Features hubiera sido más amable con el director estadunidense, Lucas habría simplemente realizado una franquicia de *Flash Gordon*. Sin *American Graffiti*, la sorprendentemente exitosa segunda película de Lucas, la 20th Century Fox podría nunca haber aceptado distribuirla. Sin la insistencia de amigos para que reescribiera el guion varias veces, la película podría haber sido (como algunos inicialmente previeron) una mezcla desastrosa de un argumento absurdo con diálogos acartonados. La mera existencia de la franquicia de *La Guerra de las Galaxias* pendió de un frágil hilo cósmico.

Fue sólo porque Lucas no pudo comprar *Flash Gordon* o hacer una nueva versión de *La fortaleza escondida* que se vio forzado a nutrir su argumento con las mil referencias que hacen de *La Guerra de las Galaxias* el universo icónico que es. Hoy la historia gusta por igual a niños de diez años que a nerds de la semiótica. Es lo suficientemente simple como invocar la adrenalina de la pituitaria, pero llena de referencias tan profundas que invita a los aficionados a cargarla de significado religioso, como un Talmud visual.

Los directores como George Lucas son "autores semióticamente alimentados que trabajan para una cultura de semiólogos instintivos", escribió el gran escritor Umberto Eco.[32] Es decir, *La Guerra de las Galaxias* no es una película, ni un cliché solitario flotando en el éter. Es "el cine", la reunión de cientos de clichés de varios géneros que celebran una reunión en el espacio exterior.

Una historia que alude a otra historia sola es poco original. Una historia que no alude a nada en el cine o la literatura es incomprensible. *La Guerra de las Galaxias* recorre la fina barrera entre lo nunca antes visto y el momento de "Ajá, he visto esto antes". Es una obra original porque es un paquete de referencias nunca antes reunidas. Cada una se abre a otros mundos y a remotas mitologías. Como la mesa en la que fue escrita, *La Guerra de las Galaxias* se hizo de muchas puertas.

5

LA MENTE CREADORA DE MITOS II:
EL LADO OSCURO DE LOS ÉXITOS

POR QUÉ LAS HISTORIAS SON ARMAS

Cualquier libro acerca de la popularidad, los hits y los medios de comunicación requiere una historia de vampiros. Estos personajes han perseguido a la cultura pop por cientos de años, desde el *Drácula* de Bram Stoker y la película muda *Nosferatu* hasta las representaciones más frescas como *Buffy* y *Crepúsculo*. Pero consideremos ahora una historia de vampiros igualmente significativa: la historia de los vampiros "reales".

Uno de los mitos universales más populares en el mundo es la creencia de que los muertos pueden traer la muerte.[1] La amenaza de cuerpos maliciosos y sedientos ha animado las fantasías de grandes civilizaciones, desde Transilvania hasta China. La creencia en los vampiros persistió en toda Europa todavía durante la época de la ilustración; incluso se ganó una entrada, supongo que sarcástica, en el *Diccionario filosófico* de Voltaire:[2] "Era en Polonia, Hungría, Silesia, Moravia, Austria y Lorena que los muertos se divertían".*

---

* Voltaire prosigue, con un delicioso sarcasmo: "Nunca escuchamos una palabra sobre vampiros en Londres, ni siquiera en París. Confieso que en ambas ciudades había comerciantes, corredores de bolsa y hombres de negocios, que chupaban la sangre del pueblo a plena luz del día; pero no estaban muertos, aunque sí corruptos. Estos verdaderos chupasangres no vivían en los cementerios, sino en palacios bastante agradables".

Como Voltaire lo sospechaba, los muertos no se divertían en ninguno de esos lugares. Pero hasta fines del siglo XIX, la mayoría de las civilizaciones no conocía nada acerca de la enfermedad y la descomposición. Villas enteras vivían confundidas por los acertijos relacionados con la muerte. ¿Por qué las personas parecían enfermarse en grupos? ¿Por qué algunos cuerpos parecían vivos una vez que se abrían sus tumbas, semanas después? Y ¿qué pasa con las uñas que crecen después de la muerte?

Los últimos años, gracias al desarrollo de la ciencia, se han respondido estas cuestiones macabras. Sabemos que la gente se muere en grupos cuando ha sido expuesta a una enfermedad en común, sabemos sobre el rigor mortis y la descomposición, pero los examinadores médicos de la antigüedad tenían un nivel menor al del médico general de la actualidad, y los granjeros no sabían nada sobre virus. Todo lo relacionado con la muerte era un misterio, y los misterios atraen a los mitos más cautivadores como el vacío absorbe el aire. En Europa, China e Indonesia, muchas sociedades elaboraron una historia común que explicaba todos estos enigmas de una sola vez: *los muertos traen la muerte*.[3]

Los vampiros eran un diagnóstico médico plausible, y la creencia en estos seres que chupaban la sangre se mezcló con los valores locales para crear leyendas, como explica Paul Barber en su libro *Vampires, Burial, and Death*. En Europa del Este, los sospechosos habituales de ser "renacidos" (es decir, de haber regresado de entre los muertos) incluían a los feos, pendencieros, alcohólicos, ateos, lujuriosos y los séptimos hijos. En China, un perro o un gato que se saltara directamente sobre una tumba podría bien agregar un vampiro más al mundo. Los vampiros albanos comían intestinos, mientras que los indonesios solamente bebían sangre. En Pomerania, al sur de la costa del Mar Báltico, ahora un lugar mucho más famoso por la raza de perros que lleva el mismo nombre, a las posibles víctimas se les recomendaba beber un brandy preventivo hecho con la sangre de los muertos.

A partir de 1700, la histeria de los vampiros se había arraigado en Europa del Este, en lo que hoy llamamos Serbia, Hungría y la parte de Rumania conocida como Transilvania.[4] La monarquía de los Habsburgo envió oficiales a varias ciudades para informar acerca de esta histeria producida por los ataques de vampiros y el hecho de que se enterraran estacas a consecuencia de esto. Cuando los reportes se tradujeron del alemán ayudaron a popularizar el folklore entre las sociedades más educadas, que no parecían estar inundadas de ataques de vampiros. El Diccionario Oxford fecha la adopción de la palabra *vampire*, en inglés, alrededor de esta época, con la primera aparición que se conoce registrada en 1741.

Los vampiros de la ficción son altos, delgados, demacrados, patricios, maliciosos… Drácula es un conde en un gran castillo, y Edward, de *Crepúsculo*, es extremadamente guapo. Pero los verdaderos vampiros de la historia (esto es: aquellos en los que realmente se creía) eran sus opuestos en casi todos los sentidos: campesinos sucios, bulliciosos, rechonchos y apestosos, más Renfield que Drácula.

Uno de los informes oficiales sobre vampiros más famosos, que data de la década de 1720 en Serbia, concierne a un viejo llamado Peter Blogojowitz.[5] Unos meses después de que muriera, nueve vecinos de la aldea fallecieron tras enfermedades cortas. En su lecho de muerte, algunos alegaron haber visto a Blogojowitz, o su fantasma, que los montaba y estrangulaba durante la noche. Los aldeanos decidieron desenterrar su tumba para ver si había signos de vampirismo en su cadáver.

Cuando un burócrata de Habsburgo fue a la tumba de Blogojowitz, junto con un sacerdote, para atender la exhumación de su cuerpo, reportó que Blogojowitz se veía vivo. "El cuerpo… estaba completamente fresco", escribió. "El cabello y la barba, incluso las uñas… le habían crecido. Vi un poco de sangre fresca en su boca, que, de acuerdo con una observación común, habría extraído de la gente que había matado." Eso comprobaba las cosas: Blogojowitz era definitivamente un vampiro y habría que matarlo de nuevo. Los aldeanos afilaron una estaca y la clavaron por su pecho con tanta fuerza que la sangre brotó de sus oídos y su boca, lo que pareció ofrecer otra prueba de vida. El cuerpo fue quemado hasta que no quedaron sino cenizas y se promulgó a Blogojowitz como un vampiro auténtico y, ahora, de verdad y finalmente, muerto.

Las estacas no pudieron matar a los vampiros por sí solas, pero el escepticismo científico terminó por hacerlo. Cuando la emperatriz María Teresa de Habsburgo envió a su médico personal a investigar el frenesí, el doctor concluyó que los vampiros eran una histeria pública infundada, sin ningún hecho que comprobara su existencia real. Después de este reporte, la emperatriz aprobó varias leyes en la década de 1770 para prohibir la exhumación y quema de cuerpos. En los siguientes años los científicos gradualmente se dieron cuenta de que enfermedades como el cólera eran la causa del surgimiento de varios vampiros. La epidemiología avanzaba y le ganaba terreno a la superstición, y, como un rayo de sol en tantas películas, mató a los muertos vivientes para siempre.

El impulso por calificar la creencia en vampiros como estúpida es tentador. Pero la verdad es que los vampiros eran una historia perfectamente coherente.

El vampirismo daba cuenta de *todo detalle observable* que estuviera relacionado con la muerte. Explicaba por qué las familias enfermaban al mismo tiempo, por qué la gente moría después de sus amigos y por qué los muertos enterrados se veían como se veían. No es ninguna coincidencia que por muchos siglos estos mitos atacaran villas enteras separadas por miles de kilómetros. La teoría de la enfermedad por muertos vivientes respondía a un misterio con un relato que tenía significado, suspenso y agencia. Explicaba el caos de la vida con una historia espectacular; empoderaba a los aldeanos al decirles que todos tenían la capacidad para pelear contra el mal (con pócimas, ajo, rezos, castidad, estacas, espadas, fuego y, si todo lo demás fallaba, con brandy sanguinario). Los vampiros eran la historia perfecta.

Un gran relato va atrapando a los lectores a medida que avanza deslizándose por el terreno. Cada capítulo de este libro empieza de la misma manera: con una historia. Estoy soñando despierto con los nenúfares de Monet en una exhibición impresionista… Raymond Loewy diseña los años cincuenta… George Lucas escribe el *metamito* más exitoso de todos los tiempos… La convención del género al que este libro pertenece dicta que debo construir mis capítulos como caballos de Troya narrativos, historias cautivadoras de regalo que esconden las lecciones científicas en su interior. Sería deshonroso para las primeras lecciones de este libro que yo tratara de romper demasiadas convenciones del género. Pero también deshonraría la ciencia del libro si no advirtiera a los lectores los peligros de cargar demasiado un gran hilo narrativo.

Las historias son un tipo de hechicería. Como la repetición y la anáfora, pueden seducir a la mente creadora de mitos y el pensamiento más profundo que es necesario para entender la verdad de las cosas. Una gran historia que sirve al propósito equivocado es una cosa muy peligrosa.

Geena Davis era una modelo y actriz exitosa en los ochenta y noventa, que incluso llegó a ser semifinalista con el equipo olímpico de arquería de Estados Unidos en los juegos olímpicos de 2000. Quizá las audiencias americanas la reconozcan sobre todo por el papel de la hermana mayor en *A League of their Own* (Un equipo muy especial), la prodigiosa en la liga femenil profesional de beisbol de la Segunda Guerra Mundial. Entre 1986 y 1992, Davis estelarizó varias películas taquilleras, incluyendo *Beetlejuice* y *Thelma y Louise*, y ganó un Oscar como mejor actriz de reparto por su papel en *The Accidental Tourist.*

A la edad de 46 tuvo a su primera hija, de nombre Alizeh. Cuando Davis veía películas y televisión con ella, le sorprendió la falta de roles femeninos en el entretenimiento para niños. A medida que Alizeh absorbía todos los contenidos de las películas para todo público, Davis se sentaba detrás de ella, contando en silencio los personajes femeninos. La aritmética era decepcionante. Peor aún era el comportamiento de los personajes femeninos, que parecían estar todos hipersexualizados o relegados al segundo plano. "Ésta es la programación para niños", pensó. "Es lo que se supone que debería enseñar a los niños cómo es el mundo." Pero estas películas parecían sólo reflejar los viejos prejuicios chauvinistas contra las mujeres.

Contar a los personajes en el sillón era suficiente para construir una hipótesis, pero Davis necesitaba construir un movimiento. En 2009 conoció a Madeline Di Nonno, otra veterana del entretenimiento cuya carrera era tan diversa como la de Davis a su propia manera: abarcaba películas, planeación de eventos y marketing. Di Nonno compartía algo más con Davis: una decepción pertinaz en torno a los modelos femeninos a seguir en Hollywood. Ese mismo año fundaron el Geena Davis Institute on Gender in Media, y Di Nonno se convirtió en la ceo. La meta era crear igualdad de género en la industria del entretenimiento infantil; no solamente igualdad numérica, sino cualitativa.

Según sospechaban, una razón por la que el sexismo es tan persistente y perdurable es que los niños de todo el mundo están siendo *aculturados* por el entretenimiento para creer que sólo los hombres pueden ser héroes y las mujeres deben de ser damiselas en peligro. Las películas son difícilmente la única influencia que tiene un niño pequeño, pero son una influencia poderosa. Los niños pasan cientos, si no es que miles de horas en sus años más impresionables viendo estas historias que tienen efecto acumulativo y les enseñan cómo comportarse y qué es lo normal. La exposición repetida a entretenimiento sexista hace que la gente joven hable con fluidez el lenguaje de la discriminación, así que los prejuicios de género se sienten automáticamente tan naturales como el aire que respiramos.

Ciertas habilidades y gustos se forman durante este "periodo sensible" en la vida de una persona.[6] Los primeros años de infancia son clave para el desarrollo del lenguaje, la función motora y el comportamiento. Es mucho más fácil aprender una segunda lengua de niño que siendo adulto, y los niños sordos que no aprenden lenguaje de señas en su vida temprana encuentran difícil utilizarlo de manera competente, incluso si practican por décadas.[7]

También hay periodos sensibles para el desarrollo del gusto. La mayoría de los niños nacen odiando el sabor a brócoli.[8] Los científicos creen que el vegetal evolucionó para producir una sustancia de sabor desagradable llamada *goitrina*, para que los animales no se lo comieran y lo hicieran extinguirse. Un estudio de 1990 encontró que era posible hacer que a los niños pequeños les encantara el sabor amargo del brócoli sirviéndolo una y otra y otra vez con alimentos más agradables. La buena noticia es que hacer que a tu hijo le guste el brócoli es posible mediante la exposición repetida. La mala noticia es que familiarizarse con el brócoli es una tarea muy cara para los padres, pues requiere servir al menos quince porciones para que a los niños les agrade el sabor amargo.

Los diferentes gustos parecen tener diferentes periodos de formación; por ejemplo, los adolescentes en general son conocidos por experimentar con todas formas de identidad, apariencia y química farmacéutica. Los años más importantes para desarrollar gustos musicales parecen ser los que se encuentran entre los 15 y los 25 años. Para cuando los adultos llegan a los 30, la mayoría de ellos dejan de buscar música nueva casi por completo. Un estudio de Spotify en 2015 señaló la edad precisa en que los escuchas dejan de buscar nuevos artistas: a los 33.[9] Las opiniones políticas parecen cristalizarse también alrededor de esta época. Los jóvenes que crecieron durante administraciones republicanas populares como la de Dwight Eisenhower se inclinan a ser republicanos por el resto de su vida, mientras que aquellos que crecieron durante la época de la administración de Franklin Roosevelt tienden a la izquierda.[10] Después de que la gente llega a sus veintes o treintas, la suave arcilla de la ideología se endurece.

La fundación Geena Davis cree que el entretenimiento para niños moldea también las expectativas de los adultos. Esto es el núcleo de lo que los psicólogos llaman "el sesgo inconsciente", esta tendencia automática y sin esfuerzo que tiene la capacidad de infectar y condicionar hasta a los mejor intencionados. El sesgo inconsciente en los medios puede extenderse como una enfermedad: los que hacen películas son los portadores, la película es el vector y los niños, las víctimas. Ver a demasiados personajes femeninos tener roles subalternos enseña sutilmente a generaciones de niñas a disculparse cada vez que sean asertivas. A medida que generaciones de niños crecen a la luz de historias en que las mujeres no se pueden comportar como hombres sin ser castigadas por ello, terminan enseñando la misma historia retorcida cuando son adultos, y el círculo vicioso se repite.

Di Nonno quería mostrar a los productores y directores qué tan chauvinista se había vuelto el megamito de Hollywood. La fundación financió un estudio para analizar roles de género en 120 películas populares entre 2010 y 2013 en Estados Unidos y muchos otros países, incluyendo Brasil, China y el Reino Unido.[11] Pagaron a estudiantes universitarios para evaluar los papeles que tenían parlamentos o personajes con nombre para identificar sus características demográficas, nivel de sexualización, ocupación y carrera. Descubrieron lo siguiente:

1) Menos de un tercio de 5,799 personajes hablantes o nombrados eran femeninos (sólo 29 por ciento en Estados Unidos).

2) Apenas 23 por ciento de las películas tenían a una niña o mujer como su personaje principal.

3) Sólo 14 por ciento de los 79 ejecutivos presentes en las muestras eran mujeres. (Esto es casi idéntico al porcentaje de mujeres ejecutivas en Estados Unidos para 2014, pero la igualdad de género es un terreno en el que uno esperaría que el arte guiara a la vida, en vez de imitarla.)

4) Solamente 12 mujeres aparecieron en los más altos niveles de la autoridad local o nacional, contra 115 hombres, una razón de 9.6 a 1. (Dado que Margaret Thatcher contaba como 3 de esas 12 mujeres, sólo 10 personajes femeninos únicos ostentaban de manera individual una autoridad política de entre 5,799 personajes.)

5) Por último, 88 por ciento de todos los personajes con una carrera en ciencia o tecnología eran hombres.

Lo más problemático de todo esto es que la sexualización de los personajes femeninos jóvenes siempre es explícita y unidireccional: era doblemente más probable que mujeres y niñas fueran mostradas con ropa sexualmente reveladora, que niños y hombres; y ellas tenían 5 veces más posibilidades de que se llamara la atención a propósito de su apariencia física. En el mundo del cine las mujeres representan un tercio de la fuerza de trabajo y dos tercios de los objetos sexuales.

Este estudio no es atípico. Las mujeres representaron apenas treinta por ciento de los roles hablantes o nombrados en los cien principales guiones de películas en Estados Unidos entre 2007 y 2015, de acuerdo con un estudio la Universidad del Sur de California.[12] Sólo veinte por ciento de estos personajes femeninos tenían entre cuarenta y sesenta y cuatro años. En las películas más taquilleras parecía que había tres tipos de mujeres: la amante con aspecto seductor, la madre enfadosa y Meryl Streep.

Es típico y razonable culpar de la ausencia de equidad de género y diversidad racial en las películas a la predominante blancura, masculinidad y heterosexualidad de los productores, directores y ejecutivos de los estudios de Hollywood.[13] Éste fue el punto central de la campaña #OscarsSoWhite, una protesta pública contra el hecho de que, por segundo año consecutivo, todos los nominados a las categorías de actuación del Oscar en 2016 eran blancos. Estas nominaciones fueron en parte un reflejo de la población votante. Los miembros de la Academia de Artes y Ciencias Cinematográficas eran 94 por ciento blancos y 77 por ciento hombres, de acuerdo con una estadística publicada por *Los Angeles Times* en 2012.[14] Pero de acuerdo con Vincent Bruzzese, existe otro grupo que pelea calladamente contra la igualdad de género en las películas: nosotros, la audiencia. El público que va al cine mide a hombres y mujeres de las películas con un doble rasero: los públicos de las exhibiciones de prueba rechazan a las mujeres que actúan demasiado como los hombres y a los hombres que actúan demasiado como las mujeres. Ante esas pruebas, los productores se adhieren a viejos estereotipos en lugar de combatirlos.

Un ejemplo de esto son las comedias románticas. La típica fórmula tiene tres actos; en el primer acto la pareja tiene la posibilidad de entablar una relación. En el segundo parecen juntarse, pero antes del tercero una pequeña crisis amenaza con destruir la relación. Ésta es una característica clave en la narrativa, porque prepara el último *rush* de buenos sentimientos que se desata cuando la pareja se junta gloriosamente en el tercer acto.

Después de la escena crítica de ruptura los personajes vuelven a sus vidas, sus amigos, sus familias. Si el personaje masculino se acuesta con alguien más durante esta ruptura, la audiencia lo perdonará cuando se reconcilie con la actriz principal, apunta Bruzzese. Pero ¿qué pasa cuando el personaje femenino se acuesta con alguien más durante esta ruptura temporal? *Incluso las mujeres de la audiencia dejan de apoyarla.* Las fórmulas de Hollywood han creado un sesgo inconsciente en el romance. Para los hombres que aparecen en películas, el sexo y el romance pueden ser cosas separadas, pero si eres mujer, el sexo con múltiples personas te descalifica para un final hollywoodense.

Este doble rasero no es exclusivo de las comedias románticas. Quizá la parte más preocupante sea la diferencia de expectativas en las películas de negocios. "Ante una mujer ejecutiva, fuerte y eficaz, la audiencia reaccionará describiéndola en términos negativos", afirma Bruzzese, "pero si tomas el mismo personaje y lo haces hombre será descrito en términos positivos." Los hombres groseros y poderosos son duros y geniales; las mujeres groseras y poderosas son perras.

"Con las mujeres duras, lo que la audiencia quiere creer es que el lado duro no es la persona real", continúa Bruzzese, de modo que el guionista está motivado para incluir diversas escenas donde el caparazón de acero de la ejecutiva se quiebre, y la audiencia pueda atisbar la suavidad vulnerable que se oculta debajo. Miranda Priestly, la editora maquiavélica interpretada por Meryl Streep en *El diablo viste a la moda*, tiene una crisis visible tras el derrumbe de su matrimonio, antes de triunfar en la película. Compara eso con otro jefe de ética igualmente dudosa, Gordon Gekko, el financiero siniestro interpretado por Michael Douglas en *Wall Street*, que disfruta de un culto a su alrededor a pesar de ser un truhan irredento. El discurso de Alec Baldwin sobre cerrar las ventas en *Glengarry Glen Ross* es uno de los momentos más gloriosos que ha tenido un hijo de puta en la industria del cine. Sin embargo, de acuerdo con la investigación de Bruzzese, las audiencias estarían menos inclinadas a aceptar a una mujer malhablada de la zona urbana.

Si Bruzzese está en lo correcto, los narradores de Hollywood están inmersos en una trampa que ellos mismos diseñaron. La audiencia espera (y prefiere) personajes femeninos vulnerables, pues le han enseñado, a lo largo de toda la historia del cine, que las mujeres deben ser femeninas para ser queribles. La única forma de romper el ciclo es romper con las expectativas. Los escritores más progresistas deberían simplemente escribir protagonistas femeninas geniales y dejar de pedir permiso a las audiencias.

Hay un precedente de cambio cultural repentino en un tema de justicia social.[15] En 1996, sólo 27 por ciento de los estadunidenses decía apoyar el matrimonio homosexual. Para 2015, 73 por ciento de la gente menor de 35 años lo apoyaba. Esto significa que en menos de 20 años la idea de matrimonio igualitario pasó de ser absurdamente radical a convertirse en la opinión general, e incluso algo aburridamente obvio. La Suprema Corte dio un veredicto en el caso *Obergefell v. Hodges* que estableció que el derecho de los homosexuales a casarse no era sólo una ligera preferencia cultural sino un derecho constitucional fundamental. Es muy emocionante pensar que incluso ahora hay muchas ideas que son vistas como radicales y que en menos de 20 años habrá pocas posibilidades de que se les cuestione de manera pública.

Es particularmente notable el declive del prejuicio antigay en adolescentes y veinteañeros. Entre 1996 y 2015, el apoyo al matrimonio igualitario creció 24 puntos entre los que tenían entre 18 y 34 años; fue el mayor crecimiento en cualquier grupo de edad, y fue el doble del que experimentó la generación de los *baby boomers*. Esto nos lleva al postulado de Madeline Di Nonno: es más fácil que un joven aprenda una norma social, a que una persona de edad mediana quiera cambiar de opinión.

Cuando hablamos de la Historia (con mayúscula) tendemos a querer decir que algo ocurrió realmente. Pero no en vano "historia" también quiere decir relato, narración. La Historia es siempre una historia, un relato que posee tanto los beneficios de la ficción (una conexión temporal, una trama con causa y efecto satisfactorios, un drama con significado) como sus desventajas. Muchas narraciones que pasan por Historia son básicamente "relatos de vampiros": narrativas tan convincentes que solamente unos cuantos se preocupan por estudiar si realmente son ciertas.

El prejuicio es una historia acerca de cómo funciona el mundo, y las nuevas generaciones pueden siempre aprender nuevas formas de ver el mundo. Hay muy poca diferenciación genética entre un granjero del siglo XVIII ansioso por decapitar vampiros para que dejen de matar a su familia y su descendiente del siglo XXI que considera este comportamiento horrible y estúpido. No existen diferencias biológicas entre alguien que creció en la era de la preguerra en Georgia y un estudiante liberal en un campus universitario de hoy, aunque el primero creyera que los negros y los gays eran prácticamente subhumanos, mientras que el segundo considera que ambas posiciones son inaceptables. No hay duda de que en las siguientes décadas las audiencias verán ciertos best sellers y éxitos actuales de Hollywood como si los hubieran escrito unos trogloditas. La cultura evoluciona y rodea a los niños de un ambiente que refleja sus valores familiares. Los fanáticos se hacen, no nacen. Pero la compasión profunda también requiere enseñanza, y una gran historia puede ser una lección persuasiva.

Hace muchos años escuché una historia —espero que haya sido cierta— de boca de un amigo que trabajaba en la Fox. A finales de los noventa, los mayores fabricantes de televisores en el mundo contactaron al canal Fox New para transmitir una queja muy bizarra de algunos de sus televidentes más fieles. Ciertos estadunidenses de edad avanzada que veían el canal de noticias conservador todo el día decían que el logo de Fox News se había quemado en sus pantallas, y aunque los espectadores cambiaran de canal, una imagen fantasmal de Fox News aparecía en la parte inferior de la pantalla. Ahora el logo de Fox News rota lentamente en la parte de abajo de la pantalla en parte para prevenir que la insignia se quede marcada.

De hecho, muchos de nosotros padecemos de una u otra ideología que "se ha quemado" en nuestras pantallas: la desafortunada huella de los sesgos que provienen de las historias y nuestra exposición a ellas. Los liberales se cobijan en sitios de internet de tendencia izquierdista, y la gente que obtiene su información de Twitter puede diseñar un flujo de noticias que se ajuste perfectamente a sus opiniones previas. Fórmulas inteligentes gobiernan Facebook, Pandora, Netflix y otros medios que hacen que el universo de opciones se adapte a la medida de las preferencias previas de una persona y de su grupo. Esta búsqueda de la fluidez y de la familiaridad es natural, pero nos deja vulnerables a una multitud de prejuicios peligrosos.

El poder de la prensa no solamente reside en reportar y emitir juicios en torno a temas importantes, sino en determinar lo que es digno de ser cubierto en primera instancia. La decisión sobre el lugar donde se hace énfasis tiene sus propias consecuencias. En la prensa, las falsedades que nos resultan familiares pueden ser vistas como hechos positivos, aun cuando se presenten como mitos. En un estudio sobre la desacreditación de noticias falsas, los participantes de diversas edades leyeron varias aseveraciones dudosas, tales como que "el cartílago de tiburón es bueno para la artritis" (lo cual no es verdadero).[16] Inmediatamente después, la mayoría de los participantes identificó correctamente como mitos las aseveraciones falsas. Pero pocos días después los investigadores dieron seguimiento a los sujetos del experimento y encontraron que los adultos mayores eran significativamente más propensos a decir "sí, el cartílago de tiburón realmente ayuda a combatir la artritis". La mera fuerza de la repetición había familiarizado esta conexión entre el cartílago y la artritis, y los participantes mayores, con memoria explícita más deficiente, fallaron al distinguir la familiaridad ("Esa aseveración me suena") de los hechos ("Esa aseveración es correcta").

Esto sugiere que desbancar mitos en los medios de comunicación puede inadvertidamente ayudar a propagar el mito mismo. Un segmento típico de televisión pone a dos personas con puntos de vista opuestos a debatir un tema. Aunque la aproximación tiene la apariencia de objetividad, puede en efecto causar confusión. Los debates sobre temas científicos ya zanjados, como la evolución, exponen repetidamente al público a argumentos que no son ciertos, incluso aunque se los refute al aire. La mera repetición de una frase o idea, incluso aunque se diga que es falsa, puede confundir a la gente en el largo plazo, pues resulta muy fácil confundir la familiaridad con la verdad.

"Es útil pensar en la atención como un presupuesto que elige comprar ciertas piezas de información", dice Adam Alter, profesor de marketing en la Stern School of Business de la New York University. "La fluidez implica que la información viene a un costo muy bajo, casi siempre porque ya no es familiar de alguna forma similar. La disfluencia ocurre cuando la información es costosa; quizá porque nos lleva mucho esfuerzo entender un concepto, o porque un nombre es poco familiar y por tanto difícil de pronunciar".

Si existe un lado oscuro de la fluidez, ¿podrá haber también un lado luminoso de su opuesta, la disfluencia?[17] El trabajo de Alter sugiere que esto podría ser posible. En uno de sus estudios, presentó impresa una pregunta muy simple y fácil de leer: "¿Cuántos animales de cada clase llevó Moisés en su arca?". La mayoría respondió que dos. Pero cuando la misma pregunta estaba impresa en una tipografía difícil de leer, los sujetos del estudio eran treinta y cinco por ciento más propensos a reconocer que no fue

Moisés quien construyó el arca, sino Noé. La letra poco legible volvió más cautelosos a sus lectores.

Alter replicó este descubrimiento con otras preguntas tan engañosamente sencillas. Por ejemplo: "Si un bat y una bola de beisbol cuestan $1.10 y el bat cuesta 100 centavos más que la pelota, ¿cuánto cuesta el bat?". Es una pregunta de matemáticas de escuela primaria. Pero el fraseo está diseñado para inducir a las personas a dar una respuesta incorrecta: que el bat cuesta 1 dólar y la pelota 10 centavos. Pero la diferencia entre $1 y $0.10 es de 90 centavos, no de 100 centavos. La respuesta correcta es que el bat cuesta $1.05 y la pelota cuesta 5 centavos. Alter encontró que si los sujetos de investigación ven esta pregunta en una tipografía más difícil de leer son más proclives a contestar de manera correcta.

A diferencia del mero efecto de exposición, que es uno de los hallazgos más replicados en la historia de la psicología, los beneficios de la disfluencia son menos entendidos. Pero el trabajo de Alter sugiere que las tipografías difíciles de leer obligan a la gente a pausar con el ceño fruncido el tiempo necesario para descubrir el truco en estas preguntas tramposas. La disfluencia es como una alarma muy sutil que taladra la calma del procesamiento automático y provoca niveles más altos de atención.

Existe un lado oscuro de la fluidez, tanto para los productores como para los consumidores. Cuando la gente creativa está demasiado familiarizada con sus propios proyectos, obstaculiza su habilidad para evaluarlos. Para escritores como yo, tiene una implicación muy clara: volverte demasiado familiar con tu propia escritura te imposibilita para hacer un juicio claro de su calidad. Yo soy mi mejor editor siempre y cuando tome el suficiente tiempo lejos de mi propio trabajo para poder leerlo con una perspectiva más fresca.

Pero la seducción más básica es para las audiencias. Los aforismos que riman son atractivos, y la antimetábola es encantadora; resulta muy seductor leer un ensayo que explora una idea que tú ya decidiste que es correcta, como lo es también compartir con tus amigos un gran discurso que sostiene tu teoría de cómo es el mundo. Todos estos son tallos que brotan de la misma raíz, la fluidez fácil es con la que la mayoría de la gente desea procesar el mundo. Toca a los consumidores y las audiencias distinguir los relatos de vampiros de la ciencia, precisamente porque las grandes narrativas nos seducen y las mejores historias merecen el mayor escepticismo.

6

EL NACIMIENTO DE LA MODA

"ME GUSTA PORQUE ES POPULAR."
"LO ODIO PORQUE ES POPULAR."

L o complicado de estudiar el tema de la popularidad y preguntarse por qué a la gente le gusta lo que le gusta es que existen al menos tres factores a tomar en consideración frente a nuestro objeto de estudio: las opciones, la economía y el marketing.

Opciones: si estuviéramos escribiendo este libro en 1918, el año en que el auto modelo T solamente venía en negro, sería obvio anotar que todos los compradores preferían los automóviles negros. La idea de que la gente pudiera preferir carros policromáticos hubiera sido difícil de argumentar, ya que existiría muy poca evidencia para sostener esta idea. Actualmente los autos vienen en cientos de modelos, colores, estilos, descapotables o no... y las calles están repletas de modelos que no son de color negro en una variedad de tamaños. Las elecciones cambiaron los gustos de las personas en maneras que hubieran hecho a los "exégetas del gusto" quedar como tontos en 1918.

La economía: en el verano de 2007, cuando Abercrombie & Fitch era una de las tiendas de ropa de moda más exitosas de Estados Unidos, habría sido prudente sostener la idea de que la compañía tenía la clave de la moda para adolescentes. Pero para finales de 2008 Estados Unidos había caído en una profunda recesión. El desempleo adolescente llegó a un punto álgido y los padres que perdieron sus trabajos (o estaban en riesgo de perderlos) les quitaron la mensualidad a sus hijos en un tris. Las acciones de

Abercrombie cayeron cerca de ochenta por ciento en un año, y la revista *Time* llamó a esta compañía "la peor marca de la recesión",[1] a medida que los preparatorianos empezaron a comprar ropa de marcas mucho menos conspicuas en las tiendas de descuento. El estilo de Abercrombie no cambió, pero la economía de Estados Unidos sí. La economía cambió la definición de lo que era *cool*.

Marketing: en 2012, el Super Bowl XLVI estableció el récord por ser el programa de televisión más visto en la historia de Estados Unidos (aunque después sería desbancado por otro Super Bowl). No existe nada parecido al juego de campeonato de la NFL en cuanto a una explosión de marketing universal en un entorno mediático que en otras instancias se encuentra fragmentado, y de hecho este juego generó al menos un hit histórico. Un gracioso comercial de Chevy presentaba la canción "We Are Young", que tenía cinco meses de haber sido estrenada por la banda neoyorquina de pop indie Fun.[2] Para la siguiente semana, la canción subió 38 puntos para alcanzar el número 3 en la lista de Billboard, y eventualmente llegó al número 1, donde permaneció seis meses. El siguiente año, Billboard nombró "We Are Young" una de las cien canciones con mejor rendimiento en la historia de la música.[3] El éxito súbito de la canción no estaba basado en circunstancias económicas, ya que su precio y su disponibilidad no habían cambiado. Solamente se trataba del efecto del marketing: el poder de la canción correcta en el momento correcto, con el producto correcto en medio del Super Bowl, el emperador supremo de los comerciales.

De modo que las opciones existentes, la economía y el marketing siempre están moldeando el gusto. Pero ¿qué pasaría si pudiéramos estudiar la popularidad en un mercado sin esas circunstancias, en una tienda con infinitas opciones, precios universales y sin comerciales?

Imagínate una tienda de saldos nacional que contenga todas las tallas y todos los diseños de camisetas, pantalones y zapatos, pero sin que esta cadena nacional tenga marcas o comerciales para promover uno de los estilos existentes sobre otro. Cada posible artículo de ropa simplemente *existe* y se encuentra al mismo precio. Esta cadena sería el laboratorio de ensueño de cualquier científico social. Los investigadores podrían usarlo para estudiar por qué ciertas modas se alzan y caen sin tratar de medir al mismo tiempo el brutal poder de la publicidad y la distribución.

De hecho, ese mercado existe; es el mercado de los nombres de pila.

Escoger un nombre es como comprar en una tienda infinita donde cada producto cuesta 0 dólares. Los nombres de pila son a menudo un producto cultural como la música o la ropa. Los padres seleccionan nombres para sus hijos por razones profundamente personales ("*María* es el nombre de mi abuela") o estéticas ("*María* suena bien"). Las noticias aún tienen influencia en el asunto (por ejemplo, en 1930 el nombre Franklin gozaba de una gran popularidad, mientras que Adolf desapareció),[4] pero lo mejor para el caso de los nombres propios sigue siendo la publicidad directa. Ninguna organización o compañía se beneficia por tener hijos que se llamen Michael, Noah o Dimitri.

Una cosa extraña de los nombres de pila es que, aunque sean gratis e infinitos, siguen el mismo ciclo de popularidad caliente o fría de muchos otros productos que tienen efectivamente opciones finitas, precios diversos y mucha publicidad. Así como la ropa, los nombres de pila se ponen de moda. Algunos son populares ahora (Emily), mientras que otros que fueron populares alguna vez ahora suenan antiguos o pasados de moda (Ethel), aunque los nombres Emily y Ethel son *emiliosos y ethelianos* como siempre lo han sido.[5] Nada acerca de la calidad de los nombres ha cambiado, sólo su popularidad.

En la última década del siglo XX, los tres principales nombres para niñas eran Jessica, Ashley y Emily.[6] Ninguno de ellos estaba en el top de los 100 nombres del siglo anterior.[7] Por otra parte, los nombres populares de principios del siglo pasado también han desaparecido. Ruth, Florence, Mildred, Ethel, Lilian, Gladys, Edna, Francis, Rose, Bertha y Ellen se encontraban todos en el Top 20 a la vuelta del siglo XX y ninguno llegaba a los primeros 200 lugares para el final de la centuria.

No siempre fue de esta forma. Por cientos de años, los nombres de pila eran tradiciones, más que modas.[8] Los padres seleccionaban los nombres para sus hijos de entre un pequeño universo de opciones y a menudo los reciclaban a través de las generaciones. Entre 1150 y 1550, prácticamente cualquier varón monarca inglés había sido llamado Henry (ocho de ellos), Edward (seis) o Richard (tres). Entre 1550 y 1800, William, Joan y Thomas representaban la mitad de los nombres para los hombres ingleses,[9] y la mitad de las inglesas se llamaban Elizabeth, Mary o Anne.[10]

Esta tendencia fue trasatlántica. En la Bay Colony de Massachusetts a mediados del siglo XVII, la mitad de las niñas se llamaban Elizabeth, Mary o Sarah, y los archivos del Condado de Raleigh, establecido en 1587, muestran que 48 de los 99 hombres asentados en esta colonia se llamaban William, John o Thomas. Y no solamente se trata de una tradición angloparlante: Alemania, Francia y Hungría tenían una concentración similar de nombres populares. Los archivos bautismales de São Paulo, a finales del siglo XVIII, muestran que la mitad de las niñas se llamaban Maria, Ana o Gertrudis.[11]

Pero de repente, en la segunda mitad del siglo XIX, todo cambió. Las listas de los nombres más populares se embarcaron en un periodo acelerado de cambio, tanto en Europa como en Estados Unidos. Los nombres de las niñas, en particular, tuvieron un ciclo de popularidad más breve que los estilos de vestidos de verano. Emma y Madison, dos de los nombres más populares en la última década del siglo, no estaban en los primeros doscientos lugares treinta años atrás.

Esto nos lleva a dos cuestiones un tanto intrincadas acerca de los nombres de pila, cuyas respuestas tienen amplias implicaciones para cualquier tendencia cultural, económica o política. Primera: ¿cómo se transforma algo de una *tradición*, donde la distinción entre lo viejo y lo nuevo apenas existe, en una *moda*, donde las nuevas costumbres están constantemente sacando del juego a las viejas? Segundo: ¿cómo las cosas se vuelven populares, aun en mercados con una infinita variedad, sin precios ni publicidad?

Los nombres de pila empezaron a volverse más variados en Inglaterra, tendencia que pronto se esparció por el hemisferio occidental a mediados del siglo XIX, según ha descubierto Stanley Lieberson en su maravilloso libro sobre los nombres titulado *A Matter of Taste*. Se trata de una trayectoria familiar. Hay otra cosa que comenzó en Inglaterra y se extendió por todo el mundo en el siglo XIX: la revolución industrial.

Existen muchas relaciones posibles entre la industrialización y los nombres de pila. Primero que nada, las fábricas animaban a los trabajadores a mudarse de las pequeñas granjas rurales a los densos centros urbanos, así que la urbanización les presentó nuevos nombres. Segundo, las tasas de educación se dispararon en la primera mitad del siglo XX, y la alfabetización exponía a la gente a una variedad aún mayor de nombres tanto en libros como en reportes internacionales de noticias. Tercero, a medida que la gente se mudaba de espacios unifamiliares a las ciudades, las ataduras entre las familias nucleares y las extendidas se volvían más débiles. El crisol de las ciudades densamente pobladas puso un gran énfasis en el individualismo. En una pequeña familia de granja, tener un nombre de pila tradicional te hacía parte de la familia, pero en la ciudad un nombre te definía frente a otras culturas, etnias y clases.

Este periodo de cambio no solamente borró una serie de nombres viejos y los reemplazó con otros más frescos, sino que cambió para siempre la manera en que la gente pensaba acerca de los nombres de pila en cuanto a identidades, con lo que se generó una virtud alrededor de la novedad, donde antes no existía. La variedad en los nombres de pila se disparó, no sólo en Estados Unidos y el Reino Unido, sino también en Hungría, Escocia, Francia, Alemania y Canadá.[12] Nacía una moda.

La súbita metamorfosis de la moda tiene paralelos históricos. Durante la mayor parte de la existencia humana, la gente no cambió la forma en la que se vestía de un año a otro, o incluso de milenio a milenio. En Europa, desde la época romana hasta el siglo XIII, los hombres se cubrían con túnicas largas que se extendían hasta las rodillas.* Tan tarde como la Edad Media, el concepto de la ropa y la "moda" no existía realmente en la mayor parte del mundo. En India, China, Japón y por todo Europa, la vestimenta y el estilo estuvieron congelados en el tiempo. Incluso en el Japón del siglo XVII, el secretario de un shogún señalaba con orgullo que el estilo de la vestimenta del imperio no había cambiado en mil años.

Pero entonces algo cambió: para 1600, la moda era una parte central de la cultura y la economía europea. El rey Luis XIV de Francia caminaba por Versalles en tacones altos, con su ministro de finanzas que afirmaba: "La moda es a Francia, como las minas del Perú son a España". No sólo se trataba de que la realeza se pavoneara en sus ropas nuevas, sino que la moda resultaba un estímulo económico y una industria de exportación internacional. En un momento durante el reinado de Luis XIV, la ropa y la industria textil emplearon a un tercio de los trabajadores parisinos, de acuerdo con la historiadora de la moda Kimberly Chrisman-Campbell.[13]

¿Cuándo se puso la ropa tan de moda y por qué? El historiador Fernand Braudel afirma que el comercio removió las aguas calmas de la vieja moda:

---

* Algunos de los gustos en la moda de mis mejores amigos se han vuelto tan estáticos que un solo guardarropa podría durarles varios milenios. Irónicamente, suelen trabajar en la industria de la tecnología, que abarca, e incluso fomenta, el cambio en casi cualquier otra categoría de la vida.

El cambio realmente grande vino alrededor de 1350 con un abrupto acorta-
miento en la vestimenta de los hombres, hecho que era visto como escandaloso por los viejos... "Alrededor de este año", escribe el continuador de la crónica
de Guillaume de Nangis, "los hombres, en particular los nobles, sus escude-
ros y unos cuantos burgueses y sus sirvientes, empezaron a usar túnicas tan
cortas que revelaban lo que la decencia nos indica que ocultemos." [...] Uno
puede decir que la moda se inició en este momento, pues después de esto las
formas de vestimenta estuvieron sometidas a muchos cambios en Europa.[14]

Los historiadores no están de acuerdo en por qué los siglos XIII y XIV fueron
el punto de inflexión de la historia de la moda. Una posibilidad es que el comercio y los viajes expusieron a Europa a más estilos de vestimenta, lo que
dio a los nobles nuevas ideas para sus atuendos. Otra teoría es que el crecimiento de la industria textil hizo la ropa más barata. Dado que más europeos
podían vestir como aristócratas, éstos se veían obligados a cambiar sus atuendos para estar un paso adelante de la plebe. En cualquier caso, el Renacimien-
to europeo fue un torneo de estilos, con los bordados coloridos y caprichosos
de Italia enfrentados a los apretados jubones y capas negros de España.

La moda está gobernada por una regla neofílica con una trampa neofóbica: *Lo nuevo es bueno y lo viejo es malo, pero lo muy viejo se vuelve bueno
de nuevo.* Existe un estándar teórico sobre cómo las actitudes de moda están determinadas por el tiempo, conocido como la ley de Laver, llamada así
por su creador, James Laver, un historiador de moda británico.[15] Dice así:

Indecente: 10 años antes de su tiempo
Sinvergüenza: 5 años antes de su tiempo
Outré (atrevido): un año antes de su tiempo
Elegante: la moda actual
Desaliñado: un año después de su tiempo
Horroroso: 10 años después de su tiempo
Ridículo: 20 años después de su tiempo
Divertido: 30 años después de su tiempo
Pintoresco: 50 años después de su tiempo
Encantador: 70 años después de su tiempo
Romántico: 100 años después de su tiempo
Hermoso: 150 años después de su tiempo

Uno puede criticar la elección precisa de los términos (yo diría que "desaliñado" es un término muy de señora para un estilo que sólo tiene doce meses de edad). Pero la lección más amplia de la ley de Laver es que no hay tal cosa como el buen gusto universal e intemporal en la ropa, los nombres, la música o quizá cualquier cosa. Sólo hay gustos actuales, pasados y ligeramente adelantados. Al igual que la inversión financiera, la moda es una cuestión de gusto y oportunidad. No es provechoso, en ninguna profesión, tener la opinión correcta demasiado tarde o ser preconsciente mucho antes de que el mercado esté listo para estar de acuerdo contigo.

¿Cómo es que los nombres *cool* dejan de serlo, y después, quizá, vuelven a ser *cool*? No es un misterio lo que pasó con el nombre Adolf, y pocos lamentan la pérdida de este nombre, pero ¿qué pasó con otros nombres como Edna o Bertha? ¿Qué tienen de malo? Es un misterio que Freda Lynn, socióloga de la Universidad de Iowa, ha investigado, junto con Stanley Lieberson. Encontraron características interesantes entre hermanos.

Los padres tienden a escoger nombres de popularidad similar para los hijos grandes y los chicos.[16] Una pareja que escoge un nombre único para su primer bebé es mucho más probable que escoja un nombre tan singularmente único para su segundo hijo. Cuando conoces una familia cuyos hijos se llaman Michael, Emily y Noah, es raro que la cuarta hija tenga un nombre exótico como Xanthippe. Pero si conoces a los hermanos Xanthippe, Prairie Rose y Esmeralda, quizá te sorprenda que su hermano menor se llame Bob. Esto sugiere que los padres tienen un particular "gusto por la popularidad", como escriben Lieberson y Lynn.* Algunos padres gustan de ciertos nombres de acuerdo con su popularidad.

El gusto por lo popular es una idea muy poderosa en la cultura. Un ejemplo sencillo podemos encontrarlo en las estrellas de música. A mucha

---

* Hay una segunda y más intrincada defensa de la teoría del "gusto por la popularidad". A medida que los nombres aumentan y disminuyen en su uso, la nueva distribución de nombres populares tiende a tener una correspondencia relativamente fuerte con las distribuciones recientes, a pesar de que los nombres sean distintos. Eso sugiere que, año tras año, el país tiene una distribución similar de padres hipsteres, parejas del *mainstream* y el resto de la gente. En otras palabras, el gusto de Estados Unidos por nombres específicos está cambiando constantemente, pero el gusto nacional por la popularidad evoluciona mucho más lentamente.

gente le gusta Taylor Swift porque es popular; a otra le gusta Taylor Swift sin poner atención en su nivel de popularidad. Cierta gente busca cosas que no le gusten de Taylor Swift porque su popularidad misma le advierte que puede ser falsa, o una basura, o ambas cosas. Los tres grupos pueden estar de acuerdo sobre la manera en que suenan sus canciones; y sin embargo, existe un factor fuera de la música *per se* —el hecho de que Swift sea una estrella— que puede generar una variedad de reacciones, desde el atractivo puro hasta el escepticismo más profundo.

La popularidad como factor del gusto puede aplicarse a varias categorías: la música, la comida, las artes, los estilos de casas, el vestido, la forma en que se lleva el cabello y las ideas políticas. Algunas personas se sienten atraídas por ciertas cosas porque son hits. Algunas más, las evitan por la misma razón. Podemos imaginar un espectro de personas que van desde los que se suben al tren de la moda ("Sólo lo probé porque es popular") hasta los hípsteres ("Ya no me gusta ahora que se volvió popular"). Aunque sea posible que la disposición que uno tiene por lo novedoso o por la independencia se sostenga de manera transversal en distintas áreas (por ejemplo, que a alguien a quien le gusten los éxitos de taquilla también compre en Gap y coma helado de chocolate), lo más probable es que el gusto de un individuo por lo popular difiera en las distintas categorías existentes. Por ejemplo, yo tengo un escepticismo innato hacia las ideas políticas que parecen demasiado populares, pero también permito que los artículos de doble página en las revistas convencionales me digan cómo tengo que vestir.[*]

Si imaginamos que la mayoría de los americanos están en el punto medio del espectro del gusto por la popularidad en lo que se refiere a los nombres, esto nos sugeriría que la mayoría de los padres están buscando nombres dentro de la categoría Ricitos de Oro, es decir, algo común pero no raro ni ubicuo. Pero sucede que un millón de familias no pueden coordinar perfectamente sus elecciones acerca de los nombres. Sucede a menudo que los padres piensen que han escogido un nombre moderadamente único para su niña, sólo para darse cuenta en el primer día de escuela que varias niñas del kínder comparten el mismo nombre.

---

[*] Una diferencia podría ser la forma en que la experiencia define la identidad: es importante para mí destacar en los debates políticos, y por eso me inclino a resistir a las ideas que parecen demasiado familiares; no me importa destacar en términos de mi forma de vestir, así que permito que *GQ* me diga lo que debo hacer.

Durante los ochenta, Samantha fue el nombre número 26 en la lista de popularidad.[17] Su nivel de popularidad era ideal para muchas parejas: 224 mil papás nombraron a sus niñas Samantha en los noventa, volviéndolo el quinto nombre más popular de esa década. En este nivel de popularidad, sin embargo, el nombre gusta sobre todo a una minoría de adultos que buscan activamente nombres muy comunes, de modo que un nombre que está en los primeros cinco lugares tiende a caer y subir por un largo periodo de tiempo. De hecho, el número de Samanthas ha caído un ochenta por ciento desde los noventa.*

El espectro del gusto por la popularidad mapea una de las primeras ideas en este libro: que la familiaridad promueve la popularidad, aunque las personas tengan gustos que varían por los productos que les resultan familiares. A algunas personas les gustan los nombres raros; otras prefieren los nombres comunes, y muchos padres son Ricitos de Oro y escogen de una larga estela de nombres que no estén sobreexpuestos ni que resulten extraños, sino que más bien tienen un elemento de sorpresa sin dejar de ser reconocibles de inmediato.

De manera individual, los padres escogen nombres que les gustan; de manera colectiva, sus elecciones producen una moda.

Uno de los conceptos más importantes de la psicología social es la "influencia social" o "prueba social". Esto significa que el gusto de un conjunto de personas se convierte en tu gusto.[18] En un libro clásico sobre el tema llamado *Influencia*, el doctor Robert Cialdini define así el principio de la prueba social: "Entre más personas encuentren una idea correcta, más correcta se vuelve esta idea".

Esta noción es aceptada en los medios de comunicación y el marketing: *esto es lo más popular, así que te va a gustar*. Significa que "best seller

---

* ¿Se benefició también Samantha de la popularidad de la muñeca Samantha Parkington, de la serie de muñecas American Girl, a finales de los ochenta? Posiblemente. Pero el nombre ya había entrado en el Top 25 antes del debut de la muñeca (era uno de los diez nombres más famosos en la época en que la serie de televisión *Sex and the City* introdujo a su famosa Samantha, que ciertamente no era para niños). Quizá las muñecas American Girl ayudaron a popularizar algunos nombres de las niñas. Pero la reflexión de Lynn y Lieberson sugiere que tanto los ejecutivos de American Girl como miles de padres podrían haber tenido la misma idea al mismo tiempo: que Samantha era un nombre popular pero no tanto.

número uno" es una descripción universalmente atractiva.[19] Vuelve iguales el artículo más leído y el más interesante. Significa que los videos más vistos en YouTube o los que tienen más likes en Facebook te resultarán más atractivos. Esta noción incluso anima a los editores a inflar de manera artificial las ventas de determinado libro para que tengan el estatus de best seller en las listas, y empuja a los diseñadores de videojuegos a inflar artificialmente las descargas para que sus juegos aparezcan con mayor demanda de la real.[20]

Manipular de esta forma la popularidad puede funcionar; pero los consumidores no son completamente idiotas. Hay un límite para cuánto puedes engañar a la gente para que les guste algo.

En primer lugar, como muestran los sitios para probar las canciones de los que hablamos en el primer capítulo, uno puede vestir a la mona de seda… pero esto no significa crear un mercado para vender a la mona. Al tercer álbum de Lady Gaga le fue muy mal en el sitio de pruebas británico SoundOut. Aun con esta evidencia, su sello empujó el disco por las gargantas de los DJ y los agentes de marketing lo forzaron a los oídos de los radioescuchas. A pesar de todos estos esfuerzos masivos de marketing, el álbum se vendió mucho menos que el previo. La calidad puede ser algo muy engañoso de definir, pero las personas parecen saber distinguir que algo es malo al escucharlo. La distribución es una estrategia para volver popular un buen producto, pero no es una manera confiable para hacer que un mal producto parezca bueno.

Segundo, promover la conciencia en torno a la popularidad de cualquier cosa puede tener consecuencias negativas no previstas.[21] En el artículo "The Paradox of Publicity" (La paradoja de la publicidad), los investigadores Balazs Kovaks y Amanda J. Sharkey compararon más de 38 mil reseñas de libros en Goodreads.com y hallaron que los títulos que ganaron premios prestigiosos tenían peores reseñas que los libros que habían sido solamente nominados para ganar los mismos premios. En un mundo perfecto de influencia social esto no tendría sentido: si una autoridad te dice que un libro es bueno, deberías internalizar su opinión y adorar el libro en cuestión.

Pero el mundo real es más complejo. Hay muchas razones intuitivas de por qué un libro con un premio puede llevarse peores reseñas. Los premios elevan las expectativas, y éstas suelen no cumplirse cuando son muy altas. Por otra parte, los premios de prestigio hacen que la audiencia sea más grande y diversa, y esta composición más amplia incluirá a gente que no tiene un gusto desarrollado para los libros en cierto género o estilo y que leen solamente por la calcomanía del premio. Generalmente estos lectores dejan peores reseñas. Mientras tanto, un libro que solamente fue nominado para el mismo premio puede no atraer este caudal de lectores tan diversos, de modo que sus calificaciones no se verán tan afectadas.

La explicación más interesante de estos investigadores es que los ganadores de premios atraen calificaciones bajas porque hay más respuestas negativas entre los lectores del libro. Los autores concluyeron que "de manera consistente con la investigación acerca de las modas, encontramos que tanto el crecimiento de la audiencia como la popularidad pueden ser en sí mismos vistos como indicadores de mal gusto y una razón suficiente para dar una calificación más baja". La popularidad como fuente del gusto tiene un primo: el renombre como fuente del gusto. Algunas personas pueden ser seducidas por un libro prestigioso, a otras tantas no les interesan los libros con este prestigio, y a otras más les emociona la idea de no gustar las obras más aclamadas, porque buscan formarse una opinión a contracorriente acerca del libro del que la gente está hablando.*

En el capítulo dedicado al concepto de prueba social de *Influencia*, Robert Cialdini utiliza el ejemplo de las risas grabadas. Los ejecutivos de televisión se afanaban en tener risas grabadas en sus programas durante los primeros años de las comedias televisivas, pues según los estudios, provocaban que la gente se riera. Parecía que escuchar a otra gente reírse contaba casi tanto como el humor del chiste que se contaba.

Pero la historia de las risas grabadas no es una historia simple acerca de la influencia social; es una historia acerca de la invención que creó una tendencia, y una tendencia que desató opiniones negativas, y opiniones negativas que dieron lugar a un nuevo *mainstream*. En otras palabras, la historia de una moda.

---

* Esto es cercano, pero no equivalente, al concepto de "lectura de odio", que consiste en leer algo que esperas odiar porque te emociona la idea de experimentar y luego compartir tu indignación al respecto. Una lectura de odio ofrece algo como un sesgo de confirmación emocional. Lees algo incendiario que sea justo lo contrario a lo que piensas con el fin de sentirte aún más seguro sobre tu opinión previa.

En los años sesenta, la mayor estrella de la televisión americana no era Mary Tyler Moore ni Andy Griffith.[22] Tan sólo por el tiempo al aire, el talento con mayor presencia en la televisión estadunidense no era un actor, sino un ingeniero electrónico que nunca apareció frente a la cámara, pero cuyo trabajo detrás de escena era tan influyente que uno podía escucharlo casi cada minuto en unos cuarenta programas a la semana. Llegó a ser tan poderoso, y su trabajo tan privado, que lo llamaban "La Esfinge de Hollywood". Su nombre era Charles Douglass e inventó las risas grabadas.

Douglass nació en Guadalajara, México, en 1910, pero su familia se mudó a Nevada cuando era pequeño, debido al ambiente político en el país.[23] Quería estudiar ingeniería eléctrica como su padre, que trabajaba en una compañía minera de Nevada. Pero el destino lo llevó a Los Ángeles después de la Segunda Guerra Mundial, de modo que la nueva gran industria para un tecnófilo como Douglass era la televisión. Así que tomó un empleo como técnico de sonido en la CBS.

Las comedias situacionales en los años cincuenta tendían a ser grabadas en sets muy sencillos frente a una audiencia. La industria del entretenimiento con frecuencia introduce con calzador los viejos hábitos en nuevos formatos, y justamente en esa década la televisión era básicamente radio en vivo o teatro frente a una cámara. Sin embargo, cuando a los actores se les olvidaba un parlamento o cometían un error de movimiento, la segunda o tercera toma de los mismos chistes no causaban tanta risa. Las risas parecían impostadas cuando eran transmitidas a las audiencias que veían el programa sentados desde su casa. Esto llevó a la práctica de "hacer más dulces" las risas extendiendo o amplificando el sonido en la posproducción.

Douglass estaba interesado en una solución más radical para el problema: quería inventar una máquina que simulara la risa. De esta manera el programa nunca sería derrotado por malos escritores o peores actores, públicos muertos y todas las vicisitudes de grabar en vivo. Durante varios meses escuchó audios de risa, jadeos y aplausos de diversas interpretaciones en teatro y televisión.* Grabó sus sonidos favoritos de júbilo en una cin-

---

* Hay un rumor, fascinante pero no verificado, de que gran parte de las risas en la comedia de los años sesenta que salió de la máquina de Douglass fue grabada durante la primera gira americana del mimo francés Marcel Marceau, en 1955. La risa en un espectáculo de pantomima sería particularmente valiosa para Douglass, dado que no habría sido contaminada por las voces de los actores.

ta análoga, que podría reproducir con las teclas que quitó de una máquina de escribir.[24]

Su invento, que pronto se conocería como "Laff Box", parecía una máquina de escribir deforme y larguirucha, pero Douglass la tocaba como si fuera un órgano. Las teclas de risa podían ser presionadas juntas como acordes para crear más de cien variaciones de reacciones de la audiencia. En su estudio privado, Douglass sabía cómo poner capas de risas en el momento justo durante la posproducción. A medida que el chiste de la comedia llegaba a su clímax, el ingeniero podría poner risas discretas en *crescendo* hasta llegar a las carcajadas, y finalmente crear una audiencia invisible que gritaba de placer. Hacer capas con las risas era un arte, y Douglass era el único que sabía hacerlo en la ciudad.

La tecnología de Douglass encontró antagonismo considerable en sus primeros días (y muchos dudaron de su efectividad durante toda su existencia), pero a buen tiempo las cadenas de televisión se dieron cuenta de que la risa enlatada tenía diferentes ventajas. Primero, dejaba que los directores grabaran primero y después sumaran a la audiencia. Los productores de televisión empezaron a filmar más como en las películas, en locaciones interiores y exteriores, con diversos ángulos de cámara y con varias tomas. En 1954, Douglass tenía tantos clientes que dejó su trabajo en CBS para trabajar de tiempo completo con su Laff Box. Se hizo dueño del monopolio del júbilo mecánico, aunque era un monopolista benévolo, porque solamente cobraba cien dólares por cada episodio.[25]

Para explicar la segunda razón por la cual las risas grabadas terminaron por aceptarse ampliamente es necesario un entendimiento más profundo acerca de por qué la gente se ríe, y qué es lo que hace que algo sea *gracioso*.

Platón proponía que la risa es una expresión de "superioridad" sobre una persona o sobre un personaje en una historia. La superioridad es claramente primordial en el humor físico y en ciertos chistes de vieja escuela. Por ejemplo, el que dice: "Mi doctor me dijo que estaba muy mal de salud. Le contesté que necesitaba una segunda opinión. 'Ok', respondió: 'También eres muy feo'".

Pero la teoría de la superioridad no explica los retruécanos que son graciosos, al menos en teoría. "Dos átomos caminan por la calle, uno le dice a otro: 'Siempre estoy de mal humor, pero tú no. ¿Cómo hago para ser más positivo?' El segundo átomo responde: '¡Es fácil! Sólo tienes que perder un electrón.'" Este chiste no tiene nada que ver con el poder. El final de la historia llega con una sorpresa que nos deleita. Pero para explicar por qué es gracioso necesitamos una teoría mayor.

En 2010, dos investigadores propusieron lo que se puede considerar la cosa más cercana a una teoría universal del humor que nos ha dado la sociología. Se llama la "Teoría de la transgresión benigna". Peter McGraw, director del Humor Research Lab, y Caleb Warren, profesor asistente de marketing en la Universidad de Arizona, propusieron que casi todos los chistes son transgresores de normas o expectativas, pero no suponen amenazas de violencia o de angustia emocional.

- "Un sacerdote y un rabino entran a un bar, y ordenan un refresco." Esto no es un chiste, porque no hay transgresión de las expectativas.
- "Un sacerdote y un rabino entran a un bar y se sientan a ordenar una cerveza. A continuación casi se matan el uno al otro por sus diferencias religiosas irresolubles." Esto es demasiado violento para que la mayoría de la gente se ría.
- "Un sacerdote y un rabino entran en un bar. El barman les dice: '¿Qué es esto, un chiste?'" Lo encuentres o no gracioso, este último es claramente un chiste, porque subvierte las expectativas de una forma que no es deliberadamente cruel o violenta.

"Si observamos la mayoría de las formas de risa compartidas por distintas especies, cuando las ratas o perros se ríen casi siempre lo hacen en respuesta a formas agresivas de juego, como la persecución o las cosquillas", plantea Warren (y sí, las ratas pueden reírse). "Perseguirse o hacerse cosquillas son formas de amenaza sin que medie un ataque real." De acuerdo con esta teoría, un buen comediante persigue con lo impropio y hace cosquillas con su juego de palabras, pero no llega a herir profundamente las normas sociales.

Cualquier sistema establecido —el comportamiento social, la forma en que hablamos, las identidades e incluso la lógica— puede ser violentado o amenazado, pero la gente se ríe la mayoría de las veces cuando siente que esta amenaza es benigna o segura. ¿Y qué la vuelve benigna o segura? *El que muchas otras personas se rían contigo.* Ésta es la magia de la cajita de

Douglass: era una herramienta efectiva para la conformidad pública. Escuchar a otra gente reírse da a la audiencia permiso para reírse también.[26]

Pero si las risas grabadas son una herramienta tan universalmente eficaz, ¿por qué están a punto de desaparecer? Cialdini publicó *Influencia* en 1984, el año en que el Emmy para la mejor comedia lo obtuvo *Cheers*, que siempre tenía carcajadas sonoras. Todas las comedias nominadas para el premio en ese año tenían también risas en vivo o grabadas. Lo mismo todos los programas que lo ganaron desde finales de los setenta, incluyendo *All in the Family, M*A*S*H, The Mary Tyler Moore Show, Taxi* y *Barney Miller*.

Para 2015, ninguna de las comedias nominadas al Emmy tenía risas grabadas.* La última vez que un programa con risas grabadas estuvo nominado a un Emmy para mejor comedia fue con *Everybody Loves Raymond* en 2005.

Con tres paredes y un proscenio, los programas de televisión de los años setenta parecían obras de teatro grabadas; pero a principios del siglo XXI muchos se veían y sentían como películas. Como no existen carcajadas artificiales en el cine, las risas grabadas terminaron por parecer anacrónicas y poco apropiadas para el género. En 2009, un estudio llamado "The Language of Laughter" encontró que las risas grabadas hacían disminuir el "comportamiento jubiloso"** de la audiencia, sobre todo en los programas de televisión más intrincados, narrativamente más elaborados y que más se parecían a una película.[27] En lo que concierne a la televisión que imita "una película tradicional, lo contrario de una representación de teatro simple", este estudio señalaba: "Las risas grabadas parecen ser un impedimento para el humor y para que la audiencia se divierta". Las risas eran una señal de estándares más bajos y no eran aptas para la televisión "de prestigio". Así que muchas comedias se deshicieron de las risas para mostrar que eran distintas y de mayor calidad. Al contribuir a que la televisión

---

* Varias comedias populares, incluyendo *The Big Bang Theory, 2 Broke Girls* y *Mom* todavía usan risas grabadas. De hecho, las audiencias de la televisión abierta tienden a ser de mayor edad, las risas les ofrecen una familiaridad clásica. Pero entre los canales dirigidos a los más jóvenes podemos observar que prácticamente ninguna de las comedias en la mayoría de las redes de cable, los canales premium de cable como HBO y Showtime, o servicios de *streaming* como Netflix y Hulu, actualmente tienen risas grabadas.

** Éste puede ser el mejor o el peor término que se ha acuñado para referirse a la risa.

se pareciera más a las películas, Douglass creó las condiciones para que su invento cayera en el olvido.

Éste es el periodo de vida de las risas grabadas: se inventaron en medio de la controversia, crecieron hasta volverse una norma social y ahora son un cliché agonizante. En otras palabras, las risas grabadas fueron una moda; el sonido de otra gente riéndose que antes hacía que la gente se riera ahora hace que se avergüence.

Mientras escribo este libro en 2016, estamos en medio de varias tendencias culturales —la superabundancia de la televisión "de prestigio", la ubicuidad de las franquicias de superhéroes, la hegemonía del hip-hop, el dominio emergente de Facebook— tan absolutas que parecen invencibles y eternas. Pero durante décadas los ejecutivos de televisión asumieron que las risas grabadas también eran el máximo chiste gratuito, una cosquilla prostética que nunca fallaría. Su poder mágico era tan absoluto que lo celebraba uno de los libros de psicología social más leídos de todos los tiempos. Pero su historia nos sugiere algo más sutil. El poder social de las risas grabadas no era una ley de hierro. Era más bien como una tendencia de vestimenta de verano o como un chiste de "Toc toc. ¿Quién es?". Funcionó alguna vez y después se volvió viejo.

La cultura no deja de sorprendernos. De hecho, la cultura nunca para. Todo puede ser una moda.

¿Cuál es la siguiente gran moda comparable a la de los nombres? ¿Cuál es una industria o una costumbre que fue gobernada por la tradición y que parece gozar de un caudal de opciones? Consideremos una de las actividades humanas más básicas: el habla.

La especie *Homo sapiens* ha estado en la tierra cerca de 200 mil años, pero los ejemplos más antiguos de arte prehistórico datan de 50 mil años antes de Cristo, lo que sugiere que los humanos modernos han pasado mucho más tiempo deambulando en la tierra sin expresiones escritas que lo que ha pasado rodeado de arte. Después del surgimiento de las pinturas rupestres y los pictogramas, le tomó a la civilización humana decenas de miles de años desarrollar algo parecido al alfabeto. La escritura cuneiforme en Sumeria y los jeroglíficos en el antiguo Egipto datan de unos 3 mil años antes de Cristo. En algunas partes del mundo el lenguaje evolucionó lentamente a partir de los ideogramas, donde las formas representaban ideas, a la escritura fonética, donde las letras representaban sonidos. Estos alfabetos fonéticos rudimentarios estaban conformados exclusivamente por consonantes, lo que forzaba a los observadores a adivinar los sonidos que existían entre las letras. (Por ejemplo, cuando estudié hebreo para mi Bar Mitzvah me decepcionó el que tuviera que memorizarme los sonidos de las vocales, pues la Torah del templo estaba escrita en puras consonantes.) Fueron los antiguos griegos los que finalmente introdujeron el concepto de vocal, lo que desató algo previamente imposible: la habilidad de que cualquiera pudiera descifrar garabatos y pronunciar una serie de sonidos.

Hay una cierta magia en la idea de que los humanos pueden expresar ideas y emociones casi infinitas a partir de un código conformado por 26 figuras de aspecto extraño. Pero este encanto fue construido de manera lenta: pasaron miles de años para que la civilización se desplazara de símbolos que representaban ideas a símbolos que representan sonidos.

Aunque las vocales hicieran el lenguaje más fácil, la escritura siguió siendo una actividad especializada, e incluso controversial, por milenios. Platón, quien murió en el siglo IV a.C., denigró la escritura en el *Fedro*, pues sospechaba que escribir lo despojaba a uno de sus recuerdos.* Lo que sea lo opuesto a lo "viral" es lo que ha caracterizado a la escritura durante la mayoría de su ciclo vital entre los humanos. Década tras década se negaba categóricamente a ponerse de moda. Las tasas de alfabetización en países europeos como Francia llegaban apenas a cincuenta por ciento hasta el siglo XIX; la mitad del mundo realmente no podía leer y escribir tan recientemente como los años sesenta.[28]

La verdadera democratización del lenguaje escrito requirió de tecnología barata para distribuir la palabra escrita. Tendrían que pasar 4,500 años entre el primer signo jeroglífico y la invención de la imprenta de tipos móviles por Johannes Gutenberg. La imprenta misma también causó un escándalo. Los monjes escribanos estaban en contra de este invento, en parte al menos porque competía con su monopolio de la producción de libros. En su *Elogio de los amanuenses* del siglo XV, el abate Johannes Trithemius escribió: "Aquel que deje de escribir con entusiasmo por la existencia de

---

* Que es, curiosamente, exactamente el mismo temor que la gente tiene respecto a Google y las apps para dispositivos móviles.

la imprenta no es un verdadero amante de las Escrituras". Pero a final de cuentas, la aparente blasfemia de la máquina no superó su conveniencia práctica. Irónicamente, el lamento de Trithemius terminó por ser impreso, haciendo uso de la misma máquina que atacaba.* De modo que la escritura, que alguna vez fue demonizada y otras veces sacralizada, dio paso al libro impreso, algunas veces difamado y otras veces consagrado.

Después del año 1500, se propagaron con velocidad relativamente vertiginosa los inventos, los sistemas y las organizaciones dedicados a facilitar la difusión del lenguaje escrito. En 1635, el correo real en Inglaterra se puso a disposición de los remitentes que pudieran pagar por el envío, con lo que surgió el primer servicio postal público en Europa. Dos siglos después, un pintor llamado Samuel Morse recibió una carta notificándole de la muerte trágica de su mujer e inmediatamente dejó Washington. Pero para cuando llegó a New Haven, ya la habían enterrado. Esto supuestamente lo inspiró a inventar un modo más rápido de comunicación: el telégrafo. Morse envió su primer mensaje de larga distancia en 1844, de Baltimore a Washington. Alexander Graham Bell hizo la primera llamada telefónica treinta y dos años después.

Vamos a hacer una pausa para darnos cuenta de que, para el año 1900, los humanos habían existido por 200 mil años y la comunicación seguía siendo, en muchos sentidos, una costumbre ancestral, justo como lo fueron los nombres de pila hasta antes del siglo XIX. La gente hablaba y a veces cantaba. Leía libros, la mayoría religiosos. Algunas familias escribían cartas y las noticias podrían ser transmitidas por telégrafo. Pero incluso el teléfono parecía una curiosa intrusión en la tradición del habla, y durante años los estadunidenses parecía que no tenían ni idea de qué hacer con él. Tomó menos de una década el que los autos, la radio, la televisión a color, los teléfonos celulares y el internet pasaran de ser un nicho a la tendencia general en Estados Unidos: de diez a cincuenta por ciento de penetración.[29] Al teléfono le llevó casi cuarenta años hacer el mismo recorrido hasta el centro de la tendencia mayoritaria.[30]

En los años noventa se observó una explosión masiva en la tecnología de la comunicación. El primer mensaje de texto fue enviado y recibido en

---

* Recuerdo esta ironía cada vez que veo que a miles de personas "les gusta" un post de Facebook que critica los males de las redes sociales como Facebook. Me pregunto cuán demoníaca es una red social que crea y conecta a una audiencia de personas que abogan por su demonización.

1992 con el mensaje "Feliz Navidad". Ocho años después la mitad del país tenía un teléfono celular.[31] En 1995, seis de cada diez adultos en Estados Unidos dijeron que nunca habían escuchado hablar del internet o que no estaban seguros de lo que era. Cinco años después, la mitad de la población se encontraba en línea.[32]

Entre más abundantes se hagan los modos de comunicación, ciertos modos de hablar se ponen de moda y después se vuelven anacrónicos. Los teléfonos fijos e inalámbricos conectaron a los adolescentes en los años noventa; para principios del siglo XXI, la comunicación por chat en internet era la norma. Luego estalló la revolución de las redes sociales con Friendster en 2002, My Space en 2003, Facebook en 2004, Twitter en 2006, WhatsApp en 2009, Instagram en 2010 y Snapchat en 2011. Estas plataformas fueron seguidas de otros inventos como Vine y Yik Yak, además de versiones modernas de los antiguos pictogramas tales como los emojis, los teclados de gifs y los stickers. Cada una de estas apps y recursos se compone fundamentalmente de imágenes y palabras en cajas, pero todos tienen diferentes dialectos y contextos culturales, y cada una representa una mejora novedosa o una divergencia deliberada respecto de la tecnología dominante previa.

La comunicación, que alguna vez fue una simple costumbre que no cambió por milenios, ahora se encuentra tan inundada de nuevas opciones, que está convirtiéndose en algo más parecido a una moda, donde las preferencias sobre cómo hablamos con los demás, qué tecnología usamos, incluso qué significa "hablar", están cambiando constantemente. My Space y Facebook ayudaron a volver aceptable postear de manera pública mensajes privados entre amigos. Instagram creó una red social masiva solamente en torno a las imágenes. Snapchat Stories permite que cualquiera pueda crear minipelículas acerca de sus vidas para que sus amigos las puedan ver. Ninguno de estos protocolos tiene que ver mucho con el acto de hablar por teléfono, y sin embargo sus millones de usuarios los sienten muy naturales, como estar hablando o a veces mejor que eso.

La comunicación como moda es una de las razones por las que los especialistas en estrategias de mercado suelen fracasar vergonzosamente en sus intentos por apropiarse de los memes y estrategias más novedosos. Para cuando ellos lanzan el mensaje, la moda ya ha cambiado. El Super Bowl de 2013 sufrió un apagón fuera de lo común, y la marca de galletas Oreo causó sensación cuando llenó el espacio en blanco con un tuit que invitaba a las personas a sopear sus galletas en la oscuridad. Fue realmente una sorpresa legítima y astuta que una marca se comportara como un adolescente experto en Twitter. Pero esto fue en 2013. Los años siguientes, la mayoría de los mensajes muy obvios en redes sociales fueron criticados por parecer vergonzosos y forzados, como un padre que cita una película de adolescentes de manera errónea en un intento por aparentar que está en onda. Las firmas de publicidad apenas están poniéndose al corriente con el hecho de que el ciclo de moda de la jerga se mueve más rápido que el escritorio de sus redactores.

La vestimenta, que antes era un ritual, hoy es *la* moda definitiva. Los nombres de pila, que una vez fueron una tradición, ahora siguen el ciclo de lo que es popular y del dictado de la moda. También la comunicación tiene los marcadores distintivos de la moda, donde las opciones emergen y las preferencias cambian, algunas veces de manera arbitraria, a medida que la gente descubre formas nuevas, más convenientes y divertidas de decir hola.

BREVE HISTORIA DE LOS ADOLESCENTES

El adolescente es una de las invenciones más inusuales del siglo xx. Los humanos han llegado a la edad de trece años durante decenas de miles de años, pero sólo recientemente se le ocurrió a alguien que esto es una cosa especial, o que el puente entre la infancia y la adultez que merecía su propio nombre. El término inglés *teenager* (que literalmente tiene que ver con tener una edad que se nombre con un número terminado en la partícula "teen", esto es, del 13 al 19) data de los primeros años del siglo xx, pero no pegó de inmediato.[1] Incluso hasta llegada la Segunda Guerra Mundial encontramos pocas veces la palabra en la prensa popular.

Sin embargo, en las últimas décadas, los medios nacionales han nutrido una obsesión creciente con los adolescentes de una manera que no es del todo lasciva pero tampoco completamente sana. La prensa sigue exhaustivamente las apps que usa la gente joven, la música que escucha y las marcas —se escribe #marcas— que siguen. En años recientes, las empresas de mayor crecimiento fueron las de tecnología y software, y quienes adoptaron primero dichas tecnologías fueron jóvenes que sabían usar una computadora o un teléfono inteligente o una aplicación de realidad virtual. La mayoría de las culturas antiguas eran gerontocráticas, gobernadas por los viejos; nuestra cultura moderna es completamente "juventucrática", está gobernada por los gustos de la gente joven, mientras los viejos hacen grandes esfuerzos por mantenerse al tanto.

El adolescente surge a mediados del siglo xx gracias a la confluencia de tres tendencias en la educación, la economía y la tecnología. Las preparatorias le dieron a la gente joven un sitio para desarrollar una cultura separada lejos del ojo vigilante de las familias. El crecimiento rápido les dio un ingreso que fue ganado por ellos mismos o tomado de sus padres. Los autos (y ulteriormente los teléfonos móviles) les dieron independencia.

1. El ascenso de la educación obligatoria

A medida que la economía de Estados Unidos dejaba de ser una sociedad territorial y agraria y se volvía una máquina de producción masiva, las familias se desplazaron más cerca de las grandes ciudades, y al menos de manera inicial enviaban a sus hijos a trabajar en las fábricas. Esto disparó un movimiento de resistencia para evitar que los chicos fueran forzados a realizar trabajo duro.

La solución fue el surgimiento de la educación pública obligatoria para los niños.[2] Entre 1920 y 1936, la cantidad de adolescentes en la preparatoria se había duplicado, de cerca de treinta a más de sesenta por ciento.[3] Mientras más tiempo pasaba la gente joven en la escuela, más desarrollaban sus propias costumbres en un ambiente lejos del trabajo y la familia, donde podían establecer sus propias reglas sociales. Es imposible imaginar la cultura adolescente americana en un mundo donde todo joven de 16 años tuviera que trabajar los fines semana hombro a hombro con su padre en la línea de ensamblaje.

2. La economía de la posguerra

Es durante el boom de la economía de la posguerra que surgió un interés comercial serio en los adolescentes. Para captar el interés de los mercadólogos, los adolescentes necesitaban dinero, y el dinero solamente podía venir de dos principales fuentes: su propio trabajo o sus padres. En los años cincuenta se produjo uno de los grandes periodos de expansión económica en la historia estadunidense, y con el pleno empleo se dio el alza en los salarios para los adultos sindicalizados y para los trabajadores adolescentes mayores.

Mientras tanto, los padres gradualmente tenían menos hijos y gastaban más en cada uno, como corresponde a cualquier inversión escasa y valiosa.

La tasa de nacimientos declinó a lo largo del mundo desarrollado en la segunda mitad del siglo xx debido a dos factores: el incremento de la educación femenina y la legalización de la píldora anticonceptiva. Desde los años setenta, veinte por ciento de los hogares más ricos en Estados Unidos han doblado su gasto en el "enriquecimiento" de la infancia con cosas como campamentos de verano, tutores y deportes.[4] Así como el matrimonio moderno gira en torno a los niños, los jóvenes han emergido como los directores financieros del gasto familiar.

3. La invención del auto

Puede parecer una anécdota horrorosa para los solteros de ahora, pero casi siempre una primera cita significaba una plática introductoria en la sala de los padres de la chica con la que uno salía. Esto podría ser seguido de una deliciosamente incómoda cena familiar.

Los autos emanciparon el romance de esta pequeña charla en el hogar familiar. Casi todo lo que un soltero moderno considera una "cita" fue hecho posible, o permisible, por la invención y normalización del uso romántico del automóvil. El miedo a que los hombres jóvenes y los carros veloces rompieran las reglas clásicas del romance se extendió pronto. El coro de la canción de 1909 de Irving Berlin llamada "Keep Away from the Fellow Who Owns an Automobile" (Mantente alejado del tipo que tenga un auto) es muy instructivo:

> Aléjate del tipo que tenga un auto:
> te va a llevar muy lejos en su carro,
> demasiado lejos de tu mamá y tu papá.
> Si sus 40 caballos de fuerza pueden ir a 60 millas por hora,
> diles adiós para siempre, adiós.

Si crees que Tinder y demás apps para salir en citas están destruyendo el romance el día de hoy, hubieras odiado los carros a principios del siglo xx. Los automóviles no solamente propiciaron un cambio histórico de la codependencia adolescente a su independencia. También alimentaron el crecimiento de una subcultura preparatoriana. Cuando los autobuses podían llevar a

162 CREADORES DE HITSCREADORES DE HITS

los estudiantes más lejos de su casa, las escuelas de un salón de clases dieron paso a grandes edificios llenos de hordas de adolescentes y sus hormonas.

La caída de la economía agrícola y el ascenso de la educación obligatoria se combinaron para crear una cultura adolescente que los norteamericanos veían con mucha ansiedad. El miedo sobre la "delincuencia juvenil" iba de costa a costa, inspirando filmes de Hollywood como *Rebelde sin causa* y, como veremos con detalle en el próximo capítulo, *Blackboard Jungle*. Este hecho galvanizó a los comités en Washington que discutían sobre el terrible problema de los adolescentes.

Estas fuerzas conspiraron para desatar una abundancia de tiempo libre, un vacío temporal que los adolescentes llenaron con experimentación. "La abolición del trabajo infantil y la ampliación de la educación formal nos han dado una enorme clase ociosa de jóvenes, con energías animales que no son absorbidas por tareas productivas", escribió en 1957 un crítico en *The New York Times*. Ya desde los primeros días del uso de la categoría de *teenager*, los adolescentes eran considerados nómadas culturales. En lugar de establecerse en los rituales a uso de la sociedad estadunidense, se comportaban como vagabundos en busca de nuevas fronteras en el gusto y el comportamiento.

En 1953, J. Edgar Hoover publicó un reporte del FBI que advertía que "a la nación le espera un incremento brutal en el número de crímenes que serán cometidos por adolescentes en los años venideros". El mensaje tuvo eco en el Congreso, cuando el presidente Dwight D. Eisenhower aprovechó su informe anual a la nación de 1955 para llamar a que se promulgara una legislación federal para "asistir a los estados en su lucha con este problema de alcance nacional". Fredric Wertham, autor del best seller internacional *La seducción de los inocentes*, se valió de estudios dudosos y un tono de mojigatería histérica para argumentar que los cómics eran la causa de la delincuencia juvenil.[*] Llamó a los cómics "pequeños cursos de asesinato, descontrol, robo, canibalismo, violación, necrofilia, sexo, sadismo, masoquismo, y prácticamente cualquier otra forma de crimen, degeneración, bestialidad y horror".

---

[*] Por un lado, la consideración que hace Wertham acerca de la influencia del arte en los jóvenes es noble si la consideramos en abstracto. Pero sus recomendaciones específicas son extremadamente puritanas; por ejemplo, se queja de que Superman es un fascista y de que la Mujer Maravilla volvía lesbianas a las mujeres.

Tan pronto como los adolescentes fueron inventados, también fueron temidos. Muchos críticos sociales omitían distinguir entre los jóvenes ladrones de autos y los lectores de cómics. Para un viejo preocupón, todos ellos eran feroces duendecillos de espíritu gitano.

En los últimos sesenta años se ha hecho de los adolescentes un grupo separado del resto de la sociedad. Pero ¿son realmente tan diferentes? ¿No son acaso los adolescentes como adultos, pero con menos dinero, menos responsabilidades y sin el pago de una hipoteca?

Existe evidencia en torno a algo que los padres sospechan de manera silenciosa: los adolescentes son químicamente distintos del resto de la humanidad.[5] Poseen conexiones inusualmente débiles en su lóbulo frontal, donde se localiza el centro de la decisión en el cerebro, y tienen el núcleo accumbens, el centro de placer, más grande de lo común. Así que, mientras que los adultos ven un riesgo en alta definición, los adolescentes ven potenciales recompensas, como si estuvieran proyectadas en una pantalla IMAX con sonido surround. El resultado es tristemente predecible: los adolescentes toman más riesgos y tienen más accidentes. Los estadunidenses de entre 15 y 19 años tienen una mortalidad tres veces más grande que los de 5 a 14.

Laurence Steinberg comenzó una carrera dedicada a investigar la mente de los adolescentes con una observación común que parece evidente a los padres, maestros y cualquiera que tenga el mínimo recuerdo de sus años de preparatoria: los adolescentes usualmente actúan de manera más estúpida cerca de otros adolescentes.[6] Steinberg, psicólogo en Temple University, puso a diversas personas de distintas edades en un juego simulado de manejo con calles y semáforos. Todos los adultos manejaban de la misma manera, tuvieran o no una audiencia; pero los adolescentes tomaban muchos más riesgos —como pasarse una luz amarilla— cuando sus amigos estaban mirando. Los adolescentes son exquisitamente sensibles a la influencia de sus pares. La definición exacta de *cool* puede cambiar con el transcurso del tiempo, desde los cigarrillos hasta el Snapchat, pero el profundo deseo animal de poseer esta cualidad no cambia.

Pero ¿qué es ser *cool*? En la sociología algunas veces se define como una rebelión positiva; significa alejarse de manera legítima de una tendencia establecida ilegítima. Esta definición puede parecer floja, pero tiene sus usos. Por ejemplo, mi preparatoria tenía un código de vestimenta, y cuando tienes 14 años, violar un código de vestimenta represivo es una manera muy hermosamente obvia de mostrar a otros chicos que no estás conforme con él. Pero esto no siempre es así. Por ejemplo, llevar los pantalones aguados en un memorial para los héroes de la Guerra o desfajar tu camiseta en el funeral de tu profesor favorito no son casos iguales. El mismo grupo de personas puede considerar un atuendo bastante *cool* o profundamente irrespetuoso, dependiendo qué tan legítima parezca la norma que se está violando. Para adaptar la regla de MAYA, lo *cool* es MAPA: lo Más Autónomo Pero Apropiado.

A finales del siglo XX, muchos adolescentes gravitaban en torno a los logotipos. La larga expansión económica de los ochenta y los noventa los dotó de los medios para gastar de manera generosa en emblemas de ropa. Un hit de la moda como Ralph Lauren estaba basado no solamente en la calidad de la prenda, sino también en el poder talismánico de su logotipo en los pasillos de las escuelas. Al mismo tiempo, los programas de televisión más populares en las cadenas de televisión abierta o por cable casi siempre tenían como personajes principales a chicas adolescentes californianas, con cabello color rubio cenizo, como *The OC* o *Laguna Beach*. La cultura angelina se vio difundida en todo el país y elevó marcas de surf y skate, como Hurley, Billabong y Vans.

Algunas décadas después, la fiebre por los logotipos llegó a un abrupto final debido a la gran recesión. Casi la mitad de las familias experimentó la pérdida de un trabajo, un recorte en su salario, o bien horas reducidas de trabajo. El desempleo juvenil llegó a casi diecinueve por ciento. Los logotipos bordados de Ralph Lauren en sus camisetas polo de repente no eran tan bien vistos en este nuevo clima financiero, y entonces florecieron las tiendas de "fast fashion" más baratas como H&M, Zara y Uniqlo.

En una nueva era de lo *cool*, los teléfonos inteligentes han desplazado a los logotipos bordados como punto focal de la identidad adolescente. Antes era suficiente verse bien en el pasillo de la secundaria, pero ahora Snapchat, Facebook e Instagram son pasillos de escuela donde la gente joven actúa y ve otras actuaciones, juzga y es juzgada. Muchas décadas después de que otro dispositivo móvil, el auto, ayudara a inventar al adolescente, el iPhone y sus parientes ofrecen nuevas y ágiles formas de autoexpresión, símbolos de independencia y formas de ligue.

Así que en medio siglo los adolescentes pasaron de ser una novedosa clasificación para la juventud incómoda a constituir una amenaza existencial para la seguridad nacional norteamericana y, finalmente, a integrar un grupo demográfico consumidor muy valioso y digno de ser objeto de investigación. Los adolescentes son los neófilos del mercado, el grupo más dispuesto a aceptar un nuevo sonido musical, una nueva forma de vestir o una nueva tendencia tecnológica. Para los adultos, especialmente los que tienen poder y dinero, las reglas son lo que te mantiene seguro. Pero cuando eres joven, toda regla es ilegítima hasta que se demuestre lo contrario. Precisamente porque tienen tan poco que perder del estado actual de las cosas, los jóvenes continuarán siendo el motor inextinguible y neofílico de la cultura.

En los primeros capítulos de este libro he explorado cómo la familiaridad furtiva crea los momentos de eureka que la gente busca en las artes plásticas, la música, las historias y los productos. Traté de entender los hits y la popularidad pensando en los individuos.

Pero ésta solamente es la mitad de la historia. Una de las lecciones de la cultura adolescente es que la gente no decide lo que le gusta por sí misma, sino que determina lo que es *cool* a partir de su percepción de lo que constituye lo establecido y lo que no, lo que es radical y lo que es inapropiado, lo que su comunidad está haciendo versus lo que otros grupos consideran *cool*. En este sentido, todos los consumidores somos adolescentes: constantemente estamos aprendiendo, cambiando, respondiendo a las decisiones de la gente que nos rodea.

Esto hace que la popularidad sea un sistema complejo. Una persona puede entender perfectamente la formación de la lluvia y aun así no ser capaz de predecir la siguiente tormenta. El clima es descrito a menudo como un sistema caótico que hace difícil pronosticar la temperatura o la precipitación con mucho tiempo de anticipación. Los mercados de los bienes culturales (las películas, los juegos, el arte y las apps) pueden ser iguales.

Cualquier investigación sobre el mercado de los hits tiene que empezar por reconocer esta incertidumbre. La cultura es caos.

SEGUNDA PARTE

LA POPULARIDAD Y EL MERCADO

7

EL ROCK AND ROLL Y LA ALEATORIEDAD

GRILLOS, CAOS Y EL MAYOR ÉXITO
EN LA HISTORIA DEL ROCK AND ROLL

"(W̶e're Gonna) Rock Around the Clock" (El rock del re-loj), el disco grabado por Bill Haley y sus Cometas en 1954, fue la primera canción de rock and roll en llegar al primer lugar de popularidad de la lista de Billboard. Con más de cuarenta millones de copias,[1] es la segunda canción más vendida después de "Blanca Navidad", de Bing Crosby.[2] Sesenta años después de su salida al mercado, su gancho parece ser pegajoso de manera congénita, y si puedes escuchar-la durante quince segundos sin mover los pies y la cabeza te mereces un premio al autocontrol.

Pero la historia de "El rock del reloj" sugiere que la canción no era un hit tan obvio, sino el éxito accidental más grande de la historia. La cantidad de suerte que tuvo la canción es difícil de creer, lo que nos hace pensar que incluso los más grandes éxitos necesitan de la ayuda de la fortuna.

William Haley Jr. creció en una familia pobre con afición por la mú-sica.[3] Su padre William era un mecánico que tocaba el banjo, y su madre Maude daba lecciones de piano en su casa. William Jr. había quedado ciego del ojo izquierdo desde temprana edad;[4] era tímido, e incluso su sello dis-tintivo más extravagante de la edad adulta (un gran rizo en el cabello)[5] le servía para distraer la atención de su ojo.

Cuando Haley tenía trece años, su padre le regaló de Navidad una gui-tarra usada,[6] y el romance comenzó. A pesar de su vista defectuosa, Haley

dominó el instrumento y pasó la mayor parte de sus años adolescentes tocando en bandas de country. El sueño de salir de gira por el país cantando baladas sobre vaqueros parecía una idea condenada desde el principio.
Se fue de casa cuando cumplió veinte años, sin un centavo, y se estableció
en Pensilvania, donde comenzó su carrera como director musical de una
estación de radio. Pero Haley no había dejado de componer, y utilizó su
puesto para conocer a nuevos artistas y sacar nuevas ideas para canciones.
Tocó en diversas bandas, incluso en un grupo de western swing llamado
The Saddlemen.[7]

   Haley amaba la música country y gradualmente aprendió a mezclar las
influencias de su niñez: el tañido *hillbilly*, la oscilación de la música del oeste y la nueva "canción racial", llamada así porque era interpretada mayoritariamente por bandas de negros, como los Orioles, que buscaron ampliar
los límites del rhythm and blues.[8] Cuando un director de radio escuchó a
Bill Haley and the Saddlemen, sugirió un mejor nombre para la banda. Si
ya tenían a un Haley, ¿por qué no hacer referencia al cuerpo celeste homónimo? Así que la banda se convirtió en Bill Haley and the Comets.

   Su primer éxito vino en 1952 con "Crazy Man, Crazy", una canción mayormente olvidada en la actualidad, con una melodía simple, que tuvo la
distinción de ser la primera canción de rock and roll en aparecer en la lista
de Billboard.[9] Pero Haley estaba ansioso por acelerar el tempo. En 1953 llevó "El rock del reloj" al sello Essex Records. Dave Miller, el fundador de la
disquera, no quería permitirle grabarla. De hecho Miller estaba tan seguro
de que la canción sería un fracaso, que en numerosas ocasiones hizo trizas
la partitura frente a Haley para zanjar la discusión.[10]

   Haley llevó la canción al sello rival Decca Records, que estuvo de acuerdo en grabarla bajo una condición: los Comets tenían que grabar primero
otra pieza, "Thirteen Women (And Only One Man in Town)", una canción
lamentable acerca de un hombre que se vuelve el custodio en un harem de
mujeres después de que una bomba de hidrógeno destruye el mundo.[11] Haley estuvo de acuerdo en hacerlo. Se programó una sesión de grabación
para el 12 de abril de 1954 en un antiguo templo masónico de la calle Sep-
tuagésima de la ciudad de Nueva York.

   La sesión fue programada para las 11:00 a.m., pero a las 11:30 no había
llegado ningún miembro de los Comets.[12] De hecho, varios de ellos ni siquiera estaban en el estado de Nueva York.

Varios kilómetros al norte, Haley y su banda estaban en el ferry de Ches-ter-Bridgeport, que había chocado con un banco de arena en el río De-laware. Después de que un bote pudo remolcar el ferry, Haley manejó como loco hacia Nueva York y llegó al templo con dos horas de retraso, poco después de la una de la tarde. "La próxima vez que tengamos una cita para grabar", le dijo el productor, "toma el puente."

La banda desempacó sus instrumentos y se colocó en el escenario. Des-pués de más de una hora de ensayo, tocaron tres veces "Thirteen Women". Los productores no estaban satisfechos, así que la tocaron tres veces más.

El estudio estaba apartado hasta las cinco, y para las cuatro y veinte to-davía no habían tocado ni un segundo de "El rock del reloj". Al fin, la pri-mera toma era muy estridente y energética, una bendita erupción de caos controlado. La canción era tan corta que hizo falta añadir un solo de gui-tarra para que alcanzara los dos minutos de duración. El guitarrista Danny Cedrone no tenía tiempo para componer y perfeccionar un nuevo riff,[13] así que en la primera toma copió literalmente nota a nota el solo de quince se-gundos que tocaba en la canción de Bill Haley "Rock the Joint", compues-ta dos años atrás.[*]

Cuando la primera toma estuvo terminada los productores la tocaron de nuevo, y era un desastre. Los instrumentos de los Comets reventaban los oí-dos. La voz de Haley era casi inaudible, y vender una canción pop sin el soni-do de un vocalista sería muy complicado, incluso para un sello discográfico grande. Pero eran casi las cinco de la tarde y la sesión de estudio estaba prác-ticamente terminada: no había tiempo para modular los micrófonos.

Los productores ofrecieron una solución: la banda podía tocar la can-ción una vez más, pero iban a apagar los micrófonos de los instrumentos. Grabarían solamente a Haley, quien tendría que lograr una ejecución per-fecta en una sola toma.

La segunda toma terminó sin errores muy obvios, y después de las cin-co Haley y su banda estaban empacando los instrumentos. Los Comets no tenían idea de si la grabación era utilizable, pero los productores sincroni-zaron las dos cintas, y al final quedó lista para distribuirse en un mes. Se

---

[*] Compara el solo de guitarra de quince segundos entre 0:33 y 0:48 en "Rock the Joint" con el solo de guitarra de quince segundos entre 0:44 y 0:59 en "El rock del reloj". Es, esencialmente nota por nota, el mismo pasaje.

debió sentir como un pequeño milagro para Haley, que después de haber estado rogándole a las disqueras por años, por fin vio recompensada su perseverancia con una canción que finalmente pudo salir a la luz.

Pero el alivio duró poco. "El rock del reloj" apareció en el lado B de "Thirteen Women", y fue olvidado casi tan rápidamente como fue grabado.

Decca envió por correo cientos de copias de "El rock del reloj" a los estudios de películas y productores por todo el país, y pagó muchos anuncios en revistas como *Billboard* y *Variety*. En mayo de 1954, *Billboard* dio a la canción una tibia nota de respaldo que decía más o menos así: "Un gran ritmo y letras de blues repetitivas hacen de esta canción un buen intento por hacer 'cat music', que debería venderse bien en los sitios indicados". El disco no fue precisamente un fracaso —pasó exactamente una semana en la cartelera de *Billboard*—, pero estaba a años luz de ser un éxito. En 1953, "Crazy Man, Crazy" había vendido 750 mil copias; en 1954, "El rock del reloj" alcanzó la décima parte de esta cantidad: solamente 75 mil discos.[14]

En cierto sentido, hemos llegado al final de la historia. "El rock del reloj" era el mediocre lado B de un disco mediano, y no había fracasado por la falta de exposición. Recibió mucha publicidad por parte de un gran sello discográfico, fue a parar a las manos de cientos de DJ, fue tocado en muchas estaciones de radio en mayo de 1954 y apareció en las listas de *Billboard* por más de una semana. Luego, para julio, se había acabado; como tantos discos, se perdió entre el detritus anónimo de la historia de la cultura pop.

"El rock del reloj" tuvo su oportunidad y falló.

Duncan Watts no cree en las historias; prefiere el caos. El científico de la teoría de las redes en Microsoft confía más en los datos de las computadoras que en las explicaciones, y descarta las anécdotas que suenan demasiado interesantes. Es una de las peores personas con la que puedes hablar si estás tratando de escribir un libro coherente basado en ejemplos interesantes acerca del éxito en los mercados culturales. De modo que, por si las dudas, por autoescarnio o por un instinto masoquista menos discernible, decidí reunirme con él por varias horas y dedicar un capítulo a sus ideas.*

---

* Watts y yo hablamos varias veces durante la escritura de este libro, y he tratado de ser cuidadoso en mi redacción para seleccionar historias que ilustren los principios más universalmente

Watts es alto, de mandíbula cuadrada, con ojos azules detrás de anteojos rectangulares; fue cadete del ejército australiano. A mediados de los noventa estudió en Cornell para obtener su doctorado en teoría del caos, sólo para descubrir más tarde que el mundo ya había superado ese tema. Llegó a su programa un par de años después de que el autor James Gleick publicara un libro muy popular sobre el tema titulado *Caos*. "Uno se da cuenta de que todo lo fundamental sobre un tema se ha dicho cuando alguien escribe un libro dedicado a él para el mercado de masas", me dijo, como una forma de retorcer el cuchillo.

Entonces, obligado a buscar fuera de la Física un tema lo suficientemente caótico en la universidad, Watts se interesó en varias de las cuestiones que estoy tratando de responder: por qué a la gente le gusta lo que le gusta, por qué grandes grupos de personas hacen lo que hacen y cómo se propaga la popularidad. Pero en lugar de empezar a investigar a diseñadores y compositores, Watts pensó en los grillos.

"Me interesé primero en la biología y empecé a pensar acerca de las redes de grillos y cómo sincronizan su canto", me dijo. Watts estaba fascinado por las redes de grillos, pero la idea principal tenía que ver con las redes de personas: cómo algo podía empezar en un ámbito pequeño (por ejemplo, una moda, como el nombre "Emma") y luego convertirse en un movimiento que se vuelve la norma establecida, tan diseminado y sincronizado como un campo de grillos que cantan en armonía.

Alrededor de la misma época, Watts estaba al teléfono con su papá, quien le preguntó si había escuchado la idea de que toda la gente está conectada al presidente de Estados Unidos por sólo seis saludos de distancia. Eso ocurrió en el año de 1995 y Watts no había escuchado esta teoría antes. No sabía si era obviamente verdadera o falsa, pero empezó a pensar que los grillos y los seis grados de separación eran dos partes de la misma historia. Empezó a preguntarse si los contagios sociales —como el canto de los grillos, la vestimenta de moda y los hits de la cultura pop— podían estar gobernados por las reglas del comportamiento de masas. Quizá la pregunta fundamental en torno a los éxitos no es por qué nos gusta lo que nos gusta, sino por qué lo que *a ti* te gusta se convierte en lo que *a mí* me gusta.

establecidos y reexaminados —como el efecto de la exposición— en lugar de ir en sentido opuesto, al encontrar historias que sean interesantes y después cazar teorías que les ajusten.

Una de las razones por la cuales me simpatiza Watts —a pesar de que en nuestros encuentros se la pasa buscando agujeros y debilidades en mis teorías— es que se trata de un tipo completamente antisentimental en lo que se refiere a por qué algunos productos tienen éxito, así como bueno al explicar las fallas de las explicaciones emocionales. Uno de sus mejores ataques a esta forma de pensar sobre lo exitoso es su opinión sobre la *Mona Lisa*, la pintura más popular en el mundo.[15]

Actualmente existen pocas dudas en torno al extraño ambiente que rodea el retrato de Leonardo da Vinci. La *Mona Lisa* es la pintura más atesorada del mundo, literalmente: tiene el récord Guinness por la póliza de seguro más cara para una obra de arte.[16] En 1973, el crítico de arte Kenneth Clark llamó a la *Mona Lisa* un "ejemplo supremo de perfección" y afirmó que merecía completamente su título de la pintura más famosa en el mundo. Pero en el siglo XIX no era ni siquiera la pintura más famosa en su museo, el Louvre de París. El historiador Donald Sassoon reportó que en 1849 la *Mona Lisa* se valuaba en 90 mil francos. Es una gran suma, pero no se acerca a *La cena en Emaús*, de Tiziano (valuada en 150 mil francos en esa época) o *La Sagrada Familia*, de Rafael (600 mil francos), obras que se encuentran en el mismo museo.

La fama de la *Mona Lisa* recibió un empujón gracias a un ladrón poco hábil. El lunes 11 de agosto de 1911, Vincenzo Perrugia, un pintor italiano desempleado, entró al Louvre y se llevó la *Mona Lisa*. Los periódicos franceses estaban horrorizados frente al robo y proclamaron indignados el significado histórico de la pintura. La *Mona Lisa* estuvo perdida varios años hasta que Perrugia —quien tenía en casa una obra de arte cara cuya venta inevitablemente llevaría a su detención— trató de vender la pintura en Florencia y fue aprehendido en el momento. La recuperación de la *Mona Lisa* y su regreso a Francia fue una sensación internacional.

Años después de que se recuperara la pintura (en 1919), el modernista Marcel Duchamp hizo una réplica de la Mona Lisa con un bigote y la llamó *L.H.O.O.Q.*, siete letras que, pronunciadas en francés son homófonas de una frase pícara.* Corromper la sonrisa plácida de la *Mona Lisa* les pareció a muchos pintores una idea inagotablemente graciosa. Así que

---

* Leídas en voz alta, en francés, las letras son "el-ash-oh-oh-ku", que suena muy semejante a "Elle a chaud au cul" o "Ella está caliente del culo".

algunos de los pintores más famosos del siglo pasado, incluidos Jasper Johns, Robert Rauschenberg, René Magritte, Salvador Dalí y Andy Warhol, hicieron sus propias parodias de la *Mona Lisa*. Hoy su rostro puede hallarse en cualquier lado: en portavasos, revistas, cubiertas de libros, carteles de películas y toda clase de baratijas. Los críticos que explican por qué la *Mona Lisa* es la pintura más famosa de la historia casi siempre pasan de largo el hecho de que, por la mayor parte de su historia, *no lo fue*. Como resultado terminan diciendo cosas como ésta: "La *Mona Lisa* es la pintura más famosa del mundo porque tiene todas las cualidades de la *Mona Lisa*".

Esta clase de explicaciones vuelven loco a Watts. Se lamenta del hecho de que muchos analistas, estudiosos de las tendencias y periodistas aleguen saber las razones de por qué algunas cosas tienen éxito, pero sólo después de que dicho éxito es obvio para todos. Nos advierte que hay que tener cuidado de aquellos que alegan que pueden predecir el futuro, pero solamente ofrecen una prueba retrospectiva de sus poderes.[*]

Watts es un experto en lo que se llama *cascadas de información*. Una cascada global es el mapa de cualquier idea que se difunda lo suficientemente, un árbol inmenso que germina a partir de una semilla pequeñita. En el mundo real, las cascadas globales pueden incluir éxitos sorpresivos, por ejemplo los animalitos de peluche de la serie Beanie Babies, y hits muy predecibles, como una exitosa secuela de *La Guerra de las Galaxias*. Hay éxitos y cascadas de todos tamaños, pero comparten una cosa en común: todos ellos empezaron de cero.

Para observar cómo crecen las ideas de cero a un millón, Watts diseñó un modelo de universo con cientos de personas —él les llama *nodos*— conectados a otras personas. Llamémoslo el Mundo de Watts. En este mundo, cada persona o nodo tiene dos variables: la vulnerabilidad (qué tan proclive es una persona a adoptar un nuevo comportamiento) y la densidad (cuántas personas están conectadas las unas con las otras). Watts disparó estas redes de vulnerabilidad y densidad variable una y otra vez, millones

* En la película *Mean Girls* de 2004, la poco brillante Karen Smith, interpretada por Amanda Seyfried, afirmó tener "ESPN" (sic) porque sus pechos siempre podían predecir cuándo iba a llover. Cuando le piden evidencia de su don, responde: "Bueno, ellos [los pechos] siempre saben cuándo está lloviendo". Tal vez los científicos como Watts consideran que muchos escritores presuntamente clarividentes tienen talentos igualmente dudosos: pueden predecir la lluvia sólo después de que sus camisas estén mojadas.

de veces, para observar cómo las tendencias se esparcen entre millones de personas o, lo que es más común: cómo no se difunden en absoluto.

Lo primero que descubrió es que existen zonas "Ricitos de Oro" de vulnerabilidad y densidad. Es inútil producir anuncios dirigidos a una persona mayor que literalmente nunca cambia sus hábitos ("baja vulnerabilidad") o a un ermitaño siberiano ("baja densidad"). Pero los polos opuestos también son problemáticos. Digamos que tú eres igual de susceptible a un anuncio de Bloomingdale's que a uno de Gap o de cualquier otra tienda de ropa de descuento. Esto te hace una pésima opción de apuesta para cualquier marca, porque constantemente estás cambiando de opinión. Un consumidor que es hipervulnerable a *cualquier* influencia no es más confiable que un consumidor que es indiferente a todas ellas.

Watts descubrió un punto peculiar en su red donde las cascadas eran increíblemente raras pero extremadamente grandes. En este particular Mundo de Watts nada pasaba 999 veces de cada mil. Pero en la milésima ocasión, la red entera se iluminaba y generaba una cascada global masiva.

"Eso es muy interesante", dije.

"Son matemáticas", respondió. Si un disparador tiene 0.1 por ciento de probabilidades de volverse una cascada global, va a crear al menos unas cuantas cascadas si se le dan miles de oportunidades. Son puras matemáticas.

Pero imagínate vivir en el mundo del 0.1 por ciento. Imagínate que eres un reportero como yo y que te pagan por hacer como si entendieras todo lo que pasa en ese mundo del 0.1 por ciento. Entonces podría ver un éxito masivo que sale de la nada —como la película independiente *Mi gran boda griega* o la canción coreana de pop "Gangnam Style"— y caer en la tentación de explicar ese hecho improbable como si fuera inevitable.

"Cuando los periodistas ven triunfar estos productos, siempre quieren explicar la inevitabilidad del éxito", afirma Watts. "Se preguntan cuáles son las características de este éxito y después tratan de afirmar que todas estas características tienen que ser muy especiales.* O intentan encontrar al paciente cero, la persona que empezó la tendencia, porque deciden que *esa*

---

* Lo que Watts describe aquí podría caer bajo diversas categorías, discutido en el libro de Daniel Kahneman, *Thinking, Fast and Slow*, en particular, el prejuicio retrospectivo: "Lo supe todo el tiempo" o "Si sucedió, fue el resultado más probable".

persona debe ser muy especial". Este tipo de pensamiento crea una especie de inútil evangelio del éxito, según Watts. Si una película de dinosaurios tiene éxito en mayo, se escriben cientos de artículos que afirman que hay algo especial acerca del atractivo de los dinosaurios (incluso si otra película de dinosaurios fracasó en enero). Si un músico de Belice resultó ser un éxito en 2016, algunos críticos deciden que tiene que haber algo inextricablemente atractivo en la música de Belice (incluso si se trató del único éxito de Belice en todo un siglo).

Pero pensar en probabilidades es terriblemente abstracto y a menudo imposible. Los expertos pueden decir que hay cincuenta por ciento de probabilidades de lluvia esta noche, o que una película tiene diez por ciento de probabilidades de ganar diez millones de dólares en su primera semana; y puede ser que haya una significativa cantidad de inteligencia en estos cálculos, pero ulteriormente lloverá o no. La película puede ganar cien millones o no. Las probabilidades son intuitivas cuando se trata de diferentes eventos que se repiten una y otra vez. Durante un lapso puedes aventar una moneda hasta que tus dedos se entuman, y la cantidad de caras y cruces eventualmente se acercará a mitades iguales. Pero la vida es una ruleta gigante que solamente gira una vez para cada persona.

Entonces, la mayoría de las personas no piensa en porcentajes. Más bien procesa el mundo a través de historias: acciones y reacciones, causas y consecuencias; *post hoc, ergo propter hoc*. Cualquier historia es mejor que el caos. De hecho, podríamos decir que el caos de la vida es un mal crónico cuyo remedio son las historias.

En el Mundo de Watts, el mismo producto puede volverse un éxito abrumador o un fracaso en circunstancias casi equivalentes. Solamente es cuestión de matemáticas, tiempo y suerte.

Por ejemplo, algunas veces una canción de rock puede salir de la radio en 1954 y decenas de miles de americanos la escucharán pero no la comprarán, como pasó con "El rock del reloj".

Entonces, en 1955, la canción sale de nuevo, para un público ligeramente distinto, en un nuevo medio. El contexto cambia, ocurre una reacción en cadena de eventos improbables, y la canción que todo un país ignoró alguna vez se convierte en el himno nacional del rock and roll. Como pasó con "El rock del reloj".

Una de las 75 mil personas que compraron el disco de "El rock del reloj" era un chico de Beverly Hills llamado Peter Ford. Provenía de una familia con amplios talentos musicales y gustos caleidoscópicos. Su madre, Eleanor Powell, era una celebrada bailarina de tap que escuchaba jazz y al "Rey del swing" Benny Goodman; su padre, Glenn Ford, era una estrella de cine con una inclinación por las melodías hawaianas. Pero el joven Peter, buscando su propio ser, se sumergió en las bandas negras y en la "música de raza".

Peter no tenía muchos amigos que lo visitaran en su propiedad de dos hectáreas, pero la música era su refugio. Una noche, se acurrucó solo escuchando a Hunter Hancock, el primer DJ que tocó el rhythm and blues,[17] en las estaciones de Los Ángeles KFVD y KFOX. Su madre lo consentía con viajes frecuentes a la tienda de música de Beverly Hills, de donde regresaba con montones de vinilos, la mayoría de ellos de hombres negros, los verdaderos creadores del R&B y el rock and roll: los Kings of Rhythm, Johnny Ace, los Orioles, The Crows, The Flamingos, The Larks. "Si tenía un pájaro en el nombre, era para mí", me dijo Ford.

La familia Ford vivía en una casa de veinte habitaciones en Beverly Hills que había pertenecido previamente a Max Steiner, el compositor de Hollywood que había compuesto la música de *Casablanca* y *Lo que el viento se llevó*.[18] La joya de la casa era el salón chino: una sala de música de casi cuarenta metros cuadrados adornada con la última tecnología de alta fidelidad de Steiner. Los muros brillaban con hojas de oro y amplios murales chinos corrían a lo largo de una pared con ríos serpenteando entre verdes y flacas colinas. Los altavoces de un metro de altura anclaban dos esquinas de la habitación, y Peter Ford se sentaba en un sofá verde para escuchar sus bandas de pájaros.

En 1954, en uno de los innumerables viajes a la tienda de música de Beverly Hills, un Peter Ford de nueve años de edad compró un disco de Decca de 78 rpm con la canción "Thirteen Women (And Only One Man in Town)". Lo odió.

"Pensé que era terrible", me dijo Ford, riendo. "Quiero decir, realmente lo odiaba. Pero luego di vuelta al disco y encontré "El rock del reloj". Pensé que era una buena canción con un gran ritmo en la batería. Pero no puedo decir que fuera una de mis favoritas. Me gustaban más los Orioles".

Unos meses más tarde, su padre, Glenn Ford, filmaba una nueva película sobre estudiantes del centro de la ciudad llamada *Blackboard Jungle*.

Una tarde, cerca del final de la filmación, el director de la película, Richard Brooks, visitó la casa. Glenn le preparó una bebida y hablaron sobre la música de la película. Brooks le dijo que estaba buscando una canción alegre para poner en marcha la cinta, una melodía de jump-jive que instintivamente evocaría a una generación en el límite. Glenn le dijo a Brooks que su hijo se había metido mucho en la música de avanzada y podría tener algunos discos que compartir.

"Llevé a Dick Brooks y a mis padres a la sala de música, y Dick dijo: '¿Qué me tienes?'", relata Ford. "Le di un puñado de discos: algo de Joe Houston, 'Shake, Rattle and Roll' de Jake Turner y "El rock del reloj" de Bill Haley and the Comets."

Lo que sucedió a continuación se grabó con fuego en la memoria de Ford y en la conciencia nacional; es en muchos aspectos el nacimiento del rock and roll como movimiento dominante en Estados Unidos. "Tres días antes de mi décimo cumpleaños, se proyectó una vista previa de *Blackboard Jungle*, el 2 de febrero, en el Teatro Encino. Yo estaba allí con mi papá." La película comenzó con un prefacio escrito, sobre el sonido de un tambor:

Nosotros, en Estados Unidos, somos afortunados de tener un sistema educativo que es un homenaje a nuestras comunidades y a nuestra fe en la juventud estadunidense.

Hoy estamos preocupados por la delincuencia juvenil, sus causas y sus efectos. Nos preocupa sobre todo cuando esta delincuencia entra en nuestras escuelas.

Las escenas e incidentes representados aquí son ficticios.

Sin embargo, creemos que la conciencia es un primer paso encaminado a remediar cualquier problema.

En este espíritu y con esta fe se produjo *Blackboard Jungle*.

En este preciso momento comenzó el famoso conteo de Bill Haley: [ba-dum] "One, two, three o'clock, four o'clock, rock!". En el fondo, las palabras "Blackboard Jungle" brillaron en la pantalla. El niño quedó electrificado: su disco había llegado, a su manera, a la secuencia de apertura de una importante película de Hollywood.

"El éxito de 'El rock del reloj' tuvo todo que ver con su ubicación al principio de la película *Blackboard Jungle*", afirma Jim Dawson, autor de

Rock Around the Clock: The Record That Started the Rock Revolution (El rock del reloj: el disco que inició la revolución del rock). La reacción a *Blackboard Jungle* fue algo así como una histeria, no sólo entre los adolescentes, sino también entre sus padres y entre los políticos. Los chicos bailaban en los pasillos de las salas de cine y hacían estallar la canción desde el interior de sus autos. El 17 de mayo de 1955, el *Philadelphia Inquirer* informó que en los dormitorios de la Universidad de Princeton se había convocado un concurso para tocar la canción tan fuerte como fuera posible desde las habitaciones. Alrededor de la medianoche, los estudiantes vaciaron los dormitorios, incendiaron los basureros y corearon la canción por las calles. Mientras tanto, en varias ciudades estadunidenses se censuró la película. El alcalde de Memphis prohibió a los adolescentes verla, mientras que Atlanta intentó prohibirla después de que la esposa de un regidor dijera que amenazaba la "paz, salud, moralidad y buen orden de esta ciudad".

Al igual que el *affaire* Caillebotte consagró el impresionismo por medio del escándalo en la década de 1890, la notoriedad de *Blackboard Jungle* había promovido su canción inicial, con lo que se desató el género del rock and roll. El 2 de julio de 1955, tres meses después del estreno de *Blackboard Jungle*, "El rock del reloj" se convirtió en el sencillo más vendido en el país, y la primera canción llamada "rock and roll" en llegar al número uno en las listas de Billboard, vendiendo en última instancia más copias físicas que cualquier canción de Elvis Presley, los Beatles, Madonna o Michael Jackson.[*]

Una de las leyes del caos que es un cambio microscópico en la presente trayectoria puede conducir a resultados futuros drásticamente distintos; una mariposa brasileña agita sus alas, y se forma un tifón en la costa de Indonesia. Las melodías más populares de 1954 y 1955 fueron dulces valses comparadas con los éxitos acelerados de la década posterior. Las canciones número uno de Billboard antes y después de "El rock del reloj" fueron

---

[*] En un anuncio en *Weekly Variety*, publicado el 21 de septiembre de 1955, Decca agradeció a los DJ por conseguir que "El rock del reloj" alcanzara "ventas récord de más de dos millones". Sin embargo, al final de la página también les imploraba tocar su nuevo lanzamiento, "Razzle Dazzle" que, se quejó, "ha sido sofocada por 'El rock del reloj'". Como vimos en el capítulo 3, los éxitos musicales del siglo XX a menudo subían y bajaban rápidamente, porque las disqueras estaban sesgadas hacia la producción por volumen y animaban a los DJ a tocar música nueva. Aquí tenemos un perfecto ejemplo: en septiembre de 1955, pocos meses después del lanzamiento de *Blackboard Jungle*, Decca se quejaba —¡en un anuncio de página completa para promover a Bill Haley, nada menos!— de que su hit "opacaba" sus otros lanzamientos.

la cursi "Melodía desencadenada" y la balada "Yellow Rose Texas", que suena como si hubiera sido escrita en la década de 1850.

La breve irrupción de Haley en las listas de popularidad predijo el posterior derrocamiento del sistema.[19] A finales de la década, el rock and roll había conquistado la música pop, trayendo consigo varios cambios culturales y políticos. En primer lugar, el centro de gravedad en la música pop pasó de las canciones a las estrellas mismas. Los iconos pop de la primera mitad del siglo XX, como Bing Crosby y Frank Sinatra, eran famosos por sus versiones de canciones comunes que las familias podrían tocar en casa con ayuda de partituras. Eran *intérpretes* expertos. Pero las estrellas del pop de los sesenta fueron bandas y artistas como los Beatles y los Rolling Stones, que componían, tocaban y eran sinónimos de su propia música. La revolución del rock significó nada menos que el amanecer de la edad de la estrella pop moderna.

En segundo lugar, el ascenso del rock sacudió la cultura estadounidense en una década conocida por su lánguida complacencia. Es bien sabido que las bandas blancas llevaron al *mainstream* un género creado por músicos negros. Pero la explotación creativa de los artistas negros fue aún más explícita: las canciones más populares de los cincuenta eran a menudo versiones blancas de melodías interpretadas originalmente por artistas negros, como "Sincerely", de las hermanas McGuire (original de los Moonglows) y "Ko Mo Mo" de Perry Como (original de Gene & Eunice). En 1955, Billboard declaró finalmente "la aparición del Negro como artista pop en el sector del disco"; pero, como la consagración en 1991 del hip-hop por Billboard, esto fue un reconocimiento algo tardío de algo que había sido cierto por una década o más.

A medida que el panteón del rock and roll se empezó a llenar con artistas como Elvis Presley, Chuck Berry y Buddy Holly, los críticos todavía se referían a él como "música de la selva". La revista *True Strange* publicó una portada en 1957 con una ilustración de Haley y varios integrantes de una tribu africana desnudos, bailando y tocando tambores. No se trataba sólo de adultos que despreciaban esa desagradable música a todo volumen y sus extravagantes giros de cadera. La música en sí misma era un presagio de que los blancos de Estados Unidos estaban perdiendo su monopolio cultural, y aun las familias suburbanas se verían obligadas a enfrentarse a elementos de una cultura negra que muchos no querían reconocer.

Es difícil imaginar un mundo donde *Blackboard Jungle* nunca hubiera sido realizada y el rock and roll nunca hubiera llegado a su consagración masiva. ¿Cómo sonaría entonces la música pop en 1965, o para el caso, en 2015? Cuando algunos productos tienen éxito, no solamente dejan huella, sino que moldean el paisaje de una época, cambian la atmósfera y contribuyen a la extinción del viejo orden. "El rock del reloj" fue un meteorito cultural que no solamente hizo contacto con la tierra, sino que también mató a los dinosaurios.

Ésta es la historia de una gran canción, del poder de proyección de las películas y del crisol que era la cultura adolescente de los años cincuenta. Pero también se trató de un asunto de suerte. Cada persona que escucha "El rock del reloj" oye las mismas notas, las mismas palabras, las mismas síncopas. Las audiencias de 1954 escucharon una canción fácil de olvidar. En 1955, se encontraron con el éxito del siglo. Una canción, dos transmisiones ligeramente diferentes, dos resultados completamente distintos. Suena como una tonada que un teórico del caos podría cantar.

En 1996, los economistas Arthur De Vany y David Walls estudiaron las ganancias en taquilla de cerca de trescientas películas que fueron estrenadas en los ochenta, para descubrir algunos comportamientos comunes de la audiencia.[20] Lo que encontraron, sin embargo, fue algo más parecido a la ausencia de un patrón. "Las películas son productos complejos", escribieron en un artículo subsecuente, "y la cascada de información entre los que van a ver películas durante su temporada en cartelera puede evolucionar incluso de tantas maneras que es imposible atribuir el éxito de una película a factores causales individuales."

En resumen: Hollywood es un caos.

El éxito en Hollywood no sigue una distribución normal en la que muchas películas tienen ganancias dentro del promedio. En su lugar, las cintas siguen una distribución de ley potencial, lo que significa que la mayoría de las ganancias vienen de una pequeña minoría de filmes. La mejor manera de imaginar un mercado de ley potencial es pensar en la lotería. La gran mayoría de las personas no ganan nada, pero unas cuantas personas ganan millones. Así que tiene poco sentido hablar acerca del resultado "promedio" de la lotería. Lo mismo pasa en Hollywood: los seis grandes estudios estrenaron poco más de cien películas en 2015. Las cinco más exitosas se llevaron veintidós por ciento del total de la taquilla.[21]

¿Cuál es la mejor forma de entender un mercado lleno de fracasos y sostenido por éxitos?

Al Greco, profesor de marketing en la Universidad de Fordham y experto en edición de libros, resume el negocio del entretenimiento de la siguiente forma: "Una industria compleja, adaptativa, semicaótica, con una dinámica de distribución de Bose-Einstein y características de ley potencial de Pareto, con incertidumbre de carácter dual".[22] Esto puede parecer un galimatías, pero vale la pena explicarlo palabra por palabra.

- **Compleja:** cada año se estrenan cientos de películas que son exhibidas para miles de millones de espectadores potenciales que están viendo comerciales, leyendo a críticos y consultándose los unos a los otros para decidir cuál boleto es el que tienen que comprar. En el corto plazo, el mejor indicador del ingreso de taquilla de la próxima semana es el ingreso de taquilla de esta semana. Pero como todo el mundo está constantemente influyendo a todos los demás, predecir el ingreso de taquilla en un futuro distante es como predecir el lugar final que van a ocupar 16 pelotas de billar mientras ruedan en zigzag por una mesa pegándose unas a las otras.

- **Adaptativa:** cuando un libro de cierto género tiene éxito —por ejemplo, el romance semipornográfico, las distopías para jóvenes o los libros de psicología popular—, el resto de la industria se adaptará para copiarlo. Pero la imitación agresiva llevará a que la tendencia se vuelva obsoleta para cuando algunos de estos productos adaptativos llegan al mercado. Firmar contratos millonarios con actores de primera parecía una apuesta segura en los ochenta y los noventa, de modo que los salarios de las superestrellas experimentaron un periodo de hiperinflación, hasta que unos cuantos fracasos, como *Last Action Hero* de 1993, estelarizada por Arnold Schwarzenegger, rompieron la regla sagrada hollywoodense de que las superestrellas podían sacar a flote cualquier película. En la televisión, los espectadores han atestiguado recientemente esta especie de efecto clúster con la fórmula de un protagonista antihéroe oscuro y perturbado.

Por el momento, los héroes de cómics parecen inmortales, pero no hay manera de que representen el estadio final evolutivo del cine. De esta manera, irónicamente, los hits pueden sembrar la semilla de su propio fin, a medida que la imitación excesiva vuelve obsoletas las tendencias.

- **Una industria semicaótica con una dinámica de distribución de Bose-Einstein:** hace unos cien años, científicos como Satyendra Nath Bose y Albert Einstein concluyeron que las moléculas de gas en recipientes cerrados se aglomeraban de forma agresiva en un tiempo y lugar dado, y que era imposible predecir este evento con certeza. Consideremos dicha metáfora para la cultura pop, con los consumidores en el rol de las moléculas de gas. En algún momento, se aglomerarán en torno a un producto cultural impredecible, ya sea comprando el mismo libro o viendo la misma película. Recordemos la gran idea de Duncan Watts: como si se tratara de un gran terremoto, algunas cascadas globales son matemáticamente inevitables, pero también son imposibles de predecir con mucha antelación.

- **Características de ley potencial de Pareto:** Vilfredo Pareto fue un economista italiano al que se le atribuye descubrir lo siguiente: el ingreso en un país sigue una "ley potencial" tal que 80 por ciento de la riqueza es poseído por 20 por ciento de la población. El principio de Pareto se ha extendido hasta significar que 80 por ciento de las ventas a menudo proviene de 20 por ciento de todos los productos. En la muestra de películas que estudió De Vany, la quinta parte de las películas recababan cuatro quintas partes de los ingresos en taquilla.[23] En la industria del libro, cerca de 90 por ciento de las ganancias vienen de 10 por ciento de los títulos. En los mercados digitales es aún peor: 60 por ciento del ingreso de todas las tiendas de apps viene solamente de 0.05 por ciento de las compañías.[24] Para los creadores de hits, la vasta mayoría de sus apuestas serán fracasos. La diferencia entre un gran año y un año terrible en la industria de la edición puede deberse a una pequeña minoría de libros contratados.

- **Incertidumbre dual:** los guionistas y productores no saben lo que los espectadores querrán ver en dos años. Los espectadores no saben qué películas aparecerán en dos años, ni tienen información perfecta acerca de lo que quieren ver. Y aun así el negocio de Hollywood está en predecir lo que las audiencias van a querer ver dentro de varios años, aunque la mayoría de las personas no lo sabrá a ciencia cierta, aunque se lo preguntes.

Si esto hace que el negocio de los hits parezca desesperado, así sea. Hacer productos complejos para las personas que no saben lo que quieren —y que se agruparán de forma agresiva en torno a productos extrañamente populares si un par de sus amigos hacen lo mismo— es un trabajo increíblemente difícil. Es importante apreciar el estrés inherente en torno a ser un creador, un empresario, un sello disquero, un estudio de películas o una compañía de medios de comunicación. La gente es en general inescrutable y los mercados son un caos: no es una sorpresa que la mayoría de los esfuerzos relacionados con la creatividad terminen en fracaso.

Una solución para atenuar el caos es ser dueño de los canales de distribución. Hacer música es menos riesgoso cuando puedes sobornar a las estaciones de radio para que toquen tus canciones. Lo hicieron los sellos disqueros por décadas hasta que el gobierno federal condenó la práctica como ilegal y modificó algunas reglas establecidas por la Comisión Federal de Comunicaciones. Hacer películas es menos riesgoso si eres dueño de los cines que van a exhibirlas. Los estudios fílmicos fueron dueños de muchos cines hasta que la Suprema Corte estableció en 1948 que esto se trataba de una práctica desleal, con lo que puso fin al sistema oligopólico de los estudios de Hollywood. El problema con ser dueño de la distribución no es que no funcione; al contrario, funciona tan bien que es ilegal.

La siguiente mejor solución es rodear a las audiencias con publicidad para asegurar que todo consumidor que pueda estar interesado en un producto nuevo esté consciente de que existe. En los años cuarenta los estadunidenses compraron en promedio treinta boletos de cine al año. En la época actual solamente compran cuatro. ¿Cómo pueden los estudios traer a esta gente de vuelta a los cines? Habría que convertir las películas en un evento estelar de alcance nacional, con producciones espectaculares rodeadas de marketing monstruoso, comerciales ininterrumpidos y carteles pegados en cada centímetro del país. En un artículo de economía de 1997, De Vany afirmó que los estudios podrían reducir el riesgo de fracasar mediante "un gasto promocional sin precedentes", y eso fue exactamente lo que hicieron: el número de producciones de los estudios grandes ha declinado en las últimas dos décadas, mientras que los costos de marketing se han disparado. En 1980, los estudios gastaron menos de 20 centavos en promoción por cada dólar que ganaban. Ahora gastan 60 centavos por cada dólar.

Finalmente, Hollywood aprendió la lección del segundo capítulo de este libro y ha creado productos originales enraizados en la familiaridad: secuelas, adaptaciones y reelaboraciones de propiedades intelectuales conocidas. En los últimos veinte años, la estrategia principal de Hollywood se ha dirigido a las franquicias de múltiples secuelas, particularmente con superhéroes al centro.[25] En 1996, ninguna de las diez mayores películas fueron secuelas o películas de superhéroes (por ejemplo: *Independence Day*, *Twister* y *The First Wives Club*), y las películas basadas en cómics solamente representaban 0.69 por ciento de la taquilla. Cada año, en lo que va de esta década, la mayor parte de las diez películas más taquilleras han sido secuelas, precuelas y *remakes*. De las 371 películas estrenadas en 2016, sólo cuatro cintas de superhéroes —*Capitán América: Guerra civil*, *Deadpool*, *Batman contra Superman* y *X-Men: Apocalipsis*— representaron veintinueve por ciento del total de ingresos de taquilla. De cierta forma, Hollywood ha aprendido una lección de las series de televisión: si encuentras una historia que funciona, produce más y más episodios.

La estrategia de las franquicias, que atesora la familiaridad y el hecho de que la gente ya conozca estas historias y personajes, es una solución comercial a la naturaleza caótica del arte. Pero también es una respuesta directa a la globalización de las películas. Los estadunidenses comprarán menos boletos por persona esta década que en cualquier otro momento desde el inicio de la historia del cine. Mientras tanto, casi la totalidad del crecimiento global de la taquilla ocurre en el este de Asia y América Latina. El surgimiento de un público global hace que los estudios produzcan piedras de Rosetta visuales, historias individuales que pueden ser interpretadas en diferentes lenguas.[26] No existe ningún lenguaje en el mundo más universal que los héroes que destruyen a los malos con la ayuda de explosiones.

La estrategia de las franquicias puede ser una manera prudente de mitigar la poca certeza que existe en el proceso de producción de películas, pero también acarrea consecuencias negativas muy específicas, tanto en el terreno creativo como en el financiero. Los escritores que observan que Hollywood está abandonando los dramas inteligentes y complejos en favor de las franquicias de superhéroes han mudado su atención a la televisión. No es coincidencia que el surgimiento de la "era de oro de la televisión" coincida con la "era de las franquicias cinematográficas". El número de dramas que pasan por televisión, incluidos servicios de *streaming* como Netflix y Hulu, aumentó de unos cien a fines de los noventa, a más de cuatrocientos en 2015. Al enseñar al público a ver sólo las películas con las mayores campañas de marketing, los estudios están arriesgándose a depauperar las películas más pequeñas y a dejar que sus futuros autores se lancen a los brazos abiertos de los ejecutivos de televisión. Lo que es más: esta estrategia específica garantiza que los fracasos serán igualmente espectaculares y, para los ejecutivos de la industria, devastadores. Todos menos tres de los treinta mayores fracasos en la historia de Hollywood fueron lanzados desde 2005.[27]

El que apuesta en grande, a menudo pierde en grande. Tarde o temprano, el caos gana.

Blackboard Jungle fue una película notable con una taquilla impresionante, pero no fue exactamente un gran éxito.

En la taquilla de 1955 logró el lugar número 13 entre los filmes más populares de ese año, detrás de *Cinerama Holiday, Mister Roberts, Battle Cry, Oklahoma!, Guys and Dolls, La dama y el vagabundo, Strategic Air Command, Not As a Stranger, To Hell and Back, The Sea Chase, La comezón del séptimo año* y *The Tall Men*. Si has escuchado hablar de cinco de estas doce películas, me ganaste. Y aun así todas ellas fueron más populares que la cinta que lanzó la canción más vendida de rock and roll de todos los tiempos.

No existe un modelo estadístico para predecir que el lado B olvidado de un disco mediocre, tocado durante los créditos iniciales de la décimo tercera película más popular de un año particular se volvería automáticamente la canción más popular de rock de la historia.

El negocio de la creatividad es un juego de azar: complejo, adaptativo, semicaótico, con una dinámica de distribución de Bose-Einstein y características de la ley potencial de Pareto, con incertidumbre dual. Tú como creador estás haciendo algo que no existía antes para una audiencia que no te sabrá decir de antemano si le gustará.

Lidiar con este tipo de incertidumbre requiere algo más que buenas ideas, una ejecución brillante y un marketing poderoso, aunque a menudo requiere también de todos esos elementos. También exige un evangelio de la perseverancia frente al fracaso inevitable. Como dice Duncan Watts, si un disparador tiene uno por ciento de posibilidad de convertirse en una cascada global, debería producir por lo menos algunos hits, *siempre y cuando* se le den cientos de oportunidades. No existe un antídoto para el caos de los mercados creativos, sólo la obstinación para soportarlo.

Bill Haley era un tipo terco. Dado todo lo que ocurrió, todo estaba dispuesto para que jamás lograra grabar esa canción en el estudio. Era un vaquero cantor con una mandíbula fuerte poco adecuado para la era de la televisión. Su disquera se había rehusado a grabar la canción. Su ferry se quedó atorado en un lodazal. Su sesión de grabación fue un desastre. Un hombre razonable se hubiera dado por vencido.

Pero Haley era poco razonable. Dejó su compañía disquera, negoció para obtener preciosos minutos de grabación en otra compañía, manejó como una bala a Nueva York y pasó horas grabando una canción que no le gustaba sólo para tener 130 segundos de otra que realmente amaba.

Así que cuando pienses en Haley, debes considerar su enorme golpe de suerte. Pero si puedes retenerlo en tu memoria junto a Einstein, Pareto y las probabilidades, piensa en esto también: era un tipo medio ciego que se enseñó a sí mismo a tocar guitarra, siguió todos sus sueños para ser un cowboy del viejo oeste y sobrevivió a cientos de intentos fracasados, sólo para obtener su oportunidad en aquel templo masónico, el 12 de abril de 1954. Ahí, con tan sólo una oportunidad para grabar la melodía que habría de vender cuarenta millones de discos, puso a cantar su voz cansada y empezó a contar: "One, two...".

8

EL MITO DE LO VIRAL

CINCUENTA SOMBRAS DE GREY Y LA VERDAD SOBRE POR QUÉ ALGUNOS HITS LLEGAN A SER TAN GRANDES

El sitio erótico de internet para mujeres más popular del mundo no es lo que la mayoría de la gente consideraría un sitio erótico, en lo absoluto. Es FanFiction.net, una fogata en línea masiva, donde escritores y escritoras amateurs intercambian adaptaciones de historias populares, a veces con un poco de fantasía sexual mezclada en la trama.[1] La inspiración más popular de *fan fiction* en el sitio incluye los libros de Harry Potter, *Naruto*, una serie japonesa de cómics sobre un joven ninja, y las series televisivas *Glee* y *Doctor Who*. Pero tal vez la aportación más famosa del sitio a la cultura pop provenga de los libros de *Crepúsculo*.

Durante muchos años, los escritores de FanFiction jugaron con el romance central de *Crepúsculo* entre Bella Swan, una hosca adolescente, y Edward Cullen, un guapo vampiro enamorado, experimentando con varios géneros e introduciendo poco a poco sexo explícito como un elemento clave de la trama. El universo de la *fan fiction* en línea se había vuelto un sello distintivo de esta nueva era de hits. Era a la vez enorme, con cientos de miles de autores y lectores, y en su mayoría invisible para gran parte del mundo exterior. Pero no permanecería invisible para siempre.

Una de las más populares escritoras de *fan fiction* en el género de *Crepúsculo* fue Erika Leonard, una madre trabajadora con dos hijos que vivía cerca de Ealing, un suburbio del noroeste de Londres. En noviembre de 2008, Leonard vio la adaptación cinematográfica de *Crepúsculo* y quedó completamente extasiada. Compró los cuatro libros de la serie para leerlos en un atracón de cinco días durante las vacaciones de Navidad. "Fue una de las mejores vacaciones que he tenido", me dijo.

En sus treinta, Leonard era una ávida (si bien algo avergonzada) lectora de novelas románticas. En el tren al centro de Londres leyó "cientos" de ellas, doblando recatadamente las sobrecubiertas del libro para ocultar la imagen de la portada, a menudo una mujer joven, vestida con un atuendo poco apropiado para viajar en metro, desmayada en los brazos de un hombre cómicamente musculoso. Más recientemente, se había sentido atraída por la ficción erótica, como *Macho Sluts*, una colección de relatos publicada en 1988 por Pat Califa, que con frecuencia ofrecían sexo lésbico sadomasoquista.

En 2009, Leonard se inscribió en FanFiction.net, que le pidió seleccionar un nombre de pluma. Cuando sus primeras opciones no estuvieron disponibles, pensó en la historieta británica favorita de su infancia, *Noggin el Nog*, y en las amigables historias del dragón de hielo Grolliffe. Se inscribió con el nombre de *Snowqueens Icedragon*, y entró.

El mundo de la *fan fiction* de *Crepúsculo* era una mescolanza de estilos y géneros, en la que se refundía al protagonista Edward como un idiota silencioso, un padre aburrido, un dios del sexo dominante, un artista sumiso, un rufián cubierto de tatuajes o un refinado ejecutivo de Oxbridge. Leonard se sintió atraída por las interpretaciones de BDSM, particularmente las que se desarrollaban en un entorno de oficina. En pocos meses, quedó claro que la autora a la que los lectores de FanFiction.net a menudo llamaban "Icy" tenía un oído privilegiado para los motivos más tentadores y obscenos.[2] Su obra, originalmente titulada *Amo del universo*, caracterizaba a Edward como un CEO con un toque sadomasoquista.

Como lo mostró George Lucas en la década de 1970, los narradores más exitosos son a menudo creadores de collages que combinan alusiones nunca antes reunidas para crear una historia sorprendente y familiar. Las historias de Leonard fueron éxitos certificables, que obtuvieron más de cincuenta mil comentarios en el sitio de FanFiction y más de cinco millones de lectores.[3]

Una de sus mayores fans en el sitio fue una escritora australiana llamada Amanda Hayward.[4] Se conocieron en Twitter a principios de 2010 e intercambiaron mensajes. En octubre de ese año, Hayward inauguró The

Writer's Coffee Shop, una pequeña casa editora digital establecida en las afueras de Nueva Gales del Sur, Australia, y se ofreció a publicar la obra de Leonard. Al principio, Leonard se resistió. Pero como *Amo del Universo* creció hasta convertirse en una de las historias más populares en toda la red de FanFiction, Leonard desarrolló la angustia de que alguien pudiera robar su trabajo y publicarlo como libro. Entonces decidió que sería mejor publicar las historias por sí misma.

El 22 de mayo de 2011, dejó FanFiction. Tres días más tarde, su obra fue publicada como e-book y en edición de papel encuadernado a la rústica por The Writer's Coffee Shop, bajo un nuevo título y un seudónimo actualizado: *Cincuenta sombras de Grey*, por E. L. James.

El sello australiano de Hayward era pequeño. Pocos fuera de la comunidad de *fan fiction* podrían haber oído hablar de él. Pero miles de personas siguieron a Hayward y a "Icy" y compraron el primer libro de James cuando fue publicado en mayo de 2011. El compromiso de largo tiempo de James con sus compañeros escritores de *fan fiction*, cultivado durante horas y horas de lectura y de responder a sus fans y a otros adaptadores en línea, había creado algo extraordinariamente raro para un autor primerizo: una audiencia masiva de lectores, comentaristas y compañeros creadores.

Pero a finales de 2011, casi nadie en las grandes casas editoriales de Londres y Nueva York había oído hablar del libro o de su enigmático autor con seudónimo. Pocos hubieran adivinado que, dentro de seis meses, las historias de James pasarían a ser no sólo uno de los grandes éxitos editoriales de toda la historia, sino un fenómeno cultural global. En el verano de 2012, varias organizaciones de noticias estadunidenses, incluyendo *The New York Times*, el *Huffington Post*, CNN y CBS, dijeron todas lo mismo. El libro no era sólo un éxito. Se había hecho "viral".[5]

Se ha puesto de moda hablar de las ideas como si fueran enfermedades. Algunas canciones pop son *infecciosas* y algunos productos son *contagiosos*. Anunciantes y productores han desarrollado una teoría de lo "viral" en marketing, que supone que el simple boca a boca puede fácilmente tomar una pequeña idea y convertirla en un fenómeno. Esto ha alimentado una concepción popular de los rumores que afirma que las compañías no necesitan estrategias de distribución sofisticadas para su producto para pegar en grandes escalas. Si hacen algo que es inherentemente infeccioso, pueden sentarse y esperar a que explote como un virus:

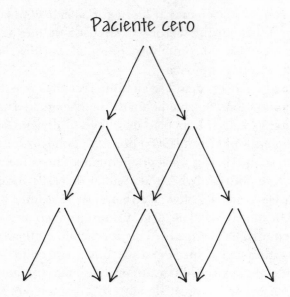

Paciente cero

En epidemiología, el término *viral* tiene un significado específico. Se refiere a una enfermedad que infecta a más de una persona antes de que el agente patógeno muera o que lo haga el anfitrión.[6] Una enfermedad tiene un potencial de propagación exponencial. Una persona infecta a dos. Dos infectan a cuatro. Cuatro infectan a ocho. Y en poco tiempo, tenemos una pandemia.

¿Las ideas siempre se han hecho virales de esa manera? Durante mucho tiempo, nadie podía estar seguro. Es difícil rastrear la pista del rumor de boca a boca o la propagación de una moda (como los jeans ajustados) o una idea (como el sufragio universal) de persona a persona. De modo que, gradualmente, "Esa cosa se hizo viral" se ha convertido en la manera elegante de decir: "Esa cosa se volvió enorme muy rápido, y no estamos seguros de cómo".

Pero hay un lugar donde las ideas dejan un rastro de información: internet. Cuando publico un artículo en Twitter, es compartido una y otra vez, y cada paso de esta cascada es rastreable. Los científicos pueden seguir el rastro de los correos electrónicos o mensajes de Facebook mientras se mueven alrededor del mundo. En el mundo digital, finalmente puede responderse a la pregunta: *¿se vuelven realmente virales las ideas?*

La respuesta parece ser un simple no. En 2012, varios investigadores de Yahoo estudiaron la difusión de millones de mensajes en línea por Twitter.[7] Más de noventa por ciento de los mensajes no se difundieron en absoluto. Un pequeño porcentaje, alrededor de uno por ciento, fue compartido más de siete veces. Pero nada se hizo realmente del todo viral, ni siquiera los mensajes compartidos más populares. La gran mayoría de las noticias que la gente ve en Twitter, alrededor de noventa y cinco por ciento, viene directamente de su fuente original o con un grado de separación.[8]

Si las ideas y artículos en internet esencialmente nunca se hacen virales, entonces ¿cómo es que algunas cosas alcanzan tal popularidad masiva tan rápidamente? La propagación viral no es la única manera en que el contenido puede llegar a una gran población, de acuerdo con los investigadores. Hay otro mecanismo, llamado "difusión transmitida", en el cual muchas personas obtienen información de una sola fuente. Los autores afirman:

> Las emisiones pueden ser extremadamente grandes —el Super Bowl atrae a más de cien millones de televidentes, mientras que las primeras páginas de los sitios de noticias en internet más populares atraen a un número similar de visitantes diarios— y, por lo tanto, la mera observación de que algo es popular, o incluso de que se volvió popular tan rápidamente, no es suficiente para establecer que se difundió de una manera que se le parezca [a una infección viral].[9]

En internet, donde pareciera que todo se hace viral, quizá muy poco o incluso nada lo es. Los investigadores llegaron a la conclusión de que la popularidad en línea es "impulsada por el tamaño de la emisión más grande".[10] Los éxitos digitales de taquilla no representan un millón de momentos de uno a uno, sino unos pocos momentos de uno a un millón.

Extendido al universo entero de los hits, este nuevo hallazgo sugiere que los productos, artículos y canciones no se extienden como en el primer esquema que vimos. En cambio, casi todos los productos e ideas populares tienen momentos de éxito donde se propagan desde una fuente a muchos individuos al mismo tiempo, no como un virus, sino de esta manera:

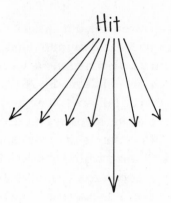

Imagina que vas a trabajar un lunes y una compañera te informa sobre una
nueva receta de guacamole que leyó en *The New York Times*. Varias horas
más tarde, vas a comer con otro compañero de trabajo, que te pregunta si
has escuchado sobre la nueva receta de guacamole que leyó en *The New
York Times*. Después del trabajo, vuelves con tu cónyuge, cuya compañera
de trabajo le cantó las maravillas una nueva receta de guacamole que encontró en *The New York Times*. La observación común es: "El artículo del
Times sobre guacamole se hizo absolutamente viral". Pero la observación
más cierta es que el artículo no se hizo viral en ningún sentido significativo
de la palabra. Llegó a muchas personas que lo leyeron en la sección de rece-
tas de un gran periódico internacional, y unas cuantas hablaron sobre eso.

La enfermedad es una metáfora infecciosa. Necesitamos una revisión
de la analogía epidemiológica que pueda rivalizar con el mito viral: una que
explique cómo pueden propagarse las ideas a muchas personas a la vez,
como si mil personas se contagiaran de gripe de una sola fuente.

De hecho, hay una historia perfecta para ello. Es uno de los episodios
más célebres de la historia de la investigación médica, enseñada en varias
escuelas de medicina e investigada en libros de no ficción populares, como
El mapa fantasma, de Steven Johnson. Comienza en el distrito de Soho, en
Londres, en la década de 1850.

Hace doscientos años, la teoría más popular sobre la enfermedad sostenía que la gente se enfermaba debido a una fuerza espectral llamada "miasma": venenos invisibles transportados por los vientos. La teoría del miasma
persistió porque, al igual que con los vampiros y la viralidad, era una gran
historia con defectos muy discretos. La propagación de la enfermedad fue

alguna vez tan difícil de rastrear como el murmullo de boca en boca, y había poca o nula comprensión sobre los gérmenes, bacterias y virus.

A mediados del siglo XIX, Londres era la ciudad más grande del mundo y una enorme cloaca que rebosaba de enfermedades.[11] En 1854, un brote de cólera azotó la ciudad, matando a 127 personas en tres días[12] y causando que 75 por ciento de los residentes huyera del barrio de clase obrera de Soho en una semana. El gobierno de la ciudad todavía asumía que la enfermedad se propagaba a través de los olores y era inhalada por los habitantes.

El científico John Snow no estuvo de acuerdo. Un médico con instintos de periodista, Snow entrevistó a cientos de familias enfermas y sanas de la vecindad. Trazó sus casos en un mapa, con barras oscuras que representaban hogares con cólera.

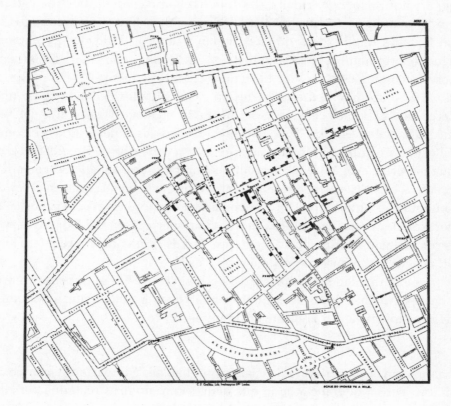

La investigación de Snow descubrió varias pistas importantes:

1. Las casas infectadas se agrupaban dentro de unas pocas cuadras.
2. Fuera de ese grupo, no había prácticamente casos de cólera.
3. En el corazón del grupo había una cervecería cuyos trabajadores estaban extraordinariamente saludables.

Imagina que eres un detective con estas pistas y este mapa. Dado el patrón de la enfermedad, podrías descartar la teoría del miasma. Pero aun así te preguntarías si esta enfermedad se estaba extendiendo *entre* las casas —como un virus— o si venía de una sola fuente y de ahí se extendía a muchas casas. Y ¿por qué la cerveza ofrecería inmunidad a los trabajadores en medio de una epidemia urbana?

Snow agregó más detalles al mapa: restaurantes, parques, bombas de agua, y notó algo. En las manzanas donde la bomba de agua de Broad Street era la fuente más cercana de agua, los casos de cólera fueron numerosos. En aquellas donde los residentes tenían más probabilidades de obtener agua de otra bomba, el cólera era raro. Las familias con cólera tenían una cosa en común: estaban sacando agua de la misma fuente.

"Hubo solamente diez muertes en casas situadas decididamente más cerca de otra bomba callejera", escribió Snow en una carta al editor del *Medical Times and Gazette*. "En cinco de estos casos las familias de las personas fallecidas me informaron que siempre iban a la bomba de Broad Street, ya que preferían el agua de ella a las de las bombas que estaban más cercanas. En otros tres casos, los fallecidos eran niños que iban a la escuela cerca de la bomba en Broad Street."[13] ¿Y qué pasaba con los cerveceros sanos en el corazón de la zona caliente? Eran tipos con suerte. Para su labor, los cerveceros recibían licor de malta, cuyo proceso de fermentación requiere hervir el agua y eliminar las partículas tóxicas.[14]

La enfermedad no era dispersada por el viento. No se transmitía entre hogares. Muchas de las infecciones venían de una sola fuente: una bomba de agua infectada. La enfermedad era una emisión.

Las personas son criaturas sociales, que hablan, comparten, viven cosas juntas. Pero a diferencia de lo que ocurre con un virus real, una persona decide ser infectada por una idea, y la mayoría de quienes confrontan cualquier cosa no la comparten. Las enfermedades virales tienden a propagarse lenta, constantemente, a través de muchas generaciones de la infección. Pero las cascadas de información son todo lo contrario: suelen propagarse en pequeñas ráfagas y morir rápidamente.[15] El evangelio de la viralidad ha convencido a algunos comerciantes de que la única manera de que las cosas se vuelvan populares en estos días es el rumor y la propagación viral. Pero estos expertos en marketing sobrestiman enormemente el poder confiable del boca en boca.

Mucho de lo que los legos llaman viralidad es en realidad una función de lo que podríamos llamar "organismos de radiodifusión oscura": las personas o empresas que distribuyen información a muchos espectadores a la vez, pero cuya influencia no siempre es visible a las personas fuera de la red. Por ejemplo, alguien que mirara las estadísticas del brote de cólera en Londres de 1854 podría pensar que un virus se extendía de casa en casa. Sólo mediante el estudio de la escena vería cómo la enfermedad se extendía realmente: venía prácticamente de una sola fuente.

Es común confundir las emisiones oscuras con la propagación viral. En 2012, un documental de treinta minutos sobre el líder rebelde ugandés Joseph Kony se convirtió en "el video más viral de la historia", con cien millones de visitas en YouTube en tan sólo seis días.[16] Es, sin duda, una hazaña increíble para un documental llegar a niveles de distribución dignos de un éxito de Hollywood en menos de una semana. Pero ¿fue realmente un caso de propagación viral, por millones de personas ordinarias que compartieron el video cada una con una o dos personas más? La verdad es que no. El video fue compartido por estrellas del pop como Rihanna y Taylor Swift, estrellas de televisión como Oprah Winfrey y Ryan Seacrest, y algunas de las personas más influyentes de Twitter, como Kim Kardashian, con 13 millones de seguidores en ese momento, o Justin Bieber, con 18 millones de seguidores.[17] Éstas no eran personas ordinarias que pasaban la información a otras dos o tres otras personas como un virus. Eran locutores oscuros que enviaron el video a millones de personas al instante dentro de una red densamente conectada, a pesar de que finalmente muchos de los que vieron el video no se enteraron de que estas celebridades habían sido las encargadas de su distribución.

Aquí hay otro ejemplo: el 24 de abril de 2012, Día Mundial de la Malaria, Tracy Zamot, ejecutiva de medios para un sello disquero, publicó un tuit con un video incrustado sobre la enfermedad. La música de fondo fue proporcionada por The Kin, una banda de rock. El video explotó en línea, con un recuento de más de 15 mil retuits. Pero el mensaje original de Tracy Zamot fue compartido exactamente una vez, por la cuenta de Twitter de la banda. Así que, ¿cómo se convirtió el video en tal fenómeno? La respuesta breve es que varios famosos, cada uno con un número tan grande de seguidores como los suscriptores de un periódico de circulación nacional, compartieron el video.

Conseguir la historia completa requiere un poco de espeleología en internet. La sección de comentarios de YouTube es conocida como el hogar de algunas de las opiniones más groseras y de peor ortografía en la red. Pero en este caso, leer los comentarios bajo el video de la malaria ofrece un raro vistazo dentro de la cascada de información. Entre los noventa y seis comentarios, más de la mitad hacen referencia a cómo encontraron el video los usuarios: cuarenta y uno dan gracias o mencionan a Justin Bieber, trece refieren al cantante de country Greyson Chance y cinco mencionan al actor Ashton Kutcher. Esas tres celebridades postearon en Twitter el video a más de un millón de seguidores. "Dale like si Ashton Kutcher, Justin Bieber, Greyson Chance o alguien más te mandó aquí! LOL", publicó el usuario Riham RT.

Los científicos de Microsoft Research que estudiaron el fenómeno vieron lo mismo. La popularidad del video no floreció como se propaga un virus, a lo largo y ancho de muchas generaciones. La cascada de información se parece más a la mecha de una bomba, una tranquila cadena de acciones solitarias seguida de varias explosiones, en forma de tuits de celebridades. ¿Se hizo "viral" el video sobre la malaria? Se podría decir. Pero se convirtió en un éxito, no por las quince mil acciones individuales, sino en gran parte porque tres celebridades tenían el poder de compartir el video con un millón de personas a la vez. El éxito fue una emisión oscura, y la oscuridad se iluminó, en este caso extraño, gracias a los comentarios de YouTube.

Como vimos en el primer capítulo del libro, una emisión individual es más potente en una época con menos canales de exposición. Cuando había sólo tres canales de televisión, por ejemplo, era más fácil conseguir altos ratings. Pero el futuro parece ser una época de abundancia, con cientos de canales, podcasts, sitios de medios de alcance nacional, boletines informativos, perfiles de Twitter, páginas de Facebook y apps. Cada una de estas fuentes puede impactar a miles o millones de personas en un día. Estos editores son organismos de radiodifusión. Su trabajo no es viral en absoluto. Decir que una idea "se hizo viral" después de que apareció en la portada de *The New York Times* es casi tan tonto como decir que un comercial "se hizo viral" después de aparecer en el Super Bowl, o que la *E. coli* "se hizo viral" cuando muchas personas enfermaron al comer en el mismo restaurante. Las palabras tienen significados, e incluso las definiciones más elásticas de viralidad nada tienen que ver con estos eventos del tipo uno-a-mil (o uno-a-cien-millones).

La propagación de un video "viral" no es principalmente viral, pero tampoco es del todo difusión. Por el contrario, los estudios de las redes sociales sugieren que la mayoría de los éxitos virales consisten en uno o varios eventos de contaminación masiva que tienen este aspecto:

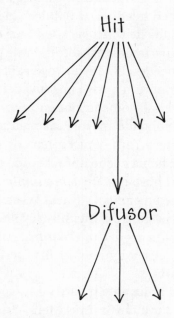

En este esquema, una publicación de Facebook, una exposición favorable en el *Drudge Report* o un segmento bien visto en Fox News llega a miles y miles de personas *instantáneamente* y luego una pequeña fracción del grupo infectado la pasa otra vez a sus contactos.

Realmente casi nada es viral, pero algunas ideas y productos sí son más infecciosos que otros. Son compartidos y discutidos en mayor proporción que el promedio. Pero para llegar a esta proporción necesitan de una emisión —el exhibidor de libros del Walmart, un tuit de Kardashian, la proverbial bomba de agua callejera— que los arroje en la corriente principal, donde la gente los encontrará y los compartirá.

Eso fue lo que ocurrió con *Cincuenta sombras de Grey* a finales de 2011. Fue un éxito oscuro, un producto cuya gran audiencia fue invisible a las mediciones más importantes de popularidad. Nadie lo descubrió en ninguna lista de best seller. Nadie leyó sobre él en el periódico. *Cincuenta sombras* ya era infecciosa desde antes. Sólo necesitaba una bomba de agua más grande.

El 6 de enero de 2012, Anne Messitte, entonces editora de adquisiciones del sello Vintage Books en la editorial Random House, recibió una copia en impresión bajo demanda de *Cincuenta sombras de Grey* que había estado circulando por los departamentos editorial y de publicidad de otro sello de su empresa. Fue un viernes. El sábado, leyó el libro de una sola sentada.

Messitte sabía poco sobre la novela más allá del hecho de que *Cincuenta sombras* estaba generando comentarios entre las madres del Upper East Side y Westchester, un condado mayoritariamente de clase media alta al norte de la ciudad de Nueva York. "Fui a cenar con unas amigas esa noche, y me preguntaron lo que había hecho durante todo el día", me dijo. "Les dije que había leído el primer libro de *Cincuenta sombras*. Inmediatamente, alguien en la cena dijo que una amiga suya en Westchester ya lo había leído y le encantó." La semana siguiente, Messitte leyó la segunda entrega, *Cincuenta sombras más oscuras*, y decidió reunirse con James. Había un problema: "E. L. James" era el seudónimo de una escritora novata, y Messitte no sabía cómo encontrarla.

Mientras tanto, otra influyente madre de la ciudad de Nueva York hacía un descubrimiento simultáneo. Lyss Stern, fundadora de DivaMoms, un grupo social para madres pudientes con espíritu entusiasta del Upper East Side, visitó la enorme librería Barnes and Noble en Union Square para buscar *Cincuenta sombras*, a sugerencia de una amiga. Pero el nombre del autor "E. L. James" no aparecía en el sistema de la cadena librera en enero de 2012. "La mujer en el mostrador me miraba como si yo estuviera loca", me dijo Stern.

Así que Stern buscó en línea y compró el libro electrónico. Como Messitte, lo terminó en un día. Repentinamente obsesionada, se dedicó a evangelizar sobre *Cincuenta sombras* en sus boletines de DivaMoms e invitó a E. L. James a Nueva York para asistir a una fiesta de libros en su honor, en su enorme apartamento en Chelsea.

Una de las suscriptoras a los boletines de DivaMoms era Messitte. Solicitó por correo electrónico a Stern que la invitara al evento, y se identificó a sí misma como lectora y editora. Stern le respondió que las entradas al evento se habían agotado y reenvió la solicitud de Messitte a Valerie Hoskins, una agente fílmica que estaba ayudando a James a lidiar con su creciente fama.

El 24 de enero de 2012, las tres mujeres —Messitte, Hoskins y E. L. James— se reunieron en las oficinas de Vintage Books en Manhattan para discutir la posibilidad de volver a lanzar *Cincuenta sombras* con una edición en rústica. James conocía directamente de los lectores, libreros y bibliotecarios las dificultades para comprar el libro, y estaba ansiosa por hacerlo más fácil de conseguir.

James tenía opiniones fuertes y específicas sobre cómo quería que su libro fuera presentado, en formas inesperadas para el género de romance. Ella había diseñado sus propias cubiertas: la corbata plateada que se volvió icónica, un guiño alusivo al segmento empresarial y al *bondage*. "Pensé que era brillante", dijo Messitte. "La gente que pensaba convencionalmente le había dicho a Erika que debería parecerse más a una novela de romance. Pero Erika quería ser diferente. Creo que la distinción en las cubiertas abrió los libros a un público mucho más amplio."

En ese entonces, Messitte no era editora de novela romántica ni erótica, por lo que era ajena a las nociones preconcebidas de las convenciones del género. Las tres mujeres hablaron sobre publicar el libro no como novela romántica típica, sino como un best seller para el mostrador de la tienda, con la esperanza de lanzar un libro que trascendiera géneros y se posicionara como un fenómeno cultural.

Me reuní con Messitte en su oficina en el año 2016. Quería aprender más sobre la historia del fenómeno de *Cincuenta sombras*, pero también quería saber más acerca de su editora. En enero de 2012, el libro era un punto luminoso en el radar del mundo editorial. En unos meses, sería la sensación de la cultura pop a nivel mundial. ¿Qué vio Messitte en el libro antes que el resto del mundo?

Ciertamente no vio la sólida evidencia de sus ventas. Según los mejores datos públicos disponibles, a principios de 2012 *Cincuenta sombras* no había vendido aún más de un par de miles de ejemplares por todo Estados Unidos.

Pero Messitte estaba monitoreando de cerca el desarrollo de la conversación en línea sobre el libro. Ella sabía que un entusiasmo fuera de lo común anticipa ventas fuera de lo común, y la reacción a *Cincuenta sombras* era muy fuera de lo común. A lo largo de la ciudad de Nueva York y sus suburbios, un cierto grupo demográfico de mujeres —inteligentes y buenas lectoras, mujeres con amplios contactos sociales— estaba pidiendo a gritos el libro. "Gran parte de este negocio se reduce a la intuición y al cálculo de riesgos, y pudimos ver que algo importante estaba ocurriendo", me dijo. Las búsquedas en Google sobre el libro estaban a la cabeza en estados con grandes poblaciones urbanas, como Nueva York, Nueva Jersey y Florida.

El 10 de febrero, tras dos semanas de correos electrónicos y llamadas telefónicas, Messitte hizo a Hoskins una oferta para contratar la publicación de la trilogía de *Cincuenta sombras,* y tras un mes de negociaciones entre la autora, el grupo editorial Knopf Doubleday y The Writer's Coffee Shop, se firmó un acuerdo el 7 de marzo de 2012 para vender los derechos de publicación a Vintage. Dos semanas después, el 18 de marzo, *Cincuenta sombras de Grey* debutó en el lugar número uno de los libros de ficción más vendidos, tanto impresos como electrónicos, de *The New York Times.* El 25 de marzo, *Cincuenta sombras más oscuras* alcanzó el número dos. Al día siguiente, Universal Pictures y Focus Features anunciaron que las compañías se asociarían en el desarrollo de una película basada en la primera entrega de la trilogía. El 1 de abril, *Cincuenta sombras liberadas* apareció en la lista de best sellers, en el tercer lugar.

Si un libro vende un millón de ejemplares, es un best seller histórico. En la primavera y el verano de 2012, Random House imprimió un millón de ejemplares por semana de la trilogía *Cincuenta sombras.* Con más de 150 millones de ejemplares vendidos, es el libro más vendido en toda la historia de Random House.

La historia de *Cincuenta sombras* es una paradoja. ¿Cómo podría hacerse viral un libro en un mundo donde "nada realmente es viral"?

Imagina por un momento que estamos sentados en el laboratorio, viendo cómo florece la cascada de información de *Cincuenta sombras*, desde un único punto en el 2011. ¿Esa imagen se parece al siguiente esquema, una serie de acciones de compartir de uno-a-uno y uno-a-dos durante miles de generaciones, como un virus de la gripe?

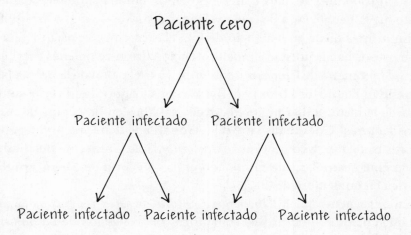

¿O es algo más bien así, una transmisión tradicional con ramificaciones de intercambios sociales, donde varios destinatarios diseminan la información entre sus amigos?

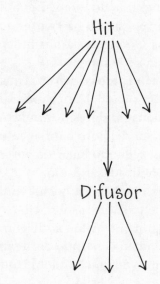

El mundo no digital no proporciona un mapa claro de la influencia y difusión social a los investigadores y periodistas. Tenemos que hacer algunas inferencias. Pero después de escribirme con Anne Messitte, Lyss Stern, Amanda Hayward y la misma E. L. James, he llegado a pensar que aunque *Cincuenta sombras* se haya convertido en un emblema de viralidad, realmente fue la beneficiaria de tres emisiones distintas de uno-a-un-millón.

En primer lugar, se benefició de una clásica emisión oscura, a la cual nadie parece haber prestado mucha atención de entre quienes escribieron sobre el fenómeno de *Cincuenta sombras*... a excepción de la propia James. "Cuando publiqué los libros con The Writer's Coffee Shop, varios admiradores de la historia dieron cinco estrellas al libro en [la página de reseñas de los lectores] Goodreads", me dijo. Goodreads tiene sus premios de los lectores cada año, y como *Cincuenta sombras de Grey* tenía muchas reseñas de cinco estrellas, fue nominado en la categoría de Mejor novela romántica en noviembre de 2011.

En el recuento final, *Cincuenta sombras de Grey* recibió 3,815 votos: más que cualquier otra novela romántica con excepción de *La amante liberada*, de la autora de best sellers J. R. Ward. Este segundo lugar llamó la atención no sólo de otros lectores de novelas románticas, sino también de ejecutivos de Hollywood. En diciembre, recordó James, estaba recibiendo solicitudes de estudios de cine que buscaban obtener los derechos de la novela. "Goodreads tuvo mucho que ver con llamar la atención de los lectores", dijo. Como una celebridad en Twitter que envía un video a otras celebridades, los premios Goodreads transmitieron la novela a miles de lectores y ejecutivos del entretenimiento.

Éste es un detalle pequeño pero crítico en el misterio de cómo *Cincuenta sombras* se hizo grande tan rápido. Varios meses antes de que los lectores casuales (esto es: no los consumidores de *fan fiction*) en Estados Unidos o Europa hubieran oído hablar del libro o de su autora, ya había atraído tantos lectores que recibió el segundo lugar de votos en línea de entre todas las novelas de romance publicadas ese año.

Si *Cincuenta sombras* no se había hecho viral en noviembre de 2011, ¿cómo fue que tanta gente ya supiera sobre ella?

Esto nos lleva a la segunda emisión sutil: el mundo de FanFiction.net. James ya era una celebridad en el mundo de la *fan fiction*, con más de cinco millones de lectores antes de que Random House la encontrara. Mucho

antes de que ella fuera "E. L. James", Erika Leonard fue Snowqueens Icedragon, una radiodifusora oscura que escribía para una audiencia absurdamente grande de lectores que los editores tradicionales de Nueva York
no podían ver ni medir. La gente compró su libro electrónico, le puso cinco
estrellas en Goodreads y votó por ella como la novela de romance del año,
todo antes de que el mundo editorial tomara nota del incipiente fenómeno. Cuando James publicó su libro en 2011, no necesitaba una cascada viral
para llegar a cientos de miles de lectores dedicados. *Ya los tenía.*

Tercero, para llegar a una audiencia verdaderamente global y convertirse en una de los autores más vendidos de todos los tiempos, James necesitaba la distribución y el poderoso marketing de una gran editorial como
Random House. La gran mayoría de la publicidad y el éxito del libro ocu-
rrieron después de que Messitte y James firmaran el contrato el 2 de marzo
de 2012. Una semana después, el 9 de marzo, *The New York Times* pregonó
la adquisición de Random House en un reportaje de página completa que
llegó a millones de personas, en su versión impresa y en línea. A principios
de abril, una entrevista con James fue la llamativa portada de la revista *Entertainment Weekly*, con una circulación de unos dos millones de ejemplares. El 17 de abril apareció en entrevistas tanto en *Good Morning America*,
de abc, como en *The Today Show*, de nbc, dos programas matutinos con
una audiencia combinada de unos diez millones de espectadores. Al día siguiente, la revista *Time*, el semanario más leído del país, con más de diez
millones de lectores de sus versiones impresa y digital, la nombró una de
las cien personas más influyentes en su reportaje de portada.

No hay duda de que una buena parte del éxito de *Cincuenta sombras* se
debió al ordinario boca a boca. De hecho, Messitte se interesó inicialmente en el trabajo de James en parte porque mucha gente parecía desespera-
da por hablar de su libro.

Pero también es indudable que *Cincuenta sombras* alcanzó niveles históricos de éxito debido a varios momentos de uno-a-un-millón. La publicación inicial del libro electrónico llegó a muchos lectores de *fan fiction*
de un solo golpe, como una bola de boliche que golpeara un grupo de pinos colocados de antemano. La popularidad del libro se propagó mediante numerosos medios tradicionales, lo que evangelizó acerca de la novela
ante decenas de millones de los lectores y televidentes; entonces otros medios de comunicación, como *The New York Times* y el *Wall Street Journal*,

complementaron la labor elogiando el éxito del libro ante una audiencia de varios millones más.

Ésa es la diferencia entre la viralidad en cultura y la viralidad en epidemiología. Un virus real se extiende sólo entre personas. Pero una idea "viral" puede propagarse *entre las transmisiones*. Para que la mayoría de los llamados ideas o productos virales se conviertan en éxitos masivos, casi siempre dependen de varios momentos donde se diseminan a muchas personas a partir de una sola fuente. No como una gripe, sino algo como una bomba de agua en Broad Street.

El caldo de cultivo de la *fan fiction* del que salió *Cincuenta sombras* es, como gran parte de la cultura moderna, una nueva tecnología que sirve a un propósito antiguo. En un sentido amplio, la *fan fiction* podría ser tan antigua como la literatura y la base de algunas de las historias más famosas jamás escritas. Las obras más populares de Shakespeare, como *Romeo y Julieta* y *Noche de Reyes*, se valen de viejos cuentos como andamios para la nueva poesía. *La divina comedia*, de Dante, es profusa en alusiones a la Biblia y los clásicos antiguos. Dante era a tal grado un fanático que se pinta en los textos en el momento de conocer a sus ídolos Virgilio y Homero y describe arrobado cómo ellos y otros poetas "me hicieron parte de su tribu".

Aunque no siempre se llamaron "fans" ni han llamado "ficción" a su trabajo, los novelistas nunca están libres de influencias. El material fuente de *Cincuenta sombras* es *Crepúsculo*, que fue también una adaptación lejanamente basada en el argumento de la novela de Jane Austen *Orgullo y prejuicio*, pero con una actualización del gélido Sr. Darcy para hacerlo, literalmente, de sangre fría. El clásico de Austen es a la vez una especie original y un clásico de su género: el metamito de la inversión del poder. Muchas novelas románticas siguen el mismo arco dramático: un hombre poderoso desea a una mujer menos poderosa y, al enamorarse, pierde su dominio, lo que vuelve posible su unión. Es *La bella y la bestia*, donde la pequeña mujer doma al gran monstruo. Es *Jane Eyre*, donde el rico noble distante se derrite por la niñera de clase trabajadora, "Todo en el mundo tiene que ver con el sexo, excepto el sexo", dijo Oscar Wilde. "El sexo tiene que ver con el poder." *Cincuenta sombras* es una lucha de poder, también, una en la que el sexo es el escenario para la inversión central de poder.

La literatura clásica es despótica, de una manera; existe un autor de un texto y millones de lectores cuya única opción es seguirlo obedientemente. Esos autores podrían parecer deidades distantes y, como escribió John Updike, "los dioses no contestan sus cartas". Pero en la democracia directa de la *fan fiction*, los lectores son escritores, los escritores también son lectores, y todos ellos responden las cartas. En esta revolución pacífica contra la soberanía del autor, un público de lectores se reúne para convertirse en público de los demás y, de vez en cuando, produce una obra de arte que eclipsa su influencia.

Sobre todo, un escritor popular de *fan fiction* es un lector talentoso: del material original, de las interpretaciones de sus compañeros y de la recepción de la audiencia. Claro que, aunque nadie más allá de FanFiction.net comprara jamás un ejemplar de sus libros, James fue una lectora avezada de todos estos tres grupos. Ella pasaba horas en el sitio, leyendo los comentarios sobre sus historias, tomando nota de los elogios y las sugerencias, y agradeciendo la retroalimentación. Según ella misma cuenta, se dedicó exhaustivamente a mantener el contacto con sus fans.

Desde el principio, *Cincuenta sombras* fue una conversación: entre Erika Leonard y otros autores de *fan fiction*, entre Snowqueens Icedragon y sus decenas de miles de entregados lectores en línea, entre E. L. James y su legión mundial de fans, y por último entre los fans mismos. "La conversación es lo más potente para vender libros, y este libro desencadenó una conversación que las mujeres querían tener con otras mujeres", afirma Messitte. "Madres e hijas lo discutieron. Gente que no había leído un libro en quince años lo discutió."

Mucha gente quería leer *Cincuenta sombras* porque ya era popular. Con todo y la cuidadosa estrategia de marketing de Random House, la mejor publicidad para el libro fue su propia notoriedad. Muchos lectores con poco interés previo por el sadomasoquismo, las novelas románticas o incluso los libros en general, compraron ejemplares de la trilogía porque tenían curiosidad de participar en un fenómeno cultural. Querían entrar en un club lleno de gente simplemente porque estaba lleno.

¿Cómo hace la popularidad para engendrar más popularidad? Varios años después de su trabajo con cascadas globales, Duncan Watts y dos investigadores en la Universidad de Columbia, Matthew Salganik y Peter Dodds, diseñaron un estudio para investigar el fenómeno de los hits en la música.[18]

Crearon varios sitios de música, o "mundos", con las mismas cuarenta y ocho canciones y pidieron a los visitantes que descargaran sus favoritas. Así, los investigadores pudieron ver evolucionar la popularidad de las mismas canciones, como si estuvieran en universos paralelos.

Había un matiz inteligente: algunos sitios de internet mostraban a los visitantes un ranking de los temas más populares, pero otros sitios no tenían tales clasificaciones. Aunque cada mundo empezó con cero descargas, evolucionaron para volverse absolutamente diferentes. En el Mundo 1, la canción más popular era "She Said", de la banda Parker Theory. En el Mundo 4, sin embargo, esa canción estaba en décimo lugar.

De manera más importante, los rankings eran como esteroides para los éxitos: las personas que podían verlos fueron más propensas a descargar canciones que ya eran populares. La mera existencia de los rankings, un simple indicador de popularidad, hizo aún más grandes a los éxitos que ya eran grandes.

En un experimento de seguimiento, Watts y sus colegas científicos se pusieron un poco más atrevidos: invirtieron la clasificación.[19] Algunos visitantes llegaron a sitios de música donde la canción menos popular fue nombrada falsamente como la número uno. Probablemente puedas adivinar lo que pasó. Las canciones previamente ignoradas inicialmente dispararon su popularidad. Las canciones previamente populares fueron ignoradas. Simplemente creer, incluso erróneamente, que una canción era popular, hizo más propensos a numerosos participantes a descargarla. El ranking crea superestrellas, incluso cuando miente.

Algunos consumidores compran productos no porque sean "mejores" de alguna manera, sino simplemente porque son populares. Lo que están comprando no es sólo un producto, sino también un pedazo de popularidad en sí mismo.

Actualmente, el mercado cultural es un panóptico de la cultura pop, donde todo mundo puede ver lo que el mundo está viendo, jugando y leyendo. En un mundo así, audiencias históricamente numerosas se agruparán inevitablemente alrededor de un puñado de mega éxitos, como *Cincuenta sombras* o, más recientemente, el juego de realidad aumentada Pokémon GO. Ésa es la lección de Salganik, Dodds y Watts: los productos culturales se extenderán más rápido y tendrán mayor alcance cuando todo el mundo pueda ver lo que todos los demás están haciendo. Esto sugiere que el futuro de muchos mercados de creadores de hits será totalmente abierto, radicalmente transparente y muy, muy desigual.

En el análisis final, éste fue quizás el mecanismo clave en el fenómeno de *Cincuenta sombras*: al igual que un video viral, fue impulsado por una combinación de organismos tradicionales de radiodifusión (*The Today Show* y *The New York Times*), radiodifusores oscuros (el núcleo masivo de la *fan fiction* y los grupos de Facebook) y mecanismos normales para compartir (lectores que hablan con otros lectores). Millones de personas estaban entusiasmadas, enloquecidas y desconcertadas por el libro, pero hay miles de libros que entusiasman, enloquecen y desconciertan. Y ninguno de ellos vende cien millones de ejemplares. Lo que distinguió a *Cincuenta sombras* es que su fama se convirtió en un producto por sí misma; muchas personas que ni siquiera disfrutaban de la lectura desearon no ser la última persona en leerla.

De esta forma, la saga de E. L. James es a la vez extraordinaria y típica. En el caso de muchos logros culturales, el arte en sí no es lo único que vale la pena consumir; la experiencia de haber visto, leído o escuchado la obra de arte con el fin de poder hablar de ella es su propia recompensa. Estos consumidores no sólo están comprando un producto; lo que realmente están comprando es la entrada a una conversación popular. *La popularidad es el producto.*

Desde que *Cincuenta sombras* conquistó el mundo, ha habido varios intentos de sociología pop para explicar su éxito. Algunos han señalado que las ventas de novelas románticas siempre aumentan durante las recesiones económicas, cuando las mujeres suelen buscar el consuelo de una narración electrizante.[20] Otros argumentaron que la llegada de los libros electrónicos significó que incluso las mujeres más cosmopolitas podrían leer literatura erótica sin sentirse juzgadas en público.

Sería satisfactorio si *Cincuenta sombras* ofreciera una lección fácil sobre cómo crear el producto más popular en la historia del mundo. Lamentablemente, el hecho mismo de que constituya un caso aparte lo hace, a la vez, un objeto de teorización y una extraordinaria excepción. No hay duda de que el libro se benefició de las emisiones de los medios tradicionales. Pero si el poder de difusión de un editor fuera suficiente para obtener una sensación global, entonces miles de libros venderían más de cien millones de ejemplares cada año. En cambio, *Cincuenta sombras* pide una muestra de humildad por parte de editores, escritores y, sí, de gente como yo que trata de explicar su éxito.

Para entender por qué algunos éxitos llegan a ser tan grandes, uno no puede basarse exclusivamente en características tales como la familiaridad o en estrategias de marketing como los momentos de uno-a-un-millón. Las emisiones vienen primero, pero no son suficientes. Un puñado de productos será masiva e inevitablemente popular cada año por la sencilla razón de que, una vez que se colocan en la conciencia nacional, la gente no puede dejar de hablar sobre ellos.

Entonces, ¿cómo conseguir que la gente hable?

9

LA AUDIENCIA DE MI AUDIENCIA

GRUPOS, CAMARILLAS Y SECTAS

Vincent Forrest estaba labrando su camino por la universidad en el auspicioso año de 2008 y, como tantos jóvenes de su generación afectados por la recesión, se encontró desempeñando un traba- jo aburrido en una tienda de regalos independiente en su ciudad natal de Grand Rapids, Michigan. El negocio iba lento, y Forrest, un dibujante afi- cionado, pasaba su tiempo hojeando páginas de catálogos de tarjetas de felicitación. Luego escribía chispeantes líneas para las tarjetas, con su par- ticular sentido del humor —raro, desapegado y conciso— y los circulaba por la oficina.

Esto era básicamente un juego para dependientes aburridos, no una puja por el estrellato. Pero de vez en cuando el aburrimiento es una cavidad don- de la creatividad anida. Los colegas de Forrest estaban encantados por su afición e insistieron en que tenía un talento poco común. Así que en mayo de 2009 abrió una tienda en Etsy, un mercado en línea para artistas indepen- dientes, para vender botones con sus chistes. Sus primeros dieciocho dise- ños encontraron un público pequeño, así que siguió escribiendo. Compartía los chistes con sus amigos para obtener retroalimentación e imprimía sus favoritos. Experimentó con chistes políticos (que los compradores a menu- do ignoraron), chistes de cultura pop (que gustaron más) y juegos bobos de palabras (que les encantaban). Siguió aprendiendo, afinando, imprimiendo.

La tienda de botones de Forrest cuenta actualmente con más de qui- nientos diseños y más de cien mil ventas concluidas. Entre 2011 y 2014,

mantuvo el récord de más artículos vendidos en el departamento de objetos hechos a mano de Etsy, y su tienda sigue siendo una de las más populares en la historia del sitio.

El éxito de alguien como Vincent Forrest me interesa por dos razones.
En primer lugar, es una vocecita sin un megáfono. En el capítulo anterior,
vimos que cuando los investigadores estudiaron la evolución de los grandes
éxitos en línea, el camino más confiable hacia la cima se basaba en explosiones de uno-a-un-millón en lugar de lo que normalmente llamaríamos un
éxito "viral". Pero la gente como Forrest no tiene acceso a la fuerza de marketing de una empresa como Random House. Nunca podrían lograr viralidad
literal, pero para empezar necesitan construir su propia entidad difusora.
Normalmente eso significa que tienen que hacer algo digno de compartir.

A partir de una base de exposición tan pequeña, el éxito inicial de Forrest se basó en redes de gente que no conocía y a quien jamás llegaría a
conocer. Necesitaba que estos extraños celebraran sus chistes y los com-
partieran. Ésa es la segunda razón por la que me interesa la historia de Forrest: no es una historia sobre botones. Es una historia acerca de por qué
a las personas les gusta compartir cosas privadas como los chistes locales.

"La naturaleza del chiste local es que crea una oportunidad para que
la gente llegue a conocerse", me dijo Forrest. "Si un botón dice: 'Me gusta
la lectura,' no hay ninguna conversación allí. A mucha gente le gusta leer.
Pero un chiste específico sobre *Jane Eyre* sólo será notado por un número
más pequeño de personas que aman *Jane Eyre* y que pueden conectarse ge-
nuinamente entre sí por esa razón." El público más pequeño, que está densamente conectado, le gana al grupo más grande, que es más difuso.

La primera mitad de este libro se centró en una pregunta simple: *¿por
qué a la gente le gusta lo que le gusta?* Pero los últimos capítulos han demostrado que esta pregunta aislada es insuficiente. Las personas no toman decisiones de manera individual. No son sólo criaturas de influencia ("lo compré
porque es popular"). También son criaturas de expresión propia ("lo compré porque soy yo"). La gente compra y comparte todo tipo de cosas porque
quiere que los demás vean que las tienen. Vincent Forrest vende botones para
ser usados en público. Vende chucherías de identidad de tres centímetros.

Cuando alguien postea un artículo en línea, a menudo se dice que el artículo fue "compartido". *Compartido* es un uso interesante, porque en el
mundo físico se tiende a compartir cosas que son excluibles. Cuando com-

partes una manta, tienes menos con qué mantenerte en calor. Cuando compartes una docena de galletas, comes menos de doce. Pero con la información es diferente. La información es un recurso no excluible. Cuando compartes algo en línea, no renuncias a nada. Compartir, en el contexto de la información, realmente no es compartir. Es mucho más parecido a hablar.

Entonces, cuando alguien comparte información —como un artículo, un chiste o un botón—, ¿está haciendo algo por los demás, o sólo está hablando de sí mismo?

Vincent Forrest nació, creció y se educó en Grand Rapids. En la escuela secundaria, fue un bromista con un cuaderno de dibujos y una propensión a poner a prueba los límites de la propiedad humorística. "Siempre me ha gustado probar chistes, y he descubierto que soy tan raro como otras personas me dejan serlo", me dice. "Si te ríes, mi sensación es que empezamos de nuevo, y seguiremos avanzando hacia adelante. Si no te ríes, descubriré un límite y me echaré para atrás."

Cuando se graduó de la secundaria, Forrest pasó varios años en el colegio comunitario antes de inscribirse en el Grand Valley State, justo en Lake Michigan Drive, para estudiar arte. Después de mudarse de casa de sus padres, trabajó en la tienda de regalos para pagar el alquiler, pero la combinación de una semana de cuarenta horas laborales y clases de estudio intensivo fue agotadora. "Desarrollé un terrible insomnio", dijo. "Tenía pesadillas de ansiedad, pero estaban bien porque al menos las pesadillas me decían que me había quedado dormido." Forrest cambió de carrera a literatura inglesa después de un semestre.

En la tienda de regalos, Forrest reescribió los chistes en los catálogos de tarjetas como una forma de soñar despierto para soportar el tedio del trabajo de cajero. Pero en 2009, una confluencia de acontecimientos inconexos le dio la confianza para vender sus chistes por dinero. Una devolución de impuestos del gobierno federal fue suficiente como para invertir en una máquina de hacer botones. Abrió una tienda de Etsy bajo el seudónimo de Beanforest. "Al principio, se trataba simplemente de lanzar cosas raras al vacío", dice. "Algunos de los chistes no funcionaban. Pero los que sí funcionaban se vendían; la gente compartía esos chistes en Facebook y etiquetaba a sus amigos." A medida que las ventas crecían, él y su novia terminaron, y Forrest aprovechó la oportunidad para tomar un gran riesgo. En julio de 2009, abandonó su trabajo para dedicarse de tiempo completo a los botones.

Muchos de los chistes de Forrest buscan un nicho peculiar: los introvertidos con tendencia a gustos de nerds, que suelen citar con la misma facilidad un nuevo meme de internet que el *Otelo* de Shakespeare o *Los elementos del estilo*, de Strunk y White. En los siguientes dos años, el sitio de Forrest se convirtió en la tienda de objetos hechos a mano con mayores ventas en Etsy. Algunos de sus botones más populares son:

- "... y *este* cerdito se quedó en casa comiendo tocino, sin darse cuenta del horror de sus acciones."
- "No me dejes en una librería con una tarjeta de crédito."
- "Cuando me despierto por la mañana y me estiro, hago ruidos de dinosaurio bebé."
- "¿No sería increíble si la vida fuera un musical gigante?"
- "Es digno de mencionar que soy *realmente* bueno malinterpretando las señales sociales."
- "Si me quedo dormido al sol, déjame en paz. Estoy haciendo fotosíntesis."
- "Me he ido para siempre. [*Sale, perseguido por un oso*]" (una línea de *El cuento de invierno* de Shakespeare y su pin más popular).

"Nunca he sido de la opinión de que debe escribirse para una multitud tan grande como sea posible", me dice Forrest. "Quiero escribir para personas con intereses muy específicos que les apasionen. Básicamente escribo chistes locales que crean un imán de entendimiento."

Pregunté a Forrest si tenía una filosofía personal sobre por qué algunos chistes funcionan particularmente bien. Me dijo que podría ser, pero tendría que poner la respuesta por escrito. Varios días más tarde, a las 8:34 de la mañana, recibí un correo electrónico suyo que comenzaba: "Ya salió el sol y he pasado las últimas 5.5 horas trabajando en estas cuestiones".[1]

El correo electrónico tenía más de mil palabras, y Forrest me aseguró que muchos párrafos de pensamientos a medio terminar habían sido eliminados en el proceso. Era perfectamente apropiado o irónico que alguien que escribía frases de tres centímetros para vivir luchara para explicar lo que había aprendido después de varios años de escribirlas.

Leí su mensaje varias veces. Era perfecto, una cajita de dulces con ideas sobre ideas que dieron vueltas en mi cabeza en los primeros capítulos de este libro, como la danza entre la sorpresa y la familiaridad y el poder de la concisión poética.

Aquí habla Forrest sobre cómo ser interesante en un espacio de tres centímetros. Resume muy bien el momento de reconocimiento estético, la tensión entre la singularidad y el reconocimiento, que se trata, en última instancia, de crear de un nuevo núcleo de significado para las personas:

> El tamaño de un botón con prendedor limita cuánto puede decirse sin dejar de ser legible... Cuando estoy haciendo mi trabajo bien, es porque estoy diciendo algo preciso sobre los temas que me son personales o que me resultan cercanos (la educación, el pánico existencial, mis mascotas, etc.) de una manera que es a la vez lo suficientemente específica para que se sienta personal, y transmisible a otras personas con los mismos intereses... El éxito estriba en lograr una conexión significativa con mi audiencia.

Sobre el origen del significado:

> La especificidad y la familiaridad son importantes. Los detalles pueden marcar la diferencia entre algo que se percibe como proveniente de la experiencia (y como algo significativo) versus algo general y pasivo. Quiero aprender lo suficiente acerca de un tema para sentir que tengo algo real o nuevo que decir. Los clientes han solicitado diseños para una amplia gama de temas, pero aunque me guste el tema, hay mucha gente inteligente por ahí fuera y la mayoría de la fruta madura ya ha sido recogida. Hay bastantes probabilidades de que, incluso si un chiste me suena como algo nuevo, ya sea viejo para el público más propenso a comprarlo. El conocimiento y el interés personal no garantizan que todo lo que yo haga sea nuevo, pero sí reducen significativamente el riesgo de reciclar material antiguo.

Sobre el caos del éxito:

> Parece casi imposible predecir a qué responderá la gente. He escrito una buena cantidad de éxitos y casi tantos yerros, y en la mayoría de los casos me resultaría difícil explicar por qué uno se convierte en un éxito de ventas y el otro es un fracaso.

Pero la observación más interesante de Forrest fue sobre por qué piensa que la gente compra sus botones. "Los mejores chistes son tan específicos que se sienten como si fueran privados", me dijo. "Ésa es la sorpresa, creo, que le gusta a la gente: el que yo comparta con ella algo que parecía muy pequeño y personal como para que nadie más pudiera saberlo." Más adelante en su correo Forrest escribe que sus bromas sirven como "una forma pequeña de comunicar familiaridad".

Forrest dice que la gente compra sus botones porque sus chistes son tan específicos que se sienten como si fueran privados. Luego dice que la gente los compra para comunicarse con sus amigos. Inicialmente estas interpretaciones parecen contradictorias. ¿Por qué comprarías algo privado con el fin de compartirlo?

Pero quizás es justo eso: un chiste privado *es* una red privada de entendimiento. Hace que se cristalice un grupo, una especie de secta suave, donde un conjunto de individuos únicos siente que pertenece a algo. Los productos físicos de Vincent Forrest son botones e imanes. Pero lo que realmente vende es otra cosa: un sentimiento que se siente tan personal que no puedes dejar de compartirlo.

Cada vez que compartes un trozo de información en una red social, en línea o no, su popularidad final depende de que tu audiencia decida o no contarles a otras personas, a *su* audiencia. La pregunta en cuestión es simple: "¿Es ésta una noticia adecuada para mi audiencia?". Luego esa audiencia aplica el mismo cálculo para determinar si debe transmitirla a sus amigos: "¿Es esto adecuado para mi audiencia?". Y tu audiencia, y la audiencia de tu audiencia, hacen el mismo juicio antes de contarle a un grupo de personas totalmente distinto: "¿Es esto adecuado para mi audiencia?". Con cada paso, las noticias viajan más lejos de su fuente original.

"Para volver popular el contenido, no es suficiente conocer a tus amigos o tus seguidores", afirma Jure Leskovec, un computólogo que estudia la conducta en línea en la Universidad de Stanford. "Se trata de conocer a los amigos de tus amigos y los seguidores de tus seguidores. Para que algo se vuelva grande, tiene que ser interesante para quienes están más allá de su audiencia inmediata: para la audiencia de su audiencia".

Si compartimos información con las personas con las que estamos conectados, otra manera de formular la pregunta *¿Por qué la gente comparte lo que comparte?* sería: *¿Qué es lo que conecta a las personas?*

Entre los principios más establecidos y consistentes en la organización de los seres humanos está una idea llamada "homofilia". Es una palabra extraña que comunica una idea sencilla: eres similar a la gente que te rodea: tus amigos, tu cónyuge, tus redes sociales y tus relaciones profesionales.[2] Hay una idea relacionada, "propincuidad", que dice que la gente a la que ves muchas veces, a menudo porque vive o trabaja cerca de ti, tenderá a caerte bien y tú tenderás a parecerte a ella. Juntas, ambas ideas son como las dimensiones sociales de la fluidez y el efecto de la mera exposición. Hemos visto cómo los individuos gravitan hacia lo familiar y se convierten en productos de su entorno. Las personas de un grupo son de la misma manera. Resulta agotador tener que explicarse y confrontarse todo el tiempo. Por el contrario, es algo profundo y hermoso estar cerca de personas que parecen entendernos.

En la superficie, la homofilia parece tan evidente que es trivial. Es natural que a los ingenieros de San Francisco les guste la compañía de otros ingenieros de San Francisco, o que las madres jóvenes católicas sientan un parentesco con otras madres jóvenes católicas. Gran parte de la investigación sobre la homofilia parece descubrir puro sentido común. Por ejemplo, una encuesta de 2011 aplicada a siete mil adolescentes ingleses de entre quince y diecisiete años reveló que el "rendimiento académico" propiciaba un vínculo clave en muchas amistades de la escuela secundaria.[3] Bueno, es natural: no necesitas a un sociólogo para saber que los nerds salen con los nerds.

Pero las implicaciones de la homofilia no son simples o inofensivas. Puede ser una fuerza detrás de la segregación racial o la intolerancia. Los niños que crecen en barrios y escuelas más étnicamente diversos podrían tener mayor diversidad étnica entre sus amistades. Pero en términos generales, la homogeneidad racial de los grupos sociales es impactante. El estadunidense blanco promedio tiene noventa y un amigos blancos por cada negro, asiático o hispano. El negro promedio estadunidense tiene diez amigos negros por cada amigo blanco. Quizás la estadística más impresionante de amistad interracial sea ésta: en Estados Unidos, donde la mayoría de los niños de tres años no son blancos, hasta setenta y cinco por ciento de la gente blanca no puede nombrar a un amigo que pertenezca a una "minoría".[4]

El primer grupo social del niño se encuentra profundamente moldeado por su primer barrio, algo que un niño pequeño no puede controlar. El poder de la geografía regresa recargado cuando nos convertimos en padres. Los padres de los estudiantes a menudo se vuelven amigos cercanos entre sí, y estos grupos sociales pueden ser profundamente homofílicos también. Muchas escuelas primarias se clasifican por la geografía (que refleja similitudes demográficas y de ingreso) y por las capacidades del niño (que reflejan, en cierta medida, los genes de los padres, sus valores y estatus socioeconómico). La geografía y las escuelas moldean las redes sociales de padres, tres o cuatro décadas después de que la geografía y las escuelas formaran su primera red social en su propia infancia.

El hecho de que las personas quieran pertenecer a rebaños con ideas similares puede ser aterrador cuando el grupo tiene algunas desviaciones estándar de la media cultural. En 1984, la socióloga británica Eileen Barker publicó *The Making of a Moonie*, una investigación de siete años sobre la Iglesia de la Unificación basada en entrevistas con los miembros de una de las sectas más populares de Estados Unidos.[5] Mientras que muchas sectas parecen aprovecharse de las personas pobres y sin educación que pertenecen a familias desestructuradas, Barker descubrió que los moonies (nombrados así por el fundador de la secta, el líder religioso coreano Sun Myung Moon) tendían a ser individuos de clase media con títulos universitarios y familias estables.[6] Quienes los veían desde fuera estaban seguros de que los moonies eran víctimas de privación del sueño, hipnosis y otros engaños. Tal vez querían creer que sólo algún lavado de cerebro podría transformar a alguien en un moonie. En su lugar, la secta inculcaba a los nuevos miembros a través de técnicas más inocentes: retiros de fin de semana, largas conversaciones, comidas compartidas y un ambiente de amor y apoyo. Los observadores no querían siquiera contemplar la idea de que personas comunes y corrientes como ellos pudieran disfrutar de la comodidad de una secta.* La verdad fue tal vez más aterradora: los moonies participantes eran libres de irse (muchos lo hacían

---

* La idea de que los moonies eran reclutas a quienes les habían "lavado el cerebro" puede haber tenido también un elemento racial. El término "lavado de cerebro" es un neologismo de la Guerra Fría, una traducción de un término chino. La frase entró en el léxico inglés durante la Guerra de Corea en medio de temores de que los prisioneros de guerra estadunidenses volverían como zombis, como en la película *El mensajero del miedo*.

tras una semana) y los que se quedaron simplemente se sintieron como en casa.

Una de las características distintivas de una secta es que sus miembros se unen para oponerse a lo que ven como una cultura opresiva o ilegítima.[7] Pero si recuerdas un capítulo anterior, rechazar una norma ilegítima es precisamente la definición sociológica de ser "cool". ¿Cuál es la diferencia entre lo que consideramos "propio de una secta" y lo "cool"? Ambos grupos se organizan en torno a la idea de que el mundo no los entiende. Ambos desarrollan costumbres que pertenecen a ellos exclusivamente. Quizás una secta sea una forma extrema de la homofilia. Pero en cierto modo, cada red social es una secta suave, un lugar donde las personas pueden, irónicamente, sentirse como individuos por pertenecer a un grupo.

Hay cientos de artículos de BuzzFeed acerca de los introvertidos; aquí va sólo una muestra: "31 signos inconfundibles de que eres un introvertido", "23 cosas que todos los introvertidos han cometido alguna vez", "21 habilidades increíblemente útiles que cada introvertido ha dominado", "15 cosas que los introvertidos deben saber acerca de cómo planear una boda" y "11 talentos que los introvertidos tienen sin darse cuenta". ¿Por qué una empresa de medios exquisitamente dedicada a publicar contenido "compartible" querría escribir tanto sobre personas que teóricamente no se comunican con los demás? No es sólo porque los introvertidos, como todas las personas, amen leer sobre ellos mismos en internet. También es el caso de que los introvertidos, como todas las personas, gustan de compartir con su clan evidencia de que son gente distinta de la tendencia general. La verdad es que todo mundo es un poco introvertido. Pero un artículo titulado "14 maneras en que puedes ser tan introvertido como cualquier persona promedio" no hará que nadie se sienta especial o diferente.

Leskovec dice que hay dos ciclos de retroalimentación básica en todo círculo social. En primer lugar, está la gente que busca a otros que son como ellos. Los sociólogos llaman a esto "clasificación". En segundo lugar, están los individuos que cambian para ser más como el grupo a su alrededor. Esto se llama "socialización". Estos dos efectos suelen estudiarse en las ciudades. Pero también internet es una metrópoli universal, un mosaico de vecindarios que a menudo están muy segregados o, al menos, frecuentados por usuarios que piensan parecido. Hay rincones de la web visitados casi de manera exclusiva por blancos o por negros, por neonazis o feministas, por gente de todo el país que se dedica a hablar de los medios o por fans de los Green Bay Packers.

He aquí una breve explicación de cómo podrían funcionar la clasificación y la socialización en la red social Twitter. Digamos que publico un artículo en Twitter sobre la historia de China. Miles de personas lo ven. Algunos de ellos no están interesados en la historia de China, y podrían dejar mi red al darme "unfollow". Pero algunos de ellos disfrutan de la historia de China y pasan el artículo a través de sus redes al "retuitearlo". De vez en cuando, la gente que lee este retuit, la audiencia de mi audiencia, podría unirse a mi red.

Éste es un modelo muy simple de cómo viaja la información por internet, pero tiene dos implicaciones importantes. En primer lugar, las redes sociales a menudo se *clasifican* al reunir a personas con ideas afines. Evolucionan hacia la homofilia. En segundo lugar, el ascenso de mi popularidad en una red social como Twitter, Facebook o Instagram depende de que pueda yo apelar no sólo a mi audiencia, sino también a la audiencia de mi audiencia.

Otra cosa interesante ocurre en estas redes sociales digitales. Con el tiempo, aprendemos qué tipos de mensajes reciben más atención. Adoptamos las ideas y estilos de escritura que tienen más éxito para obtener resultados positivos, como retuits o seguidores. Aprendemos que las gráficas espectaculares o las fotos divertidas son buenas, así como dar a la gente razones brillantes para creer que lo que ya creían antes es maravilloso. Aprendemos que demasiado cinismo respecto de ciertas celebridades es inoportuno, que nuestros sentimientos personales sobre la música de Coldplay son impopulares, y que usar MAYÚSCULAS PARA EXPRESAR SINCERAMENTE UN PUNTO DE VISTA POLÍTICO es torpe e inútil. Como por ósmosis, asumimos como propio el dialecto de la red.

En resumen, la similitud en las redes sociales funciona en ambas direcciones. Mi red se parece a mí y yo me parezco a mi red.

Vincent Forrest entiende intuitivamente ambos lados de esta convergencia. Sus mejores botones son, por confesión propia, los que se dirigen a círculos más estrechos. La gente quiere compartir los mensajes que les parecen los más personales. Pero él ha aprendido también de su público. Descubrió que los compradores de Etsy prefieren las referencias al espectro de la cultura pop y los chistes nerds sobre gramática. Por lo tanto, con el tiempo, ha hecho más botones que mezclan la cultura pop con chistes sobre lectura y sintaxis. Construyó su propia red social con decenas de miles de compradores, pero irónicamente, no lo hizo escribiendo chistes para diez mil personas al mismo tiempo, sino escribiéndolos sólo para pocos a la vez.

Las apps para teléfonos móviles más populares en el mundo abarcan toda la gama de la autoexpresión.[8] Si excluimos los juegos, las más descargadas en la historia del iPhone son Facebook, Facebook Messenger, YouTube, Instagram, Skype, WhatsApp, Buscar mi iPhone, Google Maps, Twitter y iTunes U.[9] En otras palabras: mapas, videos y un montón de cosas para hablar. Si piensas que las estadísticas sobre descargas están sesgadas, prueba con las encuestas independientes. Según un estudio realizado por Niche en 2014, los usos del móvil más comunes entre los adolescentes son los mensajes de texto, Facebook, YouTube, Instagram, Snapchat, Pandora, Twitter y las llamadas telefónicas. Seis de los ocho (mensajes de texto, Facebook, Instagram, Snapchat, Twitter y el viejo teléfono) son sólo herramientas para la autoexpresión, ya sea visual, textual o de voz.[10]

Estas redes sociales realmente funcionan sólo cuando son grandes.* Existe una idea llamada ley de Metcalfe, que dice que el valor de una red es proporcional al número de sus usuarios al cuadrado. Consideremos, por ejemplo, una app de citas. Con cinco usuarios, es inútil. Incluso con un centenar de usuarios, no es muy atractiva. Pero con diez mil usuarios dentro de un radio de dos kilómetros, es bastante fácil de persuadir al usuario diez mil uno a que se una. Obtener un usuario marginal es más fácil cuando la red social ya llegó a cierta masa crítica. Pero si necesitas que miles de personas se suscriban a un producto antes de que sea útil para cualquiera de los participantes, ¿cómo atraer al usuario número uno?

Cuando Tinder, la popular app de citas, apenas estaba despegando, Whitney Wolfe, jefa de facto de divulgación y comercialización de la empresa,

---

* No todas las apps para móvil se benefician tanto de los efectos de red, que se aplican específicamente cuando la popularidad de un producto hace que sea mucho más útil. Ser la única persona en Facebook, por ejemplo, no es muy divertido. Sin embargo, una app de noticias o de música puede ser perfectamente útil para millones de personas que la usen en soledad.

enfrentó este problema.* Necesitaba que muchos, muchos solteros se unieran a la app de citas todos a la vez en cada ciudad (después de todo, aunque ella hubiera reunido a cien mil solteros en California, la aplicación sería inútil para cualquier habitante de Baltimore).

En un principio, el problema de Wolfe aparentemente no tenía nada que ver con el reto que Vincent Forrest enfrentaba para vender chistes privados. Pero su solución nos hace volver al tema de la homofilia. Recordemos las reglas de Watts y de Leskovec sobre la popularidad: las ideas se difunden más confiablemente cuando se enganchan a una *red de personas íntimamente conectadas e interesadas.*[11] En otras palabras, si estás tratando de atraer a grupos, debes encontrar puntos comunes desde el principio. Para construir una base de usuarios inicial, Wolfe tuvo que ir a algún lugar donde hubiera cientos, quizá miles, de personas solteras que ya estuvieran conectadas. Así que volvió a la escuela.

Wolfe se había graduado de la Universidad Metodista del Sur en Dallas, conocida por su cultura de la bacanal. Ella entendía lo que llama "la experiencia universitaria sureña". Para encontrar usuarios, primero fue a las hermandades de mujeres. "Entraba en la casa y les pedía que descargaran Tinder como un favor personal", me contó. "Les decía que una joven mujer trabajadora necesitaba su apoyo, y también, por cierto, que cada chico lindo de la escuela se uniría a esta cosa en los próximos veinte minutos, porque caminaría hacia las casas de las fraternidades después de salir".

Tras persuadir a las hermanas de que descargaran la aplicación, fue a las fraternidades. Les dijo a los hombres que ella personalmente había visto que cada muchacha en la casa estaba descargando la app. "No defrauden a las chicas, ¡porque ellas los están esperando!", les decía. ¿Adivinas lo que hicieron los chicos? "Inmediatamente descargaron la app."

Wolfe no sembró la semilla de la app buscando personas cargadas de influencia mágica, sino amarrando a grupos enteros a la vez. Ella los reclutó en redes que ya existían, las populares fraternidades y hermandades de mujeres que estaban conectadas a otros grupos análogos en el metagrupo de la universidad.

---

* Aunque no creo que sea relevante para la teoría de redes o para el tema de la homofilia, es muy relevante para la historia de Tinder anotar que Wolfe demandó a la compañía por acoso sexual, negoció fuera de la corte y utilizó parte del dinero para comenzar Bumble, una app rival.

Tinder envió a Wolfe a prominentes universidades alrededor del país con el mismo manual de juego, según Joe Munoz, quien ayudó a construir el código central de Tinder. "Su discurso era bastante genial", declaró Munoz a *Bloomberg*. "Ella iba a las casas de su hermandad, hacía su presentación, y todas las chicas de las reuniones instalaron la aplicación. Entonces ella iba a la fraternidad hermana correspondiente, abría la aplicación y les mostraba a todas estas chicas lindas que conocían".[12] Había menos de cinco mil usuarios en Tinder antes de la excursión de Wolfe por el territorio nacional. Para cuando regresó, ya había unos quince mil. "La avalancha había comenzado", expresó Munoz.[13]

El éxito inicial de Facebook siguió un patrón similar. La empresa comenzó en 2004 como un directorio para los estudiantes universitarios en Harvard y otras universidades selectivas. Se difundió rápidamente entre los jóvenes que ya estaban conectados entre sí por clases, dormitorios y actividades extracurriculares. Como Tinder, su crecimiento se basó en una "estrategia de boliche", donde un producto es adoptado por un pequeño nicho, una red densamente conectada que ya existe, como una bola de boliche que se estrella contra un arreglo ordenado de pinos.[14] La red no habría sido útil si hubiera hallado a mil personas aleatoriamente distribuidas alrededor del mundo. Pero Facebook no estaba tratando de crear nuevas conexiones, sino de digitalizar —y, quizá, profundizar— los millones de relaciones estudiantiles que ya existían.

Wolfe usó la misma estrategia para hacer crecer Bumble, su siguiente app de citas, que tenía la distinción clave de que sólo las mujeres podrían iniciar conversaciones. "Volví a la Universidad Metodista del Sur, me paré sobre las mesas de las hermandades, y le rogué a la gente que descargara mi aplicación", dijo. Esta vez, trajo consigo refuerzos de mercadotecnia —montones y montones de premios con el logo amarillo de Bumble— y prometió regalitos dorados para las chicas que les escribieran a más amigos.

Bumble disparó su crecimiento también, alcanzando más de tres millones de usuarios en los primeros quince meses.[15] Cuando hablé con Wolfe en 2015, Bumble aún se estaba difundiendo a través de los campus universitarios, pero el numerito de Wolfe ya se estaba agotando. Las hermandades de mujeres habían llegado a ser conscientes de que eran la puerta de entrada a las redes de la universidad y estaban cansadas de que los promotores de apps les pidieran ser siempre la semilla. "Creo firmemente que si anuncias algo a una persona varias veces con el mismo formato terminará por volverse cínica", afirma Wolfe. "Mi cerebro intenta constantemente detectar de qué manera intentas venderme algo. Las visitas a las hermandades funcionaron durante mucho tiempo, pero creo que ahora se trata de encontrar a la persona adecuada dentro de cada red, para que pueda actuar como mi representante."

El elemento más importante en una cascada global no son los mágicos elementos virales o los *influencers* místicos. Más bien se trata de encontrar un grupo de personas que sean fácilmente influenciables. Esto le da la vuelta a la cuestión de las influencias. No preguntes: "¿Quién es poderoso?", sino "¿Quién es vulnerable?". En los modelos por computadora de Duncan Watts, las cascadas globales suceden cuando un disparador alcanza a una audiencia densamente conectada que se agrupa alrededor de una comunidad: una secta suave. Whitney Wolfe descubrió lo mismo. "A menudo pregunto a mi equipo si preferirían anunciar algo en un taxi de Nueva York o con una calcomanía en una mochila", me dijo. "El taxi será visto por miles de personas, y la etiqueta en la mochila podría sólo crear curiosidad entre un puñado de gente". Pero Wolfe, como Vincent Forrest, prefiere un pequeño emblema de identidad, un punto de partida para una conversación entre amigos. "Cuando estoy haciendo mi trabajo bien", dice Forrest, "estoy diciendo algo preciso que es lo suficientemente específico para que se sienta personal y familiar para otras personas con los mismos intereses".

El mundo no es un montón de gente uniformemente conectada. Sigue habiendo mil millones de grupos, camarillas y sectas... Lo que aprecia Watts en sus modelos, lo que Wolfe ve en sus apps y lo que Forrest mira en sus clientes es que las creaciones exitosas crecen de forma más predecible cuando aprovechan una pequeña red de personas que no se ven a sí mismas como gente ordinaria, sino más bien como una comunidad ligada por una idea o una característica en común que consideran especial. Las personas tienen todo el día para hablar de lo que las hace normales. Pero resulta que quieren compartir lo que las hace extrañas.

PANACHE

Me especialicé en periodismo y ciencias políticas en la universidad, pero también me atrajo la actuación, y en general prefiero el escenario a la sala de prensa. De hecho, creo que siempre me gustó escribir porque se sentía como actuar. Ambos trabajos requieren que quienes los ejercen desarrollen un sentido intuitivo de lo que está dentro y fuera, de los sentimientos y los gestos, de los pensamientos y las palabras. Cuando era estudiante de primer año, vi una producción estudiantil de *Cyrano de Bergerac*, un romance de 1897 que mis colegas montaron en un teatro de caja negra en el campus que tristemente parecía desde fuera una casucha condenada. No era una puesta en escena majestuosa; tenía las luces duras, sillas baratas y un escenario improvisado que correspondían a una producción estudiantil. Pero yo quedé embelesado. Era devoto de Shakespeare, Stoppard y Kushner, pero a mis dieciocho sentí fuertemente que ésta era la obra más inteligente que jamás hubiera visto.

Cyrano es la historia de un noble con ese nombre cuyo gusto por la esgrima con la espada y la palabra era tan singular que el personaje se acredita haber inventado la palabra francesa *panache*, que se traduce directamente como "plumaje" pero significa algo más como "pavoneo". Cyrano, tristemente famoso por su enorme nariz, ama a la bella Roxana y asume que una mujer así de hermosa no podría nunca corresponder al afecto de un hombre tan grotesco. Cuando Christian, un tipo apuesto pero poco brillante, le pide a Cyrano que sea su escritor fantasma para cortejar a Roxana, Cyrano no se niega. Al final de la obra, sin embargo, Roxana descubre que ella se ha enamorado de las palabras mismas. A quien verdaderamente ama es al autor de las cartas: al feo Cyrano, no al atractivo Christian.

La obra me vino a la mente una noche durante la investigación para este libro. Estaba escribiendo el capítulo siguiente, que trata, en gran parte, sobre el singular don de Cyrano: agradar al público.

"El medio es el mensaje", dijo alguna vez Marshall McLuhan, y todo mundo lo ha repetido millones de veces. Los nuevos medios, que son el internet y sus habitantes de las redes sociales, son fuerzas de amplificación que extienden nuestros mensajes a más oídos y ojos. Lo que quería saber era si las personas modifican lo que dicen cuando piensan que están abordando a un grupo grande de personas, como lo hacen con frecuencia en Facebook, Reddit y Twitter. Si el medio determina el mensaje, ¿puede el *tamaño* de la audiencia dar forma al contenido del mensaje?

No podría asegurar lo que dice la gente durante la cena. Pero sé de lo que se habla en internet, porque la red deja un rastro de datos. Cada año, la firma de análisis de contenido social NewsWhip publica su lista de las historias más populares en Facebook. Éstas son las diez más comentadas de 2014:[1]

1. Salvó a 669 niños del Holocausto... y no sabe que están sentados junto a él —LifeBuzz
2. ¿Qué animal eres? —Quizony
3. ¿Qué tan observador eres? —Playbuzz
4. ¿Podemos adivinar tu edad real? —Bitecharge
5. ¿A qué estado perteneces realmente? —BuzzFeed
6. ¿De qué color es tu aura? —Quiz Social
7. ¿Qué edad interior tienes? —Bitecharge
8. ¿Qué tan viejo actúas? —Bitecharge
9. ¿Qué clase de mujer eres? —Survley
10. ¿Cómo moriste en tus vidas pasadas? —Playbuzz

La observación común que despiertan historias como éstas es que plantean preguntas con las que nos podemos identificar: pueden empatar con las ansiedades normales y las curiosidades de los lectores; cada una de ellas es una pequeña comezón que suplica que la rasquemos rápidamente. Pero mirando otra vez la lista, no pude evitar pensar: realmente nadie habla de estas cosas.

Aquí hay tres frases que nunca han sido pronunciadas en la historia humana:

- "Antes de entrar a la cama, corazón, ¿a qué estado del país perteneces realmente?
- "Oye, mamá, me preguntaba, ¿de qué color es tu aura?"
- "Abuela, ¿qué clase de mujer eres?"

Éstas son, cuando mucho, el tipo de preguntas que podrías hacer en una primera cita tras descubrir que no compartes nada en común con esa persona. Si son preguntas con las que la gente se puede identificar, están relacionadas con curiosidades no dichas que no tienen ninguna semejanza con las conversaciones que se dan cara a cara, que suelen ser particulares y cotidianas. *¿Cómo estuvo tu día? Mi amor, necesitamos un trapeador nuevo. ¿Llevarás a la niña a su práctica de futbol o lo hago yo? ¿Cómo fue la charla con Janine?*

Un estudio de la Universidad de Harvard de 2012 encontró que la gente usa alrededor de un tercio de las conversaciones personales para hablar de sí misma.[2] En línea, ese número salta a ochenta por ciento. El cociente de egoísmo de una persona sube más del doble cuando abre una pantalla de computadora o de teléfono. Repasemos de nuevo la lista de los artículos más leídos en Facebook: nueve de las diez historias implican la palabra "tú" o "tu", que, para cada lector, significan "yo" y "mi". Fuera de línea, uno a uno, hablo con otras personas. En línea, uno a mil, hablo (y leo) sobre mí.

Toda comunicación implica a una audiencia, pero el tamaño de la audiencia puede dar forma a la comunicación.[3] Un estudio de 2014 de Alixandra Barasch, en aquel entonces candidata al doctorado en la Wharton School de la Universidad de Pensilvania, y Jonah Berger, profesor asociado de mercadotecnia en la misma escuela, probaron este efecto dando a los sujetos una tarea simple: describir su día a una persona o a un grupo de personas.

Los investigadores le proporcionaron a cada participante los detalles de un día imaginario, con varios acontecimientos felices (como reunirse con un amigo a ver una gran película) y algunas decepciones (como un postre nada apetecible en una panadería local). Se pidió a los participantes documentar su día en una nota, que debía ser enviada a un amigo o a un grupo de personas. La gente fue más honesta sobre las cosas malas en sus vidas cuando pensaron que estaban abordando a una persona. Cuando pensaron que estaban dirigiéndose a un grupo más grande, magnificaron sus historias para ofrecer una relumbrante felicidad.

Éste es el fragmento de una nota del estudio destinada a un amigo:

> Mi día tuvo un comienzo accidentado. Después de un breve encuentro con mi mentor, al que por cierto llegué tarde, me encontré con Charlize para ir a ver una película… Después del cine la llevé a la Cheesecake Factory por un postre, pero estaba cerrado y tuvimos que conformarnos con un Hot & Crusty a la vuelta de la esquina. Buuu.

Y este otro, de una nota dirigida a un grupo más grande:

> ¡Hola, chicos! ¡Tuve un gran fin de semana! Fui con un par de amigos a ver *Iron Man 3*. Estuvo FENOMENAL. ¡Realmente lo disfruté! Me pareció mucho mejor que la segunda película.

Es la vanidad de las multitudes: simplemente saber que le estamos hablando a una gran audiencia da forma a la información que compartimos y cómo describimos lo que sabemos. En los últimos años, varios críticos sociales se han preguntado por qué los perfiles de redes sociales son galerías del amor propio. Tal vez no es tanto que Facebook nos esté volviendo narcisistas, sino más bien que está haciendo sinergia con el narcisismo natural de todos los emisores. De uno a muchos, esculpimos, pulimos y barnizamos nuestras historias de vida; mamífero a mamífero, somos más propensos a identificarnos los unos con los otros.

En la obra *Cyrano de Bergerac*, Cyrano y Christian son personajes complementarios. Pero en el mundo real, muchas personas combinan al elocuente Cyrano y al torpísimo Christian en un solo cuerpo. Pueden deslumbrar con su ingenio y estilo (su *panache*) frente a un teclado o un pedazo de papel. Pero puestos frente a un amigo, una cita o un jefe, sin guion, se ponen a hablar sobre sus problemas matrimoniales o su terrible trayecto a la oficina.

Una fuente de la brecha entre la comunicación en línea y fuera de internet es, simplemente, el tiempo. Hablar es como el combate cuerpo a cuerpo. Del mismo modo que en la esgrima, se requiere agilidad, estocadas firmes y paradas instintivas, y deja pocas oportunidades para descansar el arma y simplemente ponerse a *pensar*. Los hablantes están tan sintonizados con sus interlocutores, que las conversaciones tienen una especie de compás universal, una cadencia estándar para la cháchara. Los psicolingüistas han observado que los hablantes, en muchos idiomas y culturas, pausan un promedio de dos milisegundos antes de que el "derecho" de hablar pase de un interlocutor al otro.[4] Los lingüistas han encontrado este reconocimiento global de las pausas ideales en italiano, holandés, danés, japonés, coreano, lao, ākhoe haillom (de Namibia), yélî-dnye (de Papúa Nueva Guinea) y tzeltal (una lengua maya de México).[5]

La comunicación escrita no es como la esgrima. Se parece más a un misil de largo alcance programado. Tienes tiempo para elegir un destino y afinar la trayectoria, y si estás yendo por mal camino, siempre hay una tecla para borrar. La diferencia de tiempo conduce a una diferencia de enfoque. Hablando a una persona, mi atención recae naturalmente en mi compañero de tertulia. A mil personas en línea —por ejemplo, al escribir un post en Facebook o Twitter— es imposible mirarles a la cara o estar en sintonía con sus necesidades colectivas. La atención se vuelve hacia dentro. Una conversación de uno-a-mil no es una conversación: es una presentación.

Tal vez conoces la sensación; yo sí. Twitter es, para mí, una página de noticias, una sala de chat para periodistas y un recurso sin el que apenas puedo imaginarme vivir. Pero cuando miro en retrospectiva varios meses de mis mensajes en Twitter, me impresiona lo específica que es mi imagen pública en línea y lo poco que se parece a la forma en que hablo con gente a la que puedo mirar en torno a una mesa. Asimilo el argot del medio —distante, juguetón, minuciosamente consciente de los giros en el carrusel de los medios de comunicación— y muy raramente revelo los pequeños fallos de comprensión que caracterizan tantas conversaciones uno-a-uno: *¿Qué? ¿Lo puedes repetir? Cuéntame más sobre esto. No tenía ni idea.*

En público, la gente habla acerca de los grandes temas. En privado, habla de sus agendas. En público, despliega emociones estratégicas. En privado, comparte los pequeños problemas. En público, quiere ser interesante. En privado, quiere que la entiendan.

La ciencia de los efectos de red dice que, cuando una red crece, se vuelve exponencialmente más valiosa para cada usuario. Pero si las redes más grandes premian los mensajes en los que la gente se pavonea, esto podría desanimar a las audiencias que buscan la autenticidad íntima que suele provenir de charlas menos concurridas: de uno a cinco, o incluso de uno a uno. Para aquellos que quieren evitar una avalancha de autocelebración, existe algo así como un "efecto anti red" en el que las grandes redes sociales suelen ser empalagosamente autocomplacientes. Una crítica común a Facebook e Instagram es que los usuarios hacen ver sus vidas tan fantásticas que nuestra propia presencia parece sombría en comparación. La crítica del comportamiento de nuestros amigos de redes sociales ("Odio a mis amigos en Facebook") se resume con frecuencia en la forma abreviada: "Odio Facebook".

Esta brecha entre los mundos en línea y fuera de línea tiene implicaciones muy reales para las compañías que tratan de generar rumores de boca a oreja para sus productos. Como escribí en el capítulo anterior, hablé con varias empresas que lanzaron apps para citas en línea. Cada uno de los entrevistados expresó la dificultad de conseguir que una app de su tipo se vuelva "viral". Algunos ejecutivos sugieren que es porque, hasta hace poco tiempo, la mayoría de la gente odiaba ventilar en línea lo vacío de su vida romántica. Instagram, por ejemplo, es un lugar para publicar fotos tuyas sosteniendo una cerveza entre los dedos frente a una serena playa antes de una puesta de sol impresionista; no para anunciarle a todo mundo que estás desesperado por conseguir una cita romántica. Las redes sociales son el reino del egoísmo. "Estoy sola y buscando a alguien" es el tipo de mensaje autoflagelatorio que la mayoría de la gente se reserva para una llamada con una amistad cercana.

La cultura de internet todavía pone valor en la autenticidad, y ha habido algunos avances en los medios de comunicación que buscan inyectar intimidad de uno-a-uno en la comunicación de uno-a-mil. El estilo de escritura en internet ha absorbido muchos de los tics de los mensajes de texto y el correo electrónico. Incluso en ensayos serios en línea, podemos encontrar gifs, emoticones, abreviaturas casuales y el cultivo de un dialecto informal que es indistinguible de un correo electrónico con un amigo. Con los podcasts personales en pleno florecimiento, una emisión de radio ahora suena a menudo como una charla íntima. Las estrellas de YouTube se dirigen a millones de espectadores desde sus habitaciones, como una adolescente ordinaria dándole la bienvenida a un viejo amigo. Predecir el futuro de los medios de comunicación es un juego de tontos, pero, si me permites

sumergirme brevemente en esa tontería, mis expectativas son que los nuevos formatos de los medios continuarán equilibrando el tono coloquial de
las interacciones uno-a-uno con el alcance de las plataformas globales. Las
transmisiones se harán más grandes, pero se sentirán más pequeñas.*

Cyrano de Bergerac muere al final de la obra, en los brazos de Roxana.
La escena final sucede en un convento de París, en el otoño, muchos años
después, donde el guion describe hojas tostadas en rojo y amarillo en contraste con el verde de los setos y los tejos. Roxana acuna al campeón moribundo, besa su frente y le dice que lo ama. Cyrano fallece en silencio, tras
proferir las dos últimas palabras de la obra y las usa como epitafio de un
hombre de letras. Esas últimas palabras no son "mi amor", "mi verdad" o
"mi virtud". Son "mi *panache*". Al borde de la muerte, en los brazos de su
amada, Cyrano no puede evitarlo. Es un artista hasta el último suspiro,
buscando la carcajada mientras se dirige a su público.

---

* También he sentido que ocurre lo inverso: mientras más tiempo paso hablando con grandes
grupos de personas en las redes sociales como Twitter, mis textos uno-a-uno han asimilado
su lenguaje particular.

10

LO QUE QUIERE LA GENTE I:
LA ECONOMÍA DE LA PROFECÍA

EL NEGOCIO DE EQUIVOCARSE MUCHO

Steve Jobs prometió "tres productos revolucionarios". Steve Jobs mintió.

Ataviado con su representativo cuello de tortuga negro en el Moscone Center de San Francisco en enero de 2007, Jobs presentó un tríptico tecnológico a los cinco mil asistentes de la convención Macworld. "El primero es un iPod de pantalla ancha con controles táctiles", inició, invitando a una ronda de aplausos y vítores. "El segundo es un revolucionario teléfono móvil", continuó, mientras la gente aplaudía más fuerte. "Y el tercero es un avanzado dispositivo de comunicación por internet", terminó, ante un público que más bien aplaudió por compromiso.[1]

Lo novedoso, naturalmente, era que estos tres productos revolucionarios eran en realidad un solo producto, que combinaba una pantalla táctil, un reproductor de música, un teléfono y acceso a internet. "Y lo llamamos: iPhone", Jobs concluyó. La audiencia rio y clamó histérica, aplaudiendo por encima de sus cabezas.

Pero afuera del Moscone Center reinaba el escepticismo. El ex CEO de Microsoft, Steve Ballmer, consideraba irrisorio el prospecto de un teléfono de quinientos dólares. ("No hay manera de que el iPhone se vaya a llevar una participación importante del mercado", comentó.) En junio de 2007, unos cuantos días antes de que el iPhone llegara a los escaparates, la agencia de medios y publicidad Universal McCann publicó un reporte sobre el nuevo producto de Apple: vaticinaban que fracasaría.[2]

"La simple verdad", comentó el autor principal del reporte, Tom Smith, "es que la *convergencia* [de un aparato tres-en-uno] es un punto de compromiso obligado por las limitaciones financieras, no por las aspiraciones. En los mercados donde múltiples dispositivos son económicamente accesibles, la vasta mayoría los preferirá en vez de uno donde se conjugue todo."

La encuesta de Universal McCann fue masiva, con más de diez mil participantes. Predijo que el iPhone tendría problemas en los mercados más importantes como Estados Unidos, Europa y Japón, porque pocos consumidores querrían cambiar sus bonitos celulares, cámaras y reproductores de MP3 por un producto todo incluido que querría abarcar más de lo que apretaba. A pesar de que más de setenta por ciento de los encuestados en México, Malasia e India dijeron que "les gusta la idea de tener un solo dispositivo portátil que satisfaga todas mis necesidades", sólo treinta por ciento de los alemanes, japoneses o estadunidenses opinaron igual.

Los humanos son *prostálgicos*, se enamoran de las pequeñas predicciones. Pero el futuro es una anarquía que se rehúsa a ser gobernada, incluso por los pronósticos más sólidos. Una década después, el iPhone no fue un fracaso. Fue el invento más rentable de los últimos cincuenta años. Este resultado fue particularmente incómodo para Ballmer, ya que el negocio del iPhone de Apple alcanzó un valor mayor a todo Microsoft en menos de una década.

Es fácil decir que Universal McCann cometió un penoso error. La verdad más extraña, sin embargo, es que Universal McCann estaba en lo correcto. La gente que vivía en democracias avanzadas honestamente pensó que no deseaba el iPhone. La firma midió de manera precisa la indiferencia de Alemania, Japón y Estados Unidos hacia un producto que nunca habían visto y no comprendían. Apple invirtió miles de millones de dólares y cinco años en el diseño de un producto que los estadunidenses en verdad no deseaban. Hasta que lo desearon mucho.

Cada industria tiene sus propias historias en las que un producto sapo pasa por una metamorfosis y se convierte en príncipe. Varios editores dejaron ir el primer volumen de Harry Potter. Nigel Newton, director de

Bloomsbury, compró el manuscrito por unos miles de libras sólo porque su hija de ocho años insistió, con cierta premonición, que era "mucho mejor que cualquier otra cosa".[3] Ahora, con sus ventas globales de más de 450 millones de dólares, Harry Potter es la serie de libros más vendida por un margen tan amplio que logró rebasar a Las crónicas de Narnia y El señor de los Anillos, combinados. Cuando los miembros de The Who le dijeron al guitarrista Jimmy Page que su banda se desplomaría como un "globo de plomo", él tomó esa predicción y le llamó a su banda "Led Zeppelin" (una versión fonética de "lead zeppelin" o "zepelín de plomo"). Después de los Beatles, Page y sus colegas representan la segunda banda de música más taquillera en la historia, con más ventas certificadas que The Who y los Rolling Stones combinados. Una noche en el año 2001, Rupert Murdoch, fundador de News Corp y 21st Century Fox, recibió una llamada de su hija Liz insistiéndole que adaptara un programa de televisión británico llamado *Pop Idol*.[4] Los ejecutivos de Fox lo tomaron con escepticismo, pero Murdoch, confiando en su hija, les instruyó a comprar los derechos de todas formas. Por diez años consecutivos, el programa *American Idol* logró hacerse del primer lugar en rating televisivo en Estados Unidos.

Estas historias se cuentan y se vuelven a contar a menudo no sólo porque demuestran la delgada línea entre el éxito y el fracaso, sino porque permiten a los creadores de hits recordar la volubilidad de sus industrias. "Nadie sabe nada", dijo el guionista William Goldman, y su frase se ha convertido en el lema de muchas compañías.[5] Cuando se trata de predecir el futuro, la ignorancia es un club y todos somos miembros.

Lograr unos cuantos éxitos requiere tolerancia a muchas malas ideas, a las ideas mediocres e incluso a las buenas ideas cuyo momento no fue el óptimo. Sobre todo, requiere un modelo de negocio que tolere la inevitabilidad de que la mayoría de los nuevos proyectos fracasa; las ideas más prometedoras generalmente atraen a un coro de escépticos, y un gran hit puede pagar mil fracasos.

En la leyenda griega, Casandra es la hija de los reyes de Troya. Ella posee la habilidad de ver el futuro con perfecta claridad y sufre la maldición de que nadie crea en ella. Antes de la Guerra de Troya, Casandra prevé que los griegos invadirán la ciudad en un caballo de madera y la saquearán. Pero los guardianes ignoran sus advertencias y Troya queda destruida. La crueldad de su don eventualmente la lleva a la locura.

Hoy en día, cuando las funestas predicciones de un individuo caen en oídos sordos, a esa persona se le llama una Casandra. Es un mote de desdén o lástima. Ser una Casandra en el mundo moderno significa carecer de cierta autoridad. Las Casandras modernas son percibidas como oráculos semitrágicos, aquellos que aúllan sobre la proximidad de una calamidad, pero son hechos a un lado.

Sin embargo, creo que el legado de Casandra merece una revisión moderna. Ser una Casandra en un mercado creador de hits no sólo es un cumplido: es un título al que todos deberían aspirar. Si la Casandra original viviera hoy, con los mercados financieros actuales, sería la mujer más rica del mundo. Mientras que otros venden sus acciones a medida que el mercado se desploma, sólo una Casandra ve el fondo. Mientras que otros estudios de música a finales de los ochenta firmaban con tantas bandas de glam y "hair metal", sólo una Casandra vería el próximo reinado del hip-hop. Siempre es agradable estar en el lado correcto de la historia, pero es un hecho económico que predecir el futuro es más valioso *cuando todos piensan que estás equivocado.*

Ese acceso único e incomparable a la información perfecta sobre el futuro es el santo grial de los pronósticos rentables. Predecir los éxitos más rentables supone esencialmente buscar recursos *casandrinos*: gente, reportes o información visionaria que son a la par predictivos y generalmente ignorados. Las inversiones más famosas en la historia de Wall Street —como la apuesta en 1990 de Warren Buffett sobre Wells Fargo durante la crisis de préstamos,[6] o la tristemente célebre apuesta contra el mercado de los bienes raíces en Estados Unidos que se narra en *La gran apuesta*—[7] fueron absurdamente rentables precisamente porque los inversionistas descubrieron información que la mayoría de la gente había desechado en su momento.

Buffett y los pocos que previeron la quiebra de los bienes raíces fueron todos considerados locos. Fueron unas Casandras. Predijeron el futuro *y* la gente pensó que estaban equivocados, y la combinación de ambos supuestos hizo que sus inversiones lograran ser históricamente exitosas.

En un mundo donde la información es abundante y transparente, es difícil encontrar un recurso o estrategia que sea a la vez profético y secreto. Si cada inversionista se da cuenta de que la tasa de matrimonios predice el crecimiento económico futuro, entonces nadie saca gran ventaja de monitorear la tasa de matrimonios. Cuando los cómics parecen ser un excelente material de franquicias de películas, los principales estudios compiten por los derechos de los cómics más populares, lo que eleva el precio y los convierte en una mala inversión. Cuando *Candy Crush* se convierte en uno de los juegos más jugados en los móviles, otros desarrolladores inundan la App Store con juegos similares. ¿Lo comprendes? Es difícil hacer mucho dinero a partir de una profecía si todos los demás cuentan con el mismo pronóstico.

Imitar los éxitos recientes es un juego al que todos saben jugar. Pero ser visionario y seleccionar el siguiente éxito antes de que alguien más lo vea es mucho más rentable. Es ser Buffett en 1990. Es ser Murdoch en 2001. Es ser Apple en 2007. Significa estar ligeramente equivocado en el momento justo.

En el año 2000, un grupo de recién egresados de la escuela de negocios y un doctor por Stanford llamado Avery Wang fundaron una app para teléfonos móviles llamada Shazam.[8] Su idea parecía mágica: desarrollar una tecnología que lograra identificar cualquier canción en el mundo con sólo apretar un botón y que le regresara al usuario un mensaje con el título y el artista. Al principio, Wang consideró que la meta era imposible. La mayoría de la música que suena en los espacios públicos compite con sonidos ambientales como gritos, tenedores sobre los platos y otros ruidos basura. Así que desarrolló una herramienta que convirtiera millones de canciones en mapas auditivos únicos llamados *espectrogramas*. Fue como crear una huella digital para cada canción en el mundo. Cualquier grabación en vivo podría ser emparejada con estas huellas digitales en segundos, incluso en un restaurante lleno de gente.

Shazam es ahora una de las apps más populares en todo el mundo. Ha sido descargada más de quinientos millones de veces y ha sido utilizada para identificar treinta millones de canciones. Los ingenieros de Shazam incluso desarrollaron un mapa mundial sobre el cual los usuarios pueden ver qué canción es la más buscada en Nueva York, Shanghái o Tokio. "Sabemos dónde inicia la popularidad de una canción y vemos cómo se propaga", me dijo Jason Titus, uno de sus principales tecnólogos. Lorde, una artista neozelandesa, fue la sensación musical sorpresa de 2013, una de esas artistas que parecen salir de la nada. Pero Shazam sabía exactamente de dónde venía: rastreó la diseminación de su sencillo "Royals" conforme se iban sumando las búsquedas alrededor del mundo: cual hongos en un prado, desde Nueva Zelanda hasta Nashville, fue floreciendo desde las costas de Estados Unidos hasta cientos de sus ciudades.

Shazam convirtió el mundo de la música en un mapa interactivo de música popular. Para alguien que se dedica a buscar nuevos talentos en las disqueras, es más que una herramienta divertida: es un sistema preliminar de detección de éxitos.

En febrero de 2014 visité el número 1755 de Broadway, la sede en Manhattan de Republic Records, para platicar acerca de la tecnología detrás de la predicción de los hits musicales. En ese momento, Patch Culbertson era apenas uno de sus mejores scouts. Hoy es el director de su departamento de scouting. Culbertson me explicó de manera cálida y amablemente las varias formas en las que los scouts utilizan la radio y la información sobre las descargas para identificar las canciones que de ser unos simples puntitos en el mapa terminan siendo una cascada global. Pero, por mucho, lo más interesante que me mostró fue cómo utilizan Shazam.

Culbertson tomó su iPhone y abrió el mapa de Shazam. Se centró en el área de Nueva York y ahí pude ver unos pequeños puntitos brillando en Queens y New Jersey, cada uno mostrando la canción más buscada en esa área. Abrió un poco más el área hacia el sur, hacia Virginia y Arkansas, su dedo se detuvo cerca del Golfo de México. Ahí, volvió a acercar el mapa hacia Victoria, Texas, un pequeño pueblo entre Corpus Christi y Houston. Una estación de radio en esa pequeña ciudad había estado recientemente incluyendo "Ride", un nuevo sencillo de un artista de rhythm and blues llamado SoMo, al que Culbertson había recientemente firmado.

"¡'Ride' es la canción más etiquetada en Victoria!", dijo con orgullo. "Genial", contesté, pero secretamente me pregunté a qué se debería tanta emoción. Nunca había oído hablar de Victoria, Texas. ¿Por qué a uno de los más sofisticados scouts de la escena musical le importaría tanto ganar un mercado sobre el que nadie fuera de Texas había antes escuchado?

Victoria es una pequeña ciudad cerca de la costa del Golfo de México con menos de cien mil habitantes. En sí misma, es incapaz de lanzar al estrellato una canción. Incluso si cada casa en Victoria comprara diez copias de un nuevo álbum, no ganaría un disco de platino. Pero el tamaño de

Victoria y su ubicación la hacen perfectamente *casandrina*. A tan sólo dos horas de Houston, San Antonio y Austin, Victoria es el augurio de Texas, un indicador premonitorio de los hábitos de escucha de una de las más grandes ciudades del estado.

Es difícil persuadir a un DJ famoso en una estación de radio popular a que incluya "Ride", una canción que nadie ha escuchado antes. Después de todo, la mayoría de la gente escucha el Top 40 debido a su fluidez: quiere escuchar las canciones que ya conoce. Pero Culbertson tuvo una idea fantástica: podría tocar "Ride" en un mercado más pequeño, con menos ruido, y determinar si la canción tendría potencial en una ciudad más grande. Cuando los usuarios buscaron "Ride" más que cualquier otra canción en el área, Culbertson obtuvo la prueba que necesitaba para llevar la canción a estaciones más populares de Houston y el resto de Estados Unidos.

En breve, Culbertson usó a Victoria no sólo como un sistema de detección temprano de éxitos, sino también como una prueba de popularidad que podría vender en mercados más grandes.

Los mejores creadores de hits generalmente son aquellos que conocen las esquinas oscuras en donde pueden encontrar ideas que llevar hacia la luz. Los estudios de Hollywood estudian las listas de los best sellers para encontrar sus siguientes grandes historias. Pero un libro que alcanza fama en *The New York Times* ya tiene la atención del mundo; las gemas más preciadas son más oscuras. Hace muchos años, el productor cinematográfico Aditya Sood recibió un correo electrónico de un agente que le sugería revisar un libro autopublicado acerca de un astronauta varado en Marte que luchaba por sobrevivir.[9] El libro era ya un best seller en Kindle, pero no había recibido gran atención mediática. Así como *Cincuenta sombras de Grey* en 2012, aún era un éxito oscuro. Sood compró el libro un viernes y lo leyó el sábado; le gustaron inmediatamente el tono, la visión cinematográfica e incluso los detalles más nerds sobre cómo podría uno cultivar comida en un planeta desierto. Para el lunes, Sood llamó de regreso al agente y le dijo que planeaba adquirir los derechos para convertir el libro en película. Se trataba de *El marciano*, de Andy Weir. La película ganó más de 600 millones de dólares en todo el mundo y fue nominada para siete premios Oscar, incluyendo el de mejor película.

En febrero de 2014, cuando visité a Culbertson, muy poca gente fuera de Texas y de las oficinas de Republic en Broadway habían escuchado a

SoMo. Si Culbertson les sugiriera que su artista llevaba un buen año lo habrían desestimado, por decir lo menos. Un mes después, "Ride" se había ya posicionado dentro del Hot 100 de Billboard. Nueve meses después de que visité Republic, la canción había ganado un disco de platino, tras vender más de un millón de copias.

"¿Todos piensan así?", le pregunté a Culbertson.

"En Republic, sí", me contestó.

Muchas buenas semillas tienden a no florecer en un mal clima, y muchos éxitos en potencia fracasan, y no por culpa propia. Es el caso de tantas canciones pegajosas que nunca llegan a la radio y libros brillantes que nunca llegan a los lectores adecuados. El éxito en una industria que vive de la atención requiere de un modelo de negocio que comprenda que la atención, como el clima, es inherentemente impredecible.

La gente habla de la televisión como si fuera una gran industria, pero es mejor comprenderla como tres modelos de negocio distintos: televisión abierta, cable y premium.* El primer modelo ha basado mayormente sus ganancias en los comerciales. El segundo depende de las cuotas que se pagan por el uso del cable, con un complemento de ingresos por publicidad. El tercero basa su ganancia exclusivamente en los suscriptores directos. Estos modelos de negocio son las raíces subterráneas que van empujando el arte hacia la superficie. En la televisión, los éxitos que vemos surgen de los modelos de negocio que la mayoría de la gente no ve.

Las compañías de televisión abierta como NBC, ABC o CBS han conseguido, históricamente, sus mayores ganancias de la publicidad. Como su nombre lo indica, la televisión abierta busca que el mayor número de espectadores esté activo cuando salen al aire los comerciales.

La economía da forma al entretenimiento. Los dramas policiacos populares como CSI, *La ley y el orden* o NCIS son como contenedores regulados,

---

* ... por ahora. En el futuro cercano, supongo que los canales abiertos como la CBS venderán más productos directamente a los consumidores, como lo hace Netflix; mientras que las compañías como Netflix probarán suerte incluyendo publicidad, como lo hace CBS. La unión de estos modelos de negocio ya está sucediendo. En los últimos años, las cadenas de televisión abierta han ganado millones por concepto de regalías por retransmisión, similares a las cuotas que los servicios de cable pagan a sus canales.

donde cada episodio tiene las medidas exactas para un bloque de una hora. Estos programas tienen una fórmula narrativa similar: un reparto estable de personajes, retos semanales con soluciones limpias y un nuevo momento de suspenso cada diez minutos, de forma que los espectadores no estén cambiando de canal durante los comerciales. Más recientemente, la televisión abierta estadunidense ha apostado dinero al entretenimiento en tiempo real, como los programas de concursos (*La voz, Bailando con las estrellas*) y deportes en vivo, particularmente futbol americano y basquetbol. Los deportes son perfectamente efímeros para el propósito de la televisión abierta en una era en la que se puede ver de todo en el momento en el que te apetece, pues los fanáticos *tienen* que ver los partidos en vivo. Según un análisis de 2012, el pago por derechos de deportes representa la mitad de todos los costos de programación de la televisión.[10]

Ya que la televisión abierta depende mayormente de la publicidad, su trabajo es encontrar los programas que atraigan a las audiencias más grandes (y con mayor poder adquisitivo). Para saber si un programa será un éxito, NBC administra una serie de encuestas nacionales. Si 40 por ciento de los encuestados sabe de un nuevo programa, y 40 por ciento de ese 40 por ciento acepta que lo querría ver, y si 20 por ciento de ese 16 por ciento dice que ese programa le encanta, NBC puede entonces predecir con confianza que ese programa será un éxito. Es el llamado test de 40-40-20, y funciona. Uno de los últimos programas que logró esto fue *The Blacklist*, el cual debutó en NBC como uno de los diez programas más populares en televisión.

Esta intensa presión por descubrir programas populares de manera inmediata daña a la televisión abierta en el largo plazo, porque los grandes personajes y las relaciones significativas toman tiempo para desarrollarse. La NBC y demás compañías prueban sus pilotos con audiencias en vivo armadas con aparatos que giran a la izquierda para mostrar desagrado o hacia la derecha si lo que ven les entretiene. Estas famosas pruebas pueden medir con precisión el programa piloto de un programa, pero no siempre miden bien su potencial. "*Seinfeld* no pasó muy bien la prueba", comenta Sumi Barry, vicepresidente senior de análisis de mercado en NBC. "Tampoco *Friends. The Office* obtuvo un resultado penoso, pero cuando lo transmitimos después de *My Name Is Earl*, despegó".

Muchos de los programas más famosos en la historia de la televisión abierta no debutaron totalmente estructurados, como saltó Atenea de la

cabeza de Zeus. Eran más bien como niños ordinarios, que nacieron des-
protegidos y alcanzaron lentamente la madurez. Cuando *Cheers* debutó el
30 de septiembre de 1982 a las nueve de la noche, terminó en el último lugar de audiencia de ese horario.[11] Entre más de setenta y siete programas
que se estrenaron en la temporada de 1982-1983, sus bajos niveles de audiencia lo posicionaron en los últimos peldaños, pero el programa fue aclamado por la crítica, y si la NBC lo hubiera cancelado, no habría contado con
ningún buen reemplazo.

Cheers* sobrevivió y llegó a su segundo año, pero aún no se convertía
en un éxito. No obstante, la NBC demostró paciencia. Sus ejecutivos sabían
que tenían un programa ideal para la temporada de premios, y pensaban que
quizá lentamente iría construyendo una audiencia acorde a las buenas crí-
ticas. Finalmente, en su tercera temporada, los niveles de audiencia empezaron a incrementarse. En 1985, *Cheers* entró en su octava temporada
como uno de los mejores diez programas de la televisión.

Los hits tienen lo que los economistas llaman un "efecto multiplicador". Si introduces un dólar en la economía, éste puede producir más de un
dólar de crecimiento del producto interno bruto. Lo mismo aplica para los
éxitos: el crecimiento produce crecimiento, la popularidad engendra popularidad. El valor de un programa de televisión exitoso es mayor que sus
niveles de audiencia o las ganancias que se obtengan de los comerciales,
porque éstos no dan cuenta de una característica aún más importante: su
habilidad de apoyar otros programas.

Los efectos de la derrama económica derivada de la paciencia de la
NBC a mediados de los ochenta resultaron masivos. El dividendo obvio fue
que de *Cheers* se desprendió un programa filial, *Frasier*, basado en el personaje de Frasier Crane, un extrovertido psiquiatra. *Frasier* debutó dentro
de los diez mejores programas en 1993 y se convirtió quizás en el programa derivado de otro programa más exitoso de todos los tiempos, tanto en
términos comerciales como de crítica.

Por su lado, *Cheers* benefició de manera sutil a *Seinfeld*, la inmortal y
locuaz serie del comediante Jerry Seinfeld. A finales de los ochenta, cuando la NBC probó el piloto en cuatrocientos hogares, la respuesta fue menos
que tibia. "Ningún segmento de la audiencia se mostró interesado en volver a verlo", reportó la NBC.[12] Pero varios ejecutivos de la cadena se enamoraron de sus pintorescos diálogos.

La NBC optó por transmitir un especial de un episodio único llamado *Las Crónicas de Seinfeld* en 1989, en esa zona muerta que es la programación de verano. A los críticos les pareció curiosa y el nivel de audiencia fue mediocre. Durante un año, no sucedió mucho. Entonces, la cancelación de un especial de Bob Hope liberó una partida de dinero que patrocinó cuatro episodios de *Seinfeld*, mismos que se transmitirían el siguiente verano. Estos episodios tuvieron una muy buena recepción. No es de sorprender: los episodios salieron al aire inmediatamente después de capítulos retransmitidos de *Cheers*.

La comedia televisiva típica es un ir y venir predecible de problemas domésticos seguidos de muchos abrazos y aprendizajes. Los guionistas de *Seinfeld*, sin embargo, no estaban de acuerdo; tanto así que se mandaron hacer chamarras bordadas con la única regla del show: "Nada de abrazos, nada de aprendizajes".[13]

Pero pasó el tiempo antes de que esta perspectiva poco sentimental y pura diera fruto. Incluso ya en su tercera temporada, el show estaba siendo vapuleado por la competencia, como el programa de la ABC, *Mejorando la casa*. *Seinfeld* terminó en el lugar cuarenta de los programas del horario estelar. Sin embargo, en el otoño de 1993, la NBC movió a *Seinfeld* por detrás de su comedia insignia, *Cheers*, los jueves por la noche. Entonces todo el mundo empezó a ver el programa que no trataba sobre nada. Sustentado por la audiencia de *Cheers*, *Seinfeld* arrasó en los ratings, subiendo del lugar cuarenta al quinto programa más visto en la televisión.

El resto de la historia ya lo conocemos: en sus últimos cinco años, *Seinfeld* fue uno de los programas de televisión más populares y *TV Guide* lo etiquetó como el mejor de todos los tiempos. Algunos dirían que la genialidad de *Seinfeld* es platónica, un ejemplo objetivo de la presencia de la perfección divina en la tierra (yo lo haría). Pero sin *Cheers* para ayudarlo a despegar en el panteón cultural, ¿habría habido alguien que lo hubiera sintonizado para conocerlo?

Uno puede sacar una conclusión sentimental de esta historia, por ejemplo, que la gente de negocios siempre obtiene recompensas por seguir sus instintos. Pero éste no es esa clase de libro (¿recuerdan?: sin abrazos) ni ésta es ese tipo de historia. *Cheers* fue, sobre todo, un beneficiario de su propio tiempo, cuando las comedias aclamadas por la crítica eran contadas y las cadenas rara vez cancelaban programas originales después de un año al aire. Incluso en los principios de la década de 2000, más de noventa por ciento de las series de televisión originales, tanto de televisión abierta como de cable, fueron renovadas para la siguiente temporada. En 2015, sin embargo, el número de programas originales ha explotado, y ahora sólo cuarenta por ciento de ellos sobrevive para ver la temporada siguiente. Actualmente, con la abundancia y diversidad de programas, prácticamente no hay forma de que la NBC renueve uno que apenas llegara a la posición número cuatrocientos del rating.

Quizás otra lección tiene que ver con la recompensa de apostar por el talento por encima de los resultados, es decir, apostar por la gente sobre el producto. La verdad es que extender *Cheers* en 1983 y 1984, cuando era uno de los programas menos populares en televisión, fue una decisión comercialmente cuestionable, y la televisión abierta de hoy probablemente no tomaría esa misma decisión. Pero la NBC no apresuró a sus guionistas, creyó en el talento del show y le dio tiempo para desarrollar a sus personajes y sus relaciones. Gracias a que la NBC tomó esa decisión en 1983 de extender un programa que nadie veía, el canal gozó de dos décadas con tres de las comedias más populares y aclamadas de la historia del medio. Los últimos episodios de *Cheers*, *Seinfeld* y *Frasier* se encuentran entre los quince finales más vistos en la historia de la televisión.

La definición de *abierta* en la frase "televisión abierta" se ha estrechado en las últimas décadas conforme el número de canales de cable y programas originales ha ido en aumento. La regla del 40-40-20 para los éxitos se ha depreciado y ha caído más en una regla del 30-30-20. Una televisora puede tener en sus manos un éxito en televisión abierta con sólo un dos por ciento del país interesado en su estreno.

En el año 2000 había 125 series de televisión abierta originales con un guion preescrito, y en cable, menos de trescientas de guion libre, también conocidas como "reality shows". Para 2015, había cuatrocientas de guion preescrito y cerca de mil reality shows.[14] Uno puede observar el efecto en los niveles de audiencia de Nielsen, que estiman el porcentaje de hogares con televisor que sintonizan un programa en particular. Para que un show tenga un nivel de audiencia de 20 según Nielsen, significa que al menos uno de cada cinco hogares está viendo ese programa. En 1979, veintiséis programas alcanzaron esa posición. En 1999 sólo dos lograron llegar: *ER* (Sala de urgencias) y *Friends*. En 2015, ninguno lo obtuvo. Conforme las opciones de televisión se expanden, el umbral de los éxitos se ha reducido.

Las cadenas de cable invadieron el horizonte televisivo desde un modelo de negocios diferente. Ellas no obtienen la mayoría de sus ganancias de la publicidad. Por el contrario, las compañías de cable se hacen de dinero de las tarifas mensuales provenientes de las empresas que compran los derechos legales para distribuir su canal, mismas que salen del recibo mensual que cada hogar paga por su suscripción.* Si una familia paga alrededor de cien dólares por canales de cable al mes, aproximadamente cuarenta de esos dólares se dividen entre los cientos de canales. ESPN obtiene más de siete dólares al mes, más que ningún otro canal. Un canal de noticias como CNN se lleva alrededor de sesenta centavos de dólar. Esta pequeña suma, multiplicada a lo largo y ancho del país, logra amasar una suma enorme de dinero, decenas de miles de millones de dólares para seguir desarrollando más entretenimiento de lo que cualquier persona podría razonablemente consumir en varias vidas. La televisión por cable ha sido lo más cercano a un impuesto del sector privado que Estados Unidos ha tenido: así como 150 millones de hogares pagan con sus impuestos por un paquete de servicios llamado Gobierno, 100 millones de hogares con cable han patrocinado este paquete de entretenimiento, incluso si muchos de sus programas no van dirigidos a su marco demográfico. Los trabajadores jóvenes de las ciudades subsidian los servicios médicos de los jubilados y los estímulos al sector agrícola; los hogares jóvenes que contratan cable, por su lado, subsidian Fox News y los partidos de los Packers de Green Bay.

En 2005, Rob Sorcher era vicepresidente ejecutivo de programación en un canal de cable que mucha gente conocía como American Movie Classics. La televisora había cambiado recientemente su nombre a AMC, pero, igual que ocurrió con las actrices sobrevivientes de sus películas en blanco y negro, la cirugía no había sido tan rejuvenecedora como lo esperaban. El canal tenía problemas y estaba en peligro de que los operadores de cable como Comcast y Time Warner Cable dejaran de solicitarlo. Esto hubiera

---

* Aunque se llaman canales por "cable", también se puede acceder a ellos a través de las empresas de televisión satelital como DirecTV y empresas de telecomunicaciones como Verizon, no sólo las empresas de cable como Time Warner Cable. Pero voy a seguir usando el término "cable" para referirme a ellos.

significado la ruina, siendo que la meta principal de un canal de cable es mantenerse dentro del paquete que se ofrece a los televidentes. Sorcher no estaba buscando un programa que llegara a un público muy amplio, a diferencia de, digamos, Fox, con una comedia picante. Sorcher quería algo que no pudiera ser copiado. En sus propias palabras: "Tu estrategia se convierte en: 'Optemos por la calidad'".[15]

Sorcher se encontró con un guion interesante de un escritor de *Los Soprano*, el show de drama familiar y mafioso de HBO. El nombre del guionista era Matthew Weiner. Ambas partes tenían todas las razones para no trabajar juntos. Weiner sabía que AMC era un canal sin renombre y sin dinero, y que podría darle a su programa la peor exposición posible.[16] A AMC la propuesta le parecía un programa lento con personajes desagradables en la era de la publicidad de los sesenta. Aún peor, Weiner no era un creador de programas exitoso. Y sin embargo hicieron el trato, porque AMC estaba decidida a crear una serie distintiva que le asegurara un lugar en el paquete de cable. El programa se llamó *Mad Men*.

Mad Men fue precisamente el tipo de televisión que Sorcher deseaba; bello y extraño, oscuro, un drama íntimo con toques cinematográficos y pausas metódicas. No fue un gran éxito en términos del tamaño de su audiencia: logró poco menos de un millón de espectadores con su primera temporada, por debajo del límite que hubiera bastado para que un canal de televisión abierta como la NBC lo cancelara abruptamente.

Pero AMC no necesitaba un programa exitosísimo, sino una serie única que le atrajera a una masa crítica de espectadores valiosos, lo que le valdría que ningún operador siquiera pensara en quitar a AMC del paquete de cable.[17] Al final, es equivocado decir que AMC hizo dinero de los pocos millones de espectadores que vieron *Mad Men*. El canal en realidad obtuvo su dinero de los cientos de millones de hogares que nunca vieron *Mad Men*, pero que, sin embargo, pagaron unos cuantos dólares a AMC cada año en su recibo de cable, dentro del paquete de canales al que estaban suscritos. Un pequeño hit tuvo un efecto multiplicador masivo: *Mad Men* ayudó a rescatar un canal completo.

La diferencia entre televisión abierta y por cable nos habla de una lección crítica al seleccionar los éxitos: el juicio artístico puede ir mano a mano con la astucia económica. Los niveles de audiencia de *Mad Men* eran tan bajos como para cancelarla después de un solo año en la NBC, pero en

AMC fue considerado un éxito, no estrictamente por el tamaño de su audiencia sino gracias al modelo económico en el que estaba inmerso.

En la última década, el canal de cable FX ha producido sin duda la alineación más importante de dramas de prestigio y comedias aclamadas por la crítica. Entre su programación se encuentran series como *The Shield*, *Nip/Tuck*, *Damages*, *American Horror Story*, *Archer*, *Fargo*, *Louie*, *The League*, *Justified*, *It's Always Sunny in Philadelphia*, *The Americans* y *Sons of Anarchy*. Sus géneros son tan variados que van del horror surrealista al drama oscuro de motociclistas y a la comedia verborreica de espías. "Busco una película de noventa horas, una aventura con tintes novelísticos", afirma Nicole Clemens, vicepresidenta ejecutiva de desarrollo de series en FX. "El género es irrelevante, es tan sólo un caballo de Troya que lleva en su interior una pregunta emocional profunda: '¿En quién se está convirtiendo el personaje principal? ¿Qué hará después?'"

Clemens se define a ella misma como una niña que pasaba horas a solas en su casa, criada bajo el brillo de la televisión de los setenta, con programas como *Happy Days* y *Laverne & Shirley*. Recuerda el día en que sus padres la consideraron suficientemente grande para desvelarse y ver *El Crucero del Amor*. Clemens primero entró a trabajar en las películas, pero pronto se dio cuenta de que la clase media cinematográfica estaba por desaparecer. Algunos productores empezaron a trabajar con películas de franquicias que costaban cientos de millones de dólares, mientras que otros se esforzaban con filmes independientes de pequeña escala. Sin embargo, los productores que se habían quedado en el medio optaron por la televisión por cable; en 2012, Clemens siguió ese mismo camino.

"La clave para el éxito es encontrar una voz auténtica y original, personajes tan irresistibles que los espectadores se sientan más que identificados", dice. Esto es, FX busca superhéroes y antihéroes, pero éstos ya no tienen que portar una capa, ni siquiera un traje de cinco mil dólares. "Defino un héroe como alguien que puede lograr lo que nosotros no", dice Clemens. "Eso incluye a un bombero valiente, pero también a un sociópata. Los personajes de Aaron Sorkin son todos superhéroes. Quizá no puedan saltar sobre altos edificios con un simple empujón, pero pueden hablar y pensar mejor que el humano común."

El siguiente principio de FX es lo que Clemens llama la estrategia de "esconder los vegetales y las papas" al escribir el guion de la historia. Tal cual

George Lucas festona sus mitos atemporales con tecnología llamativa, Clemens encuentra valor en las viejas historias revestidas de nuevas ropas. En *Sons of Anarchy*, el popular drama acerca de un club ilegal de motociclistas, "crees que se trata de un programa lleno de motocicletas y testosterona, pero también tiene un toque de telenovela con tipos guapos. Y el guion es básicamente *Hamlet*". En *The Americans*, el drama de espías aclamado por la crítica que trata sobre agentes soviéticos fingiendo ser una pareja casada en Estados Unidos, "caes de pronto, a la mitad de la Guerra Fría, y conoces a esta pareja de espías que lleva fingiendo estar casada por diez años. Y ya empezaron a enamorarse, pero aún tienen que seguir matando gente y durmiendo con otros. Así que el género de espías ha sido modificado para contar una historia clásica sobre el matrimonio".

Una tercera categoría de negocio dentro del medio televisivo es la de los canales de suscripción. Son servicios como Netflix y cadenas premium como HBO o Showtime. Suena muy arriesgado dejar ir a la publicidad, pero este modelo de negocio es un verdadero lujo artístico. Si alguien paga por tener HBO, no importa si ve cincuenta horas a la semana o nunca lo hace: HBO gana el mismo dinero. La compañía no se tiene que preocupar por maximizar los niveles de audiencia para atraer publicidad.

La NBC estudia la información de sus audiencias con precisión quirúrgica porque su modelo de negocio requiere concentrarse en deleitar a la mayor audiencia posible. HBO no basa su modelo en ello, ni en pruebas de audiencia, grupos piloto, encuestas, etc., porque, de acuerdo con lo que me dijeron sus ejecutivos, su modelo requiere algo más sutil. Para ellos, es económicamente imperativo ofrecer un producto televisivo por el que los espectadores sientan que deben pagar, *incluso si no lo ven*.

"HBO está en un negocio diferente al de la televisión abierta", explica Michael Lombardo, expresidente de programación de HBO. "Ellos venden publicidad, venden los ojos de su audiencia. Para HBO, en cambio, no se trata de vender boletos: HBO vende una marca". Ninguna audiencia le pediría a una televisora que produzca un programa acerca de unas jóvenes veinteañeras neuróticas, narcisistas, que van dando tumbos por la vida, me dijo. Pero cuando HBO lanzó ese mismo concepto, *Girls*, creado por Lena Dunham, debutó con la bendición de la crítica y muy seguramente ha sido el programa de televisión sobre el que más se ha escrito. "Con qué fin haría yo grupos piloto para ese show?", pregunta Lombardo, "¿para que Hannah fuera más amable con sus amigas?"

Los dos primeros dramas exitosos de HBO fueron *Los Soprano* y *Six Feet Under*, series oscuras, extrañas y demasiado explícitas para la televisión abierta o por cable. Varias televisoras abiertas rechazaron a David Chase, creador de *Los Soprano*, antes de que él aceptara la oferta de HBO, que le prometió libertad creativa. Ésa es la estrategia de largo plazo de HBO: hacerse de una reputación como el lugar donde los genios creativos gozan de libertad artística. La estrategia puede ser que no produzca un gran éxito cada año, pero con el tiempo, los espectadores serios se sentirán obligados a pagar por HBO, con la expectativa de la siguiente obra genial (incluso si no llega a materializarse). Bajo esta luz, una compañía como HBO se convierte más en una agencia de manejo de talento que el típico canal de televisión. La tesis de la televisora es ésta: busca a los mejores artistas, dales el tiempo y el espacio para crear y distribuye su creación.

Cuando Lombardo leyó por primera vez el guion de *Juego de tronos* en 2006, le preocupó que fuera una aventura imposible para su compañía. La serie estaría basada en los inmensos libros best seller de George R. R. Martin sobre la lucha por el poder entre varias familias en un universo fantástico similar a la Tierra Media de J. R. R. Tolkien. Pero el costo parecía prohibitivo. Tan sólo la trilogía de *El señor de los anillos* de Peter Jackson, con diez horas de duración, tuvo un costo de producción cercano a los trescientos millones de dólares; HBO tendría que producir diez horas de entretenimiento similar año tras año. "Una parte de mí pensó que no deberíamos hacer un programa con dragones y caminantes blancos", Lombardo me comentó. "Me preocupaba que no pudiéramos permitirnos una producción que rivalizara con estas películas; y HBO no tenía ni una sola experiencia de éxito en ese género."

Una tarde, mientras Lombardo seguía indeciso respecto al guion, se detuvo en el gimnasio Equinox de Santa Mónica, a unas cuantas cuadras de la playa. Caminaba por la sección de cardio cuando vio a Dan "D. B." Weiss, uno de los dos guionistas principales del piloto de *Juego de tronos*, recargado sobre una bicicleta estacionaria, leyendo una copia del libro original de George R. R. Martin, haciendo numerosas anotaciones en él.

Lombardo se acercó a Weiss para saludarlo y platicaron durante algunos minutos. "Él tenía un marcador en su mano", recuerda Lombardo, "y el libro estaba absolutamente cubierto de notas y páginas marcadas. Eso es lo que HBO quiere, apostar a ese nivel de compromiso y pasión". El mismo tipo de compromiso y pasión que inspiran un enfoque obsesivo-compulsivo para el trabajo de adaptar una epopeya fantástica para una compañía que no hace fantasía. "Cualquier duda o reserva que hubiera tenido, se esfumó. Pensé: 'Estos tipos no están buscando un éxito fácil. Lo están haciendo porque aman estas historias.'" En enero de 2007, Lombardo y HBO se decidieron. Ocho años después, *Juego de tronos* desbancó a *Los Soprano* como el programa de HBO más visto de toda la historia. Quizá más impresionante es contar con una hazaña que habla de su popularidad global: es el programa de televisión más descargado de manera ilegal en el mundo.[18]

La gente a veces tiende a comparar los negocios con el beisbol. En ambas actividades, uno puede fallar setenta por ciento de las veces y aun así ser un gran jugador. Pero la diferencia entre el beisbol y los negocios es que el beisbol tiene lo que el fundador y CEO de Amazon, Jeff Bezos, atinadamente llama "una distribución de resultados trunca". Los jonrones tienen resultados limitados. En una carta dirigida a los inversionistas, Bezos escribió:

> Cuando bateas, no importa qué tan bien conectes con la pelota, lo más que puedes lograr es obtener cuatro carreras de un solo jonrón. En los negocios, de vez en cuando sucede que te pones al bat y puedes lograr mil carreras. Esta distribución de resultados es la razón por la que es importante ser arriesgado. Los grandes ganadores pagan por todos esos experimentos.[19]

Los Soprano no fue un jonrón ordinario. No fue solamente el programa más visto en la historia de HBO en su momento: también incrementó las suscripciones al canal en más de un cincuenta por ciento.[20] *Mad Men* no fue solamente una joya aclamada por la crítica: también puso en camino a AMC para que contratara *Breaking Bad*, uno de los programas más aclamados en la historia de la televisión y para aumentar sus ganancias por tarifas de cable en un cincuenta por ciento entre 2007 y 2013.[21] Este crecimiento en las tarifas ayudó a que el canal produjera *The Walking Dead*, mismo que igualmente se convirtió en el drama más popular del cable.

Estas arriesgadas apuestas por *Los Soprano* y *Mad Men* no sólo les retribuyeron a las compañías toneladas de dinero: también provocaron una revolución comercial y artística en la televisión. El género de "televisión de prestigio", que alguna vez fue una monarquía encarnada en hbo, es ahora un nutrido parlamento. Netflix, Amazon, Hulu, Showtime, Cinemax, Starz, fx, amc, usa y muchos más compiten cada uno por el programa de televisión que será el siguiente *Los Soprano* o *Mad Men*, una fuerza crucial con estilo cinematográfico y la expansividad narrativa de una novela tradicional de setecientas páginas. Algunos éxitos salvan a sus compañías. Algunos pocos, revolucionan el negocio. Ésos son los que marcan mil carreras con un solo jonrón.

Una de las dificultades de escribir un libro representativo sobre productos culturales exitosos es que los hits no son representativos. Son, intrínsecamente, excepciones, fenómenos, eventos aislados. No existe una fórmula completa y perfecta para desarrollar un producto popular. Si la hubiere, cualquiera sabría cómo hacerlo y lo lograría; y el mundo estaría inundado por productos culturales exitosos similares, lo que técnicamente significaría que ninguno sería muy exitoso. En vez de ello, el paisaje del entretenimiento está inundado de imitación: secuelas de cómics que suceden a otras secuelas de cómics, novelas de fantasía juvenil que se apilan sobre novelas de fantasía juvenil… La imitación no es un signo de que la gente conozca el secreto de la popularidad. Es un signo de que no hay secreto, de que lo único que la gente sabe es qué fue lo último que tuvo éxito.

El término "hit" es relativo, no sólo dentro del negocio de la televisión sino dentro de todo el espectro del negocio del entretenimiento. Los libros best seller, las películas ultra taquilleras y los videos en línea pueden todos llamarse "hits", pero su popularidad comercial puede diferir en la magnitud. Si un libro vende cien mil ejemplares en Estados Unidos, puede tratarse de un best seller nacional, pero si un gran estudio cinematográfico vende cien mil boletos de una cinta, con una ganancia aproximada de un millón de dólares, estamos hablando de un fracaso épico. Mientras tanto, si un estudio vende cien millones de boletos a nivel global, puede que sea una de las películas más vistas de todos los tiempos, mientras que un video de YouTube con cien millones de vistas no es para nada histórico. Los videos más populares en esa plataforma pueden alcanzar más de mil millones de vistas cada año.

Un libro electrónico y un boleto para el cine pueden ambos costar diez dólares, pero bajo ese precio al público, la economía que subyace a los libros y las películas no podría ser más diferente. Un gran estudio, como 20th Century Fox, puede sacar a la luz unas veinte películas al año y gastar alrededor de cien millones de dólares en producción y marketing para cada una. Una gran editorial como HarperCollins puede publicar diez mil libros al año, casi más títulos por semana de lo que 20th Century Fox estrenará en una década.

Ambas compañías están en el negocio de vender historias, sentimientos, inspiración e información. Pero se *mantienen* en el negocio al alinear sus costos con la demanda. 20th Century Fox sobrevive en una industria donde un puñado de productos requiere de diez millones de clientes; HarperCollins lo hace en una industria donde casi nada vende más de un millón de ejemplares.

HBO, AMC, FX, Republic Records, 20th Century Fox, HarperCollins y otras compañías creadoras de hits son todas capitalistas de riesgo. Evalúan un grupo enorme de productos y apuestan por un paquete diverso de hits potenciales. Pero el éxito es semicaótico: la mayoría de las ideas fallan, e idealmente unos cuantos éxitos pagan lo suficiente para compensar por los fracasos.

Michael Lombardo y Nicole Clemens han tenido su parte de momentos dignos de Casandra, pero no son oráculos griegos. Su éxito comienza con un modelo de negocio que provee un ingreso estable de ganancias a sus compañías, incluso en el caso de que produzcan una temporada de entretenimiento que casi no atraiga espectadores. "Estamos en el juego de las marcas", me dijo Lombardo. "AMC es una marca. FX es una marca. NBC aún sigue vendiendo espacios televisivos de media hora."

La televisión por cable puede haber sido el mejor modelo de negocio en la historia de los medios: un subsidio de entretenimiento multimillonario sostenido por cien millones de hogares que pagan por cientos de canales, independientemente de que la mayoría de estas familias nunca han visto muchos de ellos. Pero hay muchas señales de que el futuro cercano será distinto. El cable está en declive estructural, y los espectadores jóvenes están dejando de pagarlo. El futuro no será un solo paquete para muchos sino muchos paquetes distintos para muchos. HBO, Netflix, Amazon Video, Hulu y quizá pronto un paquete de Disney, un paquete de CBS y un paquete de deportes. Habrá tanta televisión de alta calidad y tantas series de video digital en el futuro cercano que las audiencias demandarán un producto o servicio que encuentre y organice el mejor contenido de entre todos estos servicios. En otras palabras, será el momento para un nuevo paquete. Esto me parece el futuro más lógico del video: el reempaquetamiento de paquetes desagrupados (los cuales, inevitablemente, serán ofrecidos de manera desagrupada).

Conforme el paquete monolítico del cable se desintegra, quedará en las compañías más jóvenes aprender aquello por lo que las audiencias están dispuestas a pagar. Los trabajadores de algunas industrias, como las del periodismo y el arte, ocasionalmente se estremecen ante la presión de monetizar su trabajo. Es siempre más agradable pensar en creadores que trabajan en un universo separado sin mezclarse con el grasoso mundo del comercio. Pero todos tenemos que comer. Claude Monet pintó durante sesenta años (son como veintidós mil cenas) gracias a su heroico agente artístico Paul Durand-Ruel y a su amigo y benefactor Gustave Caillebotte. Monet gozaba de la libertad de dedicarse solamente a ser artista porque había alguien más dedicado únicamente a vender sus piezas. David Chase y Matthew Weiner saborearon la libertad artística porque HBO y AMC contaban con un modelo económico que les permitió tomar riesgos, y de hecho los animó a ello.

El arte podrá ser invaluable, pero no es gratuito. De una forma o de otra, alguien tiene que pagar.

11

LO QUE QUIERE LA GENTE II:
UNA HISTORIA DE PIXELES Y TINTA

LO QUE LA GENTE BUSCA EN LAS NOTICIAS
(... A MENUDO NO SON NOTICIAS)

Escribir en el siglo XXI es probablemente la más competitiva de las industrias en la historia humana. Los obstáculos son bajos, la oferta es masiva y la competencia es global, con incontables editoriales que producen contenido para una audiencia global. Cada día, los escritores redactan varios millones de artículos de noticias, publicaciones de blogs y cientos de millones de mensajes en Twitter y Facebook.[1] Pero ¿cuántos de estos billones de gigabytes[2] representan algo que alguien realmente desee leer?

Encontrar la verdad al desnudo es la primera, y quizá única, meta del periodismo. Pero las noticias son un negocio, y un editor busca un rasero complementario (bueno, ojalá lo sea): el gusto de sus lectores.

Encontrar cómo deleitar a los lectores y las audiencias puede parecer una investigación simple, pero comprender lo que la gente realmente *desea* dentro del mundo del arte y las ideas es todo menos simple. De hecho, las audiencias son tan complicadas y peculiares que los métodos más exitosos de estudio de su comportamiento son a menudo indistinguibles de la antropología. Así que remontémonos al primer estudio antropológico de los lectores, realizado hace unos cien años, en una época en la que también el mundo parecía estar ahogado entre palabras.

La década de los veinte fue una época dorada para la lectura, y la espina dorsal de la bibliofilia norteamericana se encontraba en la Cuarta Avenida, al sur de Union Square, en Manhattan, Estados Unidos. Allí se encontraba la "Book Row" un conglomerado de 48 librerías independientes distribuidas a lo largo de seis manzanas. (Hoy en día, todas las fachadas y locales han desaparecido, a excepción de una de las más famosas librerías independientes del país, llamada The Strand.)

Uno no podría escoger una década más apropiada para el florecimiento de las librerías. El número de libros publicados anualmente se duplicó entre 1910 y 1920, llegando a los diez mil títulos originales.[3] Pero el volumen no fue lo más impresionante sobre la literatura de esa década. Los veinte nos dieron a F. Scott Fitzgerald y *El gran Gatsby*, a Ernest Hemingway con *Fiesta* y a William Faulkner con *El ruido y la furia*. Las importaciones europeas incluyeron *Ulises* de James Joyce, *El proceso* de Franz Kafka y *La señora Dalloway* de Virginia Woolf. Fue una época de poesía triste y sin fe con *La tierra baldía* de T. S. Eliot y también de ficción inspiracional con la publicación de *Siddhartha* y *El Profeta*. Uno de los escritores de misterio más grandes de la historia le pasaba la estafeta a otra: el primer libro de Agatha Christie, *El misterioso caso de Styles*, se publicaba recién iniciado el año de 1920 y el último volumen de las historias de Sherlock Holmes de Sir Arthur Conan Doyle aparecería siete años después.

Con cientos de títulos llenando las estanterías de Estados Unidos en los años veinte, el descubrimiento de nuevos libros se volvió un problema de moda y se crearon nuevas formas de organización para resolverlo.[4] El Book of the Month Club (Club del libro del mes), nacido en 1926, prometía seleccionar cuidadosamente sólo las mejores obras para sus selectos miembros. Al año siguiente ya tenía competencia en el negocio de los libros por suscripción por parte del gremio de escritores: el Literary Guild of America. A ninguna de estas organizaciones puede considerársele innovadora hoy en día, pero su modelo de negocio anticipó, un siglo antes, la venta de contenidos en paquete. Pagar un precio con un gran descuento por unidad para obtener más de lo que puedes consumir razonablemente es el negocio de la televisión por cable, Spotify, Netflix y las modernas "cajas de suscripción".

¿Qué hizo a los años veinte tan fructíferos para la letra impresa? Una explicación plausible debe tomar en cuenta la educación, la tecnología y la casualidad político-económica. La matrícula de hombres y mujeres con un título de bachillerato creció de un treinta por ciento a principios del siglo hasta un setenta por ciento en 1930, y la demanda de noticias y entretenimiento para esta educada fuerza de trabajo también sintió el incremento. En el curso de la siguiente centuria, el centro de gravedad en las noticias norteamericanas se desplazaría a la radio, la televisión, las computadoras y los teléfonos móviles. Pero por un momento, la tinta y el papel disfrutaron de un monopolio mediático. Finalmente, los años veinte fueron un periodo de paz y prosperidad, comparado con la guerra y la recesión que vendrían más adelante.

Dependiendo de tu perspectiva, el periodismo o bien se benefició o prácticamente se hinchó en esta época dorada del papel. Nació una camada de revistas icónicas, que incluía *Time* en 1923 y *The New Yorker* en 1925; las ganancias provenientes de la publicidad en revistas subieron un quinientos por ciento en esta década. Y, sin embargo, la llegada de nuevas publicaciones periódicas y las extraordinarias obras de literatura no parecían apagar la sed de los lectores por las publicaciones diarias. Las ventas de los periódicos también se incrementaron en un veinte por ciento en la década que nos concierne, llegando a treinta y seis millones de ejemplares en un día. Eso significaba una media de 1.4 periódicos por cada hogar. En algún punto, la ciudad de Nueva York contó con doce periódicos diarios exclusivos de esa ciudad.[5]

Las primeras décadas del siglo xxi también fueron testigos del agresivo crecimiento de un nuevo producto: el tabloide.

Como muchas otras cosas en la historia de las letras de Estados Unidos, el tabloide fue una importación británica. La palabra *tabloide* se originó en el contexto médico de fines del siglo xix, y se refería en un principio a una tableta pequeña de medicina. Así fue aplicándose eventualmente a cualquier cosa pequeña y comprimida, incluyendo al periodismo y los periódicos. El padrino de las noticias en el formato tabloide fue el gran magnate británico de los medios, Alfred Harmsworth, fundador y dueño del *Daily Mail* de Londres, que debutó en 1896. Con artículos más cortos, tintes populistas y un precio de medio penique (la mitad que el precio de sus rivales), el *Daily Mail* fue la sensación en Gran Bretaña. Para 1900, era el primer periódico en el mundo en ostentar una circulación de más de un millón de ejemplares.

Inesperadamente para un pionero de la vulgaridad sucinta, Harmsworth era un hombre grandilocuente que no dudaba en ubicar su imperio de noticias dentro del curso de la historia. "Estamos entrando en el siglo de la combinación y la centralización", escribió. "El mundo entra hoy en el siglo xx, el Siglo del Ahorro del Tiempo. Afirmo que con mi sistema de periodismo condensado o en *tabloide*, cientos de horas de trabajo se ahorrarán cada año."[6] Y así fue concebido el tabloide, no solamente como un resumen de lo banal y lo vil, sino como una tecnología que ahorraría tiempo.

Los tabloides se centraban en deportes, chismes y, sobre todo, en los crímenes. En 1927, un estudio mostró que dedicaban un tercio del espacio a las historias de nota roja, diez veces más que los periódicos tradicionales.[7] El primer tabloide estadunidense, inspirado por el *Daily Mirror* de Harmsworth, fue el *Illustrated Daily News*, lanzado en Nueva York en junio de 1919. Para los años cuarenta, se había convertido en el periódico más vendido en Estados Unidos. Gradualmente, la esencia del tabloide fue colonizando incluso hasta los más venerables diarios, como el *Washington Post* y *The New York Times*, que se empezaron a atiborrar de deportes y crímenes para mantenerse a la par de los gustos (malos gustos, dirían algunos) de sus lectores.

Fue una era de crecimiento doloroso para los periódicos más grandes del país. Durante finales del siglo anterior se había gestado una explosión de diarios más pequeños, pensados especialmente para ciertas clases, lenguas y etnias. Tan sólo Nueva York y Nueva Jersey habían sido cuna de *L'Eco d'Italia*, *L'Observateur Impartial*, *Armenia Times*, *Norway Tidings* y *Der Idisher Zschurnal* (El diario judío), entre otros periódicos dirigidos a una comunidad específica.[8] *The Canajoharie Radii*, fundado por un maestro sordomudo de nombre Levi Backus, inicialmente se especializó en noticias para los sordos. Este nivel de especialización significó que, digamos, los reporteros ítalo-americanos escribían para lectores ítalo-americanos, quienes eran muchas veces sus propios vecinos. Los periodistas eran miembros de sus propias audiencias, y los editores no tenían que romperse la cabeza sobre qué poner en el papel, ya que escribir para los lectores la mayoría de las veces significaba escribir para uno mismo.

Sin embargo, los periódicos de principios del siglo xx fueron un animal completamente diferente: nacionales más que locales, plurales y no específicos de un grupo étnico. La urbanización alentó a los diarios pequeños a consolidarse. La invención del telégrafo y la sindicalización de las noticias trajeron historias de lugares lejanos a los lectores locales. El negocio de los periódicos estaba cambiando, y también lo hizo la forma básica de entender el periodismo. Conforme los periódicos se volvían más grandes, los editores fueron responsables de alcanzar un grupo de lectores masivo y diverso que no conocían. Escribir para la propia audiencia ya no significaba escribir para los vecinos, sino para cientos de miles de extraños.

Estos cambios tecnológicos y culturales forzaron a los editores a responder con un nuevo enfoque a una vieja pregunta: *¿Qué quieren los lectores?*

Los periódicos tenían varias formas de medir las demandas de sus lectores a principios del siglo xx, pero cada una de ellas tenía defectos y algunas eran más bien primitivas.[9] Los registros de circulación podían dar a los editores el tamaño de su audiencia, pero no daban información sobre qué leían los lectores una vez que abrían el diario. Las quejas y respuestas (por ejemplo, las cartas a los editores) eran una fuente honesta de retroalimentación, pero el dicho de una minoría de lectores ofrecía una versión caricaturizada del grueso de los mismos.

Los editores, entonces, se hicieron de métodos y tácticas absurdas para descubrir lo que la gente leía. Para saber cuáles eran los artículos más populares, algunos diarios contrataron investigadores privados que se ubicaban detrás de los lectores para notar lo que éstos leían.[10] Otros editores enviaron espías a los trenes y trolebuses para anotar la página exacta en la que se había dejado abierto el periódico que se había desechado. Esto fue, obviamente, una forma terrible de analizar a los lectores, ya que no aclaraba si la gente había disfrutado la lectura de la página antes de bajarse del tren en un apuro o si había odiado la historia y por ello se había deshecho del diario. Pero esos tiempos desesperados exigían esas medidas de rastreo en el transporte público.

La época dorada de la lectura estaba aún en la edad de piedra en lo que concernía a entender a los lectores. Entonces llegó un hombre cuyo nombre es ahora sinónimo de opinión pública. Él ofreció un seductor y sencillo plan para saber lo que la gente quería: llegar hasta sus salas y simplemente observarlos.

George Gallup soñaba con ser un editor profesional de periódico. Pero cuando se graduó de la Universidad de Iowa en 1923, se unió al programa de doctorado en psicología aplicada.[11] Cinco años después, publicó una tesis que unía su sueño y su título, al estudiar a los lectores como si fuera un etnólogo.

Gallup no era un sentimental en lo que se refería al Cuarto Poder. Él identificaba a los periódicos como gladiadores en la arena de la atención. "El problema del periódico moderno es ajustarse lo más posible a las necesidades del público lector", escribió. "Específicamente, su problema es lograr que lo lean." Ésta no era una avasalladora declaración del deber cívico del periodismo y, sin embargo, tenía mérito. Un diario sin lectores está destinado a la bancarrota, y una historia bien contada no tiene ningún provecho si nadie la lee. Gallup iba adelantado a su tiempo al comprender que la competencia de los periódicos no provenía solamente de las invenciones de su era, como los tabloides y las revistas semanales, sino que provenía de *cualquier cosa* que demandara la atención de los lectores potenciales. Entre los rivales de los periódicos, incluía a la radio, la floreciente industria del cine e incluso el tiempo invertido en manejar un automóvil.

Su tesis de 1928 se intituló "Un método objetivo para determinar el interés del lector sobre el contenido de un periódico". El énfasis de Gallup radicaba en el adjetivo *objetivo*. Veía con desdén el análisis del volumen de circulación y los patéticos esfuerzos de despachar agentes secretos para que espiaran a los lectores. Incluso desconfiaba de los cuestionarios.

En vez de ello, propuso un enfoque etnográfico que llamó el "Método Iowa". Determinado a observar a las familias en sus propias salas y cocinas, envió a entrevistadores a las casas de Iowa para que se sentaran frente a los suscriptores. Investigador y lector entonces ojearían juntos los periódicos de Iowa, desde la historia principal de la primera plana hasta las caricaturas, marcando cada titular, párrafo e imagen como leído o no leído.

Gallup sospechaba que los lectores a menudo mentían en las encuestas, así que capacitó a su equipo para ignorar frases como "Leí toda la primera plana" o "No leo más que los cómics", porque, según escribió, "casi sin excepción, un interrogatorio posterior probaba que esas declaraciones anteriores eran falsas. La persona que cree que ha leído toda la primera plana probablemente no ha leído ni una cuarta parte de ella".*

---

* Ya que el nombre Gallup ahora es sinónimo de encuestas e investigación de mercado, resulta irónico que la tesis que lo hizo famoso destacaba los problemas de depender de las reacciones espontáneas de las personas a las preguntas sobre su comportamiento.

Gallup grababa meticulosamente la información de las decenas de entrevistas que realizaba, considerando cómo las respuestas de los lectores hombres en edad de trabajar diferían de las que proporcionaban las mujeres, o cómo la actitud de los granjeros ante las noticias difería de la de las familias urbanas.

Así, determinó que las noticias duras de la primera plana no eran más populares que algunas otras menores, entreveradas en la información de la última página. Lo más leído no era una noticia; era la caricatura de la primera página, realizada por J. H. Darling, que leían noventa por ciento de los hombres, comparado con el doce por ciento de los lectores que se adentraban en las noticias locales gubernamentales del día. Para las mujeres, las partes más leídas del periódico eran "las fotografías de estilo y belleza". Hoy, los críticos de los medios advierten del hundimiento de la prensa ante Facebook, las noticias por cable y la avalancha de las redes sociales. Sin embargo, a los lectores típicos de noticias de los años veinte tampoco les llamaban mucho la atención los artículos de fondo sobre temas internacionales oscuros pero de gran importancia política. A los hombres les gustaban las caricaturas y a las mujeres las fotos bonitas.

La idea de realizar una investigación de producto observando a la gente en sus cocinas puede no parecer impresionante, pero fue sutilmente revolucionaria. Gallup fue un pionero en lo que ahora llamamos "antropología aplicada",* esto es, el uso de la antropología para resolver un problema humano práctico.[12] En los años treinta, el gobierno de Estados Unidos contrató a sus primeros antropólogos aplicados para estudiar las reservaciones indias a fin de implementar una ley de reorganización de la población vinculada con el New Deal de Roosevelt. En los ochenta, Xerox PARC, la fábrica de ideas de Palo Alto, California, también contrató antropólogos que diseñaran prototipos para las nuevas computadoras. Hoy en día, las firmas de consultoría como IDEO y McKinsey usualmente inician sus proyectos despachando a los jóvenes empleados a observar a los clientes y consumidores en sus entornos naturales: sus oficinas, cocinas, coches y

---

* El método de Gallup es más exactamente etnografía, y sin embargo el campo se llama "antropología aplicada". ¿Cuál es la diferencia? La antropología es el estudio de la gente y su entorno. La etnografía es un método para estudiar a la gente en su entorno *observándola de primera mano*. La antropología es una disciplina amplia, mientras que la etnografía es un método específico.

salas. Después del gobierno de Estados Unidos, el segundo mayor emplea-
dor de antropólogos hoy día en el país no es la Universidad de Harvard o la
de California, sino Microsoft.[13]

Los métodos de Gallup lo convirtieron en una celebridad de la mercadotecnia en los años treinta. Más tarde, se uniría a la agencia de publicidad
Young & Rubicam y aplicaría sus conocimientos a la publicidad impresa durante la Gran Depresión. Gallup cambió la forma en la que los pu-
blicistas pensaban sobre el espacio en blanco, las fuentes sorprendentes y
las imágenes grandes. Por ejemplo, basado en entrevistas cercanas con sus
lectores, Gallup concluyó que la publicidad posicionada "debajo del do-
blez", en la mitad inferior de una página de periódico, generalmente era
ignorada.[14] También descubrió que los lectores ponen más atención a las
fotos que a las palabras.

Gallup eventualmente aplicó sus métodos a la política, donde su ape-
llido se volvió una marca conocida en la arena de la opinión pública. Hoy
los periodistas e investigadores normalmente acuden a las encuestas y sondeos de Gallup para todo, desde la medición del compromiso de los trabajadores hasta las actitudes raciales y las elecciones presidenciales. Sin
embargo, hay una importante diferencia entre estos dos servicios. Las encuestas miden los sentimientos y el comportamiento *actual* ("¿Es usted republicano?"), mientras que los sondeos pronostican los resultados *futuros*
de una elección ("¿Votará usted por el partido Republicano en la elección
del próximo año?").

La distinción entre las encuestas, una medida del presente, y los sondeos, una medida del futuro, nos lleva hacia una segunda lección del Método Iowa de Gallup: las personas son buenas para contarte tus sentimientos,
pero son menos confiables cuando se trata de reportar sus hábitos (especialmente sus malos hábitos) o de proyectar sus deseos y necesidades
futuros.[15]

Los lectores de Iowa eran reporteros poco confiables de su propio comportamiento, pero casi todos los somos. Pregúntale a alguien acerca de sus
deficiencias y a menudo intentará cubrir la sucia verdad escondiéndola
bajo un caparazón de pensamiento aspiracional que podría ser diseñado
por Loewy. En los estudios psicológicos, esto a veces se atribuye a lo que
llaman "sesgo de deseabilidad social". Las personas les dicen a los investigadores (y por supuesto a sus familiares y amigos) que son mejores de lo

que son en realidad, porque quieren caerle bien a la gente. O, de manera más sutil, quieren *autoconvencerse* de que son el tipo de persona que le gusta a la gente. Un estudio de 2008 al respecto encontró que los sujetos de investigación mienten acerca de prácticamente todos los elementos que conforman su identidad: sus competencias en diferentes tareas, su condición psiquiátrica, su régimen de ejercicio, sus emociones, el comportamiento con su pareja y su dieta.* Cuando se les da el tiempo para reflexionar, las personas prefieren hablar del tipo de persona que quisieran ser, no de quienes realmente son.

La gente caracteriza erróneamente sus malos hábitos porque puede hacerlo. Fracasan en predecir su futuro comportamiento porque en verdad no lo pueden hacer. Predecir el futuro de *cualquier persona* es difícil, incluso el propio. Y fue especialmente difícil para los ávidos lectores de periódico en las décadas de 1920 y 1930 prever la arrolladora llegada de la tecnología que estaba a la vuelta de la esquina. Era una pequeña caja con un tubo de rayos catódicos que suplantaría a los diarios y a la radio en su camino hacia convertirse en el producto mediático más popular de la historia.

A mediados del siglo xx, los grandes periódicos continuaron creciendo tanto en páginas como en lectores, absorbiendo a su paso muchos diarios pequeños y especializados. Ahora enfrentaban una nueva prueba que demostró ser más desalentadora para su futuro que los tabloides, la radio, el cine o incluso los automóviles.

En la década de los cincuenta, la televisión pasó de ser una rareza en la sala de algunos a convertirse en un elemento común en cada hogar.[16] Menos de uno por ciento de los hogares poseían un televisor en 1948; una década después, ochenta y tres por ciento de los hogares contaban con uno y se sentaban frente a él por más de cinco horas al día. Ninguna tecnología personal —ni el radio, ni el teléfono, ni el coche, ni el refrigerador, ni el agua corriente— se había diseminado tan rápido de hogar a hogar como lo hizo la televisión.

* Igualmente interesantes son, quizá, las áreas en las que los investigadores no encontraron evidencia del sesgo de deseabilidad social, por ejemplo, la religión. Creer en Dios es quizás uno de los pocos rasgos más fuertes que el deseo de una persona de ser aceptada.

Los periódicos, inicialmente, ignoraron la amenaza de la nueva tecnología. El periodismo impreso "es por mucho, más fascinante, más variado, y ofrece mucha más posibilidad de recompensa financiera", declaró en 1947 Richard W. Clarke, editor ejecutivo del *New York Daily News*.[17] Turner Catledge, su homólogo en *The New York Times*, sostenía en 1951 que él no reconocía "a la televisión como un competidor directo del tipo de periódico que publicamos". Mientras tanto, para protegerse ante la posibilidad de que en verdad la televisión fuera a ganarles el mercado, los periódicos se adueñaron de seis de los primeros quince canales.

A pesar de que es fácil juzgar, a varias décadas de distancia, esta confianza excesiva por parte de los periódicos, se debe tomar en cuenta que se estaban comparando contra los productos noticiosos de la televisión, que eran, más bien, pésimos. Había muy poco periodismo original en la televisión, y la primera generación de productores no comprendía cómo hacer un buen programa específico para el medio. Sólo atinaban a hacer un buen programa de radio en televisión. Pero esa mala oferta de programación no detuvo a la gente en su afán de crear canales (que se quintuplicaron en los cincuenta) ni de ver la televisión. Entre 1948 y 1955, el tiempo promedio invertido en escuchar la radio en los hogares se desplomó de 4.4 a 2.4 horas.[18]

Resultaría satisfactoriamente dramático declarar que un único reportaje de noticias marcó el punto de inflexión en el tránsito de la marginación a la generalización para el medio televisivo. No existe un evento así, pero la historia de una niña de San Marino, California, llamada Kathy Fiscus, se acerca mucho.[19] Una tarde de viernes, en abril de 1949, una pequeña niña de cabello rizado y sonrisa coqueta cayó en un pozo de agua abandonado. La ciudad envió un arsenal de herramientas y apoyo al lugar del accidente para rescatar a Kathy, desde perforadoras, bulldozers, grúas y luminarias provenientes de los estudios de Hollywood. Reporteros de la estación KTLA de Los Ángeles cubrieron los intentos de rescate por veintiocho horas consecutivas y diez mil personas se acercaron al lugar para, tristemente, descubrir que Kathy había fallecido en el fondo del pozo. Los esfuerzos del rescate dominaron la primera plana de *Los Angeles Times*, pero la tragedia mostró la habilidad de la televisión para llevar a la gente las noticias de última hora de una forma en la que el mundo impreso jamás podría hacerlo. "Ésta fue la primera vez que el tubo de rayos catódicos desbancó definitivamente a los periódicos", recuerda Will Fowler, un famoso y antiguo reportero de Los

Ángeles.[20] (Siete décadas después, las noticias por cable aún recuerdan la lección: nada captura más la atención nacional como un misterio con el que uno se identifique y cuyo desenlace esté aún por conocerse: *¿Quién ganó la elección? ¿Quién planeó el ataque? ¿Dónde está el avión?*)

En los cincuenta, varios acontecimientos políticos demostraron el poder de esta maravillosa cajita. El comité del Senado de 1951 que investigó el crimen organizado y el retorno del general Douglas MacArthur a Estados Unidos fueron ambos transmitidos a decenas de millones de espectadores. La Convención Nacional Republicana de 1952 consiguió la mayor audiencia para un evento en vivo jamás lograda hasta entonces, con sesenta millones de televidentes. *Newsweek* la llamó "la convención de la televisión".[21] En 1956, Dwight Eisenhower estaba tan convencido del poder de la televisión como medio empático que contrató a un mercadólogo televisivo joven (de la vieja firma de Gallup: Young & Rubicam),[22] para orquestar dicha convención e inyectarla de "informalidad, sentimiento y emoción".* La elección presidencial de 1960 se caracterizó por televisar el primer debate político, yuxtaponiendo el aire de realeza de John F. Kennedy con la cara sudorosa de Richard Nixon. Al día de hoy, la contienda de 1960 es ampliamente considerada la "elección decidida en la televisión", pero sería un error pensar que fue la primera y última elección influida por la pantalla chica.**

Gradualmente, los principales críticos mediáticos cambiaron su opinión sobre las noticias en la televisión. No todo fue terrible, solamente *a veces* terrible y ocasionalmente exquisito. En 1961, Newton Minow, el presidente de la Comisión Federal de Comunicaciones, hizo su ya famosa declaración al llamar a la televisión una "vasta tierra baldía". Pero su discurso no fue tan oscuro como su famosa cita sugiere. De hecho, el discurso

---

* No me puedo resistir a señalar que los valores que se le atribuyeron a la televisión a mediados de los años cincuenta, la informalidad y el sentimiento, son precisamente las palabras que los editores de internet utilizan para describir la singularidad del contenido digital. Una posibilidad es que cada nuevo medio se percibe más íntimo y emocional cuando debuta; otra es que el arco de las noticias y la innovación mediática se estrecha cada vez hacia una mayor informalidad y sentimiento.

** Ésta no sería la última vez que un medio de noticias usara esta construcción para unir una tecnología novedosa con una elección. El *Huffington Post* anunció la "elección decidida por Snapchat" en 2015. BuzzFeed llamó a la de 2004 la "elección decidida por Facebook". *The Hill* llamó a la de 2012 la "elección decidida por Twitter" y en 2006, *The New York Times* pronosticó la "elección decidida por YouTube".

incluía otra línea que debería ser igualmente inmortal: "Cuando la televisión es buena, nada es mejor".

¿Qué es lo que la gente quiere leer?, es la pregunta con la que iniciamos este capítulo. Es la misma pregunta que motivó a los editores de los periódicos a contratar espías que convirtieron a George Gallup en una estrella.

El éxito de la televisión sugiere que la consulta es demasiado reducida. La pregunta correcta debería ser: "¿Cómo quieren las personas experimentar las noticias, el entretenimiento, las historias, ya sea mediante palabras, imágenes o sonidos?".

A veces, las nuevas empresas suplantan el legado de las grandes industrias no con un producto superior en su mismo mercado sino, por el contrario, con un producto inferior en un mercado nuevo.[23] En efecto, resultó que la mayor amenaza para los periódicos no eran mejores periódicos. Fue la mala televisión. La televisión suplantó al papel como la principal fuente de noticias en casi todos los lugares donde fue introducida. En Estados Unidos, Gran Bretaña, Australia y a lo largo y ancho de la Europa Continental, los periódicos vendidos por persona se desplomaron[24] en la segunda mitad del siglo XX.*

Si la televisión socavó el número de lectores de los periódicos, internet acabó por derribar el ya seco árbol de ese modelo de negocio. Al igual que su entrega física, los periódicos constituyen un paquete económico. La sección de negocios paga por los reportajes políticos; las secciones de automóviles y bienes raíces subsidian las investigaciones internacionales. Pero internet deshizo estos subsidios cruzados.[25] Sitios como Craigslist, eBay y Zillow ofrecieron versiones más directas y accesibles de las secciones de clasificados y las páginas de bienes raíces, y la publicidad huyó de las versiones impresas hacia los sitios web. Por si fuera poco, las noticias digitales han minado subrepticiamente las noticias pagadas en el sentido más amplio, al crear la expectativa de que las noticias deberían ser gratuitas. Ahora existen decenas de excelentes sitios web que han tomado el lugar de los periódicos y revistas

---

* Existen excepciones a esta regla, pero son de países que se volvieron ricos después de los años cincuenta. El país con el más alto crecimiento en periódicos por persona en la segunda mitad del siglo XX fue Corea del Sur, y ningún otro país perteneciente a la Organización para la Cooperación y Desarrollo Económicos (OCDE) sumó más publicaciones diarias que México.

de antaño. Pero juntos han cometido una suerte de homicidio imprudencial de las noticias pagadas, haciendo creer a una generación de lectores que la simple atención y el tiempo dedicados pueden financiar al periodismo.

Las noticias por internet también están evolucionando. En una primera etapa, los periódicos y revistas subían sus artículos a la web, forzando el estilo de las décadas anteriores a calzar en este nuevo medio, de manera muy similar a los primeros programas de televisión, que eran esencialmente programas de radio plantados frente a una cámara. En la segunda etapa, los *agregadores* o recopiladores de contenidos tomaron la batuta. Los lectores aprendieron que no tenían que ir a un sitio específico para conocer las noticias del día: podían escribir palabras clave en la barra de búsqueda de Google y las noticias se desplegarían. Podrían, también, visitar portales como Digg y Reddit, que categorizaban y contextualizaban ligas de diferentes páginas; o podrían iniciar sesión en las redes sociales como Facebook o Twitter para leer artículos publicados por sus amigos y conocidos. El ascenso de los agregadores diluyó el poder de los sitios web y las páginas principales conforme los lectores aprendieron a ir a Google o Reddit para obtener información anteriormente reservada para los periódicos locales. El centro del poder en el mundo de las publicaciones estaba inclinándose de las marcas de noticias hacia plataformas de descubrimiento, de manera muy parecida a como ocurrió en otra época profusa en palabras: cuando el Book of the Month Club ayudó a los lectores a obtener una muestra estratégica de entre la gran abundancia de novedades editoriales.

Hoy, las redes sociales han reemplazado al periódico matutino como la primera parada para muchos jóvenes que buscan noticias sobre el mundo. Los jóvenes entre dieciocho y treinta y cuatro años (alternativamente, los llamados Millenials, Generación Y y varios otros términos) tienden a no seguir las noticias "visitando directamente a sus principales proveedores",[26] según demostró una encuesta realizada en 2015 por el American Press Institute. En vez de ello, casi noventa por ciento de los jóvenes busca las noticias a través de las redes sociales.

El siglo xxi marca una reversión de alta tecnología hacia los valores de las noticias del siglo xix, donde los nichos reconquistan su valor frente a la tendencia global, pero con una vuelta de tuerca. Cuando la comunicación masiva se fragmentó en cientos de diarios étnicos, los editores aún ofrecían un servicio estrictamente unidireccional a sus lectores. Hoy, sin embargo, los lectores son sus propios editores. Los usuarios de Facebook y Twitter no tienen que seguir a ninguna marca de noticias, siguen a los individuos que comparten cualquier artículo o imagen que les parezca interesante o sorprendente. La unidad básica de las noticias solía ser un paquete enmarcado en un periódico, organizado por extraños y distribuido según una ruta. Hoy la unidad atómica es un artículo, la distribución es gratuita y cada quien funge como editor, lector y emisor al mismo tiempo. *Las noticias* ya es un anacronismo, ahora son *mis noticias*.[27]*

Aquí tenemos tres temas que vale la pena deshilvanar específicamente: la transformación de las noticias del siglo XX al pasar de ser únicamente texto a incluir texto, sonido y video; la evolución del acercamiento a las noticias, de editores individuales a plataformas que congregan a varios medios; y el surgimiento de redes personales que reemplazan a los curadores de noticias, tarea que antes perteneció a los editores y periodistas. Hay, en realidad, una sola compañía que se mantiene en el centro de estas tendencias y es, hoy, la más importante fuente de noticias e información en el mundo. Esa compañía es Facebook.

Cuando George Gallup dijo que el problema de los periódicos modernos era "lograr ser leídos", jamás podría haber imaginado la escala en la que una compañía lograría triunfar en esta métrica. Más de mil millones de personas alrededor del mundo se conectan a Facebook en un día cualquiera, y aproximadamente 170 millones de ellos, tan sólo, lo hacen desde los Estados Unidos y Canadá. En julio de 2014, la compañía reportó que un consumidor estadunidense promedio dedica cincuenta minutos diarios a la red social.[28] Eso es más tiempo de lo que el norteamericano promedio pasa leyendo y jugando deporte combinados, de acuerdo con el Bureau of Labor Statistics (Oficina de Estadísticas de Trabajo de Estados Unidos).

---

* Esta puerta se abre hacia ambos lados. Los lectores de noticias actúan como su propio editor, lector y emisor, pero también lo hacen quienes *hacen* las noticias. Cuando los periódicos (y la televisión, la radio, etc.) eran dueños de la distribución de las noticias, las celebridades, los CEO y los políticos tenían que buscar a los reporteros para transmitir sus mensajes. Ahora esas mismas celebridades, CEO y políticos pueden publicar sus propios mensajes, a su propio ritmo, en Facebook, Twitter, Instagram, Medium y demás redes sociales. De este modo, internet ha aplanado el proceso de lectura de noticias y su proceso de creación al darle a los sujetos su propio canal de distribución.

La página principal de Facebook se llama News Feed en inglés y simplemente Noticias en castellano, y ahí es donde se recopilan las publicaciones, videos, fotografías y artículos, organizados por un algoritmo maestro para desplegar los más interesantes al principio. Como cualquier algoritmo diseñado para enganchar y atraer a la gente, la sección de Noticias es un espejo del comportamiento de los usuarios. La gente a la que le gustan los artículos liberales y las fotografías de bebés tiende a ver más artículos y fotografías de este tipo. Pero también es un reflejo de los propios valores de Facebook: al ser un producto dependiente de la publicidad, el interés comercial de Facebook es no solamente ayudarte a encontrar algo interesante y viajar a alguna esquina de internet, sino construir un entorno donde las personas vayan, se queden y se desplacen entre la publicidad.

En el siglo xx, uno podía dividir en dos categorías la tecnología de las comunicaciones: social (de uno a pocos) y difusión masiva (de uno a muchos). La conversación era social; la radio, masiva.[29] Los teléfonos eran sociales, la televisión era masiva. Facebook se separa de estas tecnologías del siglo xx porque funge como una red social (un lugar donde ver las fotos de los amigos) y también como una plataforma de difusión masiva, posicionándose como la primera y más importante fuente de tráfico en internet. Esto es lo que hace poderoso a Facebook: es al mismo tiempo un sistema de correo global y un periódico global, en parte red telefónica y en parte emisora de televisión.

La fórmula algorítmica de las Noticias en Facebook es como la receta de la Coca-Cola. Da servicio a miles de millones de personas y jamás se ha publicado algo medianamente cercano a una explicación de cómo funciona. Recientemente visité el corporativo de Facebook en Menlo Park para reunirme con su director de Gestión de Producto, Adam Mosseri, un exdiseñador que alguna vez dirigió una compañía consultora especializada, entre otras cosas, en exhibiciones de museos. No esperaba que Mosseri me contara los secretos más oscuros de su laboratorio, al estilo de Charlie Bucket en la Fábrica de Chocolate; por el contrario, quería que Mosseri me explicara la filosofía para atraer e involucrar a la gente en la sección de Noticias y cuál es la postura de Facebook respecto de la pregunta toral de Gallup: *¿Qué es lo que la gente quiere leer y cómo ofrecérselo?*

Facebook tiene una ventaja sobre el Método Iowa y básicamente sobre cualquier otra compañía en el mundo cuando se trata de entender a la gente. En estudios psicológicos, la "reactividad" es el concepto que define cuando la gente se sabe observada y cambia su comportamiento. En Facebook, sin embargo, es improbable que la mayoría de la gente se encuentre en un constante estado de nerviosa autoconciencia. Facebook puede observar a los lectores sin la conciencia explícita de que están bajo vigilancia. Esto debería ofrecer una forma bastante precisa para entender lo que la gente realmente quiere leer.

Lo más obvio que Facebook puede decir es que las preferencias de los lectores son un mosaico dentro de cada país y alrededor del mundo. Las personas de Corea del Sur ven más videos en Facebook, mientras que en los países del Medio Oriente prevalecen las largas discusiones en los comentarios. Tailandia e Italia usan más las famosas caritas con sentimientos llamadas "stickers". Aunque también hay temas universales. "Si le preguntas a la gente, en cualquier parte del mundo, por qué entra a Facebook, principalmente hablarán sobre conectar con sus amigos, familiares o personas que están lejos y les importan, como una hermana que estudia en otra parte del país", explica Mosseri. Cuando se les da a las personas la oportunidad de buscar cualquier cosa en el mundo, la mayoría no busca noticias duras; son más como los lectores de Iowa en la tesis de Gallup, que prefieren buscar cosas personales, divertidas o hermosas.

La señal más fuerte de que alguien disfruta una publicación en Facebook es darle un *me gusta* o *like*, compartirlo y dejar un comentario. Todas estas acciones se concentran en un algoritmo que está constantemente reordenando lo que se presenta al usuario para mostrarle el contenido más relevante al principio. Es un poco como abrir cada mañana el periódico para encontrar que la primera plana es un reflejo de las historias que has venido leyendo en las últimas semanas. En 2013, Mark Zuckerberg hizo él mismo esta analogía al decir: "Nuestra meta es construir el periódico personalizado perfecto para [más de] mil millones de personas".[30]

La habilidad de Facebook para observar a sus lectores mientras están leyendo es el sueño de cualquier editor, desde tiempos del mismo George Gallup.* Pero resulta que cuando un periódico personalizado muestra un espejo

---

* La habilidad de la compañía para llevar a cabo miles de pruebas simultáneamente sobre sus usuarios ha creado controversia, como cuando Facebook reveló que había manipulado la sección de Noticias de más de 689,000 personas para que leyeran noticias más positivas o más negativas. Los resultados del estudio fueron interesantes: la gente que vio publicaciones

perfecto ante su audiencia, el reflejo puede resultar desagradable. Cuando la sección de Noticias depende exclusivamente del comportamiento del usuario, puede volverse puro lodo, un río infinito de contenido sin valor.

El periodista Steven Levy ha llamado a esto el problema de "la docena de donas".[31] Las personas saben que no deberían comer donas todo el día, pero si un colaborador pone una docena de donas sobre tu escritorio cada tarde, las comerás hasta que tu boca esté rebosante de azúcar. La sección de Noticias también puede ser un tabloide diario: una porción hiperminiaturizada de celebridades, cuestionarios y otras formas de calorías vacías para que la gente haga clic sobre ellas, con la consecuencia de que los algoritmos de Facebook procesan cada una como una instrucción para servir más donas. Facebook se dio cuenta de que, si la gente considera que la sección de Noticias es simplemente una bomba de azúcar sin un significado más profundo, los lectores podrían desactivar sus cuentas.

Así que Facebook, habiendo llevado el método etnográfico de Gallup al extremo, ha decidido que sí hay valor en preguntar a la gente qué es lo que quiere. Por esta razón, Facebook te hace preguntas en la sección de Noticias ("¿Te gusta lo que acabas de leer?"), encuestas de lectores ("¿Qué tipo de cosas te gustaría ver?") y cuestionarios expandidos donde "evaluadores" pagados de todo el país contestan varias preguntas acerca de cada tema en sus Noticias y escriben un párrafo sobre dicha historia: ¿platicaron de esto después, con sus familias y amistades? ¿Experimentaron una respuesta emocional? ¿Lo encontraron revelador?

Existe lo que la gente *quiere* leer, y luego existe lo que la gente lee *en verdad*. Mosseri me contó que una de las cosas más importantes que Facebook estudia es justamente la brecha entre ambas realidades y cómo cerrarla. La sección de Noticias debe atraer al yo conductual, mostrando historias a las que los lectores seguramente les darán me gusta y las compartirán; pero también debe atraer al yo aspiracional, mostrando las historias que los lectores quieren ver, incluso si no interactúan con ellas.

"Si yo te pregunto si quieres hacer ejercicio, probablemente dirás: 'Claro, quizá dos veces a la semana'", comenta Mosseri, "pero si mañana te pregunto

---

más positivas contribuyó con un contenido más optimista, mientras que quienes vieron más historias negativas adoptaron un tono negativo en sus publicaciones. Los críticos digitales respondieron que, si el estado anímico es en verdad contagioso, Facebook no debería ser tan arrogante cuando se tratara de infectar a sus lectores de depresión.

a las seis y media de la mañana: '¿Quieres hacer ejercicio?', me responderás: 'No, quiero dormir una hora más'." Mosseri está interesado en cómo estas dos formas del yo —el aspiracional y el conductual— pueden recibir satisfacción con sólo un producto. "¿Qué podríamos mostrarte para que digas que eso querías y con eso interactuarías? Siempre estamos buscando ese tipo de intereses alineados", concluyó.

El mejor ejemplo de la brecha entre el ser conductual y el aspiracional en la historia mediática reciente es el infame *clickbait* o *ciberanzuelo*. Un artículo es considerado clickbait si el titular logra hacer que el lector haga clic en una historia que no cumplirá lo que promete. Hace varios años, internet fue inundado con titulares que tentaban con jugosos detalles y terminaban dejando en suspenso al lector: "Un oso entra a una tienda de conveniencia. No creerás lo que sucede después", "¿Por qué lloran tanto los bebés? La respuesta te sorprenderá", "Si crees que el ejercicio te ayudará a bajar de peso, esto romperá todo lo que has creído antes". Estas historias atraían a los lectores hacia historias terribles, falsas y sin contenido. El clickbait fue esa caja diaria de donas: irresistible pero poco saludable.

Si Facebook sobreviviera sólo de clics, el clickbait se habría apoderado por completo de internet. En vez de ello, la compañía contaba con varias métricas de retroalimentación, como las encuestas y cuestionarios, que demostraron que muchos lectores odiaban las historias anzuelo, *a pesar de que regularmente caían y les daban clic*. En los últimos años, Facebook ha anunciado diferentes iniciativas para despiojar la sección de Noticias de estos titulares.

Mi ejemplo favorito de esta brecha entre el ser conductual y el aspiracional no tiene nada que ver con la lectura, pero extiende la metáfora *foodie* más allá de las donas. Desde el inicio hasta mediados de la década de 2000, McDonald's se volvió más activo en ofrecer opciones sanas como ensaladas y frutas en sus menús. Pero el retorno de utilidades y su crecimiento en esos años se debe a que la gente siguió consumiendo sus dosis de grasa, como hamburguesas y pollo empanizado. Las nuevas opciones sanas parecieron atraer al tipo de gente que seguía dietas sin mucho compromiso, y ya en el restaurante ordenaba los platos básicos de la comida rápida. En 2010, un grupo de investigadores de la Universidad de Duke llamó a este fenómeno el "cumplimiento de metas indirecto".[32] El sólo considerar que algo "es bueno para ti" satisface una meta y te da licencia a darte un gusto. La gente dice que desea noticias importantes y serias en sus redes sociales, pero generalmente da clic en las fotos divertidas. La gente dice que desea comer más verduras, pero generalmente ordena los sándwiches más grasosos en los restaurantes donde se venden ensaladas. Estas personas no están mintiendo (¡en verdad quieren ser ese tipo de persona que lee las noticias y quieren ver opciones de ensaladas!), pero la mera proximidad a un comportamiento bueno satisface su interés en portarse bien.

El negocio de la información "elevada", o cualquier negocio de los que son "buenos para ti", a veces requiere monetizar esa aspiración más que la realización del comportamiento mismo. La mayoría de los gimnasios no gana dinero de los visitantes poco frecuentes que pagan por hora; por el contrario, buscan a los incautos que pagan en los primeros días de enero por cientos de horas de ejercicio que nunca se materializarán en junio (para ser sinceros, ni a finales de enero). Las suscripciones de los flojos subsidian el sudor de los obsesivos del gimnasio. Pero hay otra forma de conceptualizar este esquema: los gimnasios monetizan la brecha entre la aspiración y el comportamiento.

Las revistas prestigiadas también lo hacen. Es una observación común entre los lectores del *New Yorker* (por lo menos los que conozco en Nueva York) que la revista puede ser una fuente de culpa, ya que publica más buenas historias que las que sus suscriptores pueden consumir de manera realista. He estado en muchos departamentos y casas donde la sala o el baño están decorados por una gran torre de ediciones del *New Yorker* sobre una mesa o una cesta de mimbre,* mismas que jamás han sido leídas. Las páginas digitales son típicamente monetizadas por cada clic y número de impresiones. Si el *New Yorker*, *The Atlantic* o *The New York Review of Books* hicieran dinero por las páginas individuales impresas que sus suscriptores leen, probablemente estarían en problemas. En vez de ello, cada una de estas revistas tiene cientos de miles de suscriptores que pagan la misma cantidad anual sin importar si leen mil páginas o ninguna. Las suscripciones aíslan a un negocio como HBO, Netflix o *The New Yorker* de la necesidad de maximizar la atención o usar una base por unidad. Eso les da

---

* Existe un término en japonés relacionado con esto: *tsundoku*, que describe el amontonamiento de libros sin leer. En una cultura de la abundancia, todo el mundo practica una forma de *tsundoku* multimedia: compra libros que no lee, se suscribe a revistas que ni ojea y graba programas que nunca termina de ver.

a las compañías un ingreso confiable y proporciona a los creadores más libertad.

Hay una tercera dimensión para darle a la gente lo que quiere más allá de las preferencias que haya declarado (lo que yo digo que quiero) y sus preferencias reveladas (lo que hago). Éstas son las preferencias latentes: lo que ni yo sé que quiero.

Facebook observa diferentes efectos en su red que son demasiado complicados como para preguntar por medio de una encuesta. Por ejemplo, los usuarios nunca piden ver notificaciones de otras personas que hacen amigos en Facebook. Pero estas historias de "nuevas amistades" (las notificaciones de que dos personas se han vuelto amigos) tienen un efecto contagioso. Cuando la gente se entera de nuevas amistades formándose, es más proclive a añadir más amistades, lo que fomenta más conexiones y más contenido, creando una mejor experiencia para la gente en la sección de Noticias.

Hace varios años, Facebook intentó mostrar más comentarios debajo de sus artículos. Esto no era necesariamente algo que la mayoría de los usuarios de Facebook supiera que quería. Pero Facebook descubrió que la gente que veía más comentarios terminaba por publicar más comentarios; esto dio como resultado más contenido en general, más notificaciones y más tiempo invertido en Facebook.

Así que la respuesta a la pregunta "¿Qué es lo que la gente quiere leer?" tiene tres dimensiones. La primera es la más simple de observar: son los clics, los *me gusta* y el contenido compartido. Es todo lo que puedes aprender a partir de la simple observación de la gente, como George Gallup en una sala de Iowa. La segunda dimensión se acerca más al *cumplimiento de las metas indirecto*. Es lo que la gente solicita en las encuestas (noticias importantes en sus Noticias, ensaladas en el menú, etc.) pero que no siempre se hace patente en su comportamiento observado. La tercera dimensión es la más compleja y, quizá, la más valiosa. Es lo que la gente no sabe que quiere, pero que, si se lo ofreces, hará su vida mejor, a veces a través de la mera sorpresa, como con el iPhone, y otras veces mediante efectos inesperados en su red, como las historias de amistad en Facebook.

En la segunda mitad del siglo xx, la televisión erosionó lentamente la influencia de los periódicos a medida que resultó claro que la mayoría de la gente prefería las imágenes en movimiento que el texto estático. En el caso de Facebook, esta transición de medio siglo del texto al video probablemente se cumpla en unos pocos años. Facebook "será probablemente todo en video" en cinco años, dice Nicola Mendelsohn, director de operaciones de la compañía en Europa, Medio Oriente y África.[33]

Facebook no es primordialmente un sitio de noticias, pero los jóvenes pasan tanto tiempo en la red social que la han convertido en la principal fuente de tráfico de noticias para las publicaciones digitales. Cuarenta y cuatro por ciento de la población total de Estados Unidos,[34] y ochenta y ocho por ciento de los menores de treinta y cinco años,[35] obtienen sus noticias de Facebook. Esto la vuelve un destino en línea para leer noticias mayor que Twitter, Instagram, Snapchat, Reddit, LinkedIn y YouTube combinadas. Hasta el momento, Facebook ha logrado una posición dominante inconcebible para la tecnología anterior. *The New York Times* nunca fue el equivalente de "los periódicos". Fox News no representó nunca el total de la "televisión por cable". Pero en lo que a noticias se refiere, Facebook, es, casi por completo, "internet".

Pero Facebook puede hallarse con que el escrutinio en gran escala es un costo inherente del crecimiento. En 2016, la compañía sufrió un revés público cuando algunos exempleados hicieron del conocimiento público la explosiva acusación de que la compañía estaba suprimiendo contenido políticamente conservador. Si Facebook fuera sólo otro canal de noticias, esto no hubiera importado. Los canales de noticias liberales como MSNBC critican duramente a los republicanos todo el tiempo y no se convierte en una noticia de nivel nacional. Pero Facebook no es como un canal de televisión. Es algo que nunca habíamos visto antes: una especie de operador de cable superpoderoso para el futuro portátil. Facebook es una compañía mediática, pero más que ello, es una herramienta social,[36] una pieza integral de infraestructura de la información que cientos de noticiarios y compañías de medios utilizan para alcanzar a su audiencia.

El vertiginoso ascenso de la compañía hasta convertirse en un gigante de los medios ha dado lugar a mucho escepticismo, en particular por parte de periodistas que opinan que Facebook tiene la obligación de ser más transparente sobre cómo funciona su sección de Noticias, si en efecto se va a convertir en el canal central de distribución de noticias. Facebook ha afirmado que es una plataforma neutral para facilitar la transmisión de cualquier comunicación. Pero esto parece insuficiente, dado que la idea misma de una plataforma neutral gobernada por un algoritmo diseñado por seres humanos es fundamentalmente deficiente, y quizá paradójica. El algoritmo de Facebook no es una expresión divina de las preferencias del público. Es, como tantas obras de arte y productos, una hipótesis; en el mejor de los casos, un intento de comunicarse con el público. Esta hipótesis algorítmica fue escrita por humanos, y estos humanos tienen jefes humanos, y los jefes tienen motivaciones, defectos e inversionistas humanos, y todo este peso de humanidad deja su huella en todo algoritmo, incluido el de Facebook.

La verdad es que nadie quiere que Facebook sea totalmente neutral, y Facebook lo quiere menos que nadie. La compañía no quiere convertirse en una caja de Petri para cultivar el *clickbait* o el abuso emocional, y ha tomado medidas para suprimir ciertos estilos específicos de encabezados y para combatir a los trolls. Pero la sección de Noticias también puede llenarse de teorías de la conspiración y mentiras descaradas diseñadas para atraer público con los anzuelos de la credulidad y la indignación. A medida que Facebook sigue creciendo, la compañía probablemente tendrá que enfrentarse a nuevas obligaciones que van más allá de las de cualquier periódico, organización de noticias o servicio público. Pero no es suficiente construir una carretera abierta para las comunicaciones en línea y luego abandonar la tarea de vigilar a los conductores más peligrosos.

Facebook es un periódico moderno, en virtud de su audiencia y del hecho de que se ha convertido en un portal muy importante de noticias. Pero Facebook es un experto en redes, no en noticias. Aquí no existe un equivalente de la relación editor-reportero ni un deber cívico que lo obligue a centrarse en temas de importancia local. Más bien, Facebook se dedica principalmente al negocio de animar a la gente (no contratada por ellos) para que publique contenido (no comisionado) que sea significativo para una audiencia (que no conoce). En otras palabras, la razón de existir de la sección de Noticias es *inducir lo interesante*.

Todo esto parece tan lejano del *Des Moines Register* o del *New York Daily News* de los años veinte, pero es la apoteosis del edicto de 1928 de George Gallup para el noticiero moderno: "Lograr ser leído".

BROADWAY 828

Una de las cosas más frustrantes del hecho de escribir este libro es que no te puedo ver. Un actor puede sentir el silencio mortecino de una audiencia helada; o, si el teatro está lleno de gente y ruido, puede sentir la inminencia de una ovación de pie de la misma manera que un animal puede presentir una tormenta. Pero la escritura se realiza en relativa soledad. Escribir un libro para personas que no conozco es como montar una obra con los ojos vendados detrás de una pared a prueba de ruido. El trabajo mismo ofrece pocos indicios de cuál será su recepción.

Así siempre ha sido, podrías decir. Pero hoy, el círculo de retroalimentación para los escritores digitales no podría ser más claro. Varios años atrás, cuando escribía sobre economía para la edición web de *The Atlantic*, la sala de prensa recibió una herramienta llamada Chartbeat que ofrecía un tipo de vigilancia total del lector. Chartbeat proveía un preciso indicador en tiempo real de nuestra audiencia global. De un vistazo, los escritores podían ver el número exacto de personas alrededor del mundo que estaban leyendo, en ese momento, los artículos más populares, de dónde eran, cuántos minutos le dedicaban y hasta dónde leían de cada página.

Como muchas otras herramientas de internet, Chartbeat era un instrumento envuelto en una distracción, envuelta en una adicción. Respondía una pregunta importante que ha perseguido a los editores por décadas: *¿Qué es lo que los lectores en verdad leen?* Pero sus lecciones a veces no eran tan positivas. Los artículos más compartidos en Facebook, como recordarás, no son típicamente reportes investigativos sobre Siria, sino cuestionarios más bien frívolos. Pasé muchas horas, anteriormente reservadas a escribir, mirando fijamente Chartbeat y tratando de absorber sus secretos: ¿debería escribir más titulares en forma de pregunta? ¿Debería escribir acerca del modelo de negocio de la televisión o sobre los hábitos de consumo de los adolescentes? Ni enteramente bueno ni eminentemente malo, Chartbeat era más bien una serie de caballos de Troya anidados como muñecas rusas donde no estabas seguro si lo que encontrarías en el centro sería un regalo o un enemigo mortal.

Yo quería saber más acerca de este medidor de atención que había, irónicamente, absorbido toda mi atención. Escribí al fundador de la compañía, Tony Haile, y le pregunté si podía entrevistarlo para un artículo, o quizá, para un libro. Me invitó al corporativo de Chartbeat, cerca de Union Square en Manhattan.

Al acercarme a la manzana en cuestión, vi un pendón marrón en el que se leía "Strand Books". Conforme me acerqué, me di cuenta de que Chartbeat no estaba sólo en la misma cuadra que la legendaria librería Strand; estaba en el mismo edificio, en el número 828 de Broadway.

Entré en el elevador y subí varios pisos. Adentro, la oficina se parecía a una de tantas compañías pequeñas de tecnología: espacios abiertos, filas de veinteañeros y treintañeros con audífonos frente a computadoras Apple. Tony me encontró ahí. Alto, de cabello rubio corto, vestía una camisa blanca estilo Oxford con dos botones abiertos; de su cuello colgaba una delgada correa de cuero de la que se mecía un diente de oso polar.

Antes de inventar Chartbeat, Haile vio mucho del mundo que eventualmente terminaría monitoreando. Vivió en un sótano palestino, sirvió como navegante de proa en una carrera de veleros alrededor del mundo, guio expediciones al Polo Norte (de ahí el diente del oso) y dirigió una empresa start-up de redes sociales que pronto lo despidió. Cuando se mudó a Nueva York, dormía en el piso del departamento de una chica. "Ahora es mi esposa", me dijo.

Fui a Chartbeat a hablar acerca de la atención. En vez de ello, platicamos acerca de la retroalimentación. En la segunda mitad del siglo XX, un piloto de la fuerza aérea y estratega militar llamado John Boyd desarrolló un modelo de toma de decisiones que llamó OODA, acrónimo de Observación, Orientación, Decisión y Acción.[1] Este modelo describía una perspectiva estratégica en la cual la retroalimentación era constantemente dirigida a quien tomaba las decisiones para construir una nueva teoría de ataque.

Cada decisión de un piloto de guerra —así como cada libro, artículo, canción o película— es una hipótesis, una teoría sobre cómo el otro bando, o la audiencia, va a responder. Cuando esta respuesta se da, es casi siempre una sorpresa. ¿Qué debes hacer entonces?

De acuerdo con Boyd, la clave para una fuerza de batalla exitosa no era sólo un plan de ataque brillante. Era la facilidad para aprender y cambiar de estrategia rápidamente, cuando el enemigo inevitablemente se adaptara para contraatacar la estrategia inicial. "La rapidez de adaptación era el factor clave para definir si podrías ganar o perder esa batalla", me dijo Haile.

Desde entonces, el modelo OODA ha sido aplicado a varias disciplinas, con el aprendizaje de que los más exitosos guerreros (o editores, políticos o entrenadores deportivos) no son necesariamente los más grandes o los más fuertes. De hecho, apenas unos cuantos tienen el don de la percepción y una fuerte capacidad de reacción. Ellos pueden medir al oponente, atacar, razonar el significado de su respuesta y gradualmente aprender a anticipar el siguiente movimiento. Sobre este punto, Hamlet fue directo como pocas veces: "Todo es estar preparado".

"Ya no hay más misterios sobre qué artículos está leyendo la gente", Haile me dijo. "Al contrario, el misterio es, ¿qué haces con toda esa información?" Los editores más exitosos del futuro, dijo, serían aquellos, como los pilotos del coronel Boyd, que no sólo tuvieran el reporteo bruto y el talento analítico para producir gran periodismo, sino que también entendieran cómo adaptarse, cómo maniobrar a la mitad del vuelo, cómo moverse junto con sus audiencias. La conversación me hizo querer escribir un libro completo. Un libro acerca de batallas aéreas y nuevas compañías digitales, sobre estrategias de desarrollo orientado al cliente y ciclos del modelo OODA. Un libro acerca de la retroalimentación y de lo que sucede después de que tu hipótesis estalla frente a tus ojos.

Haile y yo nos estrechamos la mano y descendí de nuevo por el elevador. El pendón de Strand chasqueaba sobre mi cabeza y sentí la necesidad de entrar, recordando cómo cada habitación llena de libros tiene esa sutil sensación de ser subterránea para mí. Le di un vistazo al montón de las novedades, a los "Favoritos del personal" y a los clásicos antiguos. El lugar despedía una sensación de sótano familiar, cálido y suave. Compré algunos

libros que planeaba leer, junto con otros clásicos conspicuos que no estaban en mis planes. Siempre me ha parecido que poseer un libro canónico
técnicamente cuenta como participar indirectamente en su consumo. "No,
no lo he leído, pero está en mi librero…"

La cultura no es sólo lo que la gente hace; es también lo que la gente
dice que hace. Si muchas personas leen el *US Weekly* en casa (pero nunca lo
mencionan en las fiestas a las que asisten) y en cambio platican de Thomas
Piketty en las fiestas (pero jamás han leído más allá de la quinta página de
El capital en el siglo XXI), entonces, ¿quién ejerce la mayor influencia en la
cultura? ¿El *US Weekly* o Piketty? En su famoso estudio sociológico de 1980,
La distinción, Pierre Bourdieu argumentó que el gusto es en parte una actuación (*performance*), una exhibición de "capital cultural". A los miembros
de la élite no sólo les gusta la ópera porque tienen acceso a ella; buscan acceso a la ópera porque creen que los vuelve de élite.

Pero mucho ha cambiado desde 1980. Los mercados culturales se han
hecho más transparentes, desdibujando la línea entre las preferencias de-
claradas y las reveladas. *Billboard* se ha convertido en un reflejo honesto
de la música y Chartbeat en una vista más transparente del interés del lector. En una cultura como ésta, donde el estatus es una actuación pero los
gustos son transparentes, la postura socialmente correcta es que nada en
particular debe gustarte demasiado, sino que debes estar exquisita e im-
perturbablemente consciente de todo ello. Hay algo más preciado que el
"capital cultural" en esta época de abundancia de medios, y es lo que podríamos llamar "cognición cultural": una conciencia global de las noticias
y las opiniones que van dando forma al paisaje cultural. Así que, ¿viste *Hamilton*? Está bien. Pero ¿puedes citar sus referencias al rap *y* sugerir por
qué está sobrevalorada por todos los que la alaban *y* contextualizar su significado en las relaciones raciales del siglo XXI? Ahora sí podemos platicar.
La ultraconciencia es el nuevo capital cultural.

He regresado a la Strand varias veces en el proceso de escribir el libro que
tienes en las manos, ya sea en su versión de pantalla plana o en papel. Pero
incluso más seguido he regresado a la *idea* misma de Broadway 828. Me da
la impresión de que es un museo vivo de palabras. *En el piso de arriba*: un
mapa borgiano de los lectores en línea del mundo, que no pueden escon-

derse del ojo omnipresente de Chartbeat, que los mira como un nuevo Sauron. *En el piso de abajo*: "dieciocho millas" de libros impresos,[2] que nunca revelan los secretos de sus lectores. Los pisos del 828 de Broadway imponen una pregunta irresistible: ¿el arte grandioso inicia con la retroalimentación? ¿O, por el contrario, comienza con lo opuesto: un espacio tranquilo, desprovisto de distracciones, donde los creadores pueden introyectar la iluminación y hacer algo principalmente para sí mismos?

En Chartbeat existe el ciclo de OODA perfecto. Los lectores leen el sitio web y el sitio web los lee a ellos. Es el periodismo como laboratorio, la escritura como batalla aérea: experimentación, aprendizaje, adaptación a la velocidad de la luz. En la Strand existe el santuario perfecto. El círculo de retroalimentación más visible para un escritor de libros es interno, entre la tripa, el cerebro y los dedos. Imagina la horripilante parálisis de tratar de escribir una novela en una plataforma en la que el mundo entero tiene acceso en tiempo real a cada página. Los críticos atacaron violentamente varias de las más famosas novelas del siglo XX. *El gran Gatsby* fue objeto de terribles opiniones: "sin importancia", "dolorosamente forzado", "un libro inútil", y sus primeras ventas fueron débiles.[3] Virginia Woolf llamó al *Ulises* de James Joyce "una catástrofe memorable: inmensa en su atrevimiento, extraordinaria en su desastre".[4] Si los novelistas pudieran anticipar perfectamente cómo el público recibiría su trabajo, quizá nunca más volverían a tomar una pluma o tocar un teclado.

He caído en la cuenta de que necesito el ciclo de retroalimentación, la ovación de pie y los silencios devastadores que pueden darle la bienvenida a un artículo en línea. Pero cuando me paseo entre las pilas de libros en la Strand, es difícil evitar la conclusión de que quizá los mejores escritores también sabían cómo limitarse a hacer el trabajo y olvidar por un momento que alguien, alguna vez, leería su sueño. Estos escritores montaban una producción en escena en sus mentes, pero sólo para ellos, algo palaciego y privado, justo como una ensoñación.

12

EL FUTURO DE LOS HITS:
IMPERIO Y CIUDAD-ESTADO

SORPRESAS FAMILIARES,
REDES Y POLVOS MÁGICOS

Estamos viviendo una revolución industrial de la atención.

En el siglo que corrió entre 1870 y 1970, Estados Unidos sufrió una revolución industrial de la comida (la invención del refrigerador), la luz (la popularización de la electricidad), los viajes (el triunfo del automóvil y el avión) e incluso en la anatomía de los hogares, con la modernización del gas, las tuberías y el agua corriente.[1] Como el historiador Robert Gordon ha afirmado inteligentemente: un viajero del tiempo que visitara una casa en los setenta se sentiría bastante cómodo en su cocina, baño, sala o recámara.

Pero si este viajante quisiera ver cable en una inmensa pantalla plana o tocar música de su reproductor con mil canciones o buscar algo en internet, se sentiría perdido. En los setenta no había teléfonos que capturaran la plácida cara de sus propietarios, tal como un Narciso en el agua; no había cables de audífonos saliéndose de los bolsillos de todas las personas ni bibliotecas completas de información guardadas en unas placas de cristal templado. En los últimos cuarenta años, los cambios más visibles en la tecnología han sido en el reino de la atención y sus subreinos del entretenimiento, las comunicaciones y la información.[2]

Este libro trata acerca de esa revolución y ofrece varias lecciones a los lectores que esperan más de la cultura que una tarde de diversión: significado, emoción, una verdad más profunda sobre la vida y, quizás, una sensación de genialidad.

1. El lado oscuro de la música y las historias

Varias tácticas detrás de los éxitos de la cultura pop pueden ser peligrosamente seductoras fuera de la arena del entretenimiento. Por ejemplo, la repetición es la partícula de Dios para la música. Sin ella, el mundo sonaría como un *tap tap* monótono y cacofónico, y la cantidad adecuada de repetición en la escritura puede lograr que una frase cante. Pero en la retórica política, estas formas de repetición, como la anáfora y la antimetábola, usualmente visten malas ideas con un lenguaje memorable. La retórica musical crea un tipo de anestesia cognitiva que adormece la capacidad para el pensamiento profundo de las audiencias. Los debates nacionales sobre temas importantes se mejorarían si la gente fuera más astuta para distinguir consignas melódicas pero vacías; de igual forma, los especialistas y conocedores serían más útiles si distinguieran "un gran discurso" de "una gran actuación retórica musical con ideas vanas o peligrosas escondidas en su centro".

Lo mismo aplica para las historias. Los mitos heroicos han servido como la estructura narrativa favorita de los narradores desde hace muchos siglos. La transición de perdedor ordinario a campeón inspirador ofrece un arco profundamente satisfactorio que le enseña a las audiencias una dulce lección: el fracaso, la mediocridad y la insatisfacción son paradas temporales en la ruta hacia un destino más feliz. Pero precisamente porque estas grandes historias son persuasivas, deberíamos ser más cautos acerca de qué narrativas dejamos entrar en nuestros corazones. Los narradores en nuestras vidas, desde los magnates de Hollywood hasta los abuelos parlanchines, van todos moldeando sutilmente las expectativas culturales. Una gran historia puede mostrar que un sesgo racial es bueno o malo; que una guerra es necesaria o abominable; que las mujeres son objetos sexuales subordinados o heroínas valiosas con capacidad de tomar sus propias decisiones. El drama narrativo no es siempre un atributo moral. Es como una característica mercenaria, igualmente útil para vender prejuicio y empatía. Sobre todo, una gran historia debería ser una invitación a pensar, no un sustituto del pensamiento.

2. El lado bueno de lo desconocido

Otro gran tema de este libro es la tensión entre la neofilia y la neofobia. Mucha gente sueña con nuevos productos, ideas e historias, siempre y cuando sean parecidos a los productos, ideas e historias que ya conocen.

La digitalización del contenido ha dado paso a un mundo de algoritmos que, en teoría, satisfacen al ser neofílico y al neofóbico. Ellos organizan un mundo de canciones, programas y artículos alrededor de nuestras preferencias previas, dándonos oportunidad de conocer sólo aquello que es "óptimamente nuevo". Hay una cierta emoción que surge al leer un ensayo brillante que sostiene una opinión con la que el lector ya estaba de acuerdo, o de escuchar un chiste que manifiesta elegantemente nuestro punto de vista. Esto puede refrescarnos intelectualmente, proporcionar una suerte de terapia cognitiva.

Pero una de las desventajas de esta profunda preferencia de las personas por las ideas familiares es que evitan historias y argumentos con los que creen que estarán en desacuerdo. Las redes sociales y los algoritmos, que encogen la apertura de las noticias a tan sólo un puñado de historias preferentes de nuestros conocidos, le facilita a la gente evitar ideas incómodas o, incluso, le da la oportunidad de nunca saber de su existencia. Más allá de conectar al mundo, estas tecnologías pueden crear millones de sectas cuyas perspectivas del entorno son decoradas por el interés comercial de envolver a la gente con ideas que se asemejen a las suyas.

"No me cae bien ese hombre", dijo Abraham Lincoln. "Debo conocerlo mejor." Sería agradable tratar las ideas de la misma forma. Por ejemplo: hacer una lista de ideas que no te gustan o que no conoces y leer algo nuevo sobre el tema cada mes, para irlas conociendo más. Las plataformas de contenido como Facebook podrían intencionalmente ofrecer noticias disfluentes, de forma que un judío liberal de Connecticut pudiera conocer un poco más sobre los gustos mediáticos de un conservador evangélico de Texas y viceversa. La música y el teatro casi siempre buscan ser catárticos, pero la información no debería sentirse como terapia. A veces, aprender sobre el mundo debería doler.

3. La paradoja de la escala

Poco después del sorprendentemente popular debut de *American Graffiti*, George Lucas le contó a un periodista que estaba trabajando en una película del oeste ambientada en el espacio exterior. El periodista hizo una pausa, incómodo. "No te preocupes", le dijo Lucas, "a los niños de diez años les va a encantar."

¿Es significativo que el mito secular más importante del siglo XX haya sido diseñado para agradar a niños de primaria? Quizá la lección es que los niños de diez años son la mina de oro demográfica de Hollywood; o quizá que los adultos son más parecidos a los niños de lo que la mayoría de la gente piensa. O quizá no hay ninguna lección: la cultura es caos, después de todo, y hay mil formas en las que esta película para preadolescentes pudo haber sido un fracaso (particularmente si Lucas hubiera filmado una de sus terribles primeras versiones).

Pero también he caído en cuenta de que existe una sabiduría alterna en el comentario de Lucas. La paradoja de la escala es que los más grandes éxitos usualmente son diseñados para un grupo pequeño y bien definido de personas. *La Guerra de las Galaxias* fue pensada para niños en una edad mágica, lo suficientemente grandes para apreciar las películas y lo suficientemente jóvenes para que les encantaran las locuras medievales en el espacio sin que se avergonzaran o les fuera irónico. Inicialmente, Facebook fue diseñado para interesarles a los amigos de los alumnos de Harvard, no para conectar al mundo entero. Vince Forrest encontró que los botones que mejor se venden de su colección son los que tienen los mensajes más específicos, extraños y entretenidos. Johannes Brahms escribió su famosa canción de cuna para una madre en particular. Los éxitos curados para una audiencia específica tienen más probabilidades de triunfar, quizá gracias a sus cualidades inherentes (son obras bien enfocadas) tanto como a sus cualidades de red. Las personas son más propensas a hablar de los productos y las ideas a los que se sienten inusualmente atraídos. Las camarillas de la escuela preparatoria, las sectas de California y los enjambres ideológicos son todos definidos por sus diferencias frente a la tendencia principal. Estos grupos han existido durante mucho tiempo, pero en un mundo de comercio digitalmente conectado es más fácil lucrar con estos éxitos de culto, ser lucrativamente "raro a gran escala".[3]

4. La genialidad de MAYA

El año pasado discutía sobre este libro con un amigo mío, un crítico de música y televisión que trabaja para una prominente revista nacional. Me hizo una pregunta traviesa: "Pero ¿sí estás tomando en cuenta la genialidad?".

No pude darle una respuesta inmediata. Pero recordé que, en conversaciones con académicos, un logro artístico en particular siempre volvía a salir al tema. "Te sorprendería lo mucho que los profesores quieren hablarme sobre *Kid A*", le dije a mi amigo. Producido por la banda británica Radiohead, *Kid A* es probablemente el álbum más extraño que haya logrado vender un millón de copias. No pertenece a ningún género, prácticamente no tiene coros y en algunas canciones no hay apenas nada que cualquier ser humano pudiera reconocer como "alguien que está cantando". Trompetas de jazz que comparten *riffs* con guitarras eléctricas, paredes de estática ansiosa punteadas de bip-bops robóticos... y el track principal suena no muy lejano a un extraterrestre muriendo de asfixia. Y sin embargo, gracias o a pesar de estas herejías musicales, es indescriptiblemente hermoso. Es la pura definición de MAYA: música para una especie más avanzada, quizá la siguiente después de la nuestra.

Pero los psicólogos y sociólogos que consulté no hablaban sobre el sonido del álbum. Más bien, varios de ellos tenían la misma opinión: es incomprensible que un álbum tan hostil a la melodía como *Kid A* pudiera haber logrado el platino si hubiera sido el álbum debut de una banda. *Kid A* es genial, en eso coincidieron todos. Pero fue aceptable solamente porque el trabajo previo de Radiohead había ya comprado la aceptación de la audiencia.

Tras varios éxitos masivos, *Kid A* fue el cuarto álbum de Radiohead. Así, pensé, el éxito de *Kid A* parecía encajar en un patrón más amplio. El cuarto álbum anónimo de Led Zeppelin fue una obra maestra mítica. *Born to Run* fue el tercer álbum de estudio de Bruce Springsteen, *El Sargento*

Pimienta fue el octavo de los Beatles, *Thriller* fue el sexto de Michael Jackson, *My Beautiful Dark Twisted Fantasy* fue el quinto de Kanye West y *Lemonade* fue el sexto de Beyoncé. Pensé en la Quinta y Novena Sinfonías de Beethoven, en las temporadas cuatro a la siete de *Seinfeld*, el octavo filme de Stanley Kubrick, la cuarta novela de Virginia Woolf y en el sexto libro de León Tolstói.

Es más que evidente que el mejor trabajo de una persona puede surgir después de años de práctica, conforme los artistas refinan sus habilidades. Pero hay algo más en juego: estos artistas y sus equipos produjeron su trabajo más llamativo *después* de haber traspasado un cierto umbral de fama y popularidad. Quizá la genialidad florece en un espacio ligeramente alejado de la necesidad de ganar un concurso de popularidad. En vez de ello, viene después de que el juego ha sido ganado, después de que el artista puede decir, esencialmente: "Ahora que tengo tu atención…".

La teoría de MAYA de Raymond Loewy explicaba el éxito dentro de las fronteras del buen gusto. Quizá la genialidad es el nombre que le damos a ese límite, y el mejor trabajo proviene de los creadores que buscan algo más allá de la aceptación, de quienes van más allá de esa frontera.

En 1400 no había libros impresos. En 1700 no había museos públicos de arte moderno. En 1900 no había salas de cine, así como no había programas de noticias antes de 1920 ni televisores a color antes de 1950. Ni tampoco había Facebook, Twitter o Snapchat antes de 2000. Éste es un grupo totalmente disímbolo de instituciones, publicaciones y aplicaciones, pero todos son herederos de la tradición común, que es la distribución democratizada de la información y el entretenimiento.

Cada nuevo jugador en el mercado de la atención ha amenazado con destruir el *statu quo*, pero a pesar de muchas advertencias en contra, la palabra impresa no mató el arte de la escritura, las películas no acabaron con los libros, la radio no arrasó con las noticias, la televisión no destruyó al cine, internet no ha eliminado a la televisión y, a diferencia de lo que los Buggles cantaban, el video no mató a la estrella de la radio.

El paisaje de la cultura pop está geológicamente activo y crece día a día. Es la historia de las nuevas ideas que se derraman sobre los límites de las viejas tecnologías. A pesar de que los monjes predijeron que la invención de Gutenberg acabaría con la palabra escrita, la prensa impresa incrementó los niveles de alfabetización y trajo millones de nuevos escritores al mercado de las palabras. Antes de 1960, los filmes más taquilleros de la historia (*Lo que el viento se llevó, Los Diez Mandamientos* y *Blanca Nieves*) estaban basados en libros, y aun así, más de la mitad de los jóvenes entre dieciocho y veinticuatro años siguen leyendo por placer. Hay películas basadas en juegos para móviles, juegos de video basados en películas, y pronto habrá juegos de video de realidad virtual basados en ambos.

Hace varios años, McKinsey publicó un estimado del tiempo invertido en recibir mensajes desde el inicio del siglo XX.[4] En 1900, los mensajes provenían de unos cuantos canales: la gente leía libros impresos y periódicos, pero la mayor parte de la comunicación se daba cara a cara. Para el siguiente siglo, los hogares se enamoraron de su radio, de su televisor, de sus computadoras y de sus dispositivos móviles. En teoría, la limitante más importante para los medios es el tiempo; sigue habiendo sólo veinticuatro horas en un día. Y sin embargo, cada nueva generación pasa más horas hablando, leyendo, viendo y escuchando. Las nuevas placas tectónicas chocan y la montaña mediática crece.

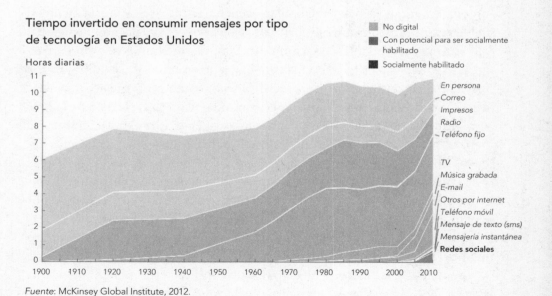

Tiempo invertido en consumir mensajes por tipo de tecnología en Estados Unidos

No digital
Con potencial para ser socialmente habilitado
Socialmente habilitado

Horas diarias

En persona
Correo
Impresos
Radio
Teléfono fijo
TV
Música grabada
E-mail
Otros por internet
Teléfono móvil
Mensaje de texto (sms)
Mensajería instantánea
Redes sociales

Fuente: McKinsey Global Institute, 2012.

Es tentador ver siempre el cambio tecnológico como un agente de muerte cultural. En 1906, John Philip Sousa predijo que la invención del fonógrafo y los discos eliminarían la composición de canciones y la educación musical en Estados Unidos.[5] "Estas máquinas parlantes arruinarán el desarrollo artístico de la música en este país", escribió al Congreso. "Las cuerdas vocales serán eliminadas por un proceso de evolución, tal como el rabo del hombre cuando provino del mono."[6]

Sousa, un hombre blanco, no previó que la tecnología de esa música barata les daría a afroamericanos como Aretha Franklin y N. W. A. un micrófono global;[7] o que en el siguiente siglo una audiencia colectiva del tamaño de mil salas de concierto escucharía grabaciones de su "Stars and Stripes Forever", haciéndolo más famoso de lo que jamás hubiera podido esperar en el siglo XIX; o que esta amplia disponibilidad de música facilitaría a los artistas compartir las influencias y alusiones que enriquecen la creatividad musical. Las cuerdas vocales de los músicos modernos reverberan en bocinas y audífonos por todo el mundo gracias a la misma revolución de la reproducibilidad que Sousa temía.

Justo como algunas personas vaticinan la muerte en cada cosa nueva, algunos tecnologistas ven una simple línea exponencial acercándose a la utopía. Y aunque es más fácil hablar, escuchar, compartir y ver, la facilidad del acceso no es puramente virtuosa. Facebook es un pegamento global que une a las compañías, consumidores, familiares y amigos; y sin embargo, las redes sociales hacen sentir soledad a otros cuantos, al alumbrar una felicidad de la que ellos carecen. La revolución digital en la música ha vuelto a las canciones más abundantes, pero también ha bajado el costo de la música grabada, de modo que muchas bandas reciben una exposición masiva pero mínimas ganancias. La digitalización de la música ha hecho más valiosos que nunca a los éxitos raros. En 2014, uno por ciento de las bandas y artistas solistas ganó 77 por ciento de todas las ganancias provenientes de la música grabada, y las diez canciones más vendidas lideraron 82 por ciento más del mercado que lo que habían logrado en la década previa.[8]

Este libro trata sobre la psicología de los éxitos y la economía de los medios, pero hay una lección más amplia en estos capítulos, que trata de los humanos y la historia. Si tuviera que capturar este metatema en una sola oración, ésta es la que escogería: *La tecnología cambia más rápido que lo que la gente cambia.*

Durante los últimos cincuenta años, el progreso ha marchado bajo un *tempo* apresurado, conocido como la Ley de Moore. En 1965, Gordon Moore, el cofundador de Intel, fue invitado a escribir un artículo para la revista *Electronics*, en el que predijera la siguiente década de tecnología de semiconductores. Él predijo que el número de transistores que cabían en un chip se duplicaría cada año aproximadamente.[9] En los últimos cincuenta años, su predicción se ha cumplido casi al dedillo; pero mientras que la tecnología corre a la velocidad exponencial de la ley de Moore, los humanos caminan pesadamente a paso darwiniano.[10]

Las necesidades básicas de las personas son complejas pero antiguas. Quieren sentirse únicos y también desean pertenecer a un grupo; esperan ser envueltos en familiaridad y ser mínimamente provocados; quieren que sus expectativas se cumplan, se rompan y se vuelvan a cumplir.

La tecnología ofrece nuevas herramientas para antiguas tareas. En los cincuenta, la televisión se convirtió en el producto más popular y con la mayor tasa de crecimiento en la historia. Amenazó con reemplazar a las películas como la única fuente de entretenimiento visual, así como a la palabra escrita como principal fuente de noticias y a la radio como el mueble más importante de cada sala de estar.

Empero, mientras que la televisión sí contribuyó al relativo declive de estas industrias, también puede ser que las haya forzado a ser mejores y más únicas. Las películas se adaptaron al surgimiento de la televisión gastando más en producción para distinguir a la pantalla grande de su cuadrado adversario. Las revistas y los periódicos continuaron produciendo un periodismo de excelencia a medida que aprendían la lección de la televisión, añadiendo más fotografías y gráficos. La radio respondió, quizá, de la manera más interesante: en 1940, el radio era una característica que muy pocos fabricantes de automóviles incluían en el producto final, pero a lo largo de los siguientes treinta años, noventa y cinco por ciento de los vehículos en Estados Unidos ya incluían uno. "La radio se ha convertido en el compañero de los individuos, en vez de permanecer como el punto focal del entretenimiento familiar", escribió el historiador cultural J. Fred MacDonald.[11] La televisión despidió a la radio de su antiguo trabajo como centro de reunión en el hogar, pero lo liberó para que pudiera salir y seguir a los usuarios mientras andaban por el mundo.

Hoy, la televisión de antaño es la tecnología que vive su crisis existencial;

está siendo forzada a responder por sí misma la pregunta que alguna vez le aplicó al resto de los medios: *¿Qué es lo que mejor sé hacer?*[12] Por muchos años, el paquete de televisión por cable dominó por su habilidad de proveer noticias e información inmediatas, de deleitar las salas de los hogares con historias originales y de abrir una ventana universal a los deportes. Sin embargo, hoy, internet provee información y noticias más inmediatas. Facebook provee un escapismo atomizado y más conveniente. Netflix, Hulu y Amazon Video ofrecen historias conmovedoras y significativas. La realidad virtual pronto ofrecerá experiencias más inmersivas. Es como si al cortar el cable, los jóvenes soltaran partículas de televisión al aire, que están siendo absorbidas por los medios, de modo que ahora todo se está convirtiendo en televisión.

El futuro de los hits será un escenario global con muchas luminarias de mediano alcance. Este libro ha concentrado su mirada en la cultura occidental, desde canciones de cuna e impresionismo europeos hasta los sellos musicales de Nueva York y las producciones de Hollywood. Algunas personas encontrarán escandaloso el que me haya centrado en el lado occidental, pero me parece defendible bajo la explicación de que, en los últimos siglos, Occidente ha sido el exportador principal de la cultura de los éxitos de taquilla y las superestrellas. Pero esto cambiará. En 2015 y 2016, al menos diez películas lograron amasar cien millones de dólares a nivel mundial con más de noventa y nueve por ciento de su audiencia *fuera* de Estados Unidos.[13] Quizá la nación indispensable se está volviendo prescindible.

Mientras tanto, queda mínima duda de que el futuro de la atención se está dirigiendo hacia lo móvil, donde la fama es fugaz y también lo es la infamia. En Facebook e Instagram, el orgullo, la capacidad de sorprenderse y la ofensa aparecen y desaparecen como partículas cuánticas. Los escritores solían llamar a cada moda una "maravilla de nueve días". En los sesenta, Andy Warhol predijo que todos tendrían sólo quince minutos de fama. La media vida de la notoriedad se está encogiendo. En el nuevo y efímero mundo mediático, donde mil corazones y *me gusta* pueden inundar la foto o comentario de una persona común y luego perder toda la atención al siguiente minuto, millones esperan su turno, ese roce con el sentimiento de fama, sus sesenta segundos de celebridad.

Trazar el cambio cultural como una línea recta es imposible porque la cultura es newtoniana. Las acciones más fuertes provocan las reacciones opuestas. El surgimiento de los libros digitales debió haber destruido a las tiendas de libros impresos más pequeñas; en cambio, el número de librerías independientes en Estados Unidos se ha elevado un treinta y cinco por ciento desde 2009. El crecimiento de la música digital debió haber destruido las grabaciones en formato físico, pero los álbumes de vinil, a pesar de ser productos de nicho, están creciendo casi tan rápido como las descargas digitales. Las plataformas de publicación en internet han permitido a muchas organizaciones de noticias dejar de lado las suscripciones y financiarse a través de la publicidad, logrando que las noticias sean totalmente gratuitas para sus consumidores. Pero algunos de mis escritores individuales favoritos, como Andrew Sullivan y Ben Thompson, han logrado un negocio que les permite vivir de ello: abandonaron la publicidad y les solicitaron a sus lectores pagar no sólo con su atención sino también con su ingreso.

La paradoja final es la que encuentro más interesante. El futuro de los hits será un apogeo tanto en amplitud como en profundidad. Los imperios del entretenimiento del mañana podrán ser más grandes que nunca, pero los artistas independientes podrán ser más fuertes también. Mis últimas dos historias versan sobre estas dos formas futuras de los hits: grandes y pequeños, imperios y ciudades-Estado.

Walt Disney es un imperio mediático global.[14] Como cualquier otro imperio histórico, es mejor considerarlo no como una sola organización sino más bien como un poder distribuido a través de un conjunto de propiedades globales. Adicionalmente a las películas animadas de animales y princesas que lo hicieron famoso, Disney es dueña de *La Guerra de las Galaxias*, Marvel Comics y Pixar. Opera ESPN y ABC y posee acciones de participación en A&E y Hulu. Asimismo, es dueña de ocho de los diez parques de diversiones más populares en el mundo.[15] Disney no es una compañía de películas, como su nombre podría sugerir, sino la compañía más exitosa del mundo de parques temáticos de diversiones, ligada a la compañía de televisión más rentable del país, conectada con la compañía cinematográfica más famosa del mundo. En el panteón de los creadores de hits, Disney es Zeus.

Pero, al principio, Disney no era este rey Midas del entretenimiento. En sus primeros años, las películas de Walt Disney lograban un ingreso decente, pero Walt era un artista que prefería gastar cada centavo que ganara en su siguiente cinta. En los años veinte, su compañía rara vez operaba con ganancias fuertes y estables, a pesar de que ésos fueron años de despegue para la economía norteamericana. Entonces golpeó la Gran Depresión. Pronto, la Segunda Guerra Mundial destruiría las salas de cine de Europa. Para pasar de artista a imperio en la Depresión, Walt Disney necesitaba un socio heroico. Lo encontró en un hombre llamado Kay.

"Kay" Kamen era en realidad Herman Samuel Kominetzky, nacido en Baltimore, Maryland, el 27 de enero de 1892.[16] Fue el más pequeño de los cuatro hijos de una familia judía que había emigrado de Rusia. Su vida juvenil no predecía fama, fortuna o, siquiera, una moderada competencia. Dejó la preparatoria y pasó una parte de su adolescencia en una penitenciaría juvenil. Al llegar a los veinte años, finalmente encontró un empleo sólido vendiendo sombreros de mink en Nebraska.

Kamen pronto demostró una habilidad casi preternatural para las ventas, a pesar de que su apariencia física era, en sus mejores días, terriblemente fea. Era un caballero rechoncho, de rostro ancho, nariz aplastada, lentes redondos y peinado con una muy marcada raya en medio que partía su grueso pelo negro. Incluso sus colegas no se atrevían a salir en su defensa. "Kay Kamen era uno de los hombres más feos que he visto", escribió Jimmy Johnson, un veterano de Disney, en sus memorias. "Pero las apariencias sólo son eso; Kay era una de las personas más cálidas y carismáticas que he conocido."

En sus treintas, Kamen encontró el éxito en una firma de mercadotecnia en Kansas City, donde se especializó en desarrollar productos basados en películas.[17] Sus ambiciones se enfocaron hacia el oeste. En 1932, vio una caricatura de Mickey Mouse y se dio cuenta de que el ratón podría convertirse en una estrella fuera de las salas de cine. Así que les llamó a Walt y Roy Disney en Los Ángeles con una solicitud muy sencilla: *Permítanme vender su ratón de caricatura.* Los hermanos Disney lo invitaron a reunirse con ellos en su lote de la avenida Hyperion la próxima vez que anduviera por Los Ángeles. Cuarenta y ocho horas después, Kay Kamen se encontraba sentado en la oficina de Walt. Según se cuenta, había sacado todos sus ahorros del banco, cosido cada billete a su traje y tomado un viaje de dos días en tren para ir al oeste. Por temor a que alguien pudiera robar su saco, Kamen no durmió ni un solo minuto en su viaje.

Kamen presentó su plan para vender a Mickey. "La filosofía de Kamen era que Disney necesitaba mover a Mickey Mouse más allá de la tienda de diez centavos y llevarlo a las tiendas departamentales, porque ahí era donde se encontraban los consumidores", cuenta Thomas Tumbusch, quien es, probablemente, el principal investigador a nivel nacional de la historia de la comercialización de Disney. Kamen logró firmar un contrato donde él sería el único responsable de las licencias para la comercialización de los personajes de Disney a nivel mundial.

El concepto del discurso de Kamen fue simple y algo *casandrino*: Hollywood pensaba que los juguetes servían de publicidad para las películas. Hollywood estaba equivocado: lo opuesto era lo correcto. Las películas eran pruebas de concepto; el futuro del negocio de las películas estaba totalmente fuera de las salas de cine.

En particular, el futuro de las películas estaba en las tiendas. Las familias migraban cada vez más de las granjas a las ciudades, y las tiendas iban tras ellas.[18] En 1920, no había tiendas departamentales de Sears en los Estados Unidos; en 1929, había trescientas. Las ventas anuales de la comercialización de productos de Disney subieron de trescientos mil dólares en 1930 a treinta y cinco millones de dólares para 1935.

El logro más importante de Kamen fue el reloj de pulsera de Mickey Mouse, que debutó internacionalmente en la Feria Mundial de Chicago en 1933, justo en el nadir de la Gran Depresión.[19] La economía norteamericana se había contraído un tercio a finales de los veinte, y el desempleo se desbordaba por encima del veinte por ciento.[20] Muchas familias apenas contaban con los medios para comprar comida en 1933, mucho menos para adquirir juguetes. Pero el reloj de Mickey Mouse fue un éxito instantáneo y asombroso. A su fabricante, la compañía Ingersoll-Waterbury, la rescató de la bancarrota por las ventas generadas, incrementando, tan sólo en un año, el número de trabajadores en la fábrica de trescientos a tres mil, para dar respuesta a la gran demanda. La sucursal en Nueva York de la tienda departamental Macy's vendió once mil relojes de Mickey en un solo día. En dos años, Disney vendió más de dos millones de relojes. Este reloj se convirtió en el más grande éxito financiero en la historia de la compañía, y ni siquiera fue una idea del propio Walt.

Kamen infestó el mundo de roedores de caricatura. *The New York Times* describió un paisaje de cultura pop "borboteando de Mickey Mouse en

jabones, dulces, barajas, artículos de regalo, cepillos, vajillas, relojes, bote-
llas y muchos más artículos envueltos en papel de Mickey Mouse, con mo-
ños de Mickey Mouse y pagado con dinero que salía de bolsas de Mickey
Mouse". El *Cleveland Plan Dealer* describió al niño ideal de 1935:

> En su habitación, decorada con papel adhesivo de M. M., iluminado con lám-
> paras de M. M., su reloj despertador M. M. lo levanta, ¡en caso de que a su
> mamá se le olvide! Salta de su cama, donde sus sábanas y pijamas son de la
> marca de M. M., hacia el suelo, donde el tapete y el linóleum son patrocina-
> dos por M. M. Se pone sus mocasines de M. M. y se apresura a bañarse con ja-
> bón hecho por Disney, como también lo son su cepillo de dientes, cepillo de
> pelo y toallas.[21]

Es extraño ahora imaginar a Mickey Mouse como un símbolo de todo menos que un carisma inocente y alegría inofensiva. Pero fuera de Estados
Unidos era un símbolo complejo, al tiempo valorado como arte y despre-
ciado como propaganda política. Los soviéticos juraban que Mickey simbo-
lizaba la patética timidez de la fuerza de trabajo capitalista, mientras que el
director cinematográfico ruso Serguéi Eisenstein alababa el trabajo de Disney como "la mayor contribución artística del pueblo norteamericano".[22] En
la Alemania nazi, una brecha similar se abrió entre el escarnio público y el
deleite privado. "Micky Maus es el más lamentable y miserable ideal jamás
inventado", declaró un diario de propaganda nazi en 1931.[23] Pero Adolf Hi-
tler podría no haber odiado tanto al personaje como decía: en diciembre de
1937, tres meses antes de la invasión a Austria, el líder nazi recibió dieciocho
cintas de Mickey Mouse como regalo de Navidad. Increíblemente, el regalo
provenía de Joseph Goebbels, su ministro de propaganda.[24]

De regreso en Los Ángeles, el imperio de fantasía de Kamen le dio a Walt
Disney la confianza para filmar el primer largometraje animado en la historia: *Blanca Nieves y los siete enanos.* "Sin Kay Kamen", Tumbusch dijo, "no
tendríamos *Blanca Nieves.*" Cuando la película debutó en diciembre de 1937,
la recepción del público no decepcionó: fue delirante no sólo entre los niños, sino entre los adultos más críticos de la industria. Charlie Chaplin, que
estuvo presente en el estreno mundial, declaró a Tontín, el enanito, como
"uno de los mejores comediantes de todos los tiempos". En tan sólo un par de
años, se convirtió en la cinta sonora con mayores ganancias de Hollywood.

Aun así, la empresa no podía mantenerle el paso al gigante de Kamen. En los primeros dos meses después del estreno de 1938, la película logró recaudar dos millones de dólares en ventas de juguetes: más de lo que la cinta misma había recaudado en un año entero.[25] Ahora había caramelos, libros para colorear, cajas de dulces, utensilios de cocina, colgantes para el árbol de navidad, figuras de carnaval, peines y juegos de crayones de Blanca Nieves.[26]

Nadie en la industria cinematográfica o más allá de ella había visto algo así antes: una película que saliera de la pantalla grande y se imprimiera promiscuamente en cada categoría de producto imaginable. "El cine ha prácticamente desarrollado una nueva industria a partir de sus derivados", clamaba *The New York Times* en un artículo de mayo de 1938. El *Times* predecía que Disney había inventado un nuevo negocio: "fantasía industrializada",[27] que podría salvar a la economía de Estados Unidos de la Gran Depresión.

Estaban equivocados. La fantasía industrializada no era el futuro de la economía. Sí era, sin embargo, el futuro del entretenimiento. Disney había desarrollado la simbiosis perfecta entre película y productos de consumo. *Blanca Nieves*, producida con las ganancias del negocio de licencias de Kamen, vertía combustible nuevo a la máquina de la comercialización de productos. Las películas inspiraban los juguetes y los juguetes pagaban las películas.

Disney puede no haber sido un empresario nato, pero absorbió la lección de Kamen: *El arte del cine es el cine, pero el negocio de las películas está en todos lados*. Disney describía la estrategia como "comercialización de productos total". Una película era más que una película, también era una camiseta, un reloj, un juego... y pronto, un programa de televisión.

En los cuarenta, muchos en Hollywood recibieron el nacimiento de la televisión igual que los editores de noticias: cerrando los ojos y esperando que se fuera.[28] Disney, sin embargo, vio a la televisión como lo que podía ser: un cine en cada sala de estar y un lugar en cada hogar donde promocionar sus películas. Durante varios años, Walt Disney había querido construir un parque de diversiones, una "Tierra de Disney" para los niños, basada en sus personajes animados. También estaba interesado en desarrollar un programa de televisión para una de sus transmisoras más importantes. La genialidad fue unir ambos sueños. Disney dio la instrucción a su hermano Roy de vender el programa de televisión de Disney a un canal sólo si estuviera dispuesto a invertir en su parque también. La NBC y CBS declinaron. Pero a ABC, el más pequeño de estos tres grandes, le gustó la idea. En 1952, accedió a hacer un programa de televisión de Disney e invertir en un tercio del parque. En una jugada considerada como "una de las decisiones comerciales más influyentes en la cultura americana de la posguerra", Disney insistió que el programa y el parque llevaran el mismo nombre: *Disneylandia*.[29]

Disneylandia, el programa, se convirtió en el primer programa de la ABC en codearse con los diez programas con más audiencia del año. Cerca de cuarenta por ciento de los veintiséis millones de hogares con televisión sintonizaba *Disneylandia* cada semana, a pesar de que a veces no era más que una tramposa mezcla de contenido original y publicidad. Durante un episodio, "Operación: Submarino", Disney compartió un contenido "detrás de las cámaras" de su cinta *20,000 leguas de viaje submarino*, justo una semana antes de lanzarla en salas de cine; un muy elaborado tráiler de película. El filme logró convertirse en la segunda película con más ingresos de 1954, sólo por debajo de *Blanca Navidad*. "Nunca antes tanta gente había tenido tan poca oposición a tanta venta", dijo un ejecutivo de ABC del programa de televisión *Disneylandia.* La estrategia de Disney también se benefició de una ganancia inesperada, la demográfica: su mercado objetivo eran los niños sentados frente a la televisión, y en el *baby boom* de la posguerra, el número de niños entre cinco y catorce años se incrementó en un sesenta por ciento entre 1940 y 1960.

El 17 de julio de 1955, el parque de diversiones Disneylandia abrió sus puertas. Fue tal desastre que los empleados se refirieron a ese día como el "Domingo Negro". Varios de sus juegos no funcionaron. No había suficientes dispensadores de agua para dar servicio a los visitantes, debido a una reciente huelga de plomeros. Con 38 grados en el termómetro, el asfalto

---

 Aún hay mucho de la estrategia televisiva de Disney que sigue haciendo eco en los medios modernos. Décadas antes de que Netflix grabara su nombre en el negocio del entretenimiento al construir un negocio alrededor de las videotecas de las difusoras, Disney usó la serie *Disneylandia* para capitalizar los viejos dibujos animados del estudio, regresando hasta su origen: Mickey Mouse. El instinto de Walt Disney de mostrarle a la gente cómo se realiza el truco de magia es distintivamente moderno. Uno imagina que Walt se hubiera sentido muy cómodo con tecnologías como Twitter o Snapchat, que les dan a las estrellas una relación directa con sus audiencias.

recién planchado empezó a derretirse, mientras se pegaba a las suelas de las mamás, como tinta de pulpo de la guarida de Úrsula.

Pero las primeras impresiones no lo son todo. En sus primeros seis meses, un millón de clientes pagaron y cruzaron las puertas de Disneylandia, aportando un tercio de las ganancias anuales de la compañía. ABC había hecho posible la apertura del parque, pero varios años después el canal vendió su participación a Disney. En retrospectiva, ésta fue una idea terrible, similar a venderle armas a un grupo de rebeldes, quienes eventualmente las utilizarán para saquear tu ciudad. En 1995, Walt Disney compró ABC por diecinueve mil millones de dólares, con sus atentos agradecimientos por el negocio del parque de diversiones que alguna vez ABC había financiado.

A mediados de siglo, Walt Disney no era sólo un negocio de películas. Incluso en los cincuenta, los estudios producían historias que alcanzaban su mayor audiencia a través de la televisión. *Disneylandia*, el programa, construyó una mitología que las familias podían verdaderamente habitar sólo en el parque de diversiones, mismo que recibía la mayor parte de sus ganancias gracias a algo más: la venta de productos de Disney. El Imperio Disney funciona bajo el principio de que las audiencias quieren no sólo dejarse llevar por un cuento de hadas, sino dibujar sus vidas alrededor de él.

Podríamos decir cínicamente que las películas de Disney son pruebas de concepto para los programas de televisión, que son publicidad para sus parques temáticos, que fungen como un recuperador de ganancias por las ventas de sus productos y juguetes. Pero, en realidad, no hay una línea unidireccional de comercialización. El imperio de Disney es un uróboros, un lazo infinito de nostalgia en el que *todo* sirve para vender todo lo demás.

Como el futuro de la economía mundial misma, las ambiciones de Disney se inclinan hacia el este. La más nueva e importante creación de la compañía no es una nueva película para Estados Unidos, sino un parque de diversiones para China. El Shanghai Disney Resort, que abrió sus puertas en 2016, es un proyecto de 5,500 millones de dólares que requirió 25 años para cristalizarse.[30] Trescientos millones de chinos (aproximadamente noventa por ciento de la población de Estados Unidos) viven a menos de tres horas de distancia del parque, ya sea en automóvil o por tren. Justo como el negocio de Disneylandia no era vender entradas, el Shanghai Disney Resort no busca ganancias provenientes del parque temático o de la venta de productos en sus tiendas. Lo que busca es construir, en China, un círculo infinito de conciencia respecto de las películas de Disney y sus productos. "Así como Walt lo hizo con Disneylandia en los cincuenta, haciendo posible que el parque hiciera crecer la marca de Disney en Estados Unidos, confiamos que tendremos una oportunidad interesante para hacer lo mismo en China", comentó en 2009 el CEO de Disney, Bob Iger.[31]

Walt Disney es el ejemplo por excelencia del éxito por tres razones comerciales. Primera, con sus canales de televisión y mercadotecnia, tiene un gran poder para crear exposición y conciencia para sus nuevos productos, aun los más riesgosos. Segunda, la compañía es lo suficientemente rica para comprar las franquicias más populares en el mundo, como *La Guerra de las Galaxias* y Marvel, y para producir sorpresas espléndidas y familiares con nuevos capítulos de viejas historias. Tercera, convierte a las audiencias felices en devotos que pagarán lo que sea en sus parques de diversiones y tiendas. Los niños, desde los cuatro hasta los ciento veinte años, son invitados a hacer suyas las fantasías que Disney ha conjurado; y las muñecas, sábanas y disfraces con los que regresan a sus hogares se convierten en la más poderosa publicidad para el siguiente capítulo de la fantasía. Umberto Eco llamó a Disneylandia "la quintaesencia de la ideología del consumidor", porque "no sólo produce ilusión", sino que también "estimula el deseo de ella".

Éste es uno de los futuros de los hits: la "comercialización total". Disney es más grande, más influyente y más omnipresente que cualquier otra compañía lo hubiera sido en 1932, cuando Kay Kamen llegó en un tren a Los Ángeles y les propuso convertir a Mickey Mouse en un reloj. Pero aún opera bajo una filosofía de negocio que es Kamen en su más pura expresión: cada canal de distribución es una oportunidad de exposición y comercio. Más allá de la penumbra de las salas de cine, las historias de Disney habitan el cable y la televisión abierta; sus películas se transmiten en Netflix; las imágenes de sus franquicias llenan las carteleras y los transportes cada año, y ocho de sus parques de diversión atraen al menos diez millones de visitantes anuales. El imperio de Disney se ha expandido incluso al escenario teatral, la más antigua y hermosa arena del entretenimiento. Dieciocho años después del debut de su versión musical de *El Rey León*, sus producciones han generado más de 6,200 millones de dólares alrededor del mundo (más que cualquier película), con más de ochenta y cinco millones de boletos vendidos.

La comercialización total es poderosa no sólo porque impulsa el contenido de una compañía a través de todos los canales de distribución disponibles, sino porque las compañías también obtienen información de dichos canales. BuzzFeed, una joven compañía mediática que podría tener la mayor oportunidad de convertirse en el Disney del siglo XXI, nació como un sitio web. Pero al igual que Disney, es como una vid que puede vivir y crecer en cualquier clima. En 2016, ochenta por ciento de la audiencia de BuzzFeed leyó sus contenidos en cualquier lugar menos en su sitio web: lo leyeron en redes sociales como Facebook y Snapchat, en sus socios editores como Apple News y Yahoo y en aplicaciones de mensajería como WeChat. Para algunos consumidores, BuzzFeed es un periódico digital; para quienes lo encuentran en Snapchat, es más parecido a una compañía de televisión que programa contenidos para diferentes compañías de cable.

El contenido fluye y la información fluye con él. BuzzFeed utiliza sus canales de distribución para recoger información de lo que las audiencias leen, ven y comparten, convirtiendo esas lecciones en contenido para otro canal. Tal como la famosa descripción de Arthur Conan Doyle sobre Moriarty, BuzzFeed es como una araña posada en el centro de una vasta telaraña, atenta a las vibraciones de mil hilos. "Si vemos que algo funciona bien en Instagram, puede ser adaptado para Snapchat", dijo alguna vez su fundador y CEO, Jonah Peretti. "Si vemos que algo funciona bien como publicación, puede ser adaptado para video. Si vemos que algo funciona en el Reino Unido, puede ser adaptado para Australia. Los nodos de la red son bastante autónomos, pero comparten sus aprendizajes con la red mayor".

El legado de Kamen sigue vivo en Disney y BuzzFeed. Es la comercialización total, un ciclo infinito de éxitos en el que todo es un examen y una prueba de concepto para todo lo demás. Ésta es una visión del futuro de los hits. Pero hay otra.

La distribución gratuita de internet también debería empoderar a los *individuos*, ya sin las ataduras de los antiguos cancerberos que alguna vez controlaron la distribución, la mercadotecnia y la creación de los éxitos. Estos individuos o compañías pequeñas no retarán el domino de Disney, pero pueden lograr un reconocimiento cultural y un éxito comercial bajo sus propios términos, utilizando internet para construir redes y llegar a las audiencias. No serán imperios, pero serán ciudades-Estado.

Conocí a Ryan Leslie (rapero, productor de hip-hop, nerd de la ciencia de las redes y fundador de una start-up) en el Distrito Financiero de Manhattan, el núcleo al sur de la isla, donde las sombras de los altos edificios crean rombos gigantescos de luz sobre sus pequeñas calles. Eran las diez de la mañana cuando nos encontramos en el vestíbulo de una enorme y lujosa torre residencial. Leslie había estado despierto hasta las cuatro de la mañana en su estudio, a sólo unas cuantas cuadras de distancia, trabajando en varias canciones nuevas. Sus dientes inferiores estaban forrados de oro, y vestía una larga camiseta de algodón con *skinny jeans* rasgados en las rodillas.

Tomamos el elevador a su piso y abrió una pesada puerta para entrar a su sala de proyección, con paredes beige a prueba de sonido y varias hileras de sillas del mismo color. Entonces me contó la historia de su vida.

"Mis padres son oficiales del Ejército de Salvación", inició. Cuando nació Ryan, en 1978, sus padres lo enviaron a Sudamérica a vivir con sus abuelos y el Ejército de Salvación en Surinam. Cuando volvió a Estados Unidos, la familia se mudaba constantemente pero la música era el ancla de la vida hogareña. Su mamá cantaba y tocaba el piano, y su padre cantaba y tocaba la trompeta. Leslie se matriculó, en tres años, en cuatro preparatorias distintas: en Richmond y Fredericksburg, Virginia, en Daly City a las afueras de San Francisco, y en Stockton, California.

Cuando cumplió catorce años, Leslie casi había agotado la lista de materias y cursos avanzados de la preparatoria, por lo que un consejero vocacional lo alentó a matricularse en un *community college* de California. Leslie realizó los exámenes de aptitud (SAT) y sacó un puntaje de 1600, el más alto posible.

Entonces solicitó una beca del Club Rotario Internacional con el siguiente discurso: "Trabajar en lo que crees y creer en lo que haces es la clave para una vida plena", dijo, en una antimetábola perfecta. Ganó la beca y buscó ingresar en Stanford y Harvard. Eligió Harvard.

Leslie llegó a Cambridge, Massachusetts, a los quince años. Esperando honrar el ejemplo de sacrificio de sus padres y abuelos, estaba listo para convertirse en doctor. Entonces descubrió a Stevie Wonder y todo cambió. Leslie tenía que ser músico.

"Mi papá estaba confundido", cuenta Leslie. "Mis padres deseaban protegerme de los riesgos personales y financieros asociados a perseguir una carrera así, con tantas incertidumbres y que requiere de un golpe de suerte y polvos mágicos para tener éxito."

Leslie era obsesivo con su carrera, tocaba en varios grupos separados como los Kuumba Singers y los Harvard Krokodiloes, y acampaba en los Quad Sound Studios para sesiones de toda la noche en el sótano de la Pforzheimer House trabajando en ritmos y letras de canciones. Cuando necesitó una forma barata de contactar a las compañías de grabación en Los Ángeles, tomó un trabajo de ventas de publicidad en la *Harvard Guide* y secretamente hacía llamadas gratuitas de larga distancia a los buscadores de talento y productores.

Aunque sus amigos le decían que estaba loco y dedicaba demasiado tiempo a pasar exámenes en segunda vuelta, Leslie se graduó a tiempo y fue quien dirigió el discurso de graduación de la generación de 1998. Sin embargo, a diferencia de sus compañeros con toga y birrete, Leslie no había pasado su último año solicitando trabajos en consultoras, bancos o corporativos. Se graduó de Harvard sin un trabajo, sin un ingreso, sin ahorros y sin un techo. Su posesión más valiosa era una llave multifuncional del campus que le permitía colarse a los dormitorios vacíos en el verano para dormir y ducharse.

El inicio de la carrera de Leslie fue una serie de salidas en falso. Vendía ritmos a las pandillas que querían convertir sus vidas en canciones de rap y ganaba tan poco dinero que tenía que vivir y grabar en un pequeño armario-almacén al fondo de una barbería en Boston.

Finalmente logró que le cayera un poco de polvo mágico. A los veinticuatro años, a punto de darse por vencido y aplicar para la carrera de Derecho, fue invitado a participar en un "beat camp" de un mes en el Bronx, con el productor Younglord. Esta pasantía dio como resultado una entrevista con Puff Daddy, quien de inmediato reconoció el talento prodigioso de Leslie y le proporcionó el dinero y las estrellas para nutrirlo. De pronto, ya estaba escribiendo ritmos para Beyoncé. Finalmente, firmó un contrato por medio millón de dólares con Universal Records. Se enamoró y empezó a salir con una joven modelo (negra, filipina, mexicana y "atómicamente sexy", según la revista *New York*).

Su nombre era Cassie. Él le escribió una canción para que ella se la pudiera dar a su mamá: "Me & U". Pero cuando su sello musical escuchó la canción, insistieron en lanzarla y convertir a Cassie en una estrella. La canción fue un megahit comercial, vendiendo más de un millón de descargas digitales en medio año y convirtiéndose en una de las más grandes canciones de hip-hop de 2006. Los críticos alabaron a Cassie como la siguiente Janet Jackson del siglo.

Luego, todo se vino para abajo. Cassie empezó a salir con Puff Daddy, quien pasó a ser conocido como Diddy. Leslie lanzó dos álbumes como solista, pero ninguno logró gran éxito. En 2010, se declaró en bancarrota.

Ryan hizo un alto ahí. Había estado hablando por más de una hora sin detenerse. Se echó para atrás en la silla y miró hacia el techo, como si la siguiente parte de la historia hubiera estado escrita allí. "Todo lo que necesitaba", dijo y después se detuvo. Reunió las palabras y rapeó un verso:

All I needed was five racks to get out of the projects
All I needed was some contacts but I wasn't getting no callbacks.
So I put it on my back. That's my grind and my time,
So when I'm counting these millions, man, that's my money and my shine

[Todo lo que necesitaba eran cinco dólares para salir de la pobreza.
Todo lo que necesitaba eran algunos contactos pero no me estaban devolviendo las llamadas.
Así que lo eché sobre mi espalda. Eso es mi rutina y mi tiempo;
así que cuando estoy contando esos millones, caray, ese es mi dinero y mi lustre.]

Leslie estaba desconsolado por la parte económica del negocio de los sellos musicales. Por cada dólar que gana un artista firmado, el sello generalmente gana entre tres y ocho veces más. Como resultado de esto, los sellos dependen de la escala, incluso si sus artistas pueden vivir de un nicho de mercado. Un millón de dólares por aquí y otro por allá no va a hacer el año ni va a hacer despuntar un sello, pero para un artista independiente, un millón de dólares puede cambiar la vida de alguien.

Leslie ya no pertenece a ningún sello discográfico. En vez de eso, desarrolló una app para smartphones que le permite estar más en contacto con una audiencia pequeña que paga directamente por su música. La app, llamada SuperPhone, es como un servicio avanzado de mensajería. Leslie le ha dado su número de teléfono directo a más de cuarenta mil personas. Él usa la app para enviarles mensajes de texto directamente cuando tiene una nueva canción, cuando va a tocar en algún lugar o incluso cuando quiere invitarlos a una fiesta. Así fue como vendió todas las entradas para una celebración de Año Nuevo en 2014, con boletos de 1,700 dólares, y así también vendió varias copias de un álbum especial del 4 de julio en 5,000 dólares.

En total, Leslie tiene dieciséis mil clientes que pagan su música y a los que contacta a través de SuperPhone. Sabe sus nombres, sus números, la música que han comprado y cuánto han pagado (la contribución promedio anual por persona es de cien dólares). Menos de veinte mil compradores no se acerca suficiente a la escala necesaria para convertirse en un gran artista dentro del sistema de los sellos musicales, pero Leslie no necesita un sello. Por un gasto aproximado de 3,000 dólares en costos de mensajería, fue capaz de generar 589,000 dólares en 2014, sin un sello, sin un manager y sin personal de publicidad.

Construir SuperPhone también le ha enseñado a Leslie acerca de los mecanismos del éxito, por qué ciertas personas talentosas lo logran y por qué otros talentos fallan. Leslie tiene los teléfonos de Kanye West y Ludacris en su móvil; tiene a raperos, cantantes y productores de hip-hop famosos en el bolsillo. Un veinteañero ordinario no tiene nada de eso. De hecho, mucho de lo que originalmente le parecía como "polvo mágico" resultó ser real y cuantificable. Muchas veces, concluyó Leslie, la diferencia entre el éxito y el fracaso fue la calidad de la gente que rodea al artista.

Toma dos personas jóvenes con el mismo talento. Una es un chico bien parecido, de las llanuras del Misisipi, con una gran voz. Sus cinco mejores amigos son sus padres y sus compañeros de escuela. El segundo chico es de London, en Ontario, Canadá. Sus cinco amigos incluyen a Usher, una de las más grandes estrellas del pop en el mundo, y a Scooter Braun, uno de los más grandes managers de talento en el ámbito musical. El primer chico es un don nadie con talento. El segundo chico es Justin Bieber. La diferencia no es el talento. Es la calidad de sus cinco personas más cercanas, el poder de la red.

La ciencia encaja dentro de la letra: *Todo lo que necesitaba era algunos contactos...*

"Me dan escalofríos sólo de pensar en esto", me dijo Leslie. "Si quieres ser una estrella pop, necesitas a los cinco mejores del pop. Si quieres ser un político, necesitas a los cinco mejores políticos. Tu red debe ser de la misma calidad que el círculo interno de Obama, o el de Clinton, o el de Bush. Si quieres ser el mejor jugador de tenis en el mundo, las cinco personas que conozcas del tenis deben ser mejores que las cinco que acompañan a Serena Williams."

Leslie ahora brinca arriba y abajo en el sillón y se frota los brazos del hombro al codo. Ahora puedo verlo, tiene la piel enchinada.

"Mi tesis es simple", dice. "Tu red es tu poder."

La mayoría de los hits llevan tatuada la huella no sólo de su creador, sino también de alguien ya olvidado que los apoyó en algún momento del camino. ¿Reconocería yo una pintura de Monet si él nunca hubiera conocido a Manet o a Paul Durand-Ruel o a Gustave Caillebotte? ¿Podrían cientos de millones alrededor del mundo tararear el "Rock del reloj" de Bill Haley si no fuera por los gustos musicales de un chiquillo de California llamado Peter Ford? No habría *Cincuenta sombras de Grey* sin una plataforma de *fan fiction*, igual que un sinnúmero de aplicaciones no podrían haber logrado viralizarse instantáneamente sin antes haberse aprovechado de las redes universitarias. Yo conocí y amé la canción de cuna de Johannes Brahms no sólo por la economía de su melodía, sino también por un linaje de germano-americanos cuyos ancestros huyeron de Europa en el momento correcto. Esta cascada de influencia musical floreció fuera de Austria y Berlín, y sus ramas llegaron tan lejos que tocaron la casa de mi madre en los suburbios de Detroit.

Me encontré a mí mismo haciendo un símil de las observaciones de Ryan Leslie con las lecciones de Duncan Watts: el rapero y teórico del caos, el artista y el científico, que crecieron en los extremos opuestos del mundo, siguiendo pasiones y metas divergentes para llegar, sin embargo, a la misma conclusión. Los hits son trozos de significado compartido de una red a otra, forjados en el núcleo de los creadores y distribuidos a un millón de pequeñas sectas.

Nada de esto es nuevo. Desde las antiguas canciones de cuna hasta los memes modernos, los nuevos hits sirven a propósitos antiguos: llenar el tiempo, familiarizarse con lo extraño, desnaturalizar lo familiar, infectar con emoción, crear significado. Lo que es diferente hoy son los medios: la habilidad de los pequeños jugadores para amasar grandes audiencias, como Leslie, y el poder de las grandes compañías, como Disney, de alcanzar la omnisciencia global.

Ryan Leslie no es la más grande estrella de rap en el planeta; probablemente nunca lo será. Hay demasiado talento (y muy poco tiempo para escuchar) como para que todos los artistas, creadores o emprendedores brillantes puedan reclamar un lugar en el panteón de la fama. Así que él se forjó otro camino, y ahora quizá su legado más perdurable no será ninguna canción en particular, sino una invención que permite a los artistas encontrar a audiencias que paguen su trabajo sin la interferencia de los viejos cancerberos que antes los separaban.

Leslie no sabe si su próximo trabajo será un hit. Nadie puede saberlo. Ser un creador en este mundo significa sacrificar certidumbre por amor, en el altar del arte. Pero es esa seductora incertidumbre la que lo mantiene despierto hasta las cuatro de la mañana. *Mi rutina y mi tiempo...* Eso es todo lo que uno puede esperar controlar. Lo demás es polvo mágico.

AGRADECIMIENTOS

Agradezco a la Potomac School, donde aprendí a escribir, a la Northwestern University, donde también aprendí a escribir, y a *The Atlantic*, donde todavía estoy aprendiendo a escribir. Gracias a mis agentes: Gail Ross, *in loco parentis*, y Howard Yoon, quien mejoró la propuesta inicial. Gracias al maravilloso equipo de Penguin Press: Virginia, Scott, Annie, Ann y todo el equipo de publicidad y marketing. Gracias a aquellos cuyo trabajo inspiró este libro, de manera directa o implícita: Raymond Loewy, Stanley Lieberson, Michael Kaminski, Chris Taylor, Bill Bryson, Malcolm Gladwell, Jonah Berger, Steven Johnson, Tom Vanderbilt, Robert Gordon, David Suisman, Paul Barber, Elizabeth Margulis, John Seabrook, Charles Duhigg, Daniel Kahneman, Steven Pinker, Oliver Sacks, Michael Wolff, Nate Silver, Dan Ariely, Jonathan Franzen, Conor Sen, Felix Salmon, Matthew Yglesias, Ezra Klein, Chris Martin, Marc Andreessen y Umberto Eco. Gracias a aquellos cuyas conversaciones lo inspiraron también, de manera directa o implícita: Drew Durbin, Lincoln Quirk, Michael Diamond, Jordan Weissmann, Robbie dePicciotto, Laura Martin, Maria Konnikova, Mark Harris, Spencer Kornhaber, Rececca Rosen, Alexis Madrigal, Bob Cohn, John Gould, Don Peck, James Bennet, Kevin Roose, Gabriel Rossman, Jesse Prinz, Duncan Watts, Anne Messitte, Andrew Golis, Aditya Sood, Nicholas Jackson, Seth Godin, los Diamond, los Durbin y Kira Thompson. Gracias a mi abuela, mis tíos, mis tías, mis padres y mi hermana.

NOTAS

Introducción

1. Jan Swafford, *Johannes Brahms: A Biography* (Nueva York: Vintage, 2012), 338.

2. Paul Berry, *Brahms Among Friends: Listening, Performance, and the Rhetoric of Allusion* (Nueva York: Oxford University Press, 2014), 63.

3. Ora Frishberg Saloman, *Beethoven's Symphonies and J. S. Dwight: The Birth of American Music Criticism* (Boston: Northeastern University Press, 1995), 162.

4. *Yearbook of Immigration Statistics*, Department of Homeland Security, 2008.

5. Box Office Mojo, www.boxofficemojo.com, consultada el 1 de marzo de 2016.

6. *Benedict Evans Blog*, http://ben-evans.com/benedictevans/2014/6/24/imaging.

7. "2016 Internet Trends Report", www.kpcb.com/blog/2016-internet-trends-report.

8. Entrevista de Robert Scoble con Kevin Systrom, sobre SoundCloud, en: https://soundcloud.com/scobleizer/my-first-interview-of-kevin.

9. Comentario de Robert Scoble, en "How Did Instagram Build Up Its Community in Its Early Days?", *Quora*, 25 de enero de 2013, en: www.quora.com/How-did-Instagram-build-up-its-community-in-its-early-days.

10. Kara Swisher, "The Money Shot", *Vanity Fair*, junio de 2013.

11. Edward Jay Epstein, *The Big Picture: Money and Power in Hollywood* (Nueva York: Random House, 2005), 6. Traducción española: *La gran ilusión* (Barcelona: Tusquets, 2007).

12. Robert Gordon, *The Rise and Fall of American Growth: The U.S. Standard of Living since the Civil War* (Princeton, NJ: Princeton University Press, 2016).

13. Barak Y. Orbach and Liran Einav, "Uniform Prices for Differentiated Goods: The Case of the Movie-Theater Industry", *International Review of Law and Economics* 27 (2007): 129-153.

14. Derek Thompson, "The Global Dominance of ESPN", *The Atlantic*, septiembre de 2013.

15. "2013 Internet Trends Report", www.kpcb.com/blog/2013-internet-trends.

16. *Benedict Evans Blog*, http://ben-evans.com/benedictevans/2014/1/3/the-spread-of-glass.

17. "2016 Internet Trends Report", www.kpcb.com/blog/2016-internet-trends-report.

Primera parte. La popularidad y la mente

1. El poder de la exposición

1. "Gustave Caillebotte: The Painter's Eye", National Gallery of Art, www.nga.gov/content/ngaweb/exhibitions/2015/gustave-caillebotte.html.

2. James Cutting, *Impressionism and Its Canon* (Lanham, MD: University Press of America, 2006).

3. "Gustave Caillebotte: The Painter's Eye", National Gallery of Art.

4. John Rewald, *History of Impressionism* (Nueva York: Museum of Modern Art), 572. Traducción española: *Historia del impresionismo* (Barcelona: Seix Barral, 1994). En el testamento original de Gustave Caillebotte que solicitaba la exposición pública de los "intransigentes o impresionistas", incluía a Degas, Monet, Pissarro, Renoir, Cézanne, Sisley y Morisot, "sin excluir a otros". Sin embargo, la biografía de Caillebotte del historiador de arte Kirk Varnedoe de 1987 no menciona a Morisot en la "Colección Caillebotte" final. En su lugar, incluye dos pinturas de Jean-François Millet, cuyo estilo no es realmente impresionismo, aunque sus temas, como la vida campesina, pudiesen haber inspirado a los artistas impresionistas. Como indica la *Historia del impresionismo* de Rewald, ni Morisot ni Millet se encontraban entre los siete pintores que finalmente fueron aceptados y exhibidos en 1897. Escribe Rewald:

> A pesar de la solicitud de Caillebotte de que su colección entrara íntegra al Museo de Luxemburgo, Renoir, como ejecutor de su testamento, se vio obligado a ceder, a menos que la donación fuera rechazada. De 16 lienzos de Monet, sólo 8 fueron admitidos; sólo 7 de 18 de Pissarro; 6 de 8 de Renoir; 6 de 9 de Sisley; 2 de 4 de Manet; 2 de 5 de Cézanne; Degas fue el único caso en que admitieron todas sus obras, 7 (572).

Varios historiadores reportaron que, en la donación al Estado francés, Renoir incluyó dos pinturas del propio Caillebotte. Pero fueron pasadas por alto en gran parte por los historiadores más influyentes del arte, quizá debido a su inclusión de último minuto. En el influyente libro de Rewald destaca el legado de Caillebotte, pero apenas reconoce la calidad de su arte. Por último, algunos lectores podrían preguntarse por qué pintores famosos como Van Gogh, Gauguin y

Toulouse-Lautrec no se consideran parte del núcleo de los siete. Por lo general se les considera postimpresionistas.

5. "Origins: The Musée du Luxembourg", Musée d'Orsay, www.musee-orsay. fr/en/collections/history-of-the-collections/painting.html. El cuadro de Manet *Olympia*, cuya primera exhibición se realizó en 1865, fue adquirido por "amigos de Manet" y donado al Estado en 1890. Se expuso en el Louvre por primera vez en 1893, antes de que las pinturas de Caillebotte fueran colocadas en el Museo de Luxemburgo. Es posible que *Olympia* fuera el primer cuadro asociado con el movimiento impresionista en ser exhibido en un museo público. Pero no es realmente una pintura impresionista. Por lo tanto, creo que es justo decir que la donación de Caillebotte es la primera exposición de arte impresionista.

6. Cutting, *Impressionism and Its Canon*.

7. Arthur P. Shimamura y Stephen E. Palmer, eds., *Aesthetic Science: Connecting Minds, Brains, and Experience* (Nueva York: Oxford University Press, 2012), 238.

8. Al realizar investigaciones sobre el gusto en los seres humanos, uno se tropieza con frecuencia con el término *hombre de las cavernas* o *cavernícola* (*caveman*), particularmente en lo que se refiere a los "instintos cavernícolas" y la "psicología del hombre de las cavernas". Yo no uso ese conocido término, por dos razones. En primer lugar, porque aproximadamente la mitad de nuestros antepasados no eran hombres. En segundo lugar, porque no vivían en cuevas. Si vas a África Oriental en busca de cuevas, terminarás decepcionado. Efectivamente, las primeras evidencias de neandertales y cromañones en Europa fueron encontradas en cuevas durante el siglo xix, lo que probablemente derivó en la creencia popular de que nuestros antepasados establecieron su hogar permanente dentro de las rocas. Pero estos grupos eran nómadas. Es comprensible que encontremos restos humanos antiguos en un área sólida y cubierta que esté protegida de la lluvia y el viento, porque la naturaleza habría lavado, erosionado o cubierto otros artefactos de su existencia. Pero creer en serio que nuestros antepasados vivieron en cuevas, sólo porque allí se conservaron sus objetos, es como creer que los mosquitos vivían en el ámbar. Cuando alguien habla del cerebro del "hombre de las cavernas", esa persona en realidad está hablando del cerebro del "cazador-recolector".

9. Judith H. Langlois y Lori A. Roggman, "Attractive Faces Are Only Average", *Psychological Science* (1990), 115-121.

10. Denis Dutton, "Aesthetics and Evolutionary Psychology", en Jerrold Levinson, ed., *The Oxford Handbook for Aesthetics* (Nueva York: Oxford University Press, 2003). Los estudios sobre las preferencias infantiles con frecuencia son controversiales, como éste. El descubrimiento de que los gustos en torno al paisaje divergen a lo largo de la vida —y que éstos, como tantas otras predilecciones, pueden ser fomentados por la exposición— tiene una base más sólida que el descubrimiento de que los niños tienen gustos perfectamente universales en torno a los paisajes.

11. *Ibid.*

12. "History of the British Museum", The British Museum, www.britishmuseum.org/about_us/the_museums_story/general_history.aspx.

13. Liane Hansen, "Philadelphia Museum Shaped Early American Culture", NPR, 13 de julio de 2008, www.npr.org/templates/story/story.php?storyId=92388477.

14. David Suisman, *Selling Sounds: The Commercial Revolution in American Music* (Cambridge, MA: Harvard University Press, 2012), 58.

15. Steven Bertoni, *"Why Sean Parker Is Obsessed with His Spotify"*, *Forbes*, 4 de diciembre de 2013, www.forbes.com/sites/stevenbertoni/2013/12/04/why-sean-parker-is-obsessed-with-his-spotify- playlist/#2993655c529e.

16. Jörg L. Spenkuch y David Toniatti, "Political Advertising and Election Outcomes", abril de 2016, disponible en: http://ssrn.com/abstract=2613987.

17. Lawrence Lessig, "More Money Can Beat Big Money", *The New York Times*, 16 de noviembre de 2011.

18. Matthew Baum y Samuel Kernell, "Has Cable Ended the Golden Age of Presidential Television?", *American Political Science Review* 55 (marzo de 1999): 99-114.

19. *Ibid.*

20. *Ibid.*

21. *Ibid.*

22. Nicholas Confessore y Karen Yourish, "$2 Billion Worth of Free Media for Donald Trump", *The New York Times*, 15 de marzo de 2016.

23. Robert Schroeder, "Trump Has Gotten Nearly $3 Billion in 'Free' Advertising", *MarketWatch*, 6 de mayo de 2016, www.marketwatch.com/story/trump-has-gotten-nearly-3-billion-in-free-advertising-2016-05-06.

24. Itamar Simonson y Emanuel Rosen, *Absolute Value* (Nueva York: HarperBusiness, 2014). Traducción al español: *Valor absoluto* (Madrid: Empresa activa, 2014).

25. Derek Thompson, "Turning Customers into Cultists", *The Atlantic*, diciembre de 2014.

26. Correo electrónico de Jesse Prinz al autor, 30 de julio de 2016. La teoría de Kant sobre el libre juego puede que ni siquiera sea la mejor aportación del filósofo sobre la metacognición, según Prinz. Ésa podría ser su teoría de lo sublime. A menudo la gente disfruta experiencias estéticas que implican cierto temor, como mirar los volcanes o escuchar el sonido del trueno fuera de la casa. Estas cosas no son sólo hermosas; son "sublimes", según Kant. "Contemplamos el peligro y comenzamos a temerlo, pero luego nos damos cuenta de que estamos a salvo; por lo tanto, el intelecto nos protege del miedo", afirma Prinz, un distinguido profesor de filosofía y director del Comité de Estudios Científicos Interdisciplinarios en la City University of New York, Graduate Center.

27. Norbert Schwarz, Mario Mikulincer, Phillip R. Shaver, Eugene Borgida y John A. Bargh, eds., *APA Handbook of Personality and Social Psychology, Volume 1: Attitudes and Social Cognition* (Washington, D.C.: American Psychological Association, 2015), 203-229.

28. Christopher K. Hsee, "Less Is Better: When Low-Value Options Are Valued More Highly Than High-Value Options", *Journal of Behavioral Decision Making* 11 (1998), 107-121.

29. El efecto de "menos es más" es también una buena táctica para los debates. Si quieres persuadir a alguien de tus argumentos, intenta hacerlo entender una razón importante por la que pueda estar equivocado. Intentar hacerlo comprender varias razones complicadas sobre por qué no tiene la razón puede ser contraproducente: es difícil procesar muchas objeciones al mismo tiempo. Tu oponente podría atribuir el malestar de pensar en cosas difíciles (esto es, la disfluencia) a la calidad de tus argumentos, al confundir lo que siente con lo que piensa: "Todas estas objeciones se sienten incorrectas, de modo que debe haber algo incorrecto en lo que piensas".

2. La regla de MAYA

1. Raymond Loewy, *Never Leave Well Enough Alone, 1951* (Baltimore: Johns Hopkins University Press, 2002), 6. Traducción española: *Lo feo no se vende* (Madrid: Iberia, 1955).

2. *Ibid.*

3. "Up from the Egg", *Time*, 31 de octubre de 1949.

4. Sitio de Raymond Loewy, www.raymondloewy.com/about.html#7.

5. "Up from the Egg".

6. "The Model T Ford". Frontenac Motor Company, www.modelt.ca/background.html.

7. "GM's Role in American Life", *All Things Considered*, NPR, 2 de abril de 2009, www.npr.org/templates/story/story.php?storyId=102670076.

8. Paul Hekkert, "Design Aesthetics: Principles of Pleasure in Design", *Psychology Science* 48, núm. 2 (2006): 157-172.

9. Paul Hekkert, Dirk Snelders y Piet C. W. van Wieringen, "'Most Advanced, Yet Acceptable': Typicality and Novelty as Joint Predictors of Aesthetic Preference in Industrial Design", *British Journal of Psychology* 94, parte 1 (febrero de 2003): 111-124.

10. Loewy, *Never Leave Well Enough Alone*, 59-139.

11. "Up from the Egg".

12. *Ibid.*

13. Loewy, *Never Leave Well Enough Alone*, 312.

14. Michael Beschloss, "The Man Who Gave Air Force One Its Aura", *The New York Times*, 7 de agosto de 2015, www.nytimes.com/2015/08/09/upshot/the-man-who-gave-air-force-one-its-aura.html.

15. Loewy, *Never Leave Well Enough Alone*, 201.

16. *Ibid.*, 279.

17. Claudia Muth and C. C. Carbon, "The Aesthetic Aha: On the Pleasure of Having Insights into Gestalt", *Acta Psychologica* 144, núm. 1 (septiembre de 2013): 25-30.

18. "About Tetris", *Tetris.com*, http://tetris.com/about-tetris.

19. Tom Huddleston, Jr., "Minecraft Has Now Sold More Than 100 Million

Copies", Fortune, 2 de junio de 2016, www.fortune.com/2016/06/02/minecraft-sold-100-million.

20. Clive Thompson, "The Minecraft Generation", *New York Times Magazine*, 14 de abril de 2016, www.nytimes.com/2016/04/17/magazine/the-minecraft-generation.html.

21. Joshua A. Krisch, "Why the 2048 Game Is So Addictive", *Popular Mechanics*, 3 de abril de 2014, www.popularmechanics.com/culture/gaming/a10341/why-the-2048-game-is-so-addictive-16659899.

22. Axis of Awesome, "4 Chords", YouTube, www.youtube.com/watch?v=oOlD ewpCfZQ.

23. Derek Thompson, "The Shazam Effect", *The Atlantic*, diciembre de 2014, www.theatlantic.com/magazine/archive/2014/12/the-shazam-effect/382237.

24. Kevin J. Boudreau, Eva C. Guinan, Karim R. Lakhani y Christoph Riedl, "The Novelty Paradox and Bias for Normal Science: Evidence from Randomized Medical Grant Proposal Evaluations", Harvard Business School Working Paper 13053, 4 de diciembre de 2012, www.hbs.edu/faculty/Publication%20Files/13-053_ f32904ed-0526-4c9e-99a4-703088bb1212.pdf.

25. Derek Thompson, "Why Experts Reject Creativity", *The Atlantic*, 10 de octubre de 2014, www.theatlantic.com/business/archive/2014/10/why-new-ideas-fail/381275.

26. Derek Thompson, "The Most Valuable Network", *The Atlantic*, septiembre de 2013.

27. Matthew Ball, "The Truth and Distraction of U.S. Cord Cutting", *Redef*, 20 de octubre de 2015: https://redef.com/original/the-truth-and-distraction-of-us-cord-cutting.

28. Rani Molla, "How Much Cable Subscribers Pay Per Channel", *Wall Street Journal*, 5 de agosto de 2014, blogs.wsj.com/numbers/how-much-cable-subscri-bers-pay-per-channel-1626.

29. Estos párrafos fueron adaptados de mi columna de septiembre de 2013 en *The Atlantic*, "The Most Valuable Network".

30. Hadas Gold, "Joe Scarborough: Donald Trump Calls Jeff Zucker His 'Personal Booker'" *Politico*, 9 de junio de 2016, www.politico.com/blogs/on-media/2016/06/joe-scarborough-donald-trump-calls-jeff-zucker-his-personal-booker-224116.

31. Jesse Holcomb, "Cable News: Fact Sheet", State of the News Media 2016, Pew Research Center, 15 de junio de 2016.

32. Richard Sandomir, "Fox's Sports Network Hires an espn Veteran for a Reinvention", *The New York Times*, 8 de mayo de 2016, www.nytimes.com/2016/05/09/business/media/jamie-horowitz-tries-again-this-time-to-revive-fs1.html.

33. Paul Melvin, correo electrónico enviado al autor, 20 de junio de 2016.

34. Himabindu Lakkaraju, Julian McAuley y Jure Leskovec, "What's in a Name? Understanding the Interplay Between Titles, Content, and Communities in Social Media", Association for the Advancement of Artificial Intelligence, 2013, https://cs.stanford.edu/people/jure/pubs/reddit-icwsm13.pdf.

35. Chip Heath y Dan Health, *Made to Stick: Why Some Ideas Survive and Others Die* (Nueva York: Random House, 2007).

36. Pandora 2014 Q4 y 2014 K1.

37. Loewy, *Never Leave Well Enough Alone*, 376.

3. La música del sonido

1. "Chart-Topping Songwriter Savan Kotecha Renews Agreement with ASCAP", American Society of Composers, Authors, and Publishers, 3 de junio de 2015, www.ascap.com/press/2015/06-03-savan-kotecha-renews.aspx.

2. Ola Johansson, "Beyond ABBA: The Globalization of Swedish Popular Music", *FOCUS on Geography* 53, núm. 4, www.nclack.k12.or.us/cms/lib6/or01000992/centricity/domain/519/64301138.pdf.

3. Nolan Feeney, "Why Is Sweden So Good at Pop Music?" *The Atlantic*, 29 de octubre de 2013, www.theatlantic.com/entertainment/archive/2013/10/why-is-sweden-so-good-at-pop-music/280945/?single_page=true.

4. Marc Hogan, "What's the Matter with Sweden?", *Pitchfork*, 29 de marzo de 2010, pitchfork.com/features/article/7776-whats-the-matter-with-sweden/.

5. Saeed Saeed, "Ever Since Abba: The Swedish Influence on Pop Music Is as Strong as Ever", *The National*, 19 de mayo de 2011, www.thenational.ae/arts-culture/music/ever-since-abba-the-swedish-influence-on-pop-music-is-as-strong-as-ever#page2.

6. Johansson, "Beyond ABBA".

7. *Ibid.*

8. Sophie Schillaci, "Meet Savan Kotecha: The Man Behind One Direction's Rapid Rise to the Top (Q&A)", *Hollywood Reporter*, 6 de febrero de 2013, www.hollywoodreporter.com/earshot/one-direction-meet-man-rapid-418682.

9. Diana Deutsch, "Speech to Song Illusion", deutsch.ucsd.edu/psychology/pages.php?i=212.

10. Si no puedes leer música, aquí se puede escuchar: www.youtube.com/watch?v=TJe2J0NMox4.

11. Elizabeth Hellmuth Margulis, *On Repeat: How Music Plays the Mind* (Nueva York: Oxford University Press, 2013), 19.

12. Elizabeth Hellmuth Margulis, "One More Time", *Aeon*, 7 de marzo de 2014, https://aeon.co/essays/why-repetition-can-turn-almost-anything-into-music.

13. *Ibid.*

14. Mark Twain, "A Literary Nightmare", *Atlantic Monthly*, 1876.

15. Thompson, "The Shazam Effect".

16. David Samuels, "The Rap on Rap", *New Republic*, 11 de noviembre de 1991, https://newrepublic.com/article/120894/david-samuels-rap-rap-1991.

17. Matthias Mauch, Robert M. MacCallum, Mark Levy, Armand M. Leroi,

"The Evolution of Popular Music: USA, 1960-2010", *Royal Society Open Science*, 6 de mayo de 2015, rsos.royalsocietypublishing.org/content/2/5/150081.full.

18. Thompson, "The Shazam Effect".

19. David Huron, "A Psychological Approach to Musical Form: The Habituation-Fluency Theory of Repetition", http://musiccog.ohiostate.edu/home/data/_uploaded/pdf/form.pdf.

20. Bruce Richman, "How Music Fixed 'Nonsense' into Significant Formulas: On Rhythm, Repetition, and Meaning", *Journal of Anthropological Sciences*, junio de 2014.

21. Alison Landsberg, *Prosthetic Memory: The Transformation of American Remembrance in the Age of Mass Culture* (Nueva York: Columbia University Press, 2004).

22. Alexandra Zaslow, "Gabby Giffords Sings 'Maybe' with Music Therapist", *People*, 18 de febrero de 2015, www.people.com/article/gabby-giffords-sings-annie-maybe-music-therapist.

23. "From Singing to Speaking: It's Amazing to See", American Stroke Association, www.strokeassociation.org/STROKEORG/LifeAfterStroke/RegainingIndependence/CommunicationChallenges/From-Singing-to-Speaking-Its-Amazing-To-See_UCM_310600_Article.jsp#.V3p2hpMrLBJ.

24. Tracy Jan, "Leaving West Wing to Pursue Hollywood Dream", *Boston Globe*, 3 de marzo de 2013, www.bostonglobe.com/metro/2013/03/03/obama-speechwriter-jon-favreau-leaves-west-wing-for-screenwriting/Evt7Rtg5ax9dwb-nVjFfOgJ/story.html.

25. Jon Favreau, "Jon Favreau, Speechwriter", *New York*, 12 de enero de 2016, nymag.com/news/features/beginnings/jon-favreau/#print.

26. Matthew D'Ancona, "Jon Favreau Has the World's Best Job", *GQ (UK)*, 6 de diciembre de 2012, www.gq-magazine.co.uk/article/gq-comment-jon-favreau-president-barack-obama-speechwriter.

27. Richard Wolffe, "Obama's Speechwriter Speaks Up", *Newsweek*, 5 de enero de 2008, www.newsweek.com/obamas-speechwriter-speaks-87019.

28. Jan, "Leaving West Wing".

29. Amy Chozick, "David Axelrod: 'I Don't Think He's Gonna Look Back'", *New York Times Magazine*, 12 de febrero de 2015, www.nytimes.com/2015/02/15/magazine/david-axelrod-i-dont-think-hes-gonna-look-back.html.

30. Juliet Lapidos, "The Hottest Rhetorical Device of Campaign '08", *Slate*, 12 de septiembre de 2008, www.slate.com/articles/life/the_good_word/2008/09/the_hottest_rhetorical_device_of_campaign_08.html.

31. William C. Turner, Jr., "The Musicality of Black Preaching: Performing the Word", en Jana Childers y Clayton J. Schmit, eds., *Performance in Preaching* (Grand Rapids, MI: Baker Academic, 2008).

32. Bob Darden, *People Get Ready! A New History of Black Gospel Music* (Nueva York: Continuum, 2005), 64.

33. E. J. Fox, Mike Spies y Matan Gilat, "Who Was America's Most Well-Spoken

President?", *Vocativ*, 10 de octubre de 2014, www.vocativ.com/interactive/usa/us-politics/presidential-readability.

34. Derek Thompson, "Presidential Speeches Were Once College-Level Rhetoric—Now They're for Sixth-Graders", *The Atlantic*, 14 de octubre de 2014, www.theatlantic.com/politics/archive/2014/10/have-presidential-speeches-gotten-less-sophisticated-over-time/381410/.

35. Rita McGrath, "The Pace of Technology Adoption Is Speeding Up", *Harvard Business Review*, 25 de noviembre de 2013, https://hbr.org/2013/11/the-pace-of-technology-adoption-is-speeding-up.

36. Matthew S. McGlone y Jessica Tofighbakhsh, "Birds of a Feather Flock Conjointly (?): Rhyme as Reason in Aphorisms", *Psychological Science* 11, núm. 5 (septiembre de 2000), 424-428.

37. Dale Carnegie, *How to Win Friends and Influence People* (Nueva York: Simon and Schuster, 1936). Traducción española: *Cómo ganar amigos e influir sobre las personas* (Madrid: Elipse, 2008; 62ª ed.).

Interludio: escalofríos

1. Niloufar Torkamani, Nicholas W. Rufaut, Leslie Jones y Rodney D Sinclair, "Beyond Goosebumps: Does the Arrector Pili Muscle Have a Role in Hair Loss?", *International Journal of Trichology* 6, núm. 3 (julio-septiembre de 2014): 88-94, www.ncbi.nlm.nih.gov/pmc/articles/PMC4158628.

2. George A. Bubenik, "Why Do Humans Get 'Goosebumps' When They Are Cold, or Under Other Circumstances?", *Scientific American*, 1 de septiembre de 2003, www.scientificamerican.com/article/why-do-humans-get-goosebu.

3. Leo Tolstoy, *What Is Art? 1897* (Indianapolis: Hackett Publishing, 1996).

4. Peter Mendelsund, *What We See When We Read* (Nueva York: Vintage, 2014).

5. Carl Zimmer, "Picture This? Some Just Can't", *The New York Times*, 22 de junio de 2015, www.nytimes.com/2015/06/23/science/aphantasia-minds-eye-blind.html?_r=0.

6. Constance Grady, "*Hamlet, The Divine Comedy*, and 3 Other Pieces of Classic Literature That Are Also Fan Fiction", *Vox*, 5 de abril de 2016, www.vox.com/2016/4/5/11363816/five-literature-fanfiction.

7. John Tierney, "What Is Nostalgia Good For? Quite a Bit, Research Shows", *The New York Times*, 8 de julio de 2013, www.nytimes.com/2013/07/09/science/what-is-nostalgia-good-for-quite-a-bit-research-shows.html.

4. La mente creadora de mitos

Existen muchas historias maravillosas sobre George Lucas y *La Guerra de las Galaxias*. En este capítulo, me hallo especialmente en deuda con dos libros notables. El de Chris Taylor, *How Star Wars Conquered the Universe* (De cómo *La Guerra de las Galaxias* conquistó el universo), es una deliciosa historia del proceso de escritura de Lucas y sobre el éxito comercial de las películas. *The Secret History of Star Wars* (La historia secreta de *La Guerra de las Galaxias*), de Michael Kaminski, es como un Talmud jedi, una compilación profunda y maravillosa de entrevistas, comentarios y análisis en torno a Lucas y sus creaciones. Ambos fueron guías imprescindibles para este capítulo; para cualquiera que esté interesado en conocer más, no podría recomendar estos volúmenes de una manera más entusiasta.

1. Chris Taylor, *How Star Wars Conquered the Universe* (Nueva York: Basic Books, 2015), 109. Traducción española: *Cómo Star Wars conquistó el universo* (Madrid: Editora Aleph, 2015).

2. "How Exactly Has Star Wars Made $37 Billion?", *Wired*, 22 de noviembre de 2014, www.wired.com/2014/11/geeks-guide-star-wars-empire.

3. Taylor, *How Star Wars Conquered the Universe*, 109.

4. Michael Kaminski, *The Secret History of Star Wars* (Nueva York: Legacy Books Press, 2008).

5. *Ibid*.

6. *Ibid*.

7. *Ibid*.

8. Taylor, *How Star Wars Conquered the Universe*, 24.

9. Forrest Wickman, "*Star Wars* Is a Postmodern Masterpiece", *Slate*, 13 de diciembre de 2015, www.slate.com/articles/arts/cover_story/2015/12/star_wars_is_a_pastiche_how_george_lucas_combined_f lash_gordon_westerns.html.

10. Taylor, *How Star Wars Conquered the Universe*, 83.

11. Wickman, "*Star Wars* Is a Postmodern Masterpiece".

12. Kaminski, *Secret History of Star Wars*.

13. "Pottering On, and On", *The Economist*, 11 de julio de 2011, www.economist.com/blogs/dailychart/2011/07/film-franchises.

14. Isaac Asimov, *Foundation* (Nueva York: Gnome Press, 1951). Traducción española: *Hacia la fundación* (Barcelona: DeBolsillo, 2015).

15. Mark Strauss, "What Absolutely Everyone Needs to Know About Isaac Asimov's *Foundation*", *io9*, 19 de noviembre de 2014, io9.gizmodo.com/what-absolutely-everyone-needs-to-know-about-isaac-asim-1660230344.

16. Joseph Campbell, *The Hero with a Thousand Faces* (Nueva York: Pantheon, 1949). Traducción española: *El héroe de las mil caras. Psicoanálisis del mito* (México: Fondo de Cultura Económica, 1959).

17. J. R. R. Tolkien, *The Fellowship of the Ring* (Nueva York: Allen & Unwin, 1954). Traducción española: *El señor de los anillos I: La comunidad del anillo* (Barcelona: Minotauro).

18. "One Does Not Simply Walk into Mordor", *Know Your Meme*, marzo de 2016, knowyourmeme.com/memes/one-does-not-simply-walk-into-mordor.

19. "Ep. 1: Joseph Campbell and the Power of Myth— 'The Hero's Adventure'",

Bill Moyers & Company, 8 de marzo de 2013, billmoyers.com/content/ep-1-joseph-campbell-and-the-power-of-myth-the-hero's-adventure-audio.

20. Christopher Vogler, "A Practical Guide to Joseph Campbell's *The Hero with a Thousand Faces*", 1985, www.thewritersjourney.com/hero's_journey.htm.

21. Blake Snyder, *Save the Cat* (Studio City, CA: Michael Wiese Productions, 2005). Traducción española: *Salva al gato* (Madrid: Alba Editorial, 2016).

22. Walter Kirn, "The Improbability Party", *Harper's*, junio de 2016, harpers.org/archive/2016/06/the-improbability-party/4/http://harpers.org/archive/2016/06/the-improbability-party/4.

23. Wickman, "Star Wars Is a Postmodern Masterpiece".

24. Kaminski, *Secret History of Star Wars*.

25. *Ibid.*

26. "The Biggest Flop Ever", *The Economist*, 23 de marzo de 2012, www.economist.com/blogs/prospero/2012/03/disneys-john-carter.

27. Vili Maunula, "Film Club: The Men Who Tread on the Tiger's Tail", *Akira Kurosawa Info*, 1 de noviembre de 2010, akirakurosawa.info/2010/11/01film-club-the-men-who-tread-on-the-tigers-tail.

28. Adam Sternberg, "Free Yourselves from the Shackles of Spoilers! Life Is Too Short", *Vulture*, 30 de septiembre de 2014, www.vulture.com/2014/09/free-yourselves-from-the-shackles-of-spoilers.html.

29. Jonathan D. Leavitt y Nicholas J. S. Christenfeld, "Story Spoilers Don't Spoil Stories", *Psychological Science*, agosto de 2011.

30. James Wood, "Scenes from a Marriage", *The New Yorker*, 2 de noviembre de 2015, www.newyorker.com/magazine/2015/11/02/scenes-from-a-marriage-books-james-wood.

31. Taylor, *How Star Wars Conquered the Universe*, 42.

32. Umberto Eco, *Travels in Hyperreality* (Orlando: Mariner Books, 2014). Traducción española: *Estrategias de la ilusión* (Barcelona: Lumen, 2015).

5. La mente creadora de mitos II

Por su respectivo trabajo en torno al lado oscuro de las historias, quiero agradecer a Maria Konnikova, autora de un gran libro, *The Confidence Game* (Nueva York: Viking, 2016), y a Tyler Cowen, quien impartió una TED talk en 2009: "Be Suspicious of Simple Stories" (Sospechen de las historias simples).

1. Paul Barber, *Vampires, Burial, and Death* (New Haven, CT: Yale University Press, 1988).

2. Voltaire, Philosophical Dictionary, Parte 5, 1764, traducido por William F. Fleming, http://oll.libertyfund.org/titles/voltaire-the-works-of-voltaire-vol-vii-philosophical-dictionary-part-5.

3. Barber, *Vampires, Burial, and Death*, 3.

4. *Ibid.*, 195.

5. *Ibid.*, 5-9.

6. "The Economics of Early Childhood Investment", White House Council of Economics Advisers, enero de 2015, www.whitehouse.gov/sites/default/files/docs/early_childhood_report_update_final_non-embargo.pdf.

7. Rachel I. Mayberry, Elizabeth Lock y Hena Kazmi, "Development: Linguistic Ability and Early Language Exposure", *Nature* 417 (2 de mayo de 2002), 38.

8. Joe Pinsker, "Why So Many Rich Kids Come to Enjoy the Taste of Healthier Foods", *The Atlantic*, 28 de enero de 2016, www.theatlantic.com/business/archive/2016/01/rich-kids-healthier-foods/431646.

9. Lara Unnerstall, "New Study Shows That People Stop Listening to New Music at 33", *A.V. Club*, 30 de abril de 2015, www.avclub.com/article/new-study-shows-people-stop-listening-new-music-33-218752.

10. Dan Hopkins, "Partisan Loyalty Begins at Age 18", *FiveThirtyEight*, 22 de abril de 2014, http://fivethirtyeight.com/features/partisan-loyalty-begins-at-age-18.

11. Stacy L. Smith, Marc Choueiti y Katherine Pieper, "Gender Bias Without Borders", Geena Davis Institute on Gender in Media, seejane.org/wp-content/uploads/gender-bias-without-borders-full-report.pdf.

12. Manohla Dargis, "Report Finds Wide Diversity Gap Among 2014's Top-Grossing Films", *The New York Times*, 5 de agosto de 2015, www.nytimes.com/2015/08/06/movies/report-finds-wide-diversity-gap-among-2014s-top-grossing-films.html.

13. El problema del sexismo en Hollywood no reside únicamente en las historias; la industria es tristemente célebre por el hecho de estar dominada por personal masculino, que además es predominantemente blanco y heterosexual. No hay reemplazo para la diversidad detrás de cámaras, y no estoy sugiriendo que lograr mayores equilibrios de género deba ser el único objetivo de un movimiento de reforma gradual en la industria del entretenimiento.

14. John Horn, Nicole Sperling y Doug Smith, "Unmasking Oscar: Academy Voters Are Overwhelmingly White and Male", *Los Angeles Times*, 12 de febrero de 2012, www.latimes.com/entertainment/la-et-unmasking-oscar-academy-project-20120219-story.html.

15. "Support for Same-Sex Marriage at Record High, but Key Segments Remain Opposed", Pew Research Center, 8 de junio de 2015, www.people-press.org/2015/06/08/support-for-same-sex-marriage-at-record-high-but-key-segments-remain-opposed.

16. Ian Skurnik, Carolyn Yoon, Denise C. Park y Norbert Schwarz, "How Warnings About False Claims Become Recommendations", *Journal of Consumer Research* 31 (marzo de 2005), https://dornsife.usc.edu/assets/sites/780/docs/05_jcr_skurnik_et_al_warnings.pdf.

17. A. L. Alter, D. M. Oppenheimer y N. Epley, "Disfluency Prompts Analytic Thinking—But Not Always Greater Accuracy: Response to Thompson *et al.* (2013)", *Cognition* 128, núm. 2 (2013): 252-255.

6. El nacimiento de la moda

En lo que respecta a este capítulo, estoy especialmente en deuda con el magistral trabajo de Stanley Lieberson, *A Matter of Taste* (Cuestión de gusto), y con las pacientes entrevistas con su anterior asistente de investigación Freda Lynn, quien es coautora del ensayo en el que acuñaron el magnífico concepto de "la popularidad como gusto".

1. Sean Gregory, "Abercrombie & Fitch: Worst Recession Brand?", *Time*, 25 de agosto de 2009, content.time.com/time/business/article/0,8599,1918160,00.html.

2. Andrew Hampp, "How fun.'s 'We Are Young' Scored Chevy's 'Stunt Anthem' Super Bowl Spot", *Billboard*, 5 de febrero de 2012, www.billboard.com/biz/articles/news/branding/1099054/how-funs-we-are-young-scored-chevys-stunt-anthem-super-bowl-spot.

3. Fred Bronson, "Hot 100 55th Anniversary: The All-Time Top 100 Songs", *Billboard*, 2 de agosto de 2013, www.billboard.com/articles/list/2155531/the-hot-100-all-time-top-songs.

4. Stanley Lieberson, *A Matter of Taste: How Names, Fashions, and Culture Change* (New Haven, CT: Yale University Press, 2000), 71, 131.

El libro de Lieberson es asombroso de principio a fin. Uno de sus más interesantes pasajes es la historia de los nombres negros en América desde tiempos de la esclavitud. Antes de la Guerra Civil, los nombres negros de origen africano habían sido esencialmente borrados. A los esclavos se les daba a menudo la versión diminutiva de nombres populares (por ejemplo, Jack o Will), y los esclavos liberados a veces celebraban su dignidad adoptando el complemento formal (por ejemplo, James o William).

Hacia 1920, sólo existían sutiles diferencias raciales entre los nombres negros y blancos. Pero a medida que avanzaba el siglo, y sobre todo después del movimiento por los derechos civiles de los años sesenta, los negros tomaron más nombres que reflejaban raíces africanas e islámicas, o héroes destacados de los derechos civiles. La popularidad del nombre Marcus entre la Generación X y la Generación Y, por ejemplo, puede atribuirse al interés de los defensores de los derechos civiles por honrar a Marcus Garvey, el activista que propugnaba por el regreso a África.

La otra tendencia fascinante en torno a los nombres negros es la evolución de los nombres femeninos que comienzan con el prefijo "La". (La tendencia no es exclusiva en las mujeres: Consideremos al corredor de futbol americano LaDainian Tomlinson o al basquetbolista LeBron James.) Exactamente dos niñas cuyo nombre comenzó con "La" nacieron en Illinois en 1916, de acuerdo con Lieberson: una Lavera y una Larenia. Pero a partir de 1967, ocho nombres distintos de "La" entraron en los 100 primeros, y alcanzaron la cima de su popularidad en este orden exacto: Latonya, Latanya, Latasha, Latoya, Latrice, Lakeisha, Lakisha y Latisha. Lo increíble de los nombres que comienzan con "La" no es sólo su surgimiento en la década de 1960, sino también lo ordenado de su evolución. El paso entre Latanya y Latonya es una letra; de Latonya a Latoya es la supresión de la "n"; de Lakiesha a Lakisha es una vocal menos, y luego a Latisha, con un cambio de consonante.

Esto ilustra notablemente nuestra teoría de las "sorpresas familiares". A la gente le gustan los nombres nuevos, pero con raíces familiares, y la cultura evoluciona en pequeños pasos, que desde lejos pueden parecer saltos gigantescos.

5. "Top Names of the Period 2000-2010", Social Security Administration, www.ssa.gov/oact/babynames/decades/names2010s.html.

6. "Top Names of the Period 1990-2000", Social Security Administration, www.ssa.gov/oact/babynames/decades/names1990s.html.

7. "Top Names of the Period 1900-1910", Social Security Administration, www.ssa.gov/oact/babynames/decades/names1900s.html.

8. Los datos históricos sobre los nombres y el punto de inflexión a partir del cual comenzaron a ser una moda provienen de la obra de Stanley Lieberson y de diversas conversaciones con su compañera de investigación Freda Lynn, quien es ella misma socióloga de la Universidad de Iowa. Lieberson se ha retirado y ya no respondió a mis repetidas solicitudes de comentarios, aunque su libro *A Matter of Taste* es una de las obras académicas más interesantes que he leído. Cuenta con mi mayor recomendación, y el desarrollo de este capítulo no hubiera sido posible sin él.

9. Stanley Lieberson y Freda B. Lynn, "Popularity as a Taste: An Application to the Naming Process", *Onoma* 38 (2003), 235-276.

10. *Ibid.*

11. Lieberson, *A Matter of Taste*, 241.

12. Lieberson y Lynn, "Popularity as a Taste".

13. Kimberly Chrisman-Campbell, "The King of Couture", *The Atlantic*, 1 de septiembre de 2015, www.theatlantic.com/entertainment/archive/2015/09/the-king-of-couture/402952.

14. Fernand Braudel, *The Structures of Everyday Life* (Nueva York: Harper and Row, 1981), 317. Traducción española: "Estructuras de lo cotidiano", en: *Civilización material, Economía y Capitalismo* (Madrid: Alianza Editorial, 1984).

15. James Laver, *Taste and Fashion* (Londres, 1937).

16. Lieberson y Lynn, "Popularity as a Taste".

17. "Top Names of the Period 1900-1910", Social Security Administration.

18. Robert Cialdini, *Influence: The Psychology of Persuasion*, revised edition (Nueva York: HarperBusiness, 2006). Traducción española: *Persuasión: un método revolucionario para influir y convencer* (México: Grijalbo, 2007).

19. Alan T. Sorensen, "Bestseller Lists and Product Variety", *Journal of Industrial Economics* 55, núm. 4 (diciembre de 2007), 715-738, www.ssc.wisc.edu/~sorensen/papers/sorensen_JIE_2007.pdf.

20. Ward A. Hanson y Daniel S. Putler, "Hits and Misses: Herd Behavior and Online Product Popularity", *Marketing Letters* 7, núm. 4 (octubre de 1996), 297-305.

21. Balazs Kovacs y Amanda Sharkey, "The Paradox of Publicity: How Awards Can Negatively Affect the Evaluation of Quality", *Administrative Science Quarterly* 59, núm. 1 (2014): 1-33.

22. Ed Cohen, "The Last Laugh", *Nevada Silver & Blue*, primavera de 2007, 36-41, www.unr.edu/silverandblue/archive/2007/spring/NSB07CannedLaughter.pdf.

23. "Charles Rolland 'Charlie' Douglass", *Variety*, 21 de abril de 2003, variety.com/2003/scene/people-news/charles-rolland-charlie-douglass-1117884944/.

24. Cohen, "The Last Laugh".

25. *Ibid*.

26. Kimberly A. Neuendorf y Tom Fennell, "A Social Facilitation View of the Generation of Humor and Mirth Reactions: Effects of a Laugh Track", *Central States Speech Journal* 39, núm. 1 (primavera de 1998), 37-48, academic.csuohio.edu/kneuendorf/vitae/Neuendorf&Fennell88.pdf.

27. Evan A. Lieberman, Kimberly A. Neuendorf, James Denny, Paul D. Skalski y Jia Wang, "The Language of Laughter: A Quantitative/Qualitative Fusion Examining Television Narrative and Humor", *Journal of Broadcasting & Electronic Media*, diciembre de 2009, http://academic.csuohio.edu/kneuendorf/SkalskiVitae/Lieberman.etal.2009.pdf.

28. Max Roser, "Literacy, Our World in Data", consultado en marzo de 2016. https://ourworldindata.org/literacy.

29. Rita McGrath, "The Pace of Technology Adoption Is Speeding Up", *Harvard Business Review*, 25 de noviembre de 2013, https://hbr.org/2013/11/the-pace-of technology-adoption-is-speeding-up.

30. Nicholas Felton, "Consumption Spreads Faster Today", *New York Times*, 2 de febrero de 2010, www.nytimes.com/imagepages/2008/02/10/opinion/10op.graphic.ready.html.

31. "Device Ownership Over Time", Pew Research Center, www.pewinternet.org/data-trend/mobile/device-ownership.

32. Susannah Fox y Lee Rainie, "The Web at 25 in the U.S.: Part I: How the Internet Has Woven Itself into American Life", Pew Research Center, www.pewinternet.org/2014/02/27/part-1-how-the-internet-has-woven-itself-into-american-life.

Interludio: breve historia de los adolescentes

1. Allan Metcalf, "Birth of the Teenager", blog *Lingua Franca*, *Chronicle of Higher Education*, 28 de febrero de 2012, http://chronicle.com/blogs/linguafranca/2012/02/28/birth-of-the-teenager.

2. Grace Palladino, *Teenagers: An American History* (Nueva York: Basic Books, 1994).

3. J. Spring, *The American School, 1642–1993* (Nueva York: McGraw-Hill, 1994).

4. Greg J. Duncan y Richard J. Murnane, "Introduction: The American Dream, Then and Now", en: Greg J. Duncan y Richard J. Murnane, eds., *Whither Opportunity? Rising Inequality, Schools, and Children's Life Chances* (Nueva York: Russell Sage Foundation, 2011).

5. Elizabeth Kolbert, "The Terrible Teens", *The New Yorker*, 31 de agosto de 2015, www.newyorker.com/magazine/2015/08/31/the-terrible-teens.

6. Laurence Steinberg, *Age of Opportunity: Lessons from the New Science of Adolescence* (Nueva York: Houghton Mifflin Harcourt, 2014).

Segunda parte. La popularidad y el mercado

7. El rock and roll y la aleatoriedad

El papel de Peter Ford en la popularización de "El rock del reloj" se ha estudiado en otros escritos, pero casi toda la información de este capítulo proviene de conversaciones telefónicas con el propio Ford. No puedo regresar el tiempo para comprobar las afirmaciones de Peter, de que fue él quien entregó la grabación al director Richard Brooks. Por debido protocolo, consulté a varios expertos en historia de la música, incluyendo a Alex Frazer-Harrison y Jim Dawson. En un correo electrónico, Dawson me dijo que, aunque Richard Brooks afirmó en otro lado haber escuchado la canción en la radio, también le parecía creíble el relato de Ford.

1. Martin Chilton, "Rock Around the Clock: How Bill Haley's Song Became a Hit", *The Telegraph*, 17 de abril de 2016, www.telegraph.co.uk/music/artists/rock-around-the-clock-how-bill-haleys-song-became-a-hit.

2. Jim Dawson, *Rock Around the Clock: The Record That Started the Rock Revolution!* (Nueva York: Backbeat Books, 2005).

3. *Ibid.*, 26-30.

4. "Bill Haley", *Billboard*, www.billboard.com/artist/282385/bill-haley/biography.

5. "Bill Haley Biography", Rock and Roll Hall of Fame, https://rockhall.com/inductees/bill-haley.

6. Dawson, *Rock Around the Clock,* 27.

7. *Ibid.*, 34-36.

8. "Bill Haley", *Billboard*.

9. "Bill Haley Biography", Rock and Roll Hall of Fame.

10. Frank Mastropolo, "The History of 'Rock Around the Clock': How a B-Side Became a Rock Classic", *Ultimate Classic Rock*, 28 de mayo de 2014, ultimateclassicrock.com/rock-around-the-clock.

11. Dawson, *Rock Around the Clock,* 73-80.

12. *Ibid*.

13. Jim Dawson, correo electrónico al autor, 12 de julio de 2015.

14. "Bill Haley", *Billboard*.

15. Duncan Watts, *Everything Is Obvious: Once You Know the Answer* (Nueva York: Crown Business, 2011).

16. Matthew J. Salganik y Duncan Watts, "Social Influence: The Puzzling Nature of Success in Cultural Markets", en Peter Hedström y Peter Bearman, eds., *The Oxford Handbook of Analytical Sociology* (Oxford: Oxford University Press, 2011), 337.

17. Myrna Oliver, "Hunter Hancock, 88; Brought R&B to L.A. Radio Stations in 1940s", *Los Angeles Times*, 11 de agosto de 2004, www.articles.latimes.com/2004/aug/11/local/me-hancock11.

18. Los detalles de esta sección provienen de conversaciones con Peter Ford y de entrevistas y comunicaciones electrónicas de seguimiento con Alex Frazer-Harrison y Jim Dawson.

19. Dawson, 127-143.

20. W. David Walls y Arthur De Vany, "Bose-Einstein Dynamics and Adaptive Contracting in the Motion Picture Industry", *The Economic Journal* 106, núm. 439 (enero de 1996), 1493-1514.

21. Ben Fritz y Erich Schwartzel, "Hollywood's Banner Year at the Box Office Masks a Procession of Flops", *Wall Street Journal*, 4 de enero de 2016, www.wsj.com/articles/hollywoods-banner-year-at-the-box-office-masks-a-procession-of-flops-1451818332.

22. Albert Greco, "Book Publishing: An Introduction", en Albert N. Greco, Jim Milliot y Robert M. Wharton, eds., *The Book Publishing Industry* (Nueva York: Routledge, 2014).

23. Walls y De Vany, "Bose-Einstein Dynamics and Adaptive Contracting in the Motion Picture Industry".

24. Daniel Rowinski, "The Mobile Downturn: 'An App for That' Is Not a Business Model", *ARC*, 11 de noviembre de 2015, https://arc.applause.com/2015/11/11/app-discovery-strategy-and-monetization.

25. Anita Elberse, *Blockbusters* (Nueva York: Henry Holt, 2013). Traducción española: *Superventas* (Madrid: Gestión, 2014).

26. Derek Thompson, "Hollywood Has a Huge Millennial Problem", *The Atlantic*, 8 de junio de 2016, www.theatlantic.com/business/archive/2016/06/hollywood-has-a-huge-millennial-problem/486209.

27. "Movie Budget and Financial Performance Records", The Numbers, www.the-numbers.com/movie/budgets.

8. El mito de lo viral

Dos de los libros de divulgación más importantes sobre la teoría de redes y la "viralidad" de la información son *The Tipping Point*, de Malcolm Gladwell (Nueva York: Little, Brown, 2000; traducción española: *El punto clave*, Madrid, Taurus) y *Unleashing the Idea Virus*, de Seth Godin (Nueva York: Hachette, 2000). También quiero agradecer a Anne Jamison, cuyo trabajo sobre el tema, y la conversación telefónica que sostuvimos, me ayudaron a entender y apreciar mejor la historia de la *fan fiction*.

1. Ogi Ogas, "The Online World of Female Desire", *Wall Street Journal*, 30 de abril de 2011, www.wsj.com/articles/SB10001424052748704463804576291181510459902.

2. Anne Jamison, *Fic: Why Fanfiction Is Taking Over the World* (Dallas: Smart Pop, 2013).

3. Emily Eakin, "Grey Area: How 'Fifty Shades' Dominated the Market", *New York Review of Books*, 27 de julio de 2012, www.nybooks.com/daily/2012/07/27/seduction-and-betrayal-twilight-fifty-shades.

4. Amanda Hayward, correos electrónicos al autor, 12 de septiembre de 2014.

5. Julie Bosman, "Discreetly Digital, Erotic Novel Sets American Women Abuzz", *The New York Times*, 9 de marzo de 2012, www.nytimes.com/2012/03/10/business/media/an-erotic-novel-50-shades-of-grey-goes-viral-with-women.html; véase también Gladwell, *The Tipping Point*.

6. Andrew Rice, "Does BuzzFeed Know the Secret?", *New York*, 7 de abril de 2013, nymag.com/news/features/buzzfeed-2013-4.

7. S. Goel, Duncan Watts y Daniel Goldstein, "The Structure of Online Diffusion Networks", *Proc. 13th ACM Conf. Electronic Commerce 2012*, Association for Computing Machinery, Nueva York, 623-638, https://5harad.com/papers/diffusion.pdf.

8. Sharad Goel, Ashton Anderson, Jake Hofman y Duncan Watts, "The Structural Virality of Online Diffusion", *Management Science* 62, núm. 1 (enero de 2016), 180-196, https://5harad.com/papers/twiral.pdf.

9. Goel *et al.*, "The Structure of Online Diffusion Networks".

10. Goel *et al.*, "The Structural Virality of Online Diffusion".

11. Steven Johnson, *The Ghost Map: The Story of London's Most Terrifying Epidemic—and How It Changed Science, Cities, and the Modern World* (Nueva York: Riverhead, 2006). Traducción española: *El mapa fantasma* (Madrid: Ilustrae, 2008).

12. Kathleen Tuthill, "John Snow and the Broad Street Pump", *Cricket* 31, núm. 3 (noviembre de 2003), reeditado por el Departamento de Epidemiología de la UCLA, www.ph.ucla.edu/epi/snow/snowcricketarticle.html.

13. John Snow, *Medical Times and Gazette* 9, 23 de septiembre de 1854: 321-322, reeditado por el Departamento de Epidemiología de la UCLA, www.ph.ucla.edu/epi/snow/choleraneargoldensquare.html.

Otros abordajes sobre la metodología de Snow, como el de David Freedman, "Statistical Models and Shoe Leather", dan más peso a la investigación de Snow sobre las compañías de suministro de agua. Unos pocos años antes del brote, uno de los proveedores de agua de Londres había movido su sitio de la toma corriente, hacia arriba del desagüe principal de aguas residuales en el Támesis, mientras que otra compañía mantuvo su punto de provisión más abajo de donde fluían las aguas residuales. Londres se había dividido en dos grupos: uno de aguas negras y otro de agua potable. En otras palabras, el brote de cólera de Londres fue el resultado de algo parecido a un ensayo controlado aleatorio no intencional sobre la teoría de la enfermedad. A varios cientos de miles de personas se les distribuyó al azar agua de una empresa, y fueron más propensas a enfermarse, mientras que a otros cientos de miles se les distribuyó aleatoriamente agua de otra empresa, y se mantuvieron sanas.

14. Randy Alfred, "Sept. 8, 1854: Pump Shutdown Stops London Cholera Outbreak", *Wired*, 8 de septiembre de 2009, www.wired.com/2009/09/0908london-cholera-pump.

15. Goel *et al.*, "The Structural Virality of Online Diffusion".

16. Samantha Grossman, "'Kony 2012' Documentary Becomes Most Viral Video in History", *Time*, 12 de marzo de 2012, newsfeed.time.com/2012/03/12/kony-2012-documentary-becomes-most-viral-video-in-history.

17. J. David Goodman y Jennifer Preston, "How the Kony Video Went Viral", *Lede blog*, *The New York Times*, 9 de marzo de 2012, http://thelede.blogs.nytimes.com/2012/03/09/how-the-kony-video-went-viral.

18. Matthew J. Salganik, Peter Dodds y Duncan Watts, "Experimental Study of Inequality and Unpredictability in an Artificial Cultural Market", 10 de febrero de 2016, *Science* 311.

19. Thompson, "The Shazam Effect".

20. Motoko Rich, "Recession Fuels Readers' Escapist Urges", *The New York Times*, 7 de abril de 2009, www.nytimes.com/2009/04/08/books/08roma.html.

9. La audiencia de mi audiencia

1. Vincent Forrest, correo electrónico al autor, 17 de julio de 2015.

2. Miller McPherson, Lynn Smith-Lovin y James M. Cook, "Birds of a Feather: Homophily in Social Networks", *Annual Review of Sociology* 27 (agosto de 2001): 415-444.

3. Simon Burgess, "Friendship Networks and Young People's Aspirations", Research in Public Policy, Centre for Market and Public Organisation, www.bristol.ac.uk/media-library/sites/cmpo/migrated/documents/friendship.pdf.

4. Christopher Ingraham, "Three Quarters of Whites Don't Have Any Non-White Friends", *Washington Post*, 25 de agosto de 2014, www.washingtonpost.com/news/wonk/wp/2014/08/25/three-quarters-of-whites-dont-have-any-non-white-friends.

5. Eileen Barker, *The Making of a Moonie: Choice or Brainwashing?* (Oxford: Blackwell, 1984).

6. Derek Thompson, "Turning Customers into Cultists", *The Atlantic*, diciembre de 2014, www.theatlantic.com/magazine/archive/2014/12/turning-customers-into-cultists/382248.

7. Thompson, "Turning Customers into Cultists".

8. David Packman, "May I Have Your Attention, Please?", *The Mission*, 10 de agosto de 2015, https://medium.com/the-mission/may-i-have-your-attention-please-19ef6395b2c3#.ijawp0j6o.

9. Mike Murphy, "These Are the Most Popular iOS Apps and Games of All Time", *Quartz*, 2 de septiembre de 2015, qz.com/492870/these-are-the-most-popular-ios-apps-and-games-of-all-time.

10. Derek Thompson, "The Most Popular Social Network for Young People? Texting", *The Atlantic*, 19 de junio de 2014, www.theatlantic.com/technology/archive/2014/06/facebook-texting-teens-instagram-snapchat-most-popular-social-network/373043.

11. Duncan Watts y Peter Dodds, "Influentials, Networks, and Public Opinion Formation", *Journal of Consumer Research* 34 (diciembre de 2007), www.digital-tonto.com/wp-content/uploads/WattsandDoddinfluentials.pdf.

12. Nick Summers, "The Truth About Tinder and Women Is Even Worse Than You Think", *Bloomberg*, 3 de julio de 2014, www.bloomberg.com/news/articles/2014-07-02/the-truth-about-tinder-and-women-is-even-worse-than-you-think.

13. *Ibid.*

14. Chris Dixon, "The Bowling Pin Strategy", CDixon blog, 21 de agosto de 2010, cdixon.org/2010/08/21/the-bowling-pin-strategy.

15. Steve O'Hear, "Tinder Rival Bumble Is Majority-Owned by European Dating Behemoth Badoo", *Tech Crunch*, 25 de marzo de 2016, https://techcrunch.com/2016/03/25/bumble-meet-badoo.

Interludio: *Panache*

1. Tim Peterson, "Ten Most Popular Stories on Twitter and Facebook in 2014", *AdvertisingAge*, 23 de diciembre de 2014, adage.com/article/media/ten-popular-stories-twitter-facebook-2014/296361/.

2. Diana I. Tamir y Jason P. Mitchell, "Disclosing Information About the Self Is Intrinsically Rewarding", *PNAS* 109, núm. 21 (22 de mayo de 2012), www.pnas.org/content/109/21/8038.full.

3. Alixandra Barasch y Jonah Berger, "Broadcasting and Narrowcasting: How Audience Size Affects What People Share", *Journal of Marketing Research* 51, núm. 3 (junio de 2014), 286-299.

4. Ed Yong, "The Incredible Thing We Do During Conversations", *The Atlantic*, 4 de enero de 2016, www.theatlantic.com/science/archive/2016/01/the-incredible-thing-we-do-during-conversations/422439.

5. Stephen C. Levinson, "Turn-Taking in Human Communication—Origins and Implications for Language Processing", *Trends in Cognitive Sciences* 20, núm. 1 (2016), 6-14.

10. Lo que quiere la gente I

La historia de Patch Culbertson y "Ride" es una adaptación de "The Shazam Effect", que publiqué en 2014 en *The Atlantic*.

1. Fred Vogelstein, "And Then Steve Said, 'Let There Be an iPhone'", *New York*

Times Magazine, 4 de octubre de 2013, www.nytimes.com/2013/10/06/magazine/and-then-steve-said-let-there-be-an-iphone.html.

2. Jemima Kiss, "iPhone Set to Struggle", *The Guardian*, 29 de junio de 2007, www.theguardian.com/media/2007/jun/29/digitalmedia.news?cat=media&type=article; véase también Tom Smith, "Anytime, Anyplace: Understanding the Connected Generation", Universal McCann, septiembre de 2007, www.slideshare.net/Tomuniversal/anytime-anyplace-um-global-research-sep-2007-presentation.

3. "Revealed: The Eight-Year-Old Girl Who Saved Harry Potter", *The Independent*, 2 de julio de 2005, www.independent.co.uk/artsentertainment/books/news/revealed-the-eight-year-old-girl-who-saved-harry-potter-296456.html.

4. Ken Auletta, "The Heiress", *The New Yorker*, 10 de diciembre de 2012, www.newyorker.com/magazine/2012/12/10/the-heiress-2.

5. William Goldman, *Adventures in the Screen Trade* (Nueva York: Grand Central, 1983). Traducción española: *Las aventuras de un guionista en Hollywood* (Barcelona: Plot Editorial, 1995).

6. Warren Buffett, "Berkshire Hathaway Letter", 1990, www.berkshirehathaway.com/letters/1990.html.

7. Michael Lewis, *The Big Short: Inside the Doomsday Machine* (Nueva York: Norton, 2010). Traducción española: *La gran apuesta* (Barcelona: Debate, 2013).

8. Derek Thompson, "The Shazam Effect", *The Atlantic*, diciembre de 2012, www.theatlantic.com/magazine/archive/2014/12/the-shazam-effect/382237.

9. Carla Guerrero, "Producer Aditya Sood '97 on How the Box Office Hit 'The Martian' Came to Be", Pomona College, 8 de octubre de 2015, www.pomona.edu/news/2015/10/08-producer-aditya-sood-'97-how-box-office-hit-"-martian"-came-be.

10. Derek Thompson, "If You Don't Watch Sports, TV Is a Huge Rip-Off (So, How Do We Fix It?)", *The Atlantic*, 3 de diciembre de 2012, www.theatlantic.com/business/archive/2012/12/if-you-dont-watch-sports-tv-is-a-huge-rip-off-so-how-do-we-fix-it/265814.

11. Brian Raftery, "The Best TV Show That's Ever Been", *GQ*, 27 de septiembre de 2012, www.gq.com/story/cheers-oral-history-extended.

12. Jennifer Keishin Armstrong, *Seinfeldia: How a Show About Nothing Changed Everything* (Nueva York: Simon & Schuster, 2016).

13. *Ibid.*

14. Paul Cabana, correo electrónico al autor, 30 de marzo de 2016.

15. Lacey Rose y Michael O'Connell, "The Uncensored, Epic, Never-Told Story Behind 'Mad Men'", *Hollywood Reporter*, 11 de marzo de 2015, www.hollywoodreporter.com/features/mad-men-uncensored-epic-never-780101.

16. *Ibid.*

17. Derek Thompson, "The *Mad Men* Effect: The Economics of TV's Golden Age", *The Atlantic*, 3 de abril de 2015, www.theatlantic.com/business/archive/2015/04/the-mad-men-effect-the-economics-of-tvs-golden-age/389504.

18. James Hibberd, "*Game of Thrones* Piracy Hits Record High Despite HBO's

Stand-Alone Service", *Entertainment Weekly*, 22 de abril de 2015, www.ew.com/article/2015/04/21/game-thrones-piracy-record.

19. Jeff Bezos, "Amazon Letter to Shareholders", 5 de abril de 2016, www.sec.gov/Archives/edgar/data/1018724/000119312516530910/d168744dex991.htm.

20. David Zurawik y Chris Kaltenbach, "'Sopranos' Drives HBO Subscriber Numbers Up", *Baltimore Sun*, 19 de enero de 2000, articles.baltimoresun.com/2000-01-19/features/0001190248_1_hbo-sopranos-new-subscriptions.

21. Zachary M. Seward, "AMC Is Succeeding by Breaking the Rules of Legacy Television", *Quartz*, 13 de agosto de 2013, qz.com/114483/amc-is-succeeding-by-breaking-the-rules-of-legacy-television.

11. Lo que quiere la gente II

En este capítulo, estoy particularmente en deuda con el extraordinario libro de Bill Bryson *One Summer: America, 1927*, por su recuento vívido y rico en datos históricos sobre el mundo de las letras en los años veinte, y con la Universidad de Iowa por compartir la tesis de George Gallup sobre los hábitos de lectura de los pobladores del estado.

1. No pude hallar datos exactos de publicaciones diarias promedio en Facebook y Twitter, así que dejo una estimación a la baja, de acuerdo con la información de *Business Insider*; pero la cantidad podría estar fácilmente en el rango de los miles de millones: Jim Edwards, "Leaked Twitter API Data Shows the Number of Tweets Is in Serious Decline", *Business Insider*, 2 de febrero de 2016, www.businessinsider.com/tweets-on-twitter-is-in-serious-decline-2016-2.

2. "What Is Big Data?", IBM, www-01.ibm.com/software/data/bigdata/what-is-big-data.html.

3. Bill Bryson, *One Summer: America, 1927* (Nueva York: Random House, 2013).

4. Fareed Zakaria, *The Future of Freedom: Illiberal Democracy at Home and Abroad* (Nueva York: Norton, 2004), 215. Traducción española: *El futuro de la libertad* (Madrid: Taurus, 1983).

5. Bryson, *One Summer*.

6. Matt Novak, "One Newspaper to Rule Them All", *Smithsonian*, 3 de enero de 2012, www.smithsonianmag.com/history/one-newspaper-to-rule-them-all-14383197/?no-ist.

7. Bryson, *One Summer*.

8. Lista de periódicos del estado de Nueva York en microfilm, sitio web de la New York State Library, www.nysl.nysed.gov/nysnp/title1.htm.

9. George Horace Gallup, "An Objective Method for Determining Reader Interest in the Content of a Newspaper", tesis por la Universidad de Iowa, agosto de 1928, ir.uiowa.edu/cgi/viewcontent.cgi?article=5318&context=etd.

10. *Ibid*.

11. Jill Lepore, "Politics and the New Machine", *The New Yorker*, 16 de noviembre de 2015, www.newyorker.com/magazine/2015/11/16/politics-and-the-new-machine.

12. Ann M. Reed, "History: Applied Anthropology", Applied Anthropology, University of Indiana, mayo de 1998, www.indiana.edu/~wanthro/theory_pages/Applied.htm#history; véase también George M. Foster, *Applied Anthropology* (Boston: Little, Brown, 1969).

13. Graeme Wood, "Anthropology Inc"., *The Atlantic*, marzo de 2013, www.theatlantic.com/magazine/archive/2013/03/anthropology-inc/309218.

14. Susan Ohmer, "Gallup Meets Madison Avenue: Media Research and the Depression", *Milestones in Marketing History: Proceedings of the 10th Conference on Historical Analysis and Research in Marketing (CHARM)*, John W. Hartman Center for Sales, Advertising & Marketing History, Duke University, Durham, North Carolina, 17-20 de mayo de 2001; véase también Boris Doktorov, "George Gallup: Biography and Destiny" (Moscú, 2011).

15. Lepore, "Politics and the New Machine".

16. Robert Gordon, *The Rise and Fall of American Growth: The U.S. Standard of Living since the Civil War* (Princeton, NJ: Princeton University Press, 2016); véase también James L. Baughman, "Television Comes to America, 1947-57", *Illinois History*, marzo de 1993, www.lib.niu.edu/1993/ihy930341.html.

17. David R. Davies, *The Postwar Decline of American Newspapers, 1945-1965* (Westport, CT: Praeger, 2006); véase también Richard W. Clarke, Discurso ante la Silurian Society, noviembre de 1947, mencionado en George Britt, ed., *Shoeleather and Printers' Ink* (Nueva York: Quadrangle, 1974): 326-332; asimismo véase Sig Mickelson, "Two National Political Conventions Have Proved Television's News Role", *Quill*, diciembre de 1956, 15-16.

18. Gordon, *Rise and Fall of American Growth*.

19. William Deverell, "Fueled by Obsession", *Huntington Frontiers*, primavera-verano de 2009, www.huntington.org/uploadedFiles/Files/PDFs/S09obsession.pdf.

20. Will Fowler, *Reporters: Memoirs of a Young Newspaperman* (Malibu, CA: Roundtable, 1991), 160-161.

21. "Television Convention", *Newsweek*, 14 de julio de 1952.

22. Karla Gower, *Public Relations and the Press: The Troubled Embrace* (Chicago: Northwestern University Press, 2007), 29.

23. Clayton Christensen, *The Innovator's Dilemma* (Nueva York: Harvard Business Review Press, 1997). Mi enunciado es una suerte de replanteamiento impresionista de la tesis de Christensen, no más. Sin duda está inspirada por su libro, pero no constituye un intento por resumirlo.

24. Ken Goldstein, "Sixty Years of Daily Newspaper Circulation Trends", Canadian Journalism Project, 2011.

25. James Fallows, "How to Save the News", *The Atlantic*, junio de 2010, www.theatlantic.com/magazine/archive/2010/06/how-to-save-the-news/308095.

26. "How Millennials Use and Control Social Media", Media Insight Project,

American Press Institute, 16 de marzo de 2015, www.americanpressinstitute.org/publications/reports/survey-research/millennials-social-media.

27. Adaptado de un pasaje de Jonathan Franzen, "Farther Away", *The New Yorker*, 18 de abril de 2011, www.newyorker.com/magazine/2011/04/18/farther-away-jonathan-franzen. Traducción española: *Más afuera* (Barcelona: Salamandra, 2013).

28. James B. Stewart, "Facebook Has 50 Minutes of Your Time Each Day. It Wants More", *The New York Times*, 5 de mayo de 2016, www.nytimes.com/2016/05/06/business/facebook-bends-the-rules-of-audience-engagement-to-its-advantage.html?_r=0.

29. Derek Thompson, "Facebook and Fear", *The Atlantic*, 10 de mayo de 2016, www.theatlantic.com/technology/archive/2016/05/the-facebook-future/482145.

30. Steven Levy, "Inside the Science That Delivers Your Scary-Smart Facebook and Twitter Feeds", *Wired*, 22 de abril de 2014, www.wired.com/2014/04/perfect-facebook-feed.

31. Steven Levy, "How 30 Random People in Knoxville May Change Your Facebook News Feed", *Backchannel*, 30 de enero de 2015, https://backchannel.com/revealed-facebooks-project-to-find-out-what-people-really-want-in-their-news-feed-799dbfb2e8b1#.srntqeuy7.

32. Keith Wilcox, Beth Vallen, Lauren G. Block y Gavan Fitzsimons, "Vicarious Goal Fulfillment: When the Mere Presence of a Healthy Option Leads to an Ironically Indulgent Decision", *NA—Advances in Consumer Research* 37 (2010), 73-76.

33. Cassie Werber, "Facebook Is Predicting the End of the Written Word", *Quartz*, 14 de junio de 2016, qz.com/706461/facebook-is-predicting-the-end-of-the-written-word.

34. Jeffrey Gottfried y Elisa Shearer, "News Use Across Social Media Platforms 2016", Pew Research Center, 26 de mayo de 2016, www.journalism.org/files/2016/05/PJ_2016.05.26_social-media-and-news_FINAL-1.pdf.

35. "How Millennials Use and Control Social Media", American Press Institute.

36. Derek Thompson, "Facebook and Fear".

Interludio: Broadway 828

1. Ver, por ejemplo, la interpretación de Grant T. Hammond en su conferencia "On the Making of History: John Boyd and American Security", Harmon Memorial Lecture, U.S. Air Force Academy, 2012, www.usafa.edu/df/dfh/docs/Harmon54.pdf.

2. "Strand History", The Strand, www.strandbooks.com/strand-history.

3. Megan Garber, "To Its Earliest Reviewers, Gatsby Was Anything but Great", *The Atlantic*, 10 de abril de 2015, www.theatlantic.com/entertainment/archive/2015/04/to-early-reviewers-the-great-gatsby-was-not-so-great/390252.

4. Virginia Woolf, "How It Strikes a Contemporary", *The Common Reader*, 1925.

12. El futuro de los hits

Agradezco a tres personas clave para este capítulo: Ben Thompson por el futuro de los medios, un tema inagotable de especulación, Tom Tumbusch por el legado de Kay Kamen, y Ryan Leslie por su historia de vida.

1. Gordon, *Rise and Fall of American Growth.*

2. *Ibid.*

3. La primera vez que me enteré de este término fue por el editor asociado de la edición electrónica de *The Atlantic*, Matt Thompson.

4. Michael Chui, James Manyika, Jacques Bughin, Richard Dobbs, Charles Roxburgh, Hugo Sarrazin, Geoffrey Sands y Magdalena Westergren, "The Social Economy: Unlocking Value and Productivity Through Social Technologies", McKinsey Global Institute, julio de 2012, www.mckinsey.com/industries/high-tech/our-insights/the-social-economy.

5. Alex Ross, "The Record Effect", *The New Yorker*, 6 de junio de 2005, www.newyorker.com/magazine/2005/06/06/the-record-effect.

6. Declaración de John Philip Sousa. Argumentos ante el Comité de Patentes del Congreso. H.R. 19853 para enmendar y consolidar las Actas relacionadas con la propiedad intelectual, 6-9 de junio de 1906.

7. Ross elabora un punto similar en torno al poder democratizante de la tecnología musical con respecto a los artistas afroamericanos en "The Record Effect".

8. Thompson, "The Shazam Effect".

9. Gordon E. Moore, "Cramming More Components onto Integrated Circuits", *Electronics* 38, núm. 8 (19 de abril de 1965), www.monolithic3d.com/uploads/6/0/5/5/6055488/gordon_moore_1965_article.pdf.

10. Nicholas Carr, *The Glass Cage* (Nueva York: Norton, 2014), 41. Traducción española: *Atrapados: cómo las máquinas se apoderan de nuestras vidas* (Madrid: Taurus, 2015). He visto a varios escritores yuxtaponer el ritmo exponencial de la tecnología y la evolución metódica de los seres humanos, pero el primer sitio donde recuerdo haber leído este argumento fue en el libro de Carr: "A medida que las computadoras corren a la velocidad de la ley de Moore, nuestras propias habilidades innatas se arrastran con el paso de tortuga de la ley de Darwin".

11. J. Fred MacDonald, *Don't Touch That Dial.* (Nueva York: Wadsworth Publishing Company, 1979).

12. Ben Thompson, "The Jobs TV Does", *Stratechery*, 3 de junio de 2013, https://stratechery.com/2013/the-jobs-tv-does/. Estoy agradecido a Thompson, no sólo por este perspicaz ensayo, sino también por su explicación, por teléfono, del futuro de la televisión y de los medios de comunicación.

13. Worldwide Grosses 2015 y 2016, Box Office Mojo, www.boxofficemojo.com/yearly/chart/?view2=worldwide&yr=2016&sort=ospercent&order=DESC&p=.htm,www.boxofficemojo.com/yearly/chart/?view2=worldwide&yr=2015&sort=ospercent&order=DESC&p=.htm.

14. Para la historia de los primeros años de Disney consulté varias biografías,

incluyendo: Bob Thomas, *Walt Disney: An American Original* (Nueva York: Disney Editions, 1976); Neal Gabler, *Walt Disney: The Triumph of the American Imagination* (Nueva York: Vintage, 2006), y Tom Tumbusch, *Walt Disney: The American Dreamer* (Dayton: Tomart, 2008).

15. Katia Hetter, "World's 25 Most Popular Amusement Parks", CNN, 27 de mayo de 2016, www.cnn.com/2016/05/26/travel/worlds-most-popular-amusement-parks-2015.

16. Didier Ghez, correo electrónico al autor, 23 de octubre de 2015.

17. *Ibid.*

18. Daniel Raff y Peter Temin, "Sears, Roebuck in the Twentieth Century: Competition, Complementarities, and the Problem of Wasting Assets", en: Naomi R. Lamoreaux, Daniel M. G. Raff y Peter Temin, eds., *Learning by Doing in Markets, Firms, and Countries* (Chicago: University of Chicago Press, 1999), 227.

19. Diversas fuentes, entre ellas: Alan Bryman, *The Disneyization of Society* (Londres y Thousand Oaks, CA: SAGE, 2004), y Tumbusch, *Walt Disney*.

20. Véase, por ejemplo, Robert A. Margo, "Employment and Unemployment in the 1930s", *Journal of Economic Perspectives* 7, núm. 2 (primavera de 1993), 41-59, https://fraser.stlouisfed.org/docs/meltzer/maremp93.pdf.

21. Ampliamente citado; por ejemplo, en Dade Hayes, *Anytime Playdate* (Nueva York: Simon & Schuster, 2008).

22. Ruud Janssens, *Of Mice and Men: American Imperialism and American Studies* (Amsterdam: Amsterdam University Press, 2004).

23. Richard J. Evans, *The Third Reich in Power* (Nueva York: Penguin, 2005), 130. Traducción española: *El tercer Reich en el poder* (Barcelona: Península, 2017).

24. *Ibid.*, 131.

25. "Prosperity Out of Fantasy", *The New York Times*, 2 de mayo de 1938.

26. Tom Tumbusch, *Tomarts's Merchandise History of Disneyana: Disney Merchandise of the 1930s* (Dayton: Tomart, 2009).

27. *Ibid.*

28. La historia de la incursión de Walt Disney en la televisión proviene a partes iguales de dos fuentes: Tumbusch, *Walt Disney*, y Christopher Anderson, "Hollywood in the Home: TV and the End of the Studio System", en: James Naremore y Patrick Brantlinger, eds., *Modernity and Mass Culture* (Bloomington: Indiana University Press, 1991).

29. Anderson, "Hollywood in the Home".

30. Ben Fritz, "Shanghai Disneyland Offers Springboard for Disney's China Ambitions", *Wall Street Journal*, 12 de junio de 2016, www.wsj.com/articles/new-shanghai-resort-creates-high-stakes-for-disney-ceo-1465752586.

31. *Ibid.*

ÍNDICE ANALÍTICO

Esta obra se imprimió y encuadernó
en el mes de marzo de 2018,
en los talleres de Impregráfica Digital, S.A. de C.V.,
Calle España 385, Col. San Nicolás Tolentino,
C.P. 09850, Iztapalapa, Ciudad de México.